Hans-Werner Ahrens

Die Rettungsflieger der Luftwaffe 1956 bis 1971
Konzeption – Aufbau – Einsatz

Schriften zur Geschichte der Deutschen Luftwaffe, Band 9

# Hans-Werner Ahrens

# Die Rettungsflieger der Luftwaffe 1956 bis 1971

## Konzeption – Aufbau – Einsatz

Schriften zur Geschichte der Deutschen Luftwaffe, Band 9

begründet und herausgegeben
von Heiner Möllers und Eberhard Birk

2019

Carola Hartmann Miles-Verlag

*Bibliografische Information der Deutschen Nationalbibliothek*
Die Deutsche Nationalbibliothek verzeichnet diese Publikation in der Deutschen Nationalbibliografie; detaillierte bibliografische Daten sind im Internet über www.dnb.de abrufbar.

© 2019 Carola Hartmann Miles-Verlag, Berlin
www.miles-verlag.jimdo.com
email: miles-verlag@t-online.de

Titelbild:
Rettung von zivilen Flutopfern während der Hamburger Sturmflut 1962 mit einer Vertol H-21C der 1. Luftrettungs- und Verbindungsstaffel aus Fürstenfeldbruck
(Hubschrauber Museum Bückeburg/Roland Oster)

Herstellung: BOD – Books on Demand, Norderstedt

Printed in Germany

ISBN 978-3-945861-93-6

# Inhalt

## Vorwort des Inspekteurs der Luftwaffe

Hubschrauber der Bundeswehr leisten ununterbrochen und weltweit einen unverzichtbaren Beitrag in humanitären und militärischen Einsätzen sowie Operationen. Die Soldatinnen und Soldaten des Hubschraubergeschwaders der Luftwaffe in Laupheim und Schönewalde beweisen tagtäglich ihre hohe Einsatzbereitschaft und überzeugen durch große Leistungsfähigkeit und professionelle Auftragserfüllung.

Generalmajor Hans-Werner Ahrens fordert uns mit seiner Veröffentlichung zu den *„Rettungsfliegern der Luftwaffe in den Jahren 1956 bis 1971"* auf, mit Stolz zurückzublicken.

Nach seinem jüngst erschienenen Buch zu den Aufbaujahren der Transportfliegerei ist es ihm gelungen, einen weiteren wichtigen Beitrag zur Geschichte unserer Luftwaffe zu liefern. Mit seinem zweiten Band stellt er die Angehörigen der Hubschrauberverbände ins Zentrum und würdigt ihren verlässlichen Einsatz.

Neben der Darstellung von Strukturen und Entscheidungen sowie der Berücksichtigung technischer Aspekte unterschiedlicher Hubschraubermuster, lässt er vor allem Akteure und Zeitzeugen zu Wort kommen, um die Hintergründe der Anfangsjahre lebendig nachzuzeichnen.

Das Selbstverständnis unserer Angehörigen der Hubschrauberverbände ist in den schwierigen Aufbaujahren der Bundeswehr gewachsen. Die Entstehung dieses Spirits ins Zentrum zu stellen, kennzeichnet die wahre Stärke dieses Buches. Es zeigt auf, wie mit Professionalität und Teamgeist ein enormer Auftrag geschultert wurde. Bereits kurz nach ihrer Aufstellung bildeten die SAR-Hubschrauber der Luftwaffe die Basis des zivilen Luftrettungsnetzes, da die zivilen Strukturen von ADAC und anderen Organisationen erst noch aufgebaut werden mussten.

Jeden Tag im Jahr, rund um die Uhr verlässlich im Einsatz – dieser Anspruch kennzeichnet damals wie heute die Angehörigen eines besonderen Teams. Die Hubschrauber mit den orange-lackierten Türen haben ein Bild der Luftwaffe in der Öffentlichkeit geprägt, das großen Anteil an der heutigen gesellschaftlichen Verankerung und breiten Wertschätzung hat.

Ich freue mich über diesen wertvollen Beitrag zur Geschichte unserer Luftwaffe. Generalmajor a.D. Hans-Werner Ahrens, von 2005 bis 2010 letzter Kommandeur des Lufttransportkommandos, hat durch akribische Forschungsarbeit eine pointierte Darstellung zur Geschichte der Rettungsflieger in der Luftwaffe geschaffen. Ihm gilt mein besonderer Dank. Ich wünsche ihm für sein beeindruckendes Buch eine breite Öffentlichkeit und viele interessierte Leser.

*Berlin, im Sommer 2019*
*Ingo Gerhartz*
*Generalleutnant und Inspekteur der Luftwaffe*

# Vorbemerkungen der Herausgeber

Forschung ist Kärrnerarbeit. Recherchen in Archiven, Befragung von Zeitzeugen und nicht zuletzt Niederschrift des Ergründeten erfordern viel Zeit. Dies hat Generalmajor a.D. Hans-Werner Ahrens bereits bei seinem ersten Band »Die Transportflieger der Bundeswehr 1956 bis 1971« erfahren müssen. Mehrere Jahre war er mit der Erarbeitung ihrer Geschichte befasst. Allein technische Gründe zwangen vor wenigen Monaten dazu, die Hubschrauber aus diesem umfassenden Buch zur Geschichte der Luftwaffe herauszunehmen.

Umso mehr kann auch dieses Werk als historische Grundlagenforschung mit menschlichem Antlitz bestehen. Wie bei den Flächenfliegern hat der Autor nicht allein die Strukturgeschichte dieses Bereichs des Lufttransports dargestellt. Vielmehr zieht sich auch hier ein roter Faden durch das Buch, der die Menschen in den Vordergrund rückt. So wird aus einem umfassenden Geschichtswerk mit überzeugender Sachkenntnis eine Geschichte aus der Luftwaffe, die diejenigen in die erste Reihe holt, die für die Außenwahrnehmung der Luftwaffe offensichtlich nur eine kleine Rolle spielen – und das vollkommen zu Unrecht.

In diesen Kontext passt auch, dass in diesen Tagen die Björn-Steiger-Stiftung ihren 50. Geburtstag feiert. Ausgelöst durch den Unfalltod ihres achtjährigen Sohns Björn initiierten Ute und Siegfried Steiner 1969 eine gemeinnützige Stiftung, die den Aufbau der Notfallhilfe in Deutschland anregen und diese Aufgabe dann den zuständigen Organisationen und Behörden überlassen wollte. Dies haben sie geschafft. Eine staatliche Luftrettung war jedoch noch aufzubauen. Was aber schon existierte, waren die SAR-Stützpunkte, die eben nicht nur militärischen Such- und Rettungsdienst wahrnahmen, sondern immer dann, wenn es notwendig war, auch für zivile Unfallopfer zur Verfügung standen. Egal wann, egal wo.

In diesem Sinne ist das vorliegende Buch zugleich eine Militärgeschichte mit Verschränkungen zur zivilen Gesellschaft. Anders formuliert: Besser kann die Bundeswehr gar nicht zeigen, dass ihre Soldaten Staatsbürger in Uniform sind und ihr Dienst dem ganzen Volk gilt.

Auch deswegen war es uns eine besondere Freude, dieses weitere Buch von Generalmajor a.D. Hans-Werner Ahrens herausgeben zu können.

*Potsdam und Fürstenfeldbruck im Sommer 2019*
*Heiner Möllers und Eberhard Birk*

# Einleitung

In einem Bericht über die Hubschraubereinsätze der Bundeswehr anlässlich der Hamburger Flutkatastrophe im Jahr 1962 heißt es[1]:

> »Mit der Seilwinde wird ein alter Mann vom Dach eines fast in den Fluten versunkenen winzigen Hauses in den Hubschrauber gezogen. Es hatte große Anstrengungen gekostet, dem Alten die Schlinge des Rettungsgurtes anzulegen. Sein abgewetzter feldgrauer Wintermantel beult sich unförmig über der Brust. Er ist nicht zu bewegen, das so beharrlich Verwahrte herauszurücken. Die Besatzung vermutet, dass er etwas aus seinem wohl bescheidenen Besitz retten möchte. Sie lassen den alten Mann, der einen ohnehin verstörten Eindruck macht, gewähren. Sie schaffen es auch so. Als sie ihn dann im Trocknen an der Versorgungsstelle absetzen, da ist das Erstaunen groß: unter dem Mantel versteckt schläft wohlbehalten ein kleines Baby. Es ist ihm nichts passiert.«

Es waren vor allem die Hubschrauberbesatzungen der Luftwaffe, die sich schon in den frühen Aufbaujahren der Bundeswehr im heimatlichen zivilen Hilfseinsatz als »Rettungsflieger« bewährten wie auch im Such- und Rettungsdienst (SAR) im In- und Ausland.

Erste Leistungsträger waren die Kriegsgedienten, die seit 1956 als ehemalige Flugzeugführer der Wehrmacht – mehrheitlich Kampfflieger – in die Bundeswehr eintraten und ihren nicht immer leichten Dienst auf den diversen, für sie völlig unbekannten Hubschraubern aufnahmen. Dafür gab es zunächst keine personelle Alternative. Sie führten und prägten die ihnen folgenden Kriegskinder, also die 1930er Jahrgänge, die den Zweiten Weltkrieg zwar miterlebt, aber nicht in der Wehrmacht gedient hatten und ab 1956 in die Luftwaffe eingetreten waren.

Damit stellen sich für die militärhistorische Aufbereitung dieses wichtigen Teils der Luftwaffe einige Fragen: Wer waren die Hubschrauberbesatzungen der Aufbaujahre der Luftwaffe, was zeichnete sie aus? Wie bewältigten sie die vielfältigen Herausforderungen eines schwierigen Neubeginns? Verfügten sie über die für ihren Auftrag angemessenen Luftfahrzeuge samt sonstiger Ausrüstung? Wie liefen Ausbildung und weltweite Einsätze ab? Welche Rolle spielte der SAR-Dienst? Gelang die schrittweise Übergabe der Führungsverantwortung von der Kriegsgeneration an die folgende Generation der ungedienten »Kriegskinder« ab Ende der 1960er Jahre?

---

[1]    Ziese, Hubschrauber der Luftwaffe im Katastropheneinsatz.

Die Transportflieger, im Ersten Weltkrieg noch nicht gefordert[2], bewährten sich als Teil der Wehrmacht im Rahmen ihrer Fähigkeiten bei Transportflügen sowohl im offensiven Einsatz (Besetzung Norwegens, Kampf um Kreta und Nordafrika) als auch bei der Versorgung und Evakuierung von eingeschlossenen Heeresverbänden in den Kesseln von Demjansk, Cholm und Stalingrad. Sie zahlten dafür bis zum Kriegsende 1945 einen hohen Preis, standen aber dennoch stets im Schatten der Fliegenden Kampfverbände. Der Einsatz auf Hubschraubern spielte im Zweiten Weltkrieg bei der Wehrmacht ohnehin keine bedeutende Rolle. Damit war zu klären, ob und welche Folgen das für die Transportflieger auf Flächenflugzeugen und Hubschraubern der Luftwaffe ab 1956 hatte. Zumindest das militärhistorische Interesse am Lufttransport und am SAR-Dienst – also Ausbildung und Einsatz auf Flächenflugzeugen und Hubschraubern der Luftwaffe – hielt sich bislang in Grenzen, unbeschadet jeweils kurzzeitiger Presseberichte über neue Luftfahrzeuge oder aktuelle Einsätze. Das lag auch an einer bislang fehlenden eigenen »literarischen« Initiative der Transportflieger selbst. Sie verrichteten ihren Dienst zumeist unspektakulär und ohne viel Aufhebens davon zu machen. Die ersten Hilfseinsätze (u.a. 1960 Erdbeben in Agadir, 1962 Hochwasser in Hamburg, 1966 Erdbeben in der Türkei und Persien, 1969 Flutkatastrophe in Tunesien und 1970 Bangladesch und sehr viele mehr) bis Anfang der 1970er Jahre und nahezu tägliche, meist fordernde Einsätze im SAR-Dienst (Search and Rescue) mit medial inszenierten »Rettungsfliegern« änderten das kaum.

Das 2006 erschienene Standardwerk »Die Luftwaffe 1950 bis 1970«[3] behandelt im Wesentlichen die Konzeptions- und Aufbauphase der Luftwaffe. Es streift den Lufttransport aber nur. Nach Veröffentlichung meines ersten Buches über die Luftbrücke nach Sarajevo im Jahr 2012[4] traten einige Zeitzeugen mit dem Anliegen an mich heran, diese vorhandene Lücke als Beitrag zur Traditionspflege des Lufttransportes und SAR-Dienstes und als historisches Vermächtnis für die heutige und folgende Generationen zu schließen.

Dank der Unterstützung des Zentrums für Militärgeschichte und Sozialwissenschaften der Bundeswehr (ZMSBw) begannen im August 2012 die ersten Recherchen, wobei ich auf bereits vorliegende Übersichten zurückgreifen und mich auf Teile des Standardwerkes sowie auf weitere Sekundärliteratur abstützen konnte. Ohne die fachliche und administrative Unterstützung sowohl im Bundesarchiv, Abteilung Militärarchiv, als auch im ZMSBw wäre dieses Buch

---

2   Zwischen 1914 und 1918 wurden 48.000 Luftfahrzeuge produziert, aber keine militärischen Transportflugzeuge. Vgl. Gorontzy, Lilienthals Vermächtnis, S. 116f. Die Hubschrauber kamen über erste Einsätze vor allem bei der Marine nicht hinaus.
3   Lemke, Die Luftwaffe.
4   Ahrens, Die Transportflieger der Luftwaffe und der Jugoslawienkrieg.

nicht entstanden. Im Schwerpunkt konnte ich auf bislang unerschlossene Unterlagen sowie zahlreiche authentische Zeitzeugenberichte zurückgreifen. Deren Auswertung einschließlich zahlreicher Notizen, Tage- und Flugbücher, Lehrgangsbefehle und Einsatzaufzeichnungen sowie mündlicher Auskünfte konnten Lücken in den Archiven schließen. Dass sich dadurch an einigen Stellen dieser Studie subjektiv gefärbte Ansichten ergaben oder eventuell Irrtümer im zeitlichen Ablauf eingeschlichen haben, war dabei hinzunehmen.

Mit dem weitgehenden Ableben der Kriegsgeneration war im Jahr 2012, dem Beginn meiner Recherchen, bereits wertvolles individuelles Wissen verloren gegangen. Grade noch rechtzeitig gelang es, zwei Kriegsteilnehmer und mehr als 60 Angehörige der ungedienten »Kriegskindergeneration« (meist 1930er Jahrgänge) als Zeitzeugen für Beiträge und Auskünfte zu gewinnen. Allein vom Umfang der Recherchen und den verfügbaren Unterlagen her musste sich die Untersuchung und Darstellung weitgehend auf das »Führungspersonal« der Transportflieger (ab Staffelkapitän sowie vergleichbarer Stabs- und Schulverwendungen) beschränken. Das tat dem grundsätzlichen Erkenntnisgewinn aber keinen Abbruch.

Gemäß den damaligen Überlegungen zu Konzeption und Einsatz des Lufttransportes behandelt mein im Frühjahr 2019 erschienener erster Band »Die Transportflieger der Luftwaffe 1956 bis 1971[5]« das Gewinnen von Freiwilligen für die Bundeswehr und die Transportfliegerei auch mit Blick zurück auf die Wehrmacht, die materielle Ausstattung der Transportflieger sowie in einem kurzen Abriss den organisatorischen Aufbau der Luftwaffe. Ausführlich wird die Erstausbildung der Transportflieger mit der Flugzeugführerschule (FFS »S«) dargestellt. Der zuweilen sehr detaillierte Blick auf die Lufttransportverbände und ihre Führung von 1956 bis 1971 soll einen lebendigen Eindruck vom Alltag der Transportflieger in Stäben und in der Truppe vermitteln. Dieser Teil umfasst das Lufttransportkommando der Bundeswehr (LTKdo Bw; ab 1961) und das Lufttransportkommando als Luftwaffendivision (LTKdo; ab 1968), die drei Lufttransportgeschwader und die Flugbereitschaft BMVg. Mit der Einführung der Transall C-160, der Umschulung der Besatzungen und den ersten weltweiten Einsätzen endet der Teil über die Flächenflugzeuge.

Damit konnte der erste Band trotz seines Umfangs noch keinen Anspruch auf Vollständigkeit erheben[6]. Das vorliegende Buch soll nun diese

---

[5]    Ahrens, Die Transportflieger der Luftwaffe, S. 40-83.
[6]    Der zeitliche Rahmen ergibt sich – wie später im Einzelnen beschrieben – aus den ersten Aussagen zur deutschen Transportfliegerei in der »Himmeroder Denkschrift« aus dem Jahr 1950 und der Aufstellung der Flugzeugführerschule »S« im Jahr 1956 bis zur Verlegung des Lufttransportkommandos an seinen Endstandort Münster, der Verlegung des Hubschraubertransportgeschwaders 64 von Landsberg an seinen Endstandort Ahlhorn bei zeitgleicher Auflösung des dortigen Lufttransportgeschwaders 62, sowie der Aufstellung der Hub-

Lücke mit der Darstellung der Hubschrauber der Luftwaffe und des Such- und Rettungsdienstes unter Berücksichtigung von Konzeption, Aufbau und Einsatz im selben Zeitraum schließen, ohne die bereits im ersten Band abgehandelte Thematik erneut im Detail aufzugreifen. Auf eine umfassende Darstellung des LTKdo Bw und der drei Lufttransportgeschwader, die keine Hubschrauber führten, wird daher verzichtet, sie wird lediglich ergänzt. Die Flugbereitschaft wird mit dem Schwerpunkt der Ausrüstung und des Einsatzes der VIP-Hubschrauber erneut behandelt, die Luftwaffen-Rettungs- und Verbindungsstaffeln und das Hubschraubertransportgeschwader 64 vorgestellt (HTG 64)[7] sowie die Hubschrauberführerschule der Luftwaffe (HFSLw) angesprochen. Einen weiteren Schwerpunkt bildet der Abschnitt über den SAR-Dienst der Luftwaffe. Ein Blick auf die Aufstellung der Heeresflieger und ihre Verbindungen zur Luftwaffe rundet das Bild ab.

Daher wird (parallel) die Lektüre des ersten Bandes empfohlen. Nur gemeinsam ergeben beide Bände auch mit ihren Anhängen als Nachschlagewerk ein nahezu vollständiges Bild der Transportflieger der Luftwaffe in den Aufbaujahren unserer Bundeswehr.

---

schrauberführerschule der Luftwaffe in Faßberg, alle im Jahr 1971 – also einem Jahr der Zäsur für die Transportflieger am Ende der eigentlichen Aufbaujahre der Luftwaffe.
[7] Siehe hierzu umfassend die Chronik des HTG 64 »Einmalig«.

# I. Entwicklungen und Konzeption der Hubschrauber

»Jener absolut fantastische, absurd unwahrscheinliche mechanische Apparat, der Hubschrauber, ist endlich eine praktische Realität. In den kommenden Jahren wird er Ihr Leben mehr verändern, als Sie glauben.«[8]
Diese Erkenntnis aus dem Jahr 1944 sollte für unsere Luftwaffe allerdings erst nach der Aufstellung der Bundeswehr bewahrheiten und mit dem Beginn der Hubschrauberausbildung ab 1956 und den folgenden Einsätzen in Erfüllung gehen.

Beim (zu) raschen Aufbau der Luftwaffe lag der Schwerpunkt eindeutig auf den Fliegenden Kampfverbänden der Luftwaffe. Zahlreiche Flugunfälle von Anbeginn an, schon vor der sogenannten »Starfighter-Krise«[9] im Jahr 1966, zwangen zum Aufbau eines funktionierenden nationalen SAR-Dienstes, von der hierfür ohnehin einzugehenden internationalen Verpflichtung der Bundesrepublik Deutschland mal ganz abgesehen. Die SAR-Rolle stand demnach bis zur Einführung des Mehrzweckhubschraubers Bell UH-1D im Jahr 1968 beim Hubschraubertransportgeschwader 64 (HTG 64) im Mittelpunkt der Planungen und des Einsatzauftrages der drei Luftwaffen Rettungs- und Verbindungsstaffeln. Gleiches galt für die Marine mit Schwerpunkt über See, während das Heer von Anbeginn an seinen Bedarf für eigene Verbindungs- und Beobachtungshubschrauber anmeldete. Der Führungsstab des Heeres im BMVg strebte ab Ende der 1960er Jahre zudem eine eigene, von der Luftwaffe möglichst unabhängige Lufttransportkapazität an, er erhielt diese letztlich ab 1968 mit dem LTH[10] Bell UH-1D und ab 1972 mit dem MTH Sikorsky CH-53.

## 1. Der deutsche Hubschrauber bis 1945

Für die bereits in der Wehrmacht im Kriegseinsatz gestandenen Flugzeugführer (mit wenigen Ausnahmen) stellten die Hubschrauber völliges fliegerisches Neuland dar. Die ersten Hubschrauber in der Wehrmacht waren über das Erprobungsstadium und erste kleinere Einsätze nicht hinaus gekommen[11]. Die u.a. durch die deutschen Hubschrauberpioniere Heinrich Focke und Anton Flettner entwickelten und in geringen Stückzahlen gebauten Muster verfügten nur über sehr begrenzte Einsatzmöglichkeiten. Diese hatte vor allem die

---

8   C.BV.F. Mc Auley, »The Helicopters are Coming«, 1944. In: Rotorblatt Special, S. 9.
9   Vgl. Möllers, Das Ringen um die Kompetenzen.
10  LTH: Leichter Transporthubschrauber; MTH: Mittlerer Transporthubschrauber.
11  Vgl. Braun, Kolibri und Drache, S. 20-35; sowie Polte, Hubschrauber.

Kriegsmarine erkannt und sie im Einsatz erprobt[12]. Allerdings hatte sich der Generalluftzeugmeister der Luftwaffe in seinen Richtlinien vom 20. Oktober 1942 bei der Entwicklung von Transportflugzeugen auch zu den Hubschraubern geäußert. Darin hieß es[13]:

>»In Zusammenarbeit mit Heer und Marine hat die Entwicklung der Luftwaffe auf dem Gebiet der Hubschrauber wesentliche Beiträge für die anderen Wehrmachtsteile zu leisten. Einsatzmöglichkeiten:
> 1. Ersatz des Fesselballons für Artilleriebeobachtung
> 2. Verbindungsflugzeug
> 3. Beobachtungsflugzeug und Borderkunder für Einsatz auch auf kleinsten Schiffseinheiten
> 4. Seenotflugzeuge
> 5. Lastenträger.
> Dieser Entwicklung ist besonderes Augenmerk zu schenken.«

Erster deutscher *Transporthubschrauber* war der vom Focke 61 abgeleitete Focke FA 223 Drache[14]. Beide Muster zeichneten sich durch die Tandemauslegung ihrer zwei Rotoren aus. Nach der Fertigung erster Prototypen der FA 223 im Jahr 1942 endete die Produktion als Folge von Bombardierungen des Werkes durch die Alliierten. Nur 20 Hubschrauber gingen an die Luftwaffe. Der erste erfolgreiche Rettungsflug mit der FA 223 gelang am 6. März 1945 mit der Bergung des Flugzeugführers einer abgestürzten Me 109[15].

## 2. Erste deutsche Hubschrauberentwicklungen 1945 bis 1956

Auch im Ausland hatten die ersten Hubschrauberkonstrukteure Fortschritte gemacht[16]. Einer von ihnen war Igor Sikorsky[17], unter dessen Mustern die S-64 Skycrane und S-58 (H-34) in den Aufbaujahren der Bundeswehr zum Einsatz kamen.

---

12  Vgl. Bussiek, »Bordhubschrauber für die Kriegsmarine«, S. 42-44. Nach Polte, Hubschrauber, S. 44, kam der FL 282 Kolibri aktiv zum militärischen Einsatz. »So gab es eine provisorisch gebildete Bordflugstaffel in Kiel-Holtenau, eine Artillerie-Beobachterstaffel verfügte über drei FL 282 und bei der Verteidigung von Berlin kamen von Berlin-Rangsdorf aus ein oder zwei Kolibris zum Einsatz«. Eine ausführliche Beschreibung hierzu findet sich auch bei Braun im Rotorblatt Special, S. 20-35, vgl. auch Fliegerblatt Nr. 5/2014, S. 108f.
13  Morzik, Die Transportflieger, S. 269.
14  Der Fw 61 wurde 1938 durch die Schwebeflüge mit der Pilotin Hanna Reitsch und Karl Bode in der Berliner Deutschlandhalle weltbekannt, vgl. Marck, Frauen erobern die Lüfte, S. 176-183, sowie Polte, Hubschrauber, S. 35f.
15  Vgl. Bussiek, Fockes »Drache«, S. 50-52.
16  Vgl. Braun, Eine ausgewählte Geschichte des Helikopters, Rotorblatt Special, S. 12-19.
17  Vgl. Braun, Die VS-300 - Igor Sikorskys lange Reise an das Ziel seiner Träume. In: Rotorblatt Special, S. 36-49, sowie Polte, Hubschrauber, S. 103-105.

Auf die früheren Erkenntnisse beim Bau und Einsatz von Hubschraubern konnte man – auch mit Blick auf die Erfahrungen der Alliierten in den Nachkriegskonflikten (Korea, Vietnam) – zunächst beim Aufbau der Bundeswehr nur bedingt zurückgreifen. An die Entwicklung eigener kurzfristig einsetzbarer militärischer Hubschraubermuster war zunächst nicht zu denken. Dafür fehlten die industriellen Vorausetzungen, einschließlich des notwendigen Know-how, vereinzelt auch die finanziellen Möglichkeiten. Zudem erlaubte der rasche Aufbau der Bundeswehr keine langen Entwicklungszeiten – fertige Muster waren gefragt.

»Die während des Zweiten Weltkrieges entwickelten Hubschrauberprojekte waren inzwischen im Ausland weiterentwickelt worden und dienten dort als Grundlage für neue Entwicklungen, z.B. in den USA Nachbau des Flettner-Rotorsystems (K-Max), in Frankreich wurde aus der Fa 283 von Prof. Focke die Alouette entwickelt und mit der Rotoranordnung der Focke Fa 284 wurde 30 Jahre später in Russland mit der Mil Mi-12 der bisher größte Hubschrauber der Welt gebaut. Für den Neubeginn in Deutschland gab es nur im geringfügigen Maße Unterstützung von ausländischen Firmen. Wenige der Konstrukteure aus den früheren deutschen Entwicklungsmannschaften kamen in die neu gegründete Bundesrepublik Deutschland zurück, einige unterstützten vom Ausland aus dem Wiederaufbau der deutschen Hubschrauberindustrie. Die deutschen Entwicklungen aus dem Zweiten Weltkrieg ließen sich für den Wiederbeginn nur begrenzt nutzen. In den zehn Jahren der für Deutschland von den Alliierten verordneten Zwangspause wurden im Ausland, aufbauend auf den deutschen Entwicklungen, enorme Fortschritte im Bereich Luftfahrttechnik, Werkstofftechnologie und Rechenverfahren gemacht, die kaum einzuholen waren[18].«

Die von den deutschen Merckle-Flugzeugwerken entwickelte SM 47[19] als erstem deutschen Hubschrauber mit Turbinenantrieb (Triebwerk Turbomeca Artouste II C mit 405 PS), Erstflug am 12. April 1961, hatte große Ähnlichkeit mit der französischen Alouette II, die das gleiche Triebwerk besaß. Aufgrund der früheren Verfügbarkeit der Alouette II (und wohl auch der Intervention von Minister Strauß) entschied sich das Bundesamt für Wehrtechnik und Beschaffung (BWB) für deren Ankauf.

Auch der Experimentalhubschrauber Bo 46 V1[20] der Firma Messerschmidt-Bölkow-Blohm (MBB) ging im Januar 1964 in die Flugerprobung. Er hatte ein Fluggewicht von ca. 2.000 kg, ein Haupttriebwerk Turbomeca Turmo

---

[18] Polte, Hubschrauber, S. 53.
[19] Ebd., S. 54f.
[20] Ebd., S. 64f. Es handelte sich um einen Hubschrauber mit Hochgeschwindigkeitsrotor mit gesteuerter Vor- und Zurück-Schwenkbewegung der Rotorblätter (System Derschmidt).

III b mit 800 PS und sollte mit zwei zusätzlichen Schubtriebwerken eine Geschwindigkeit von ca. 400 km/h erreichen. Technische Schwierigkeiten (Instabilität) führten aber zum Abbruch der Entwicklung.

Somit blieb vorerst nur der Weg über die technische Musterbetreuung von Komponenten (z.B. Motoren) oder die Wartung und Instandsetzung kompletter ausländischer Hubschrauber bis zum Lizenzbau ausländischer Muster (u.a. später der Bell UH-1D durch die Firma Dornier).

## 3. Konzeptionelle Vorstellungen zum Einsatz von Hubschraubern der Luftwaffe ab 1956

Konzeptionelle Papiere aus dem »Amt Blank« und den ersten Anfangsjahren des BMVg, die einen konkreten, operationell abgeleiteten Bedarf von Hubschraubern in Krise und Krieg für die »neue« Luftwaffe begründen, lagen dem Autor nicht vor. So bestand in den ersten Jahren des Aufbaus der Luftwaffe der Auftrag der Hubschrauber in der Ausbildungsgruppe C/FFS »S« und in den drei Luftrettungs- und Verbindungsstaffeln (LRetVerbStff) überwiegend in der Ausbildung und der Sicherstellung des SAR-Dienstes. Bedarfsweise kamen gelegentliche Verbindungsflüge für Personal (einschließlich der VIP), der Transport von Material und der Einsatz in Katastrophenfällen (z.B. Flutkatastrophe Hamburg 1962) hinzu. Das lag auch in der noch recht geringen Transportkapazität der eingeführten Muster. Auch die den Rettungsstaffeln (LRetStff) später beigestellten Verbindungsflugzeuge Do 27, die sie dann zu Rettungs- und Verbindungsstaffeln erweiterten, konnten daran nichts ändern.

Erst 1964 legte der Führungsstab der Luftwaffe (Fü L) auf Weisung des Führungsstabes der Bundeswehr (Fü B), der die Beschaffung von mittleren Transporthubschraubern anstrebte, eine umfassende Untersuchung über den Bedarf an Transporthubschraubern der Luftwaffe vor[21]. Diese ist als erste konsolidierte Auffassung der Luftwaffe mit Blick auf Auftrag, Konzeption und Einsatzgrundsätzen von Transporthubschraubern anzusehen. Auf ihr basierte ein späterer Sprechzettel für den Inspekteur der Luftwaffe für eine Tagung mit seinen ausländischen Kollegen im Jahre 1967[22].

---

[21]  BArch, BL 1/4513, Fü L/Fü L II 4 - Az 10-51-14, TgbNr. 8137/64 v. 29.9.1964. Betr.: Beschaffung mittl. Hubschrauber; hier: Hubschraubertransportstaffeln der Luftwaffe. Bezug: Fü B - Fü B III 3 - Az. 31-50-10-42, TgbNr. 4130/64 v. 8.7.1964. i.V. Schlichting. GenMaj. Friedrich-Karl Schlichting, ChefStab Fü L u. Stv Insp L 10/63-3/66. Vgl. auch Range, Kriegsgedient, S. 447.

[22]  BArch, BL 1/4513, BMVg Fü L III 3, Az. 10-51-14 v. 10.10.1967: Sprechzettel für die 9. Besprechung der Chefs der Konsortien-Luftwaffen [d.h. für Insp L] in Fürstenfeldbruck zum 19./20.10.1967; Betr.: Employment of helicopters in support of tactical air units.

Im Abschnitt »Allgemeines« setzt sich das o.a. Papier mit dem möglichen Einsatzszenario mit Schwerpunkt in der Vorderen Kampfzone auseinander. Wörtlich heißt es:

> »Besonders in der Kampfzone wird der Hubschrauber in einer Vielzahl von Situationen allen anderen Transportmitteln überlegen sein. Der Kampfzonenlufttransport soll die Versorgungskette zum Bedarfsträger in der Kampfzone zu jeder Zeit, an jedem Ort und nach Möglichkeit auch bei schlechtestem Wetter *unter allen Umständen* schließen [sic], wo alle anderen Transportmittel versagen. Hier kommt der Hubschrauber aufgrund seiner Leistungscharakteristik zum Einsatz. Dagegen werden die Transportflugzeuge Noratlas und später die Transall C-160 (an Start- und Landebahnen gebunden) mit Sicherheit für einen großen Teil der Transportaufgaben in der Vorderen Kampfzone ausscheiden. Nicht zuletzt durch das erhebliche Risiko der Flüge im Bereich der Jäger und Flugabwehrraketen des Gegners. Dazu kommt, dass alle drei LTG (fixed Wing) der NATO assigniert sind, also auch für Transportaufgaben der NATO im Verteidigungsfall zur Verfügung stehen und im nationalen Bereich für alle Teilstreitkräfte und sonstige Kommandobehörden für dringende Lufttransporte zum Einsatz kommen. Eigene Lufttransportmittel standen daher für den Verteidigungsfall der Luftwaffe nicht zur Verfügung.«

Dies war hinsichtlich der angeblichen Wetterunabhängigkeit von Hubschraubern eine viel zu optimistische Einschätzung. Darüber hinaus impliziert diese erstaunliche Feststellung, dass die nationalen Lufttransporteinheiten und Verbände ausschließlich für den Bedarf der NATO, der immerhin auch die Kampfverbände der Luftwaffe im Verteidigungsfall unterstanden, zum Einsatz kämen. Auch die Aussage, dass die als »Kampfzonentransporter« entwickelten (Transall Erstflug 1963) und die bereits seit 1957 im Bestand der Luftwaffe befindlichen Noratlas für den Einsatz in der vorderen Kampfzone überwiegend ausfielen, entbehrte jeder Grundlage[23]. Weiter heißt es:

> »Für die Luftwaffe, bereits in Friedenszeiten im unmittelbaren Kampfraum eines möglichen Krieges stationiert, ist die Sicherstellung der dringendsten Versorgung und der Mobilität im Bereich von der hinteren bis zur vorderen Kampfzone für ihren Einsatz lebenswichtig. Hubschraubertransportstaffeln sollen daher die Lufttransportgeschwader (Noratlas

---

[23] Das Gegenteil ist der Fall. Vgl. Ahrens, Der Einsatz mittlerer Transportflugzeuge in der vorderen Kampfzone. Die Ju 52 im Zweiten Weltkrieg sowie die Transporter der USA in Korea und in Vietnam stehen bei Berücksichtigung der jeweiligen Lage für durchaus erfolgreiche, wenngleich auch teilweise verlustreiche Einsätze von Flächenflugzeugen in der Vorderen Kampfzone. Aber das unterliegt stets einer lageabhängigen konkreten Güterabwägung.

und Transall C-160) ergänzen [aha! Anm. d. Verf.]. Sie sind das letzte Glied der Versorgungskette, das bisher, *im Gegensatz zum Heer*, der Luftwaffe fehlte.«

Die vermeintlich eingeschränkte Wirksamkeit und Verfügbarkeit der Kampfzonentransporter Noratlas und Transall dienten demnach dem Fü L vor allem als Argument für die Beschaffung von eigenen Hubschraubern, u.a. um eine mögliche Abhängigkeit von Einsätzen der Heeresflieger für eventuellen Luftwaffenbedarf zu vermeiden. Hier wurde der sich verstetigende Konkurrenzgedanke sichtbar. Die weitgehende Negierung von Einsätzen der bereits vorhandenen Kampfzonentransporter der Luftwaffe in der vorderen Kampfzone hatte zur Folge, dass nun auch das Heer mit deren Einsatz für den eigenen Bedarf nicht mehr verlässlich rechnen konnte. Die Bemühungen des LTKdo in den 1980er Jahren, das Heer für das Konzept des »Raumdeckenden Lufttransportes«[24] durch Einsätze der Transall unter Nutzung von Behelfsflugplätzen zu erwärmen, fand dort folglich wenig Akzeptanz.

Abgeleitet von Auftrag und Aufgabenstellung beschreibt das Papier ferner die einzelnen Aufgabenstellungen für die Hubschraubertransportstaffeln im Frieden, in Spannungszeiten und im Krieg.

Insgesamt erkannte der Fü L den erhöhten Bedarf der Bundeswehr an leichten und mittleren Hubschraubern an. Für ihn lag der Schwerpunkt ihres Auftrages in der logistischen Unterstützung des Heeres. Für den Einsatz in der Kampfzone forderte er, dass die »Einsatzgrundsätze und die Taktik des militärischen Lufttransportes, vor allem bei Einsatz mittlerer Hubschrauber, dem entsprechen.« Einen Teil leichter Hubschrauber sah der Fü L zur unmittelbaren Unterstützung der Truppe (Transport von Dringlichkeitsmaterial) und für Verbindungsaufgaben als teilstreikraftgebunden.

Daraus ergaben sich für den Auftrag des 1966 aufgestellten HTG 64 folgende Aufgaben:

- Such- und Rettungsdienst im Bereich der Bundeswehr und NATO-Alliierter Verbände sowie im zivilen Bereich innerhalb der Bundesrepublik,

- Katastrophenhilfe,

- Kranken- und Verletztentransporte im Bereich der Bundeswehr und im zivilen Bereich der Bundesrepublik,

---

24 Das Konzept hatte Anfang der 1980er Jahre der Chef des Stabes LTKdo, O i.G. Backerra, im Sinne des LTKdo als Dienstleister für die Bundeswehr angestoßen und vorangetrieben. Dazu gehörten u.a. die Erkundung von Ausweich- und Behelfsflugplätzen zum Betrieb mit der Transall, Erprobung von Absetz- und Abwurfverfahren und entsprechende taktische Übungseinsätze für die Besatzungen, teilweise unter Beteiligung der Luftlandetruppen des Heeres. Verbindliche Bedarfszusagen des Heeres blieben allerdings aus verschiedenen Gründen aus.

- Materialtransporte zur Erhöhung der Einsatzbereitschaft der Einsatzverbände im Bereich der Luftwaffe,
- Transport von Spezialpersonal (Log) und Verbindungsflüge (VIP),
- Spezialaufträge im Bereich der Wirtschaft,
- ATV (Auswertung, Truppenversuch, Vorschriften),
- und die Ausbildung von Hubschrauberbesatzungen.

Offenbar legten die italienischen Gesprächspartner im Oktober 1967 eine eigene Studie zum Einsatz von schweren Hubschraubern für den Bedarf ihrer Luftwaffe in Krise und Krieg vor. Der Fü L III nahm hierzu grundsätzlich positiv Stellung und schlug eine weitergehende Prüfung vor[25]. Insgesamt wurde dem Hubschrauber nunmehr eine nur *geringe* Überlebensfähigkeit über Feindgebiet oder bei einer zu dichten Annäherung an die Front eingeräumt, auch der Schutz durch eigene Luftkriegsmittel ohne Erringen der Luftüberlegenheit als sehr begrenzt eingeschätzt. In seiner weiteren Stellungnahme an den Fü L III 3 zum italienischen Vorschlag der Verwendung von schweren Hubschraubern für Jagdbombergeschwader mit »Strike Auftrag« empfahl der Fü L III 8 u.a.[26]:

> »Personal- und Materialaufwand deutscher schwerer Hubschrauber sind angesichts der Haushaltslage und des Personalumfanges offenkundig so bedeutend, dass [eine] Verwirklichung kaum realisierbar erscheint.«

Mit der »Militärischen Forderung für den Transporthubschrauber 6 t« im Jahr 1967 leitete das Heer die Beschaffung der Sikorsky CH-53 ab 1972 ein[27] und meldete für den Zeitraum ab 1968 einen Bedarf von insgesamt 153 Hubschraubern an.

Allerdings hatte sich Oberstleutnant Karl Rammelt bereits im Juli 1965 eigeninitiativ in der Hubschrauber-Lehr-, Versuchs- und Transportstaffel (HLVsuTrspStff) in Fürstenfeldbruck mit dem Thema »Aufstellung von mittleren (schweren) Hubschrauber-Transportstaffeln« befasst und »Gedanken zum Verwendungszweck und zur Unterstellung der Verbände« der Inspektion Kampfverbände der Luftwaffe vorgelegt[28]. Zur Unterstellung führte er aus:

> »Dass der Einsatz einer größeren Anzahl von Hubschraubern nur dann erfolgversprechend durchgeführt werden kann, wenn er bis ins Detail auf

---

[25] BArch BL 1/4748. BMVg, Fü L III 3, Az 10-51-12, undatiert, wahrscheinlich 11/1967. Betr.: Verwendung von schweren Hubschraubern für Unterstützung von leKG [leichten Kampfgeschwadern mit G.91].
[26] BArch BL 1/4748. BMVg Fü L III 8 (o. Az.) v. 24.11.1967. Auf die weiteren Argumente mit Blick auf »Strike« kann hier aus Sicherheitsgründen nicht eingegangen werden.
[27] BArch, BL 1/4513. LwA A 3 II – Az 80-50-25-01 v. 23.2.1967. Militärische Forderung an das Wehrmaterial. Trsp Hubschr 6 t, Planungsnummer: 1520-12240. [Zuständigkeitshalber genehmigt v. Stv. Insp L am 17.2.1967].
[28] BArch, BL 1/4513. ATP-Gruppe, HubschrLVsuTrspStff - Az: 43-7010 v. 29.7.1965.

die Erfordernisse der taktischen Luftkriegsführung abgestimmt ist, und mit der unter Umständen sehr rasch wechselnden Luftlage in Einklang gebracht wird, ergibt sich die Forderung nach Unterstellung dieser Verbände unter Luftwaffenführungs- und Einsatzstäbe. Hinzu kommt, dass die Starrflügeltransportverbände bereits der Luftwaffe unterstehen. Daher sollten auch die Hubschrauber-Transportverbände, die die Lufttransportkette bis in den Kampfraum hinein verlängern, ebenfalls der Luftwaffe unterstellt werden. Innerhalb der Luftwaffe empfiehlt sich aus einsatztechnischen Gründen eine Unterstellung unter die Luftwaffeneinsatzdivisionen.«

Obwohl die Aufstellung des HTG 64 als zentral führender Einsatzverband 1966 bevorstand, hielt Rammelt an einer dezentralen, und damit wenig effektiven Führung mittlerer Hubschrauber fest. Alleine eine wahrscheinlich ohnehin nur begrenzte Anzahl dieser Luftfahrzeuge für die Luftwaffe hätte die »Führung aus einer Hand« zwingend erfordert.

Auch bei der »Planuntersuchung über Einsatz mittlerer Hubschrauber im Rahmen eines Korps« an der Führungsakademie der Bundeswehr im November 1965 traten die unterschiedlichen Auffassungen zwischen dem Generalinspekteur der Bundeswehr und dem Inspekteur der Luftwaffe (skeptisch) und dem Inspekteur des Heeres (positiv und fordernd) klar zutage[29]. Denn spätestens der erfolgreiche Einsatz von US-Hubschraubern im Vietnamkrieg sowohl in der SAR-/CSAR-Rolle als auch im schnellen und überraschenden Einsatz für die U.S. Army bewogen die Führung des Heeres, sich in der Vorderen Kampfzone eigene luftbewegliche Mobilität zu schaffen. Da die Luftwaffenführung Einsätze in der Vorderen Kampfzone seit Mitte der 1960er Jahre mit Kampfzonentransportern nahezu ausschloss und auch für Hubschrauber grundsätzlich kritisch sah, lehnte Inspekteur Steinhoff die Mitzeichnung der Beschaffungsvorlage für »Mittlere Transporthubschrauber des Heeres« (CH-53) zunächst in einem Entwurf u.a. mit folgender Begründung ab[30]:

»Die Überlebensaussichten für Hubschrauber im Raum bis zu etwa 100 km hinter dem VRV[31] sind bei der zu erwartenden Lufttätigkeit des potenziellen Gegners, insbesondere bei Sichtflugwetterbedingungen, außerordentlich gering. Die Bedrohung ist tödlich (Jagdflugzeuge in der DDR und CSR)[32]. Ich warne vor Übertragung von Vietnam-Erfahrungen auf

---

29  BArch, BL 1/4748. Fü L III 1 (o. Datum, wohl Mitte 11/1965). Vermerk über *Schlussbesprechung* »Planuntersuchung über Einsatz mittl. Hubschrauber im Rahmen des Korps« bei FüAkBw 9./10.1965.

30  BArch, BL 1/4513. Fü L den 9.5.1968. Mitzeichnungsbemerkungen zur Vorlage Mittlerer Transporthubschrauber. gez. Steinhoff.

31  VRV: Vorderer Rand der Verteidigung.

32  Spätere Versuche eines erfolgreichen Angriffs von Kampfflugzeugen der Luftwaffe (G.91 und F-104) auf in sehr niedrigen Höhen agierende Hubschrauber bewiesen allerdings das

den europäischen Kriegsschauplatz. Die Aufgabe Transport von Truppen in die vordere Kampfzone zur Schwerpunktbildung in Krisenlagen ist nur durchführbar, solange noch keine Kampfhandlungen ausgebrochen sind, sie verbietet sich nach Kriegsbeginn auf einem mitteleuropäischen Kriegsschauplatz. Bei Krisenlagen ist jedoch unklar, an welchen Ort Truppen zu transportieren sind und ob der Lufttransport das geeignete Mittel ist, da
- dann noch anderer Transportraum zur Verfügung steht
- eine Tarnung von Lufttransportbewegungen unmöglich ist
- eine Krisenlage durch solche erkennbaren Bewegungen verschärft wird.
Ich bitte daher, diesen Punkt im Aufgabenkatalog zu streichen.«

Ob der Einsatz von Kampfflugzeugen der Luftwaffe bzw. NATO in der Vorderen Kampfzone weniger verlustreich gewesen wäre, sei dahingestellt. Der für »Konzepte und Einsatz« zuständige Stabsabteilungsleiter Fü L III, Brigadegeneral Hans-Werner Mehlen (im Mitzeichnungsgang allerdings nicht beteiligt), wandte sich in einem Vermerk an den Stellvertreter des Inspekteurs, in dem er die Ausführungen des Inspekteurs teilweise relativierte und um die zukünftige Beteiligung der Unterabteilung Fü L III entsprechend der Gemeinsamen Geschäftsordnung der Bundesregierung (GGO) an der Bearbeitung solcher grundlegenden Probleme bat[33]. Dass hier der fachlich zuständige Stababteilungsleiter nicht beteiligt wurde, lässt vermuten, dass die eigentlichen Gründe für die abwehrende Haltung Steinhoffs auf anderem Gebiet lagen. Sie mag in der Sorge um finanzielle Verdrängungseffekte für die Luftwaffe oder gar vor einer Konkurrenz des Heeres auf dem Gebiet des nationalen Lufttransportes begründet gewesen sein – die ist heute nicht mehr aufklärbar. Die finale Form der Stellungnahme Steinhoffs ist leider nicht bekannt. Sie hatte aber auf den positiven Verlauf des Beschaffungsvorhabens für das Heer offenbar keinen wesentlichen Einfluss.

Auch griff die Luftwaffenführung spätere Vorschläge von Rammelt zur Einführung eines Kampfhubschraubers in die Luftwaffe nicht auf[34]. Im Ge-

---

Gegenteil! Bereits im Frühjahr 1944 hatte die dem Hubschraubereinsatz skeptisch gegenüberstehende Luftwaffe der Wehrmacht einen »Luftkampf« zwischen der Flettner 282 und einer Fw 190 angeordnet. Das Jagdflugzeug konnte schon damals keinen Treffer beim Helikopter erzielen. Vgl. Braun, Kolibri und Drache-Heinrich Focke, Anton Flettner und ihre Meisterstücke. Eine größere Bedrohung für Hubschrauber stellte im o.a. Szenar hingegen die bodengebundene Flak und die infanteristische »Fliegerabwehr aller Truppen» des Gegners dar.

[33] BArch, BL 1/4513. Fü L III an Stv InspLw v. 13.5.1968. Betr.: Mitzeichnungsentwurf Fü L für mittleren Transporthubschrauber Heer.

[34] Auf eine ausführliche Darstellung wird aufgrund der Schwerpunktthematik dieses Buches verzichtet.

gensatz zur Luftwaffenführung hatten die Inspekteure des Heeres schon Anfang der 1960er Jahre ihren Blick auf Überlegungen der NATO-Partner und der Streitkräfte des Warschauer Paktes gerichtet. In einem Beitrag des Heeresinspekteurs, Generalleutnant Albert Schnez, aus dem Jahr 1971 stellte dieser aus Sicht des »Verteidigers« (auch hinsichtlich der Notwendigkeit zur Einführung eines Kampfhubschraubers) in einem konventionellen Krieg fest[35]:

> »Einwände konzentrieren sich zumeist auf eine angebliche *Überschneidung mit Luftwaffenaufgaben*, eine scheinbare hohe *Verwundbarkeit des Hubschraubers* und Zweifel an der *Beherrschung dieses Waffensystems* durch das Heer. *Solche Bedenken sind nicht gerechtfertigt.* Die Hubschrauber haben im System der Waffengattungen der Landstreitkräfte und deren Rollen- und Aufgabenverteilung einen festen Platz. Überschneidungen mit den Aufgaben der Luftwaffe sind leicht vermeidbar. Die hohe Bedeutung von Luftstreitkräften für die Gesamtoperationen wird keineswegs gemildert. Die Befürchtung hoher Verwundbarkeit von Hubschraubern scheint sich an dem irrealen Bild hoch am Himmel dahinziehender und ferner Ziele im Feindesland ansteuernder Hubschrauber-Pulks zu orientieren. Dass defensive Luftbeweglichkeit anders aussieht, ist bereits dargelegt worden.«

Dem ist kaum zu widersprechen und es ist erstaunlich, dass zwei Inspekteure in ihren Einschätzungen zum erfolgreichen Einsatz von Hubschraubern zu völlig konträren Bewertungen gelangten. Insgesamt standen die Luftwaffeninspekteure über den SAR-Dienst hinaus bis in die 90er Jahre hinein der Notwendigkeiten und der Fähigkeiten der eigenen Hubschrauber zurückhaltend gegenüber, was sich in deren Stellung und Ausrüstung im *Team Luftwaffe* als »fünftes Rad am Wagen« (wie sie es empfanden) ausdrückte.

Erfolgreiche Einsatzmöglichkeiten von Hubschraubern in Krise und Krieg schätzte die Luftwaffenführung entgegen ihrer konzeptionellen Aussagen gegenüber dem Fü B im Jahr 1964 nun in 1967 plötzlich als recht gering ein. Einen dringlichen operationellen Bedarf in einem taktischen Luftkriegsszenario sah sie nur noch eingeschränkt. Auch nach der Einführung der modernen Bell UH-1D ab Frühjahr 1968 dauerte es zehn Jahre, bis der Fü L das für den Einsatz in Frieden, Krise und Krieg notwendige Einsatzkonzept erließ[36].

Der im Zweiten Weltkrieg hochdekorierte Jagdflieger Oberstleutnant Karl Rammelt[37] gehörte zu den ersten Hubschrauberführern der Bundeswehr an der FFS »S« in Memmingen. Er beschäftigte sich in verschiedenen Stabsverwendungen mit dem Hubschraubereinsatz in den Streitkräften. 1964 wurde er

---

35  Schnez, Das Heer und die Dritte Dimension, S. 585-587.
36  BArch BL 1/4748. BMVg Fü L III 3, Az 31-00-13-02 PO 320/1 TgbNr. 7824/78 v. 17.10.1978.
37  Vita OTL a.D. Karl Rammelt siehe Anhang. Vgl. auch Nachruf durch O a.D. Hans-Otto Elger aus dem Jahr 2007 (Beilage Rotorblatt), sowie Fliegerblatt Nr. 5/2014, S. 101.

mit der Durchführung der Truppenerprobung der Bell UH-1D beauftragt, die er mit viel Engagement und notwendigem Durchsetzungsvermögen, manchmal wohl auch mit ungewöhnlichen Methoden erfolgreich zu Ende führte. Letztendlich bestätigte er die Truppenverwendbarkeit dieses neuen Hubschraubermusters, das noch heute [2019] beim Heer im Einsatz ist. Als Angehöriger der ATV-Gruppe der Luftlande-/Lufttransportschule in Altenstadt war er an der Diskussion um die Luftbeweglichkeit des Heeres und die Überlebensmöglichkeiten des Hubschraubers gegen Angriffe durch Strahlflugzeuge beteiligt[38]. Seine Vorstellungen fanden bei der Luftwaffenführung wenig Gehör. Der damalige Inspekteur der Luftwaffe, Generalleutnant Steinhoff, äußerte sich denn auch gegenüber einem Referenten abfällig über die Hubschraubertruppe[39]. Das lag wohl nicht nur an einem mangelnden Interesse und Verständnis, sondern womöglich auch an schlechten Erfahrungen, die er selbst als Passagier an Bord »seiner Hubschrauber« gemacht hatte[40].

Es zeigt aber, dass offenbar auf dem Gebiet des Lufttransportes, sei es für Flächenflugzeuge oder Hubschrauber, beim Fü L noch keine fundierten, ausformulierten und realistischen Konzepte für den *gemeinsamen* Kriegseinsatz vorlagen, von realitätsnahen Übungen in einem simulierten Kriegsszenario mit anderen (Jäger, Jagdbomber) Luftkriegsmitteln ganz zu schweigen.

Die Luftwaffenführung unterschätze die aktuellen und potenziellen Entwicklungs- und Wirkungsmöglichkeiten dieses für sie »neuartigen« Luftkriegsmittels und zeigte über den SAR-Dienst hinaus in den Aufbaujahren und auch danach (im Gegensatz zum Heer) nur begrenztes konzeptionelles und operationelles Interesse an den Hubschraubern mit Blick auf das gesamte Einsatzspektrum der Bundeswehr.

---

[38]  Zudem hatte sich Rammelt zwischen 1991 und 1996 als Autor verschiedener Bücher mit deutscher Zeitgeschichte und deutschen Schicksalen von 1918 bis nach 1945 auseinandergesetzt.

[39]  Nach Aussage O a.D. Irmfried Zipser im Interview v. 25.9.2012 lehnte Steinhoff die von ihm beantragte Angleichung der Fliegerzulage auch für die Hubschrauberbesatzungen aufgrund der geplanten Erhöhung für die Strahlflugzeugbesatzungen schroff ab.

[40]  Darunter waren nicht nur eine sehr harte Landung, sondern auch der versehentliche kurzzeitige Überflug der Zonengrenze mit einer UH-1D bei sehr schlechtem Wetter. Dass der verantwortliche Hubschrauberführer unmittelbar nach der Landung seiner Lizenz verlustig ging, durfte nicht überraschen.

## II. Erste Planungen
## zur Einführung der Hubschrauber ab 1956[41]

Die Ausrüstung der Hubschrauberstaffeln und -verbände der Bundeswehr ging bis 1960 auf das Flugzeugprogramm aus dem Jahr 1956 zurück[42]. Die Vorlage bezog sich auf die Forderungen der NATO und die in den Pariser Verträgen verankerten deutschen Zusagen zu fliegenden Kampf- und Unterstützungsverbänden.

Zu den zwanzig fliegenden Geschwadern der Bundeswehr gehörten zwei Transportgeschwader, aber auch weitere andere für Heer, Luftwaffe und Marine. Das Soll von insgesamt 3.493 Flugzeugen (inkl. Ersatzflugzeugen) ist aus heutiger Sicht eine unglaubliche Zahl.

Die Begründungen der Auswahl der jeweiligen Flugzeugmuster erfolgten in den jeweiligen Sitzungen mündlich und sind ohne vorliegende Protokolle heute nicht mehr dokumentarisch nachvollziehbar.

Für die Luftwaffe waren später als Hubschrauber vorgesehen: Bell 47G-2, Hiller C-12[43], Sikorsky S-58 und die Vertol H-21C zur Ausbildung sowie Bristol 171 zur Ausbildung und für Rettungszwecke[44]. Für das Heer waren als leichte Hubschrauber für Versuchszwecke aufgeführt: Bell 47G-2, Hiller C-12, Sud-Ouest Djinn[45], Saunders-Roe Skeeter[46], und als mittlere Hubschrauber für Versuchszwecke: Bristol 171, Sikorski S-58, Piasecki H-21 sowie für die Marine als »Seenotflugzeuge« die Saunders-Roe Skeeter und Bristol 171.

Damit war die Mustervorauswahl bereits frühzeitig entschieden. So kam es (mit Ausnahme einiger Versuchsmuster) bis zur Einführung der Bell UH-1D ab 1968 und der Alouette II beim Heer[47] sowie der Westland Mk. 41 Sea King für die Marine bei der Luftwaffe zur (zeitweiligen) Beschaffung der

---

[41]  Einzelheiten zu den eingeführten Luftwaffenmustern finden sich im Anhang.

[42]  BMVg VI (Luftwaffe), TgbNr. 250/56 v. 18.4.1956. Das Papier ging an Richard Jäger, den Vorsitzenden des Bundestagsausschusses für Verteidigung und war durch Minister Blank unterschrieben. ArbGrp BMVg beim BArch.

[43]  Vgl. Holmes, S. 464: Hiller UH-12 Raven, USA.

[44]  Vgl. Wache, F-40: Bristol Typ 171 Sycamore MK. 52.

[45]  Vgl. Wache, F-40: Bell/Agusta Bell 47G-2, SNCASO S.O. 1221 *Djinn*, S. 24-27.

[46]  Vgl. Wache, F-40: Bell/Agusta Bell 47G-2, Saunders Roe *Skeeter Mk. 50*, S. 28-31 und Holmes, S. 479.

[47]  Die Auswahl der Alouette II erfolgte erst nach einem Vergleich im Frühjahr 1958 mit den Mustern Westland »Widgeon« (GB Nachbau S-51 von Sikorsky) und der Augusta/Bell 47 J »Ranger«. Mit Vertragsabschluss vom 29. März 1959 erwarb die Bw 130, danach nochmals 117 Alouette II SE-3130, also insgesamt 247; davon 20 für die Luftwaffe. Vgl. Wache, F-40, Körner, Alouette II, S. 4.

Bell/Agusta 47G-2, Bristol 171 Sycamore, Sikorsky S-58/H-34 G und Piasecki/Vertol H-21C.

## 1. Die US-Ausrüstungshilfe[48] und anderer Partner

Aufgrund der in der Himmeroder Denkschrift[49] dargelegten Ausführungen zu Umfang und Art deutscher Luftstreitkräfte war es für alle Beteiligten ersichtlich, dass eine rasche und den Anforderungen entsprechende Ausrüstung ohne massive externe Militärhilfe unmöglich war. Hierfür kamen aufgrund ihres enormen Rüstungspotenzials und aus politischen Gründen hauptsächlich die USA in Frage. Auch lag es im Interesse von Bundeskanzler Konrad Adenauer, die USA eng und nachhaltig an die Bundesrepublik Deutschland zu binden[50]. Diese Hilfe leisteten die USA im »Mutual Defense Assistance Program«. Der Under-Secretary of State im US-Verteidigungsministerium, Frank C. Nash, sagte Adenauer 1953 im Rahmen eines provisorischen US-Ausrüstungsprogramms zu, u.a. die komplette Ausrüstung für die ersten deutschen 24 Fliegerstaffeln kostenlos zu liefern, aber nur unter der Bedingung, dass der EVG-Vertrag ratifiziert würde. Die »Nash-Liste« diente als Grundlage für ein deutsch-amerikanisches Militärhilfeabkommen, das die USA noch auf 21 Geschwader aufstockte. Das von Großbritannien 1954/55 vorgelegte alternative Angebot entsprach weder im Umfang (640 Luftfahrzeuge gegenüber 1.600 der USA) noch hinsichtlich der Kosten (Großbritannien: 110 Mio. DM, USA zunächst weitgehend kostenfrei) den deutschen Vorstellungen. Als Kompensation kamen die Briten mit der Lieferung von Transport- und Verbindungsflugzeugen bzw. Hubschraubern zum Zuge, wie etwa DeHavilland Heron, Pembroke MK 54 und Hubschrauber Bristol 171 Sycamore. Italien lieferte die Fiat G.91 und das Schul- und Verbindungsflugzeug P.149D, die Franzosen die N 2501 Noratlas, die Fouga CM 170 Magister und den Hubschrauber Aérospatiale Alouette II.

Die US-Seite stellte zwischen Januar und November 1956 kostenlos Material im Wert von 315 Mio. US-Dollar zur Verfügung. Darunter waren Schulflugzeuge vom Typ Piper L-18, CCF Harvard Mk. IV (T-6) und Lockheed T-33[51] sowie Hubschrauber vom Typ Bell 47G-2 und Sikorsky S-58. Für die

---

48 Vgl. auch Schmidt, Von der »Befehlsausgabe« zum »Briefing« und Ahrens, Die Transportflieger der Luftwaffe, S. 98f.
49 Vgl. Rautenberg, Die Luftwaffenkonzeption.
50 Strauß, Die Erinnerungen, S. 253: »Dass sich die Amerikaner in der Mitte Europas physisch engagieren mussten, nämlich durch Stationierung von Truppen in ausreichender Zahl, war von 1950 an unsere Überzeugung. Damals sprach Adenauer immer wieder von der Angst, dass es uns, wenn die Amerikaner abzögen, ginge wie Südkorea«.
51 Zur Lockheed T-33 vgl. Remmers, Lockheed T-33 A und Holmes, S. 363.

Luftwaffe kann man für die Aufbaujahre überwiegend von einer »Amerikanisierung« sprechen, die auch die fliegerische und technische Ausbildung umfasste[52]. Erst mit der deutsch-französischen Zusammenarbeit zur Entwicklung, Produktion und Einführung der Transall C-160 (Erstflug am 25. Februar 1963), dem Lizenzbau der Bell UH-1D und Eigenentwicklung des Verbindungs- und Panzerabwehrhubschraubers (PAH) Bo 105 in den 1970er Jahren gelang es der deutschen bzw. europäischen Rüstungsindustrie, sich auf diesem Gebiet wiederum eigene »militärische« Fähigkeiten zu schaffen.

Die Mehrzahl der Hubschrauber (Bell 47G-2, H-34 G und Bell UH-1D) stammte aus den USA. Die Bristol 171 Sycamore und spätere Westland Mk. 41 Sea King[53] für die Marine kamen aus Großbritannien und die kurzfristig für das Heer beschaffte Alouette II aus Frankreich. Den Ausschlag gab wohl ihre kurzfristige Verfügbarkeit für die Ausbildung mit möglichst rasch folgendem Einsatz mit Schwerpunkt auf SAR. Ferner beeinflussten die teilweise kostenfreie Überlassung durch die USA, eine beherrschbare Komplexität für Technik und Piloten und die Beteiligung auch europäischer Staaten (Großbritannien und Frankreich) am Rüstungsgeschäft mit der Bundesrepublik die Entscheidung. Die ersten Hubschraubermuster waren einmotorig und verfügten über nur leistungsschwache Kolbentriebwerke. Mit der französischen Alouette II für die Heeresflieger kam der erste turbinengetriebene Hubschrauber der Bundeswehr überwiegend zum Einsatz beim Heer und blieb es bis zur Einführung der Bell UH-1D im Jahr 1968[54].

## 2. Eingeführte Luftfahrzeuge von 1956 bis 1971

*Die Bell 47G-2*[55]

Zunächst kam es vordringlich auf die Beschaffung von Mustern für den Ausbildungsbetrieb an. Als ideal erwies sich für die Grundausbildung die Bell 47G-2 (auch »kleine Bell« genannt).

Sie wurde Mitte der 1940er Jahre als einmotoriger, zweisitziger Mehrzweckhubschrauber von der Firma Bell Helicopters in den USA entwickelt. Die Serienproduktion der ca. 5.600 Exemplare lief von 1946 bis 1974. In Europa wurde die Bell 47 sowohl von den Firmen Agusta (Italien) und Westland (GB)

---

52  Vgl. Schmidt, Briefing statt Befehlsausgabe. In: Lemke, Die Luftwaffe, S. 661-676.
53  Vgl. Holmes, S. 487. Sikorsky S-61/Westland Sea King.
54  Offenbar gab es 1963 konkrete Überlegungen im Fü L, auch eine Staffel Alouette II für die Luftwaffe in Diepholz aufzustellen. Über die Aussagen in den Berichten der Zeitzeugen Hptm a.D. Wulf Bertinetti v. 8.11.2015 und O a.D. Hans-Otto Elger v. 11.11.2015 hinaus ließen sich hierzu keine Belege im BArch finden.
55  Ausführlich bei Wache, F-40: Bell/Augusta 47G-2 und Holmes, S. 457.

in Lizenz gebaut, in Japan von Kawasaki – insgesamt mehr als 10.000 Maschinen. Bei der U.S. Army bereits im Koreakrieg bewährt, kam sie als drittes Erprobungsmuster beim deutschen Heer (nur bis 1961) zum Einsatz und bei der Luftwaffe (bis 1974) vor allem für die Hubschraubergrundschulung.

Sichtbare Konstruktionsmerkmale waren die Gittergerüstbauweise, das Kufenlandegestell mit hochklappbaren Rädern (für Schleppbewegungen am Boden) und eine Vollsichtkanzel (»Bubble«) aus Plexiglas, die der Besatzung optimale Sicherverhältnisse bot. Einige Bell 47 verfügten über einen UHF-Sender/Empfänger ARC 45. Die einfache Instrumentierung war nur für den Sichtflug ausgelegt. Eine einfache Hydraulik unterstützte die Flugsteuerung.

1957 erhielten die Heeresflieger zur Truppenerprobung sechs Bell 47G-2 und die FFS »S« für die Schulung acht Bell 47G-2 aus der US-Fertigung. Vom Heer für die Beschaffung abgelehnt, erwiesen sich die technisch robusten, fliegerisch einfach ausgelegten Maschinen für die fliegerische Ausbildung der Hubschrauberführer bei der Luftwaffe als gut geeignet. Zu den anfangs vorhandenen acht Bell 47G-2 beschaffte die Luftwaffe weitere Maschinen, diesmal aus Lizenzfertigung der italienischen Firma Giovanni Agusta. Hinzu kamen im September 1961 die aus der Truppenerprobung stammenden sechs Hubschrauber des Heeres. Die Gesamtstückzahl Bell 47G-2 bei der Bundeswehr betrug danach 45 Hubschrauber. Am 25. April 1974 folgte ihre Außerdienststellung. Die bis dahin noch verbliebenen 36 Maschinen verkaufte die VEBEG an zivile Unternehmen bzw. an Museen.

## Die Aérospatiale SE.3130 Alouette II

Offenbar auf Initiative des damaligen Verteidigungsministers Dr. Franz-Josef Strauß billigte der Verteidigungsausschuss des Bundestages am 6. November 1958 die Beschaffung von insgesamt 300 Alouette II des Hubschraubers der Variante SE.3130[56]. Von diesem Muster stellte die Bundeswehr bis 1964 insgesamt 247 Maschinen für die Heeresfliegerregimenter in Dienst, 1969/70 nochmals 53 Maschinen der leistungsstärkeren Variante S.A.318 C[57]. Die

---

56  Bei Strauß, Erinnerungen, S. 312, heißt es: »Den französischen Hubschrauber »Alouette II« hingegen führte ich trotz mancher Widerstände ein. Der Chef der Heeresfliegerei, Oberst Horst Pape, lehnte Hubschrauber als Kampfflugzeuge radikal ab, bezeichnete sie als völlig unbrauchbar […]. Ich bestand darauf, dass auch die Alouette getestet werde, und sie erwies sich tatsächlich als der bessere Hubschrauber. So kam es zur Ausstattung der Bundeswehr mit der Alouette, ein von mir gegen die Militärs durchgesetztes Ergebnis der Vereinbarungen von Sidi-bel-Abbes [vom Januar 1957]«. Ob die Ausführungen von Strauß vollständig den Tatsachen entsprachen, sei dahingestellt.
57  Die SA 318 C war eine Weiterentwicklung der SE 3130 bei gleichem Aufbau, Abmessungen und Massen. Rotoren und Hilfsaggregate waren über ein Getriebe mit dem Triebwerk Tur-

3. Staffel der Ausbildungsgruppe C/FFS »S« in Faßberg erhielt ab Juni 1963 20 Maschinen für die Ausbildung der Heerespiloten. Die industrielle Baumusterbetreuung lag zunächst bei den Henschel-Flugzeugwerken in Kassel, später umbenannt in ZF-Luftfahrttechnik GmbH. 1974 wurden die verbliebenen Maschinen zur Grundschulung an die Heeresfliegerwaffenschule (HFlgWaS) in Bückeburg überführt[58].

Der Verbindungshubschrauber SE.3130 Alouette II war als einer der ersten serienmäßig mit einem Gasturbinentriebwerk ausgestattet. Insgesamt fertigte die französische Firma zwischen 1956 und 1975 829 Maschinen.

Als Merkmale dienen ein Kufenlandegestell, Rumpfgerüst und Heckausleger in Stahlrohrbauweise, ein Dreiblatt-Hauptrotor und ein Zweiblatt-Heckrotor, ein über dem Hauptgerüst angeordnetes Wellenleistungstriebwerk sowie ein Cockpit mit integrierter Kabine unter einer Vollsichtkanzel aus Plexiglas, die eine gute freie Sicht erlaubte.

Der viersitzige Hubschrauber war vielseitig einsetzbar. Er diente zum Passagiertransport und als Beobachter, ebenso für die Flugausbildung im zivilen und militärischen Bereich.

## Die Bristol 171 Sycamore Mk. 52[59]

Die Bristol B 171 Sycamore war ein leichter, fünfsitziger Verbindungs-, Transport- und Rettungshubschrauber vom österreichischen Konstrukteur Raoul Hafner des Herstellers Bristol Aircraft Ltd. in Weston-super-Mare, England.

Am 27. Juli 1947 erfolgte in Filton der Erstflug des Typs 171 Mk. 1 (VL 958) mit dem Triebwerk Pratt & Whitney R-985 »Wasp Junior« mit 450 PS. Als Serientriebwerk kam ein »Alvis Leonides Mk. 173/02« 9-Zylinder-Sternmotor mit einer maximalen Startleistung von 386 Kw (525 PS) zum Einbau.

Die Standardbesatzung der Sycamore in der Luftwaffe bestand normalerweise aus dem Piloten und einem Luftrettungsmeister. Im Einsatzflugbetrieb war der linke Stick ausgebaut. Damit der Luftrettungsmeister sich bei SAR- oder Rettungsflügen dem hinten, quer liegenden Patienten widmen konnte, war der linke Vordersitz rundum drehbar. Der Rumpf war relativ schmal. Den

---

   bomeca Astazou verbunden, dessen Turbine einen besseren thermischen Wirkungsgrad gegenüber dem Artouste II C6 aufweist. Der Prototyp flog erstmalig 1961. Vgl. auch Holmes, S. 454.

[58]  Das Heer erprobte die Alouette II auch zum Einsatz mit Raketen SS-11 zur Panzer-Bekämpfung sowie mit MG1 und G3. Auch gab es eine Variante mit Schwimmern. Die Ausphasung war bis 2005 geplant. Ein Teil der ausgesonderten Hubschrauber ging nach Portugal, zum BGS und an zivile Unternehmen. Nachfolgemuster wurde die Bo-105 in verschiedenen Varianten. Vgl. Wache, F-40, Körner, Alouette II, S. 13 und 35-39.

[59]  Ausführlich hierzu F-40: M. Riedesser, Sycamore Mk. 52.

Quereinbau einer hinteren Trage ermöglichten zwei nach außen gewölbte Plexiglastüren, sogenannte Blister. Mit Hilfe eines Krankentragegestells war der Einbau einer zweiten Trage über der unteren möglich.

Eine Besonderheit wies die hydraulisch angetriebene und elektrisch gesteuerte Winde auf: Mit dem Windenseil konnte ein Intercom-Kabel ausgefahren werden, das dem Retter an der Winde den Sprechfunkverkehr mit dem Piloten ermöglichte. Allerdings war das Sprechfunkkabel nur 10 m lang, das Windenseil dagegen 25 m.

Um bei SAR-Einsätzen Notsender peilen zu können, gab es für einige Hubschrauber das S.A.R.A.H. (Search And Rescue And Homing)-Gerät. Die Sycamore verfügte auch über zwei Rückspiegel für die Piloten.

Als zweitgrößter Nutzer, hinter der Royal Air Force, erhielt die Bundeswehr zwischen Mai 1957 und März 1959 insgesamt 50 Sycamore Mk. 52. Diese liefen vor allem bei der Luftwaffe zu. Die Sycamore kam hauptsächlich bei der Ausbildungsgruppe C/FFS »S« in Faßberg und im SAR-Dienst bei den drei Luftwaffen Rettungs- und Verbindungsstaffeln zum Einsatz, sowie ab dem 8. Juni 1958 in der Marine-Seenotstaffel. Zu den spektakulärsten Einsätzen während der Nutzungszeit durch Luftwaffe und Marine zählt die Sturmflutkatastrophe in Norddeutschland im Februar 1962. Die offizielle Außerdienststellung erfolgte bei der Marine am 30. Mai 1967 und am 31. Mai 1969 bei der Luftwaffe. Insgesamt erreichte die Bundeswehr mit diesem Muster 62.000 Flugstunden bei ca. 2.500 SAR-Einsätzen[60].

### *Die Sikorsky S-58 bzw. H-34 G-I-II-III*[61]

Im Auftrag der U.S. Navy entwickelte die US-Firma Sikorsky einen einmotorigen Hubschrauber für das Einsatzspektrum U-Jagd und Seeraumüberwachung. Nach dem Erstflug des Prototyps im März 1954 startete die erste Serienproduktion bereits im September 1954. Die Typenbezeichnung lautete HSS-1, später in H-34 umbenannt. Aufgrund der positiven Erfahrungen der U.S. Navy mit diesem Muster gehörte die H-34 bald als Transporthubschrauber auch zur U.S. Army.

In dem Rumpf in »Ganzmetall-Schalenbauweise« fanden neben der zwei- bis dreiköpfigen Besatzung 12 (18) Soldaten oder 8 (12) Tragen für Verwundete Platz. Eine große Schiebetür an der rechten Rumpfseite erlaubte das Einbrin-

---

[60]  Die einzige noch heute flugfähige Sycamore steht in Berneck (Schweiz). Ausstellungsstücke u.a. beim Lw-Museum Gatow, demnächst beim LTG 62 in Wunstorf und an der Hauptwache des Flugplatzes Ahlhorn (TG FlgH Ahlhorn).
[61]  Ausführlich bei Wache, F-40: Sikorsky H-34 G-I, II, III, sowie bei Holmes, S. 485, Sikorsky S-58/Westland Wessex.

gen größerer Frachtstücke. Das Rotorsystem bestand aus einem Vierblatt-haupt- und Heckrotor. Das Kolbentriebwerk im Rumpfbug trieb über ein Getriebe das Rotorsystem und die Hilfsaggregate an. Die Funk- und Navigationsausstattung war je nach Einsatzspektrum ausgelegt. Die H-34 G-II-Ausführung verfügte über eine Stabilisierungsanlage (ASE[62]). Die H-34 G-III besaßen darüber hinaus eine volle Ausstattung für den Instrumentenflug und eine IFR-Zulassung.

Die Bundeswehr beschaffte zwischen 1957 und 1965 für das Heer (H-34 G-I-II), für die Marine (H-34 G-III) und für die Luftwaffe (H-34 G-I-III) insgesamt 191 Hubschrauber. Schrittweise ersetzte die H-34 u.a. die Bristol 171 Sycamore.

Für die Luftwaffe stellte sich der Bestand der H-34 G wie folgt dar: Zunächst erhielt die Ausbildungsgruppe C/FFS »S« in Memmingen 1957, später in Faßberg acht H-34 G-I, zusätzlich 2 vom Heer, danach 1963 zwei H-34 G-III, davon einer vom Heer. 1961 ging ein H-34 G-I verloren; d.h. der Bestand bei der Ausbildungsgruppe C umfasste max. 13 (-1) H-34 G-I-III. Von deren 12 Luftfahrzeugen (Lfz) gingen acht H-34 G-I und eine H-34 G-III im Januar 1965 an die 1. LRetVerbStff nach Fürstenfeldbruck, eine H-34 G-III kam vom Heer, d.h. der dortige Bestand betrug insgesamt zehn H-34 G-I-III. Deren Aufgaben waren Transport, Schulung und SAR-Einsätze (als Mittel 2. Grades).

Nach der Eingliederung der Staffel in das 1966 auf dem Fliegerhorst Landsberg aufgestellte HTG 64 übernahm der Verband die acht H-34 G-I sowie zwei H-34 G-III. Von letzteren ging eine 1967 verloren. Mit der Einführung der Bell UH-1D ab 1968 wurden alle H-34 G schrittweise ausgemustert.

Die Flugbereitschaft erhielt zunächst zwei H-34 G-II, später zwei H-34 G-III, davon wurden die ersteren im Tausch wieder abgegeben[63].

Im Dezember 1957 begann mit der Auslieferung der ersten Maschine an die Heeresfliegerstaffel 823 die Ausstattung der Heeresflieger. Bei der Marine nahm im April 1963 die Marine-Dienst-u.-Seenotgruppe (MFG 5) den Flugbetrieb mit den H-34 G-III im SAR-Dienst auf. Die 1963 in Dienst gestellte 1./MFG 4 in Kiel erhielt fünf Hubschrauber der Variante SH-34J zur U-Jagd mit Außenlaststation für Lufttorpedos und zwei UH-34 G-III, ausgerüstet für Minensuch- und Räumeinsätze[64]. Nach Auflösung des MFG 4 im Jahr 1968 kamen diese Maschinen ebenfalls beim MFG 5 in den SAR-Einsatz.

---

[62]  ASE: Automatic Stabilisation Equipment (d.h. ein begrenzter Autopilot).

[63]  Angaben zur Luftwaffe aus Wache F-40, sowie im Abgleich mit O a.D Jörg Rappke und O a.D Hans-Otto Elger.

[64]  Zum Einsatz beim MFG 4 kamen Hubschrauber des Typs SH-34J und SU 34D, die insgesamt knapp 4.300 Flugstunden im Einsatz waren. http://de.wikipedia.org/wiki/Marine-fliegergeschwader_4.

Die Industriebetreuung übernahm die Firma Henschel Flugzeugwerke in Kassel. Sie und die Firma Sud Aviation in Marseille/Marignane führten anstehende Änderungsüberholungen durch. Für die Triebwerke war die Firma Heusler in Baiersbronn verantwortlich.

1971 begann die Ausmusterung und Aussonderung der H-34 G in grösserem Umfang. Die letzten zwei H-34 G-III der Luftwaffe flogen bis Anfang 1974 von Braunschweig aus Sondereinsätze im Rahmen der elektronischen Aufklärung an der innerdeutschen Grenze. Nach zwölfjähriger Nutzung stellte am 1. April 1975 das MFG 5 in Kiel die letzten Hubschrauber, die z.T. über eine Notschwimmerausrüstung verfügten, außer Dienst. Deren Aufgaben übernahmen die modernen, leistungsfähigeren Bell UH-1D und (nur bei der Marine) die Westland Mk.41 Sea King. Die verbliebenen Maschinen verkaufte die VEBEG an zivile Unternehmer, überwiegend in den USA, und an Museen, wie das Hubschraubermuseum in Bückeburg und das Luftwaffenmuseum in Berlin-Gatow.

## *Die Vertol H-21C (Fliegende Banane)*[65]

Die Boeing-Vertol H-21C ging auf die Piasecki PV-3 zurück, die bereits 1945 flog. Sie war ein für die US-Streitkräfte entwickelter, einmotoriger Transporthubschrauber mit zwei Tandemrotoren. Er kam bei der USAF als Rettungshubschrauber und bei der U.S. Army als Luftlande- und Transporthubschrauber (auch in Vietnam) zum Einsatz.

Der Prototyp flog bereits am 11. April 1952. Die Lieferung der Serienhubschrauber der Baureihe H-21A an die USAF begann im Oktober 1953. Im Rumpf mit durchgehendem Laderaum fanden neben der zweiköpfigen Besatzung weitere 20 Soldaten oder 12 Tragen für Verwundete Platz. Eine große Schiebetür an der Rumpfseite erlaubte das Einbringen größerer Frachtstücke. Der Hubschrauber hatte ein festes Fahrwerk mit zwangsgelenktem Bugrad. Vorne rechts befand sich eine Winschtür bzw. der Notausgang. Das im Heckteil eingebaute Kolbentriebwerk trieb über ein Verteilergetriebe mit Kupplungs- und Wellensystem die gegenläufigen Tandemrotoren an, ein gesonderter Drehmomentausgleich war dadurch nicht erforderlich. Die Wellen liefen mit Triebwerksdrehzahl. Die Drehzahl wurde erst in den Rotorgetrieben reduziert. Ein Höhenvergaser (Supercharger) konnte zur Leistungssteigerung zugeschaltet werden, wenn eine geringe Luftdichte zur Leistungsminderung des Triebwerks führte. Am Heck des in Ganzmetall-Halbschalenbauweise ausgeführten bananenförmigen Rumpfes waren waagrechte und senkrechte Flossen zur Stabilisierung angebracht.

---

[65]   Ausführlich hierzu Wache, F-40: Vertol (Piasecki) V-43 A/B, V-44B /H-21C.

Ein Lastgeschirr unter dem Rumpf diente der Aufnahme von Außenlasten. Eine einfache Instrumentierung sowie die Funk- und Navigationsausstattung, erlaubten nur Sichtflug.

Das BMVg kaufte für den Einsatz bei Heer und Luftwaffe insgesamt 32 Hubschrauber H-21C, davon 31 in der Version V-43A bzw. B und einen in der Version V-44 B. Die Auslieferung der ersten 26 V-43A erfolgte über die Betreuungsfirma Weserflug GmbH, Bremen vom Mai 1957 bis Mai 1958. Im Jahr 1960 folgten dann über die Firma Dornier fünf weitere V-43B und eine V-44B, letztere von der Fluggesellschaft Sabena übernommen, deshalb anfangs mit ziviler Ausstattung und schwimmfähig sowie mit ovalen Fenstern ausgestattet. Sie kam später auch zeitweise bei der Flugbereitschaft zum Einsatz. Die fünf für die Luftwaffe bestimmten H-21C erhielt die FFS »S« für Schulungszwecke. Sie wechselten Ende 1960 zur 1. LRetVerbStff in Fürstenfeldbruck für Schulung, Transport und als SAR-Mittel 2. Grades, d.h. es gab keine ständige SAR-Bereitschaft, sondern Einsätze nur nach konkretem Bedarf.

Eine Vergleichserprobung des Heeres zwischen der H-34G und der H-21C verlief zugunsten der H-34G, sodass es dort bei der Auslieferung des 2. Loses blieb.

Die Industriebetreuung lag bei der Firma Weserflug und später bei der Firma Dornier. Die letzten H-21C wurden beim Heeresfliegerbataillon 300 in Mendig zusammengezogen und dort bis zur Ablösung durch die H-34 G eingesetzt. Mit Ausnahme von sechs Hubschraubern, die man als Totalverlust abschrieb und verschrottete, und den Ausstellungsstücken verkaufte die VEBEG den Rest an zivile Unternehmer. Das Hubschraubermuseum in Bückeburg und das Luftwaffenmuseum in Berlin-Gatow zeigen das Muster.

*Die Sikorsky S-64A (Skycrane)*[66]

Für das als fünfsitzigen schweren Kranhubschrauber entwickelte Muster CH-54 Tare interessierte sich auch die Bundeswehr. Die US-Firma Sikorsky lieferte die Prototypen Nr. 2 und 3 im Jahr 1962 in Einzelteilen an die Weser Flugzeugbau in Bremen aus. Dort wurden die Maschinen durch VFW weiterentwickelt und erhielten die Bezeichnung WFS-64A. Nach einer Werkserprobung testete 1963 zunächst die Heeresfliegerwaffenschule in Bückeburg die Maschinen, bevor sie kurze Zeit später die Luftwaffe übernahm. In Fürstenfeldbruck und Oberpfaffenhofen wurden bis 1965 weitere Erprobungen durchgeführt. Ab November 1965 teilte man die beiden Maschinen der 1. Hubschrauber Rettungs- und Verbindungsstaffel (zunächst) in Fürstenfeldbruck zu, wo sie bis zu ihrer Außerdienststellung im Jahr 1968 auf verschiedene Weise zum Einsatz kamen.

---

66  Vgl. Holmes, S. 488, Sikorsky CH-54 Tarhe.

Besondere Merkmale waren die Größe der Maschine, die Cockpitgondel am Rumpfgestell mit Sechsblatt-Hauptrotor und der Vierblatt-Heckrotor. Ein Container (mit dem Maßen 8,36 m Länge, 2,89 m Breite und 1,98 m Höhe) passte exakt unter den CH-54. Um den Piloten zu unterstützen und die Traglasten besser beaufsichtigen zu können, hatte der S-64 an der Rückseite seiner Pilotenkanzel ein großes Fenster, von dem aus ein dritter Pilot – der sogenannte Kranführer – die Last vor allem beim Aufnehmen und Absetzen sowie während des Fluges beaufsichtigte.

Als Standardhubschrauber für das Heer kam sie aufgrund ihrer Größe und Abhängigkeit von einem Container für den Personen- und geschlossenem Lastentransport nicht in Frage.

## Das Verbindungsflugzeug Dornier Do 27[67]

Die erste Serien-Do 27 für die Bundeswehr absolvierte ihren erfolgreichen Erstflug am 17. Oktober 1956 in Oberpfaffenhofen. Als Antrieb kam der bereits aus der P.149D bekannte Motor zum Einsatz. Dieser sechszylindrige, luftgekühlte Boxermotor, eine Lizenzfertigung der Firma BMW (MTU), erbrachte eine Leistung von 201 kW und trieb eine verstellbare Zwei-Blatt-Luftschraube mit konstanter Drehzahl an. Von Claude Dornier in Spanien entwickelt, verfügte der robuste Hochdecker mit starrem Fahrwerk über ausgezeichnete Langsamflugeigenschaften und eignete sich daher besonders für den Einsatz abseits befestigter kurzer Pisten. Bereits nach 250 m erreichte sie eine Flughöhe von 15 m. Aus einer Höhe von 15 m benötigte sie lediglich eine Landestrecke von ca. 185 m.

Das BMVg beschaffte insgesamt 428 Luftfahrzeuge. Diese setzen sich aus 322 Do 27A und 106 Do 27B zusammen. Letztere waren mit Doppelsteuer und Doppelinstrumentierung versehen.

Die Do 27 kamen bei der FFS »S« in der Ausbildungsgruppe A in Friedrichhafen und Wunstorf, beim FAR in Appen, bei den Luftwaffen Rettungs- und Verbindungsstaffeln (mit sieben bis zwölf Maschinen) und in den Lufttransportverbänden (meist vier bis fünf Muster) zum Einsatz[68].

---

[67]  Vgl. Wache, F-40, Dornier Do 27 A/B.
[68]  Nach der Zuführung der Do 27 erhielten die LRetStff die Bezeichnung LRetVerbStff.

Oben: Bell 47G-2 vor der Picasso-Halle in Memmingen, 1957 (Schliephake-Wache)
Unten: Bell 47G-2 bei einer Gebirgslandung (Archiv Körner/Wache)

Oben und unten: Bell 47G-2 auf dem Fliegerhorst Landsberg/Lech (Wendt via Riedesseer AGL) und beim Schwebeflug auf dem Vorfeld (Archiv Wache)

Rechts: Flugvorbeitungen in einer Alouette II in Faßberg (Sturz)

Unten: Alouette II und Bristol Sycamore im Einsatz bei der Sturmflut in Hamburg 1962 (Hubschraubermuseum Bückeburg/Roland Oster)

Oben: Sikorsky S-64 Skytrain bei der Aufnahme einer verunglückten H-34 im Gebirge

Mitte: Der Container für Passagier- und Stückguttransport

Unten: Vorbereitungen zum Last- transport am Lasthaken (alle Bilder Winfried Menges)

Oben: Sikorsky S-58/H-34 mit Luftwaffenkennzeichen (Kurt Thomsen)
Unten: Hauptfeldwebel Winfried Menges in der H-34 während der Ausbildung
in der Ausbildungsgruppe C/FFS »S« (Winfried Menges)

Links: Sikorsky S-58/H-34 beim Transport einer Außenlast im Netz (Hubschraubermuseum Bückeburg)

Unten: S-58/H-34 bei der Bergrettung (Winfried Menges)

Oben: Vertol H-21C LA+123 der 1. Luftrettungs- und Verbindungsstaffel Fürstenfeldbruck
Unten: H-21C 1959 bei der Gebirgserprobung in Mittenwald, im Hintergrund eine Dornier Do-27 (beide Bilder: Archiv Wache)

Oben: Zwei Dornier Do 27 vor dem Hangar der FFS »S« in Wunstorf (Eckert)
Unten: Cockpit einer Dornier Do 27 (Wache)

# III. Der Schritt in die Moderne – die Bell UH-1D[69]

Die bei der Luftwaffe in den 1950er Jahren eingeführten und mit Kolbenmotoren angetriebenen Hubschrauber Bristol Sycamore, Vertol H-21C und Sikorsky H-34 G genügten den Ansprüchen der sich ständig erweiternden Einsatzaufgaben für Heer, Luftwaffe und Marine schon bald nicht mehr. Vor allem lag es dem Heer daran, für die Verlegung eigener mobiler Einheiten und Verbände einen Hubschrauber zu erhalten, der ausreichend Material und Personal transportieren konnte. Es war daher 1963 an der Zeit, eine Sichtung, Auswahl und Truppenerprobung marktgängiger leistungsfähiger militärischer Hubschrauber mit einem modernen Turbinentriebwerk vorzunehmen[70]. Hierfür bot sich die neu aufgestellte ATV-Gruppe in Faßberg an.

## 1. Die ATP-/ATV-Gruppe und die Auswahl der UH-1D

Im Rahmen der Erprobung der Sikorsky S-64 Skycrane hatte Oberstleutnant Karl Rammelt in der Inspektion Fliegerverbände - Gruppe Transportflieger im Allgemeinen Luftwaffenamt schon am 1. Juli 1963 die Aufstellung einer ATP-Gruppe (Ausrüstung-Truppenversuch-Planung) empfohlen[71]:

> »Die Erprobung der Eignung dieses Typs (WS S-64) für den Einsatz in der Luftwaffe verlangt folglich bezüglich Planung, Durchführung und Auswertung der Versuche eine uneingeschränkte Luftwaffenkompetenz. Es wird daher nochmals vorgeschlagen:
> - Eine ATP-Gruppe ›Hubschrauber‹ zusammenzustellen
> - für das Muster WS S-64 (und für alle weiteren zur Einführung vorgesehenen Hubschraubertypen) eine zweite Erprobungsphase unter Luftwaffenregie vorzusehen
> - und mit der Ausbildung von Besatzungen für die zu erprobenden Hubschraubertypen unverzüglich zu beginnen.«

Rammelt fand Gehör. Im Rahmen der Auswahl des Hubschraubers der 1970er Jahre für alle drei Teilstreitkräfte kam es 1963 bei der III./FFS »S« in Faßberg zur Aufstellung einer ATP-Gruppe. Ihr gehörten neben Oberstleutnant Karl Rammelt sein Vertreter Oberleutnant Philipp Cornelius und u.a. Hauptmann Hans-Joachim Strzebniok und Hans-Otto Elger an. Der Truppenversuch erfolgte überwiegend in Bückeburg in enger Zusammenarbeit mit dem Heer, vertreten durch den Spezialstab ATV der dortigen Heeresfliegerwaffenschule. Zur

---

69 Ausführlich hierzu Wache, F-40: Bell UH-1D, Luftwaffe.
70 Zur Einführung der Bell UH-1D vgl. auch Chronik Fü L, S. 94-97.
71 Siehe »Einmalig« - HTG 64, Schmale, S. 54f.

Auswahl standen die Muster Sikorsky S-61R (CH-3C), Super-Frelon und die Bell 205 (UH-1D). Letztere – bereits bei der U.S. Army im Vietnamkrieg im harten Kampfeinsatz bewährt – erfüllte weitgehend die Anforderungen von Heer und Luftwaffe und wurde ab 1968 in großer Stückzahl eingeführt.

Im Januar 1965 verlegte die ATP-Gruppe bei gleichzeitiger Umbenennung in ATV-Gruppe nach Fürstenfeldbruck und verschmolz mit der dortigen Hubschrauber-Lehr/Versuchs- und Transportstaffel. Bis zur Aufstellung des HTG 64 im September 1966 wertete die ATV-Gruppe die aus dem Truppenversuch »Typenvergleich« gewonnenen Erfahrungen aus und befasste sich mit den Herausforderungen, die mit der Auslieferung der UH-1D an die Luftwaffe und mit der geplanten Aufstellung des HTG 64 einhergingen. Die ATV-Gruppe erarbeitete Vorschläge zur

- Aufstellungsplanung des HTG 64 (Personal und Material)
- Ausbildungsplanung für fliegendes und technisches Personal
- und eine Studie über die Einsatzmöglichkeiten und -verfahren[72].

Mit der Aufstellung des HTG 64 in Landsberg erfolgte die Eingliederung der Hubschrauber-Lehr/Versuchs- und Transportstaffel einschließlich der ATV-Gruppe in den neuen Verband. Sie wurde mit Wirkung vom 1. Oktober 1966 dem Geschwaderstab unmittelbar unterstellt. Die interne Unterstellung wechselte mehrfach, bis ab August 1969 im Hinblick auf die einheitliche Gliederung und Aufgabenerfüllung der vier Hubschraubertransportstaffeln die gesamte fliegerische Ausbildung neu organisiert und der »Hubschrauber-Lehr- und Versuchsschwarm HTG 64, Gruppe ATV, Waffensystem Bell UH-1D« aufgestellt wurde. Erster Chef dieser selbstständigen Einheit war Major Walter Thale, wobei für die fliegerische Ausbildung Hauptmann Jörg Rappke und für die fliegerische Standardisierung Hauptmann Werner Otto Geissinger verantwortlich waren. Die Umschulung des Fliegenden Personals des HTG 64 war Ende 1969 soweit abgeschlossen, dass nunmehr die vier fliegenden Staffeln ihren Einsatzauftrag mit der Bell UH-1D erfüllen konnten. Mit der Aufstellung der Hubschrauberführerschule der Luftwaffe (HFSLw) 1971 entband man den Hubschrauber-Lehr- und Versuchsschwarm HTG 64, Gruppe ATV, von seinem Ausbildungsauftrag, den er bis dahin auch für die Fortgeschrittenenausbildung der Regenerationshubschrauberführer und der Bordmechaniker wahrgenommen hatte. Er verlegte nach Faßberg, gliederte ihn in die HFSLw ein und erhielt die neue Bezeichnung als »ATV-Gruppe Hub/HFSLw«.

---

72  BArch, BL 1/4513. Dies geschah auf Weisung BMVg Fü L III 3 - Az. 10-51-14, TgbNr. 2222/65 v. 28.4.1965. Betr.: Bildung einer Arbeitsgruppe »Transport-Hubschrauber« im Luftwaffenamt (mit Termin 10.5.1965).

## 2. Truppenversuch Bell UH-1 D ab 1964

Oberst a.D. Hans-Otto Elger, damals Teilnehmer am Truppenversuch, erinnert sich[73]:

> »Im Juli bis September 1964[74] fand aufgrund eines ›Ministererlasses für die Auswahl eines mittleren Hubschraubers für die Bundeswehr‹ ein Truppenversuch mit den Mustern Sikorsky S-61 R und Bell UH-1 bei der Heeresfliegerwaffenschule in Bückeburg und bei der Ausbildungsgruppe C/ FFS »S« in Faßberg statt. Zwischen beiden Versuchsteams gab es einen intensiven Personal- und Erfahrungsaustausch, zeitweise wurden die Versuchsflüge am jeweils anderen Flugplatz durchgeführt.
>
> In der fliegerischen Vorbereitung wurden mehrere Hubschrauberführer der Luftwaffe bei der U.S. Army in Stuttgart-Echterdingen auf dem Hubschraubertyp Bell UH-1B ausgebildet. Ich persönlich hatte das Glück, dafür ausgewählt worden zu sein, zusammen mit dem Leiter des Truppenversuchs, Oberstleutnant Karl Rammelt, dem Flugkapitän Ingenieur Carl Bode[75] von der Erprobungsstelle 61 aus Manching – übrigens ein Hubschrauber-Urgestein aus der Zeit von Hanna Reitsch – unserem erfahrensten Hubschrauberinstrumentenflieger, Hauptfeldwebel Heinrich Heede, und dem jungen Feldwebel Köppe.
>
> Die verschiedenen Untersuchungskomplexe waren in 86 Missionen detailliert beschrieben und zu einem Missionsordner zusammengefaßt, der den gesamten Ablauf des Truppenversuchs enthielt. So gab es u.a.: technische Untersuchungen zur manuellen Erreichbarkeit der einzelnen Komponenten für Wartungs- und Instandhaltungsarbeiten, Überprüfung der Cockpitergonomie, der Hubschrauber wurde mit Schwimmern ausgerüstet und seine Schwimm- und Manövrierfähigkeit auf der Kieler Förde überprüft. Den Hubschrauber unterzog man vom Gebirgsstützpunkt Oberjettenberg[76] bei Bad Reichenhall aus einer Überprüfung im Gebirgsflug, wobei sich das Hauptaugenmerk auf die Bestätigung der im Flughandbuch enthaltenen Gewichts-, Leistungs- und Höhenangaben richtete. Aus dem fliegerischen Teil des Versuches, an dem ich persönlich als Hubschrauberführer beteiligt war, sind mir drei Missionen besonders in Erinnerung geblieben. Der Leiter des Truppenversuchs, Oberstleutnant Karl Rammelt, gab sich nämlich mit Werten aus der Dokumentation nicht zufrieden, er wollte die Eckwerte zwingend überprüft haben!

---

[73]  Bericht (Auszug) O a.D. Hans-Otto Elger v. 22.3.2013.
[74]  27.7.-8.9.1964 und vom 17.9.-30.9.1964 in Faßberg.
[75]  Siehe Polte, Hubschrauber, S. 35f.
[76]  Vom 9.9.-16.9.1964 [d. Autor].

So war die Dienstgipfelhöhe der UH-1 zu erfliegen. Da diese weit über den ohne Sauerstoffgerät erlaubten 12.000ft MSL lag, mussten wir bei diesem Flug von Oberjettenberg unter der Flugsicherungskontrolle von ›Salzburg Radar‹ tragbare Dräger-Sauerstoffgeräte benutzen. Wir erreichten die aus den entsprechenden Tabellen des Flughandbuches entnommenen Werte, ich meine mich an etwa 16.000ft MSL zu erinnern! Mir ist jedoch auch noch im Gedächtnis, dass ich die Flugeigenschaften der Bell in der erreichten Höhe aufgrund der geringen Luftdichte als sehr schwammig und mühsam steuerbar empfand.

Eine weitere Mission, deren Durchführung man unkonventionell nennen könnte, war der Innenlasttransport eines Hawk-Flugkörpers[77] in seinem Transportbehälter. Aufgrund seiner Länge kam nur eine Querverladung in der Bell infrage, wobei diese Last bei geöffneten Schiebetüren seitlich weit herausragte. Auch diese etwas ungewöhnliche Art der Verladung wurde ausprobiert und exakt dokumentiert.

Viel Aufsehen erregte die Überprüfung der Festigkeit der Hauptrotorblätter bei Baumberührung. Was im normalen Flugbetrieb tunlichst zu vermeiden war, wurde im Versuch absichtlich herbeigeführt – nämlich den Hauptrotor in eine Baumsilhouette hineinzusteuern! Ich kann mich noch lebhaft an die entsetzte Ablehnung der Amerikaner erinnern, als Oberstleutnant Rammelt diese Forderung an sie herantrug! Aber er setzte sich durch, der Versuch fand ohne Probleme statt und die entstandenen Dellen in den Rotorblättern hielten sich in den zulässigen Grenzen.«

Generalmajor a.D. Hans-Joachim Strzebniok, damals Angehöriger der zweiten Gruppe, berichtet hierzu aus eigener Erfahrung[78]:

»1964 wurden zur Neubeschaffung für den Hubschraubereinsatz in der Bundeswehr zwei Truppenversuche mit den Mustern Sikorsky S-61R und Bell UH-1D angesetzt. Für den Versuch mit der S-61R kommandierte die Ausbildungsgruppe C/FFS »S« in Faßberg, folgende, bislang auf der Sikorsky CH-34 eingesetzte Flugzeugführer zur ›Sikorsky Aircraft Corporation‹ nach Stratford/Connecticut, USA: Hauptmann Strzebniok, Hauptfeldwebel Schmoll, Oberfeldwebel Lanquillon und Feldwebel Graffenberger. Vom 6. bis 10. Juli 1964 absolvierten wir dort für die S-61R eine Pilot Ground School, vom 14. bis 27. Juli 1964 folgte ein Flight Transition Training mit insgesamt 15 Flugstunden.

Im Anschluss an das USA-Kommando wurde ich am 3. August 1964 mit den als Beobachter eingeteilten Oberleutnant Fortak und Leutnant Bruno Klingner zur Teilnahme an einem Truppenversuch S-61R zur

---

[77] Flugabwehrrakete aus US-Produktion, HAWK: Homing All The Way Killer.
[78] Bericht (Auszüge) GenMaj a.D. Hans-Joachim Strzebniok v. 21.1.2013.

Die Sikorsky S-61R, später weiterentwickelt zur Sea King Mk. 41, wurde gestestet, aber nicht von der Luftwaffe beschafft. Hier ein US-Muster beim Transport einer Haubitze als Außenlast. (Wache)

Heeresflieger-Waffenschule nach Bückeburg kommandiert, an dem auch Oberfeldwebel Klaus Lanquillon teilnahm [...]. Während des Truppenversuchs absolvierte ich mit der S-61R 14:10 Flugstunden als Copilot eines U.S. Army-Piloten. Dabei wurden auch Gebirgslandungen demonstriert. Beim Anflug auf den ›Hohen Göll‹ (oberhalb von Berchtesgaden) wählte der Army-Pilot einen sehr flachen Landeanflug, den wir grundsätzlich wegen vorhandener Abfallwinde möglichst vermieden. Soweit ich mich erinnere, machte ich ihn darauf aufmerksam, worauf er aber nicht reagierte. Das Ergebnis war – aufgrund fehlender Leistung der Turbinen – eine harte Landung auf dem nicht sehr großen Gipfelplateau, das außerdem noch mit einem Gipfelkreuz bedeckt war, was den Landeplatz weiter einengte. Nach der Landung kam der mitfliegende Bordmechaniker, Hauptfeldwebel Dobrindt, zu mir und machte mich darauf aufmerksam, dass wir es beim Aufsetzen so gerade noch hinter dem abfallenden Abhang des ›Hohen Göll‹ geschafft hatten.

Von einer unzureichenden Leistung der Turbinen berichtete mir auch Oberfeldwebel Lanquillon. Bei einem Sinkflug in einen Gebirgskessel mit einem den Grund bedeckendem See konnte man die S-61R im letzten Moment vor dem Aufschlagen auf dem See abfangen. Es wurde auch darüber gesprochen, dass die Größe der S-61R für SAR-Einsätze auf kleinen, begrenzten Landeflächen ungeeignet sei. Die Gründe, die aber letztendlich in einem Abschlussbericht zu einer Ablehnung der Einführung führten, sind mir nicht mehr bekannt.«

Zur Erprobung der S-61R schreibt Siegfried Wache[79]:

»So richtig testen konnte man nur die Bell UH-1D, der S-61R Hubschrauber stand nur für 14 fliegende Missionen mit knapp 10 Flugstunden zur Verfügung. So verwundert es heute auch nicht, dass die UH-1D als ganz deutlicher Sieger aus diesem Wettbewerb hervorging. Sie konnte trotz ihrer relativ geringen Größe 90 % der Nachschubgüter, die für den Lufttransport [mit Hubschraubern] vorgesehen waren, als Innen- oder Außenlast [bis 1.000 kg] befördern. Die um einiges größere S-61R machte da eine sehr viel schlechtere Figur und war vom Aufbau her auch viel komplizierter und wäre in der Anschaffung und im Unterhalt viel teurer geworden. Für die Luftwaffe stimmte das Preis-Leistungsverhältnis, und auch die Heeresflieger hatten wohl nicht viel an der empfohlenen Beschaffungsempfehlung zu beanstanden gehabt.«

Hans-Joachim Strzebniok fährt fort:

»Im Anschluss an den Truppenversuch mit der S-61R erfolgte zusätzlich vom 23. Oktober bis zum 12. November 1964 eine Demonstration mit der ›Super-Frelon‹[80] mit 4:45 Flugstunden, teilweise auch im Gebirge. Sowohl die Versuche mit der S-61R als auch die Demonstrationsflüge mit der ›Super Frelon‹ lagen in der Verantwortung der Heeresflieger-Waffenschule[81].

Der Abschluss der beiden Truppenversuche mit der S-61R und der UH-1D erbrachte als Ergebnis die Auswahl der Bell UH-1D für Heer und Luftwaffe. OTL Rammelt bestätigte die Eignung der UH-1D für den Einsatz in der Bundeswehr.«

---

[79]  Wache, F-40. Bell UH-1D Luftwaffe, S. 5.

[80]  Vgl. Holmes, Aérospatiale SA 321 Super Frelon, S. 456. Als dreimotoriger und dreißigsitziger Mehrzweckhubschrauber lag bei Gewicht und Größe zwischen der H-34 und der CH-53, und damit mit seiner Leermasse mehr in Richtung des vom Fü S einst konzeptionell geforderten »schweren Hubschraubers 6 to«.

[81]  In der »Herausgabe von Mitteilungen des Spezialstabes ATP der Luftlande- und Lufttransportschule« v. 10.5.1963, S. 33, teilt Kommandeur Oberst Herrmann irrtümlich mit: »Die Bundeswehr soll jetzt den amerikanischen Sikorsky-Helikoptern vom Typ »s61« den Vorzug vor den französischen »Superfrelon« geben, weil sie billiger und zudem rascher als die französischen Apparate [sic] lieferbar seien«.

Der Abschlussbericht des Truppenversuchs, der letztendlich zur Beschaffung dieses Hubschraubers für Luftwaffe und Heer führte, stellt u.a. fest:

> *»Technische Beurteilung*
>
> Die technische Auslegung der Bell UH-1D entspricht allen Anforderungen, die in technischer Beziehung an einen modernen Hubschrauber gestellt werden müssen. Die aus der Konstruktion und Ausrüstung dieses Hubschraubers resultierenden wartungsmäßigen, logistischen und personellen Faktoren sind als besonders günstig zu beurteilen.
>
> *Fliegerische Beurteilung*
>
> Die fliegerischen Leistungen der Bell UH-1D werden von keinem anderen Hubschrauber dieser Größenordnung erreicht. Die Bell UH-1D ist aerodynamisch ausgewogen, in allen Fluglagen leicht kontrollierbar, einfach zu bedienen und zeigt auch noch an den Leistungsgrenzen ein sicheres Flugverhalten. Die Bell UH-1D vermag ca. 90 % der in Dringlichkeitsstufen 1 und 2 eingestuften Versorgungsgüter der Luftwaffe zu transportieren, und ist auch für den Such- und Rettungsdienst, für Verbindungszwecke sowie für Sondereinsätze gut geeignet.
>
> *Gesamtbeurteilung*
>
> Die Bell UH-1D ist für die Einführung in die Luftwaffe als leichter-mittlerer Transport- sowie SAR- und Verbindungshubschrauber gut geeignet.«

Nach Auskunft von Zeitzeugen waren nach der Beschaffungsentscheidung für die Bell UH-1D noch zahlreiche Ausrüstungsprobleme zu lösen, wie der folgende kritische Bericht von OTL a.D. Menges unterstreicht. Überwiegend stellen die befragten Zeitzeugen jedoch fest, dass »die Gesamtbeurteilung aus dem Truppenversuch und die darauf beruhende Beschaffungsentscheidung richtig gewesen sind[82]«. OTL a.D. Menges ergänzt[83]:

> »Im Rahmen einer Standardisierungstagung Anfang 1966 in Fürstenfeldbruck, an der auch Hauptmann Ott, IFR-IP aus Bückeburg, teilnahm, hatten wir die Gelegenheit, auslieferungsbereite UH-1D in Oberpfaffenhofen zu besichtigen: Wir waren sehr enttäuscht, ein Cockpit vorzufinden, in dem z.B. die Form der HF-Sitze ein Fallschirmtragen am Mann nicht erlaubten, die Instrumentierung, insbesondere der kleine Horizont (die H-34 hatte einen sechs Zoll großen, bewährten Horizont) und die fehlende ASE (in der H-34 auch vorhanden) die IFR-Fliegerei erheblich erschweren und unsicherer machen wird. Ich wies auch darauf hin, dass

---

82  Exemplarisch aus dem Bericht (Auszug) O a.D. Hans-Otto Elger v. 22.3.2013.
83  Berichte OTL a.D. Winfried Menges v. 4.1. und 10.1.2013.

man umgehend an eine Seenotausrüstung denken müsse. Unsere Ein-
wände prallten beim Leiter Standardisierung, Oberstleutnant Karl-Fried-
rich Hoffmeister, ab! Als ich 1969 als Einsatzoffizier der 3./HTG 64 mit
Leutnant Dieter ›Monte‹ Berg und Hauptfeldwebel Dieter Hasebrink mit
der Seeausbildung in der Kieler Förde begann, stand uns nur unsere persönliche Notausrüstung ›am Mann‹ zur Verfügung, Floats, Schutzplanen
usw. hatte man uns aber längst zugesagt. Wir stellten uns fast eine ganze
Woche die Frage: wie werden wir die UH-1D bei einer Notwasserung
sicher verlassen können? Da wir keine akzeptable Antwort finden konnten, rief ich Freitag früh Kommandeur[84] Hoffmeister in Diepholz an und
meldete ihm, dass ich die Seeausbildung abbrechen werde, weil ich die
Gefährdung des Lebens meiner Leute bei einer Notwasserung nicht verantworten könne. Am Montag früh erschien Kommandeur Hoffmeister
in Ahlhorn und las uns, besonders mir, die Leviten. Kurze Zeit später
lieferte die Firma Motorflug aus Baden-Oos die Floats und andere Teile
der Seenotausrüstung für die UH-1D: die Seeausbildung konnte weiter-
gehen!

Die militärischen Führungsebenen gaben sich damit zufrieden, dass für
die UH-1D jährlich eine Sondergenehmigung für die IFR-Fliegerei bean-
tragt und genehmigt wurde, da die Ausrüstung für den IFR-Flugbetrieb
den Vorschriften nicht mehr genügte. Ich habe auf meinem Dienstweg
als Leiter der Standardisierungsgruppe und als Leiter Spezialstab ATV
immer wieder auf diese lebensnotwendige Ausrüstung hingewiesen – es
geschah nichts! Ob bei General Flugsicherheit eine Statistik geführt wird,
welche Unfälle der UH-1D auch auf mangelhafte Ausrüstung zurückzuführen sind, ist mir nicht bekannt […].

OTL a.D. Jürgen Jahnke war etwa zur gleichen Zeit bei der Ausbildungsgruppe C der FFS »S« als Technischer Offizier in Faßberg eingesetzt und
hatte sich viel Wissen über die Hubschraubertechnik angeeignet. Er war
zwar nicht am Auswahlverfahren der UH-1D unter OTL Rammelt unmittelbar beteiligt, wurde allerdings zu Beginn der Beschaffung der UH-
1D in den Arbeitsstab versetzt und zum Sonderbeauftragten für diesen
Aufgabenkomplex ernannt. Meines Wissens hat er die Einführung des
Waffensystems UH-1D so vorbildlich geschafft, dass er einige Millionen
der vorgesehen Beschaffungsgelder einsparen konnte. Er hat zum Ende
der Beschaffungsperiode einen Bericht verfasst, in dem er ca. 30 Bean-
standungen und Mängel aufgelistet hatte. Wie viele davon allerdings behoben wurden, ist mir nicht bekannt.«

---

[84]   Kdr II. FlgGrp HTG 64, Diepholz, 4/1968-6/1970.

## 3. Der Systembeauftragte für das Waffensystem UH-1D

Die Bearbeitung aller systembezogenen Fragen des zukünftigen Hubschraubers Bell UH-1D liefen über den Tisch des Stabes des Systembeauftragten (SBWS UH-1D) im Ministerium auf der Bonner Hardthöhe. Dort kam es darauf an, einerseits mit allen beteiligten Dienststellen, der Industrie und der Truppe eng zusammenzuarbeiten, andererseits notwendige sachgerechte Entscheidungen der Luftwaffenführung – auch gegen interne Widerstände – termingerecht vorzubereiten und herbeizuführen.

Der von OTL a.D. Menges erwähnte Zeitzeuge, Oberstleutnant a.D. Dipl. Ing. Jürgen E. Jahnke, wurde 1967 zum Sonderbeauftragten für die Einführung von Waffensystemen im BMVg/Fü L als »A4 UH-1D« versetzt. Sein Büro befand sich auf der Hardthöhe in einer Holzbaracke mit Ölofenheizung und einem Telefon und Schreibtisch sowie einem »Stuhl/Bw-einfach«. Er berichtet aus seinem reichhaltigen Erfahrungsschatz[85]:

*»Projektmanagement zur Einführung des WS UH-1D*

Nach der Truppenerprobung UH-1D 1966 in Faßberg unter Leitung von Oberstleutnant Karl Rammelt, der den Hubschrauber uneingeschränkt geeignet für die Aufgaben der Luftwaffe beurteilte, war nun die Einführung von 336 UH-1D in die Bundeswehr als Nachbauprogramm bei der Firma Dornier zum Systempreis von 856 Millionen DM zu managen und in vier Jahren abzuschließen. Für alle Beschaffungsmaßnahmen war meine Zustimmung erforderlich, was für meine Aufgaben sehr hilfreich war. Im Beschaffungsvertrag mit der Firma ›Bell Helicopter‹ als Entwickler und Hersteller war festgelegt, dass die dynamischen Komponenten (Rotor, Getriebe, Flugsteuerung) und das Triebwerk (Lycoming L-13-Gasturbine) nicht nachgebaut, sondern bei Bell und Lycoming zu kaufen waren. Da diese Teile im Zeitplan als kritisch erkannt wurden, gab es sehr früh einen Beschaffungsvertrag mit diesen Firmen. Darin war auch der Bedarf von der Marine zunächst berücksichtigt, der auch nicht zu stornieren war, als die Marine aus dem Programm ausstieg. Welch ein Segen für spätere Zeiten!

Für das Management etablierte ich eine Arbeitsgruppe [...]. Wichtig war [darin] auch der ›Technical Representative (TecRep)‹ der Firma Bell in Deutschland, der manchen Unwillen ertragen musste, wenn die Firma Bell nicht spurte.

---

85   Bericht (Auszug, auch ohne Werdegang) OTL a.D. Dipl.-Ing. Jürgen Janke v. 15.2.2013.

*Serienfertigung, Probleme, Einsatzvorbereitungen und SAR-Rolle*

Die Firma Dornier als Hauptauftragnehmer musste zu Beginn des Programms zwei wichtige Aufgaben meistern:

1. Die Umrechnung der Bell-Zeichnungen aus dem US-Zollsystem ins metrische Maßsystem, und

2. die Umstellung der Technischen Vorschriften vom US-System TM (Technical Manual) der U.S. Army in das neu entwickelte GAF-TO-System der Luftwaffe, für die UH-1D auf diesem Gebiet als erstem Waffensystem.

Der lizensierte Nachbau von Teilen und Systemen verlief im ersten Jahr holprig, und unsere Arbeitsgruppe musste alle sechs Wochen bei Dornier mit dem dortigen technischen Leiter, Dipl. Ing. Schneider, hart ins Gericht gehen. Kamen wir zu keiner Einigung, verließ ich die Tagung und wurde beim Geschäftsführer von Dornier vorstellig. Der war stets meiner Meinung, was dem Leiter Schneider nicht passte. Er schwärzte mich bei Brigadegeneral Hohagen (rechte Hand vom Inspekteur Luftwaffe [Insp L], Geneneralleutnant Steinhoff, als Sonderbeauftragter) an. Der aber belobigte mich mit den Worten: ›Junge, hau drauf‹

Es gab zahlreiche technische Änderungen, die ggf. in die laufende Serie einfließen sollten, andere wurden auf die zukünftige Grundüberholung vertagt. Immerhin waren bei der U.S. Army mehr als 4.000 UH-1 im Einsatz, ein Großteil davon in Vietnam[86]. Der Vietnam-Einsatz bedeutete für Bell, dass sie in dieser Zeit nur die U.S. Army vorrangig mit Teilen und Komponenten beliefern durfte, soweit Bell das ohnehin schaffte. Alle anderen Kunden mussten warten. Hier kam uns der Ausstieg der Marine zugute, weil die für sie vorgesehenen 32 dynamischen Komponenten während der Serie bereits im Depot eingelagert waren.

Ein gravierendes Problem tauchte während der Serienfertigung auf, als bekannt wurde, dass die Befestigungsbohrungen des Heckauslegers mit dem Rumpf aufgrund von Fehlern in den Zeichnungen bei Dornier nicht mit den Originalteilen übereinstimmten. Damit war die festgelegte Kompatibilität mit allen US-Teilen nicht mehr gegeben. Die überwiegende Zahl der Heckausleger war aber bereits gefertigt. Der erneute Nachbau hätte einen zusätzlichen Aufwand von ca. 8 Millionen DM zu Lasten von Dornier bedeutet. Nach langen technischen und juristischen Debatten

---

[86] Ein lesenswerter Artikel zum Vietnameinsatz mit der UH-1 findet sich im Rotorblatt 3/2012, S. 52-55, des US-Zeitzeugen Randolph P. Mains: Liebe Mama, ich lebe! Auszug aus dem Buch »Dear Mom I'm Alive. Letters from Blackwidow 25«. Vgl. auch: Parsons, The Encyclopedia of Air Warfare, S. 208-215; sowie Frey, Geschichte des Vietnamkrieges.

fasste man den Entschluss, dass Dornier auf eigene Kosten Adapterteile fertigt und vorhält, um bei Bedarf originale US-Teile anbauen zu können.

Während der Serienfertigung wurde das technische Personal an der TSLw 3 an diversen ›Teiletrainern‹ und an einer kompletten UH-1D geschult. In den Bereichen, wo die Vorschriften nach GAF-TO noch fehlten, improvisierte man vorübergehend mit US-TM Vorschriften.

Nachdem man die Fragen zur Stationierung und der Organisation des neu aufzustellenden HTG 64 entschieden hatte, folgte für diesen Verband die Erarbeitung der Grundlagenpapiere (Pers.- und Mat.-STAN[87]). Zudem erließ man die Einsatzkonzepte für den SAR-Dienst, wobei 18 SAR-Kommandos auszustatten waren. Mit denen war das Einsatzgebiet der Luftwaffe über Land flächendeckend zu bestücken. Jeder Ort (d.h. Absturzstelle) sollte binnen 15 Minuten mit dem Hubschrauber erreichbar sein. Die Probleme mit der F-104 Starfighter übten ziemlichen Druck aus – es galt, die SAR-Rolle rasch und effektiv zu übernehmen.

Nach Zulauf der ersten UH-1D an die Truppe[88] wurde schnell klar, dass die fliegerischen und technischen Vorbereitungen gut waren und man den Flugbetrieb problemlos aufnehmen konnte. Dies lag auch daran, dass die UH-1D für die Piloten im Flugdienst gut zu ›Handhaben‹ (Handling) war, aber das Fehlen einer Flugstabilisierungsanlage stets die volle Aufmerksamkeit an den Flugsteueranlagen (›Controls: Stick, Kollektiver Blattverstellhebel und and Pedale‹) erforderte. Als Ausgleich gab es ja die Fliegerzulage!‹

Rasch stellte sich bei der Ausbildung für den SAR-Einsatz heraus, dass die mitgelieferte elektrische Winde der Firma ›Breeze‹ nicht den Anforderungen genügte. Diese überhitzte bereits nach nur wenigen Windenmanövern. Auch gab es wegen des Versagens der Winde einen Toten zu beklagen. Da es auf dem westlichen Weltmarkt keinen vergleichbaren Ersatz gab, mussten wir eine Neuentwicklung beauftragen. Die Firma AEG bewarb sich erfolgreich und konnte nach Lösung vieler aufgetretener Probleme eine brauchbare Rettungswinde nach Abschluss der UH-1D-Serie liefern.

---

[87]  STAN: Stärke- und Ausrüstungsnachweisung.
[88]  Die offizielle Übergabe der ersten UH-1D an die Luftwaffe erfolgte am 15.2.1968 auf dem Fliegerhorst Penzing durch GenLt Steinhoff an den Kommodore des HTG 64, Oberst Johannes Naumann.

Als weitere Unzulänglichkeit wurde die Flugausrüstung ausgemacht, die anfangs nicht einmal einem derzeit gut ausgerüsteten Motorsegler entsprach[89]. Das eingebaute TACAN war wohl später für IFR-Einsätze brauchbar, aber nicht im taktischen Hubschrauberflug. Also flogen die Besatzungen wieder nach der Karte, ggf. nach dem ›Whiskey-Kompass‹ und der Stoppuhr, wie in der Grundschulung erlernt.

In einer Rüstungsbesprechung mit dem Insp L, GenLt Steinhoff, wurden die Vorhaben MITAC [Micro TACan] und SETAC [Sector TACan] als Standard-Flugführungssysteme für die Luftfahrzeuge der Luftwaffe vorgestellt. Auch die UH-1D sollte mit einem Finanzaufwand von 360 Millionen DM ausgerüstet werden, so die Finanzplanung. Ohne Worterteilung durch die Vorgesetzten sprach ich mich harsch dagegen aus, weil diese Systeme im taktischen Hubschrauberflug nichts leisten konnten. Alternativ sollte man besser über die Einrüstung einer Kreiselplattform mit ›Update-Modus‹ und/oder einer ›Moving Map‹ nachdenken. Steinhoff war außer sich, weil er die aufwendige Kreiselplattform aus dem Starfighter kannte. Beide Systeme sind aber mit Blick auf Technik und Kosten nicht vergleichbar. Wegen meiner Wortmeldung wurde ich anschließend vom Chef des Stabes FüL, Brigadegeneral Heinz, heftig gerügt, aber ich bekam Recht und ersparte der Luftwaffe eine Fehlinvestition.

Als die Aufgaben für die SAR-Rolle über Land flächendeckend definiert, organisiert und die Ausrüstung für die SAR-Kommandos sichergestellt waren (außer den infrastrukturellen Baumaßnahmen), kam von den Marinefliegern, in deren Zuständigkeit der SAR-Dienst über See lag, die Anfrage an die Luftwaffe nach Unterstützung. Die Marine hatte dafür nicht die ausreichenden Kapazitäten. So musste die Luftwaffe den SAR-Dienst über See in einer Zweitrolle übernehmen. Nach vielen Diskussionen, ob man einmotorig weite Strecken über See fliegen darf, wurde als Lösung die Einrüstung von Notschwimmern (Floats) beschlossen. Nach erfolgreicher Erprobung durch die E-Stelle 61 wurden Rüstsätze beschafft und bei der Truppe vorgehalten. Diese aktivierten sich pyrotechnisch entweder automatisch nach der Berührung mit Salzwasser oder nach der Betätigung eines Schalters durch den Piloten in Millisekunden, und verhinderten ein schnelles Versinken des Hubschraubers. Eine ähnliche

---

[89] Hier sind durchaus Parallelen mit der Noratlas erkennbar, die erst schrittweise eine ausreichende Flugausrüstung erhielt. Es ist zu vermuten, dass die Truppe – falls am Prozess überhaupt beteiligt – nicht die notwendigen Forderungen einbrachte und/oder das zuständige BWB (mit ggf. fehlendem Sachverstand oder) mit Blick auf den Preis eine »Magerlösung« anstrebte und vertraglich fixierte [d. Autor].

Diskussion folgte später bei der Transall C-160, ob dieses nur zweimotorige Flugzeug über den Atlantik fliegen könne.

Bei Ende der Serie bei der Firma Dornier und Auslieferung an das Heer und die Luftwaffe resümierte das Management-Team UH-1D die gewonnenen Erkenntnisse und noch offenen Probleme, die in den Abschlussbericht des SBWS UH-1D (in 1974) Eingang finden sollten. Es wurde festgestellt, dass die Einführung des WS UH-1D zeit- und kostengerecht erfolgte (einmalig in der Luftwaffe!). Die 5 Millionen DM als ›Haushaltsmittel für Restvorhaben‹ sollten für die Verbesserung der fliegerischen und technischen Ausbildung des Personals zweckgebunden ausgegeben werden.

Der Klarstand beim HTG 64 betrug bereits 80 % im ersten Einsatzjahr. Aber es waren noch ca. 30 Themen und Probleme nach der Einführung in die Truppe anzugehen. Dabei konnten wir auf die Zuarbeit der ATV-Gruppe im HTG 64 zurückgreifen. Die Problembereiche betrafen vorwiegend

- Flugführungs- und Navigationshilfen
- Hinderniswarnsysteme
- den Radarhöhenmesser für Tiefflug
- neue Funkgeräte
- Kabelkappvorrichtungen
- Bewaffnung mit Maschinengewehr und 2.74 Zoll Flugkörper in ›Pods‹ (Abschussbehälter)
- Zusatztanks zur Reichweitenerhöhung usw.

Als wichtige Hilfsmittel neben Telefon und Fernschreiber dienten dem Management effektive Kosten- und Zeitpläne, vernetze Strukturpläne, festgelegte Melde- und Kommunikationswege. Auch waren regelmäßige Arbeitstagungen vor Ort sehr hilfreich, die nach dem Muster ›1. Sachstand 2. Entscheidung und Beschluss 3. Maßnahmen und 4. Termine‹ protokolliert waren und von mir ständig auf strikte Einhaltung überprüft wurden. Diese ›Knebelung‹ der Akteure war der ›Schlüssel zum Erfolg‹. Das menschliche Miteinander der agierenden Manager stimmte und der uneingeschränkte Arbeitswille war bei allen vorhanden, sodass das von uns gesteckte Ziel erreicht wurde.«

Ergänzend hierzu stellt Oberst a.D. Rappke fest:

»Die Entscheidung über die Einführung eines neuen Hubschraubermusters reifte sehr schnell. Seit einiger Zeit konzentrierte sich die Luftwaffenführung bereits auf die Erprobung der UH-1 der Firma Bell Textron und zwar in der Modifikation »D« mit der Lycoming L-13-Gasturbine als Triebwerk. Bestimmend für diese Auswahl schien eine Untersuchung gewesen zu sein, die den Transportbedarf der Luftwaffe feststellen sollte.

Das grobe Ergebnis: für mehr als 80 %[90] aller Güter für den Lufttransport mit Hubschraubern wäre die Kapazität eines Hubschraubers der Größenordnung einer UH-1D geeignet. Außerdem stellte dieser Hubschrauber ein in Jahren technisch ausgereiftes Modell dar, das an vielen Schauplätzen überzeugt hatte und in tausenden Exemplaren unterschiedlicher Modifikationen sicher und zuverlässig flog. Überzeugend war auch seine Variabilität: mit vielen Rüstsätzen ließ er sich an unterschiedliche Einsatzerfordernisse anpassen. Seine einfache Struktur schien für preiswerte und wenig personalintensive Wartung und Instandsetzung[91] zu sprechen und die Beschaffungskosten überschaubar. Auch das Heer zeigte Interesse an diesem Hubschrauber. Die Marine bevorzugte einen Hubschrauber mit zwei Triebwerken und höherer Kapazität und konzentrierte sich auf die S-61R. Die Erprobungsphase bestätigte im Prinzip die Eignung des Hubschraubers.«

Parallelen zur Einführung der Noratlas ab 1957/58 und der Transall ab 1968 und des A400M ab 2014 sind hier durchaus erkennbar[92]. Die Einrichtung eines »runden Tisches« mit allen Beteiligten und die Teilhabe von Luftfahrzeugführern aus der Truppe von Anbeginn an sowie deren Begleitung des Entwicklungs- und Konstruktionsprozesses bei der Industrie vor Ort sind bis heute in der Bundeswehr unüblich und wurden bislang durch das zivil dominierte BWB[93] über die politische Leitung verhindert.

---

[90] Die Aussagen der Zeitzeugen schwanken zwischen 80 und 90 %, was aber unerheblich ist.
[91] Der Begriff »personalintensiv« ist relativ, kommt es doch für den Klarstand der Maschinen im Verband auch auf den jeweiligen Zeitbedarf für regelmäßige Wartung und Instandsetzung an.
[92] Siehe hierzu ausführlich Ahrens, Die Transportflieger der Luftwaffe.
[93] Heute BAAINBw (Bundesamt für Ausrüstung, Informationstechnik und Nutzung der Bundeswehr) ab 1.10.2012.

Bell UH-1D bei der Gebirgserprobung als Teil des Truppenversuchs

Instrumentenbrett der Bell UH-1D
beim Truppenversuch

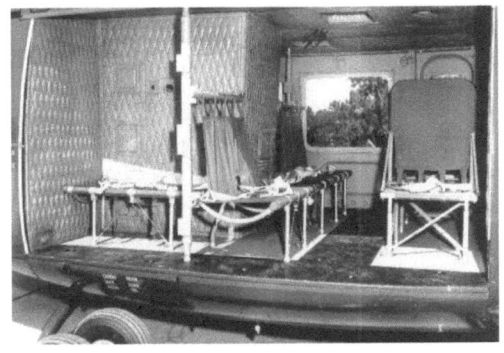

Laderaum der Bell von rechts.
Platz für 12 Passagiere

(Bilder Wache)

Oben: Bell UH-1D bei einer SAR-Übung über der Nordsee
Unten: Bell UH-1D über einem Seenotrettungskreuzer beim Aufwinschen und
beim Truppenversuch mit aufblasbaren Schwimmern (Bilder Wache)

Besatzung einer UH-1D im „Frankenstein". V.l.n.r.: Olt Christian Jansen, OFw
Schäfer, HFw Winfried Schaupmann. Unten: Blick in den Frachtraum einer Bell
mit SAR-Ausstattung und Rettungswinde (Bilder Wache)

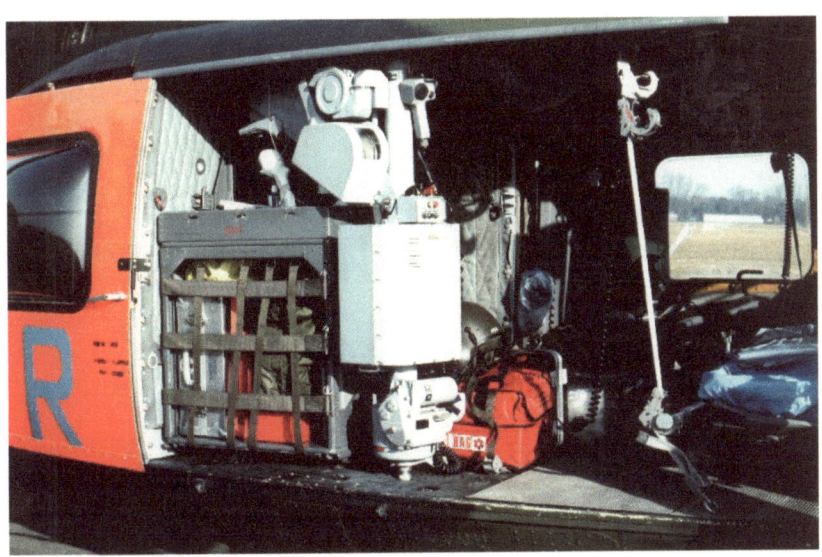

Oben: Bell 70+94 des Hubschraubertransportgeschwaders 64 in der klassi-
schen SAR-Lackierung (Wache)
Unten: Bell auf der Flightline des HTG 64 in Ahlhorn (Wache)

# IV. Hubschrauberpersonal

## 1. Kriegsgediente

Mit Blick auf das »Dritte Reich« und die Katastrophe des Zweiten Weltkrieges stellen sich hinsichtlich des Eintritts der Kriegsgedienten in die Bundeswehr einige Fragen: Wer waren die Transportflieger und Hubschrauberführer der Aufbaujahre der Luftwaffe, was zeichnete sie aus? Wie bewältigten sie die vielfältigen Herausforderungen eines schwierigen Neubeginns? Verfügten sie über die für ihren Auftrag angemessenen Luftfahrzeuge samt sonstiger Ausrüstung? Wie liefen Ausbildung und weltweite Einsätze ab? Welche Rolle spielte der SAR-Dienst? Gelang die schrittweise Übergabe der Führungsverantwortung von der Kriegsgeneration an die folgende Generation der ungedienten »Kriegskinder« ab Ende der 1960er Jahre?

Zur Übernahme der Kriegsgedienten gab es ab 1955 bis 1957 keine Alternative. Sie stellten beim Aufbau der Transportfliegerei und des SAR-Dienstes das erste Führungspersonal in der Truppe und in allen Stäben sowie die Ausbilder und verantwortlichen Hubschrauberführer bzw. Kommandanten im Flugbetrieb. Ohne sie wäre u.a. schon die Aufnahme des SAR-Einsatzes und die erfolgreiche Luftbrücke nach Agadir 1960 als erster großer Hilfseinsatz der Bundeswehr unmöglich gewesen. Fliegerische Erfahrung und Menschenführung im Krieg, aber auch Konfrontation mit Tod und Verwundung, Zerstörung und Improvisation hatten ihr Denken und Handeln bis 1945 geprägt. Der ihnen diffus erscheinenden »Inneren Führung«, dem Amt des Wehrbeauftragten[94] und detaillierten Vorschriften »von oben« standen sie zunächst mit einiger Skepsis gegenüber.

Für die Jüngeren waren sie Vorbilder in der Bereitschaft zur Führung und Übernahme von persönlicher Verantwortung, gelebter Kameradschaft und der Fürsorge gegenüber ihren Untergebenen. Die verheerenden Folgen des Zweiten Weltkrieges, die (angeblich zuvor unbekannte) systematische Ermordung der Juden und anderer Volksgruppen, die oft mehr als zehnjährige Unterbrechung ihres Dienstes in zwei Luftwaffen (Wehrmacht und Bundeswehr) mit meist zwischenzeitlichem Zivilberuf hatten wohl einen hilfreichen inneren Abstand zum nationalsozialistischen Regime geschaffen[95]. Dieses hatte sie seit

---

94  Vgl. auch Schlaffer, Der Wehrbeauftragte.
95  Bei Falko, Stabsoffiziere in der Bundeswehr, S. 217, heißt es: »Der zehnjährige, militärlose Zeitabschnitt zwischen der bedingungslosen Kapitulation der deutschen Wehrmacht und der Aufstellung der Bundeswehr stellt für viele Kriegsteilnehmer eine Phase der Selbstreflexion und Auseinandersetzung mit der deutschen wie auch der eigenen Vergangenheit dar«.

1933 im Alltag, als Schüler, oft in der Hitlerjugend, beim Reichsarbeitsdienst und in der Wehrmacht geleitet und geprägt. Pflichterfüllung – selbst für ein Unrechtssystem – und Kameradschaft waren ihre Leitlinien im Kriegseinsatz bis zum bitteren Ende gewesen[96].

Dessen ungeachtet genossen die deutschen »Jagdfliegerasse« durch ihren enormen Einsatzwillen und die hohe Zahl ihrer Abschüsse auch nach Kriegsende hohe Anerkennung bei den Westalliierten. Sie waren ab 1956 auch *fliegerische* Vorbilder für die jungen Flugzeugführer der neuen Luftwaffe. Ihnen persönlich war »rechtlich« nichts vorzuwerfen. Einige fanden ab 1955/56 den Weg in die Bundeswehr. Die meisten reizte der Einsatz auf modernen, strahlgetriebenen Kampfflugzeugen. Sie übernahmen – im Gegensatz zu den Transportfliegern – zunächst aufgrund des Schwerpunktes auf der von der NATO geforderten militärischen »Abschreckung« auch in der »neuen« Luftwaffe das Kommando; so der erste Inspekteur Josef Kammhuber, ehemaliger »General der Nachtjäger«[97], sowie, ab 1951 bereits als Angestellte im »Amt Blank« dienend, die ihm folgenden Inspekteure Werner Panitzki und ab 1966 Johannes Steinhoff[98]. Die Kampfflieger blickten auf ihre ehemaligen Kriegskameraden, die sich für den Lufttransport entschieden hatten, zuweilen herab, und das schmerzte. Die kriegsgedienten Transportflieger und Hubschrauberführer verharrten in den Aufbaujahren bis 1966 (und auch danach) zumeist als Offiziere auf der mittleren Führungsebene. Sie nahmen die Aufgaben als Staffelchefs oder Staffelkapitäne wahr, bis 1971 überwiegend als Kommandeure der Fliegenden Gruppen und als Kommodores (Verbandsführer) noch bis Ende der

---

[96] So schreibt der General der Flieger Wolfram von Richthofen 1940: »Kampfesfreude und Schneid, Kameradschaft und Opfersinn [sind] Höhepunkte im Augenblick des Kampfes und stille verantwortungsbewusste Arbeitsleistung [...]. Denn: Tat ist Pflicht! Kampfestat ist Freude und Plicht!« In: Strohmeyer, Stukas!, S. 7f. Vgl. auch Pauli, Wehrmachtsoffiziere, S. 108: »Hitler als Person dagegen galt bei der Mehrheit der Soldaten als nahezu sakrosankt, auch wenn ab 1943 im Stillen am Sieg gezweifelt wurde«.

[97] Eine kritische Skizze zu Kammhuber liefert Schmidt, »Seines Wertes bewusst!«. Dort auch eine Schilderung seines gespannten Verhältnisses zum ehemaligen General der Jagdflieger Adolf Galland. Autobiografisch zu Galland siehe Galland, Die Ersten und die Letzten. Vgl. auch Luther, Tammo, General Kammhuber – Schöpfer der Nachtjagd. Streitbare Schlüsselfigur. In: Clausewitz Nr. 5/2016, S. 74-79. Vgl. auch Jägerblatt Nr. 1, März 1986: Mit allen militärischen Ehren, S. 10f.

[98] Möllers, »Ein unbequemer Mann!« Vgl. auch Johannes Steinhoff. Jagdflieger und Manager. Immer im Einsatz, S. 276-278. Steinhoff schuf sich mit dem Aufbau des »Jägerkreises Luftwaffe« ab 1951 ein Netzwerk, mit dem es ihm gelang, vor allem seine ehemaligen Kameraden des JG 52 in Führungspositionen (z.B. InspL, KG LFlkdo) der Lw zu bringen, was zu einer Dominanz ehemaliger Jagdflieger bis Anfang der 1980er Jahre führte und nachhaltig das Selbstverständnis großer Teile der Luftwaffe prägte. Daran änderte auch die durch Generalmajor a.D. Morzik ab 1953 aufgestellte »Kameradschaft ehemaliger Transportflieger« (aufgelöst 2013) nichts, da sie über ihre introvertierten Jahrestreffen am Ehrenmal in Lohr am Main hinaus weitgehend initiativlos und ohne Relevanz blieb.

1970er Jahre. Erst mit der Aufstellung des HTG 64 im Jahr 1966 gelang es Oberst Johannes Naumann als erstem Hubschrauberführer, die Verwendung als Kommodore mit dem Dienstgrad Oberst zu erlangen. Damit gaben sie dem Lufttransportbereich vor allem als Truppenführer in den ersten 15 Jahren ihre Prägung, auch wenn sie sich nicht nachhaltig auf der Führungsebene der »Höheren Kommandobehörden« bzw. im Ministerium einbringen und durchsetzen konnten.

In die Generalsränge (über den Weg als Verbandsführer mit dem Dienstgrad Oberst) gelangten von den Transportfliegern bis 1971 ein »reichswehrgeprägter Offizier« (Kuhlmey), zwei »Vorkriegsoffiziere« (Guth, Rudat), zwei »Kriegsoffiziere« (Schwarz[99] und Dr. Beuther) und ein »Volksoffizier« (Meyer als Hubschrauberführer[100]).

Als Leiter des LTKdo Bw (Oberst) von 1961 bis 1968 und folgend auch als Kommandeure des LTKdo (Generalmajor) ab 1968 (bei letzterem auf der Divisionsebene) wirkten sie bis zum Jahr 1983. Auch hier sahen sie sich mehr als Truppenführer statt – wie spätestens ab 1968 vorgegeben – als richtungweisende Leiter eines auch konzeptionell agierenden Fachkommandos des Lufttransportes für den Bedarf der Bundeswehr. Vereinzelt herrschte sogar die Sorge vor, durch »Lautgeben nach oben« eine mögliche Auflösung von Geschwadern oder des LTKdo selbst zu initiieren oder gar zu beschleunigen[101]. So brachten die »Alten« die Transportfliegerei konzeptionell nicht entscheidend voran. Ihnen kam es vielmehr auf raschen Aufwuchs, geordneten Aufbau und hohe Einsatzbereitschaft an. »Kämpfen zu können, um nicht kämpfen zu müssen«, lautete die politisch vorgegebene, aus ihrer Sicht rein militärisch jedoch fragwürdige Devise. Aber richtig »kämpfen« sollten und konnten die unbewaffneten Transportflieger als Unterstützungskräfte auch im SAR-Dienst ohnehin nicht, mit Ausnahme als »Träger« der Einsätze für die Luftlandetruppe des Heeres.

Die im Zweiten Weltkrieg gemachten Erfahrungen auf dem Gebiet der Improvisation halfen ihnen beim Aufbau der Bodenorganisation, vor allem im Bereich der Technik, unter zunächst primitiven Bedingungen ab 1955/56. Außerdem lagen die Luftwaffen-Rettungs- und Verbindungsstaffeln, das Hubschraubertransportgeschwader 64 und die drei Lufttransportgeschwader einschließlich der Flugzeugführerschule »S« nun auf festen, später auch vereinzelt nach NATO-Kriterien infrastrukturell ausgebauten Flugplätzen. Die in der

---

99  BrigGen a.D. Schwarz, Jahrgang 1919, trat nach dem Reichsarbeitsdienst zum 1.10.1939, also nach Kriegsbeginn, in die Wehrmacht/Luftwaffe ein.

100  Vita im Anhang.

101  Nach Aussagen von Zeitzeugen war das zuweilen »Tenor« von Generalmajor Werner Guth als damaligem Kdr LTKdo, der die Auflösung des LTG 62 im Jahr 1971 nur sehr schwer verwinden konnte. Nachlass Guth.

Wehrmacht beim Vormarsch ab 1939 (»Blitzkrieg«[102]) und beim Rückzug bis 1945 wiederholte, kurzzeitige Verlegung auf Feldflugplätze war zwar möglich, aber nicht mehr gefordert. Auch der Versuch der Bundeswehr, im Sinne eines besseren Überlebens feindlicher Luftschläge bzw. des Einsatzes von nuklearen Sprengköpfen »Senkrechtstarter«[103] einzuführen, scheiterte u.a. am fehlenden politischen Willen und den vorhersehbaren Kosten. Der Einsatz der Hubschrauber im Kriege beschränkte sich auf die Evakuierung von wichtigem, frontnah stationiertem Personal, Verbindungsflügen und die Fortsetzung des SAR-Einsatzes unter Bedrohung, wenngleich grundsätzlich nicht über feindlichem Gebiet.

Als weitere Aufgabe standen ab 1960 für die Transportflieger – für die Hubschrauber mit der Bell UH-1D erst ab 1970 – zunehmend ausländische *Hilfseinsätze* in Europa, Afrika und Asien im Vordergrund – diese förderten das internationale Ansehen der Bundesrepublik. Sie fanden sich bisweilen kurzzeitig im Rampenlicht der Medien im Inland, und somit im positiven Gegensatz zur kritisierten Lärmbelastung der Zivilbevölkerung durch die täglichen Übungen im Tiefflug und den bis Anfang der 1970er Jahre zahlreichen Flugunfällen der Kampfflugzeuge, vor allem des F-104G Starfighter.

Erst 1983 trat mit dem Kommandeur des Lufttransportkommandos, Generalmajor Dr. Beuther, der letzte aktive Kriegsgediente aus der höchsten Führungsposition der Lufttransportflieger in den Ruhestand. Damit endete nach 27 Jahren die Zeit, in der Truppe und Stäbe der Transportflieger ihre Prägung wesentlich durch die »Weltkriegsflieger« erhalten hatten:

> »Der Charakter der neuen Streitkräfte wird nicht nur durch feste Gesetze bestimmt werden, sondern ebenso durch die Persönlichkeiten, die in den führenden Stellungen berufen sein werden. Von ihnen wird es abhängen, ob ein fortschrittlicher Geist die neuen Verbände beherrscht[104].«

Diese Prämisse des ersten Verteidigungsministers Theodor Blank ist bei den kriegsgedienten Transportfliegern der Luftwaffe in den Aufbaujahren weitgehend eingetreten. Die nachfolgenden Generationen haben ihnen mit Blick auf ihren Mut zum Eintritt in eine »neue« deutsche Luftwaffe, ihre engagierte Aufbauarbeit unter teilweise sehr schwierigen Verhältnissen, ihre Pflichterfüllung, die Prägung und weitgehende Förderung von »jungem« Führungspersonal sowie ihre überwiegend vorbildgebenden, wenngleich von den Erfahrungen in der NS-Zeit und von den Kriegserlebnissen geprägte Persönlichkeiten viel zu verdanken.

---

[102] Zum Thema »Blitzkrieg« siehe Frieser, Blitzkrieg-Legende.

[103] In den 1970er Jahren: VJ 101 als Jäger, VAK 191B als Jagdbomber und Do 31 als senkrechtstartendes Transportflugzeug.

[104] Verteidigungsminister Theodor Blank in seiner Rede vor dem Deutschen Bundestag im Juni 1955, Bald, Militär und Gesellschaft, S. 32.

## 2. Kriegskinder

Als Jugendliche bis 1945 – je nach Alter durch Schule und Elternhaus – von der NS-Diktatur beeinflusst und viele durch Flucht und Vertreibung im und nach dem Krieg traumatisiert, wuchsen die Angehörigen der 2. Generation, die »Kriegskinder«, fortan in einem geteilten Deutschland auf. Demokratie und Rechtsstaatlichkeit, aber auch wirtschaftliche Not und der Kampf um das reine Überleben prägten die ersten Nachkriegsjahre. Der abgebrochene Schulbesuch wurde bis zum Abitur beendet, alternativ die Realschule mit einer Lehre verknüpft. Etwa die Hälfte aus der Gruppe der Vertriebenen oder aus den Ostgebieten bzw. der Sowjetischen Besatzungszone (SBZ) Geflohenen musste sich eine neue zweite Heimat suchen und schaffen.

Ihre wesentliche soldatische Prägung erhielten die Kriegskinder durch die omnipräsenten Kriegsgedienten. Aus den persönlichen Schilderungen der Zeitzeugen ergibt sich ein zwiespältiges Bild: einerseits hohe Achtung vor der »Leistung« der Kriegsgedienten, zumal dann, wenn diese hochdekoriert (Ritterkreuz!) waren; andererseits deutliche Kritik und zuweilen auch Geringschätzung, wenn diese als »Persönlichkeit« nicht überzeugten. Belege für diese Mischung aus Achtung und Kritik finden sich in den Berichten der Zeitzeugen in den noch folgenden Kapiteln über ihre Ausbildung, den Dienst und fliegerischen Einsatz in den Verbänden[105].

Aus unterschiedlichen Gründen in die Luftwaffe eingetreten und oftmals das Ziel »Jetpilot« im Sinn, fanden sich etliche Anwärter durch Einschränkungen in der Wehrfliegertauglichkeit oder durch zuweilen willkürliche Schwerpunktsetzungen der Personalführung im Cockpit eines Hubschraubers wieder. Nach abgeschlossener Ausbildung kamen sie schon nach Abschluss der fliegerischen Grundausbildung und Musterumschulung als verantwortliche Hubschrauberführer (VLF) in die Pflicht, da es grundsätzlich nur einen Hubschrauberführer an Bord gab. Ausnahmen waren Sondereinsätze und Flüge nach IFR-Regeln bei schlechtem Wetter, sofern die Instrumentierung der Hubschrauber dies überhaupt zuließ.

Sie prägten nun als Hubschrauberführer durch ihre bessere Ausbildung, spätestens durch die Einführung der Bell UH-1D und Einrichtung der Hubschrauberführerschule der Luftwaffe ab 1971 bzw. Ausbildung in den USA zunehmend auch das innere »Klima« in den Staffeln und Stäben.

Mit der Einführung der Transall C-160, Boeing B 707 und Bell UH-1D ab 1968, die bereits nahezu alleinig in den Händen der 2. Generation (Dienst-

---

[105] Siehe hierzu auch ausführlich Ahrens, Die Transportflieger der Luftwaffe.

grade nun Hauptmann und Major) lag, bestimmten diese auch über die Verwendungen als Staffelkapitäne den täglichen Dienst- und Flugbetrieb. Einige Kriegsgediente richteten sich nun auf den neuen Mustern in der Rolle des »geschätzten Exoten« ein und gaben vereinzelt für die in den Verbänden ab 1970 auftauchenden Angehörigen der Nachkriegsgeneration Beispiele ab für gute Kameradschaft, Einsatzbereitschaft und langjährige fliegerische Erfahrung in der Truppe[106].

Die politische und militärische Ost-West-Konfrontation und die schmerzliche Teilung Deutschlands beeinflussten maßgeblich das Denken und Handeln dieser Generation. Der Gang zur Bundeswehr und der Einstieg in die Luftwaffe verhießen neben dem Wunsch zum Flugzeugführer oder Hubschrauberführer auch ein dienstliches Leben in berechenbarer Ordnung und in festen Strukturen sowie finanzielle Unabhängigkeit vom zivilen Arbeitsmarkt. Das Streben nach Sicherheit und eine kritische Einstellung zu Politik und Ideologien prägte diese Generation. Das unterschied sie von der nachfolgenden 3. Generation, der Nachkriegsgeneration, die sich in Teilen auch als die »68er« verstand.

Die Übernahme der unteren Führungspositionen durch diese Generation Ende der 1960er Jahre ging einher mit der Modernisierung des Flugzeugparks im Lufttransportbereich. Mit der Aufstellung des LTKdo (Lw) im gleichen Jahr entstand ein leistungsfähiges, für den vielseitigen Auftrag der Transportflieger optimiertes Führungsinstrument, sowohl im weltweiten Einsatz als auch im SAR-Dienst der Bundeswehr und darüber hinaus.

Die von den kriegsgedienten Offizieren geprägten und zunächst von ihnen noch auf den höheren Ebenen geführten »Kriegskinder« stellten sich der Aufgabe, den Übergang in die Moderne zu gestalten und – dann selbst in höchste Führungspositionen bis zum Jahr 2000 aufsteigend – zu sichern und weiterzuentwickeln. In ihrer unaufgeregten Pflichterfüllung und dem Führen durch Persönlichkeit standen sie in der Kontinuität der Kriegsgedienten. Erst von ihnen gingen die nötigen Anstöße zur konzeptionellen Weiterentwicklung des Lufttransportes aus, erst sie wagten »den Blick über den Zaun«. Als Vorgesetzte prägten sie nun wiederum die 3. Generation (die »1968er« und die »Leutnante 70«[107]), welche nahezu nahtlos und schrittweise, zunehmend auch mit Studium, konstruktiv-kritisch ab den 1980/90er Jahren in ihre Fußstapfen traten.

---

[106] Die namentliche Aufstellung des HF-Führungspersonals in der Truppe, im Stab LTKdo und im BMVg findet sich im Anhang.
[107] Zu den Themen »Inneres Gefüge« und »Krisenbewährung« siehe Rink, Die Bundeswehr 1950/55-1990 sowie Schlaffer/Sandig, Die Bundeswehr, S. 94-111.

# V. Ausbildung und erste Erfahrungen im Einsatz

## 1. Alliierte Ausbildungshilfe

Die »Ausbildung der Ausbilder« mussten anfangs überwiegend die Alliierten übernehmen. Den US-Verantwortlichen war klar, dass selbst das erfahrenste deutsche Personal aus der Wehrmacht einen zehnjährigen Rückstand im Betrieb und Einsatz moderner Waffensysteme hatte. So war es nur konsequent, mit Blick auf die gewünschte Qualität und zur nachhaltigen Einflussnahme auf die Doktrinen und Einsatzverfahren der Luftwaffe, auch gleich die Erstausbildung mit zu übernehmen.

Bereits im März 1955 lieferten die USA zur Unterstützung des Mutual Defense Assistance Program (MDAP) 248 Schulflugzeuge an die Luftwaffe[108]. Aber die Rekrutierung des deutschen Personals lief schleppend – erst Anfang 1956 konnte die Ausbildung im Sinne einer »fliegerischen Auffrischung« (Refresher) beginnen[109].

Im Rahmen des MDAP hatte die USAF bereits 1953 begonnen, auf den Fliegerhorsten Fürstenfeldbruck, Landsberg und Kaufbeuren Fliegendes und Technisches Personal aus NATO-Staaten sowie aus dem Iran, Jugoslawien, Pakistan, Ägypten und Saudi-Arabien umzuschulen. Hierzu dienten u.a. die Flugzeugmuster Piper L-18, T-6 und T-33. Mit Beginn der Aufrüstung künftiger westdeutscher Streitkräfte wollte man dort die deutschen Piloten auf ihre fliegerische Eignung hin überprüfen und über das »Basic Flight Training« auf Propellerflugzeugen und dem »Advanced Jet Training« befähigen, auch strahlgetriebene Kampfflugzeuge zu fliegen[110]. Die Planung sah vor, binnen vier Jahren etwa 80 % der Piloten (ca. 1.800) und nahezu alle Techniker (ca. 17.000) auszubilden. Nach und nach übergab die USAF den Ausbildungskomplex in die Hände der Luftwaffe, wobei – in der Zahl abnehmend – die ausländischen Ausbilder bis Anfang der 1960er Jahre vor Ort blieben. Der große Bedarf an jungen Flugzeugführern zwang allerdings später die USAF, kanadische und britische Ausbildungshilfe zu akzeptieren. Zwischen 1958 und 1960 schulten 100 RAF-Piloten in einem Umfang von ca. 37.000 Stunden deutsche Flugschüler. So kamen auch Franzosen und vor allem Briten im Lufttransportbereich auf C-47 Dakota, Pembroke MK 54, P.149D und Noratlas zum Einsatz. Ähnlich sah es zunächst bei der Hubschraubergrundausbildung an der FFS »S« in Memmingen aus. Sie hatten vor allem spürbaren Einfluss auf die Ausbildung der

---

[108] Vgl. Lemke, Die Luftwaffe, S. 573-576. Bei den 248 Luftfahrzeugen handelte es sich um 69 T-33, 128 T-6, 40 Piper L-18 und 11 C-47.
[109] Flade, Vor dreißig Jahren.
[110] Ausführlich hierzu Pieper, Vor dreißig Jahren.

Transportflieger bei der FFS »S« in Diepholz und Wunstorf, wo sie im Bereich der fliegerischen Verfahren und der Standardisierung ihre eigenen Erfahrungen einbrachten. Dort konnte zunächst von einer »Amerikanisierung« demnach keine Rede sein – das sollte sich erst mit der Verlagerung der Hubschrauber-grundausbildung nach Fort Rucker/Alabama teilweise ab 1975 ändern. Somit entstand ein Unterschied zwischen Kampf- und Transportfliegern, der sich bis heute u.a. in der jeweiligen fliegerischen Kultur und Mentalität der Besatzungen auswirkt.

Ziel der USAF war es, zunächst einen deutschen Fluglehrerstamm zu schaffen, der die fliegerische Grund- und Fortgeschrittenenschulung auf Strahl-flugzeugen (und den aus den Einsätzen im Zweiten Weltkrieg grundsätzlich gewohnten Propellerflugzeugen) übernehmen konnte. Die auf modernen Strahlflugzeugen unerfahrenen und dem Englischen kaum mächtigen ehemaligen Wehrmachtpiloten waren für die Schulung in der neuen Einsatzrolle eigentlich nicht vorgesehen[111]. Eine Zahl der »Abgelösten« wechselte in die Transport-, Hubschrauber- bzw. Verbindungsfliegerei, andere mussten den Wunsch der Militärfliegerei ad acta legen.

Spätestens nach der Lehrerschulung in Landsberg trennten sich die Wege der Flugzeugführer auf »Jet« oder auf »Prop« bzw. auf Hubschrauber. Die weitere Ausbildung der Transportflieger verlief über die FFS »S« in Memmingen mit den drei Ausbildungsgruppen A (L-18, P.149D), B (C-47, Noratlas und Pembroke) und C (Hubschrauber Bell 47G-2 und später H-34 bzw. Alouette II). Für die Hubschrauber schlossen sich im Rahmen der IFR-Berechtigung bzw. Umschulung auf die H-34 Lehrgänge in den USA an.

## 2. Das Kommando der Schulen der Luftwaffe und seine Verbände

Zum 1. Juni 1956 befahl das BMVg die Aufstellung des für die Ausbildung der gesamten Luftwaffe ungemein wichtigen Kommandos der Schulen der Luft-waffe (KdSLw) auf dem Fliegerhorst Fürstenfeldbruck[112]. Es führte fortan drei

---

[111] Vgl. Jarosch, Immer im Einsatz, S. 14: »181 Piloten mit Vordienstzeit [in der Wehrmacht traten] in die spätere Bundeswehr ein, und viele der *alten Adler* waren zehn Jahre lang nicht geflogen [...]. Ein Blick nach vorn zeigt, dass letztendlich 84 Prozent der 1956/57 in die Bundeswehr eingestellten Pilotenanwärter ungediente Freiwillige waren. 1957 befanden sich bereits rund 1.000 Pilotenanwärter zur fliegerischen Ausbildung in Schulen in den USA, in Großbritannien und in der Bundesrepublik Deutschland. Kriegsgediente waren kaum noch dabei«.

[112] Ein »Kommando der Schulen« gab es bereits in der Luftwaffe der Wehrmacht von 1.4.1935-30.3.1937 als selbstständige, für die Ausbildung der Fliegertruppe verantwortliche Kommandobehörde unter dem Luftkommandoamt. Vgl. Völker, Die deutsche Luftwaffe, S. 76.

Flugzeugführerschulen, drei Technische Schulen, vier Luftwaffenausbildungs-
regimenter und die Offizierschule der Luftwaffe (OSLw)[113]:

- die Flugzeugführerschule »A« (FFS »A«) für die fliegerische Auffrischung
  auf L-18, T-6 und später Fouga Magister in Landsberg/Lech unter Oberst
  Werner Streib[114]

- die FFS »B« für die Umschulung auf Jet-Trainer T-33 in Fürstenfeldbruck
  unter Oberst Dietrich Hrabak[115]

- und die FFS »S« für die fliegerische Grundschulung auf Sonder-, Verbin-
  dungs- und Transportflugzeugen sowie Hubschraubern in Memmingen unter Oberst Hanns Heise[116]. Oberst Johannes »Hannes« Trautloft übernahm
  von Oberst Dietrich Hrabak am 1. Oktober 1957 das KdSLw und führte es
  als Brigadegeneral bis zu seiner Auflösung im Oktober 1960. Der Stab hatte
  seinen Sitz auf dem Fliegerhorst Fürstenfeldbruck. Nach der Übernahme
  der Flugplätze in Landsberg, Kaufbeuren und Erding durch die Luftwaffe
  1956/57 ergaben sich damit für das ortsnah gelegene KdSLw und seine notwendige Dienstaufsicht recht kurze Wege. Dort wirkte auch im Sinne der
  Hubschrauber vom Juni 1958 bis März 1961 der sehr engagierte Ritterkreuzträger und ehemalige Jagdflieger Oberstleutnant Karl Rammelt[117].

Nach der Übernahme sämtlicher Ausbildungsaufgaben durch das Allgemeine
Luftwaffenamt in Wahn und der vermehrten Verlegung von Lehrgängen in die
USA bzw. erweitert für die Transportflieger an der Lufthansaschule in Bremen
löste das Ministerium das KdSLw 1963 auf.

## 3. Der Aufbau der »FFS« und Beginn des Ausbildungsbetriebes[118]

Der Beginn der Hubschrauberschulung an der FFS »S« in Memmingen wurde
in »Die Transportflieger der Luftwaffe« nur am Rande erwähnt[119]. In diesem
Kapitel geht es nun um die Ausbildung, Auswahl, Beschaffung, Einführung
und Einsatz weiterer Muster, in dem überwiegend Zeitzeugen zu Wort kommen.

---

113  Vgl. hierzu Jarosch, Immer im Einsatz, S. 24-28.
114  Brigadegeneral a.D. Werner Streib (1911-1986). Vgl. Range, Kriegsgedient, S. 505.
115  Generalmajor a.D. Dietrich Hrabak (1914-1995). Vgl. Range, Kriegsgedient, S. 232.
116  Brigadegeneral a.D. Hanns Horst Heise (1913-1992). Vgl. Range, Kriegsgedient, S. 199.
117  Vita OTL Karl Rammelt im Anhang.
118  Zur FFS »S« insgesamt und zum Fliegerhorst Wunstorf ausführlich Wittrock, Fliegerhorst
     Wunstorf, Teil 2, S. 92-98, sowie Chronik des LTKdo, S. 78-80. Ausführlich auch bei
     Ahrens, Die Transportflieger der Lw. Vgl. auch als Kurzfassung: Wittrock/Koch, Die Aus-
     bildungsstaffel - das Herzstück der Transportfliegerei, S. 4f.
119  Ahrens, Die Transportflieger der Luftwaffe.

»Die junge Bundeswehr hatte anfangs alle Transportflieger- und Hub-schrauberkräfte der drei Teilstreitkräfte in Memmingen/Allgäu konzentriert. Dort begann die Ausbildung der Besatzungen und von dort aus wurden die Schule und die Einsatzverbände aufgestellt, ausgerüstet und an die künftigen Standorte verlegt. Luftfahrzeuge, fliegerische Ausrüstung und Fluglehrer stellten anfangs weitgehend die USA und Großbritannien, bis deutsche Fluglehrer deren Aufgaben übernehmen konnten und die Ausrüstung teils aus eigenen Beschaffungen zur Verfügung stand. Auch zivile Flugschulen halfen in dieser Phase aus. So fand z.B. die Fliegerische Vorauswahl teils in Bonn-Hangelar statt, und für die Hubschrauberführergrundausbildung wurde die Schule auf dem Hummerich/Koblenz genutzt[120]. Die Luftfahrzeuge stammten meist aus überzähligen Beständen der Verbündeten, für die man dort keine Verwendung mehr sah. Deshalb entsprach die Auswahl der Luftfahrzeuge weniger dem konkreten Bedarf der Bundeswehr, sondern folgte mehr den Prinzipien des Angebots und der Beherrschbarkeit der Technik, soweit sie mit dem künftigen Aufgabenspektrum der Bundeswehr korrespondierte. Aber es stellte einen passablen Anfang dar[121].«

Ausbildung geht vor Einsatz – insbesondere dann, wenn man eine Luftwaffe praktisch »aus dem Nichts« aufbauen muss. Am 29. Mai 1956 befahl das Verteidigungsministerium mit dem Aufstellungsbefehl Nr. 15 die Aufstellung der Flugzeugführerschule »S« (FFS »S«) und legte so den Grundstein für die fliegerische Ausbildung von Besatzungen der Luftwaffe, des Heeres und der Marine auf den sogenannten »Sonderflugzeugen«, also auf unbewaffneten Flächenflugzeugen und Hubschraubern[122].

Das Erfassen und Zusammenstellen des Personals für die FFS »S« begann am 25. Juni 1956 in Uetersen. Die erste Stärkemeldung lautete: 5 Offiziere und 28 Unteroffiziere. Bis Ende Juni wurden weitere 10 Offiziere kommandiert. Gründer und Gestalter als erster Kommandeur der FFS »S« war der kriegsgediente Oberstleutnant Hanns Heise. Unter seiner Führung erfolgte die

---

[120] OTL a.D. Siegfried Höhne ergänzt in seinem Bericht v. 25.3.2014 wie folgt: »Hubschrauber-Grundausbildung auf dem Hummerich v. 10.3.-16.7.1958. Fluglehrer: Bauer, Kuntz, Herr Matti (Schweizer Fluggesellschaft), v. Engelhardt, OTL Camphausen, Ludwig Hofmann. Geflogene Muster: Bell 47 D, Bell 47G-1 u. G-2, H-34, Djinn S 3130«.

[121] Bericht (Auszug) O a.D. Jörg Rappke 17.3.2013.

[122] Auf die nahezu zeitgleich aufgestellten FFS »A« in Landsberg für die Schulung ehemaliger kriegsgedienter Flugzeugführer als »Refresher« und Jet-Piloten-Anwärter, sowie FFS »B« in Fürstenfeldbruck für die Ausbildung von Flugzeugführern auf Strahlflugzeugen wird aus Platzgründen nicht gesondert eingegangen, da diese in diesem Rahmen nur für einige, zumeist aus der Jet-Fliegerei abgelöste Transportflugzeugführer von Relevanz waren.

Verlegung des Personals zum neuen Standort Memmingen und der feierliche Einmarsch in die Stadt am 4. August 1956[123].

Der im Zweiten Weltkrieg mit Kampfflugzeugen belegte und nach alliierten Bomberangriffen fast völlig zerstörte Fliegerhorst war nur mangelhaft für den Flugbetrieb eingerichtet. 1955 begann man mit der Instandsetzung der Landebahn und anderer Infrastruktur. Erste Gebäude auf dem Fliegerhorst waren im Sommer 1956 bereits fertiggestellt. Zügig schloss die FFS »S« die Vorbereitungen zur Aufnahme des Flugbetriebes ab.

Am 9. November 1956 begann die fliegerische Ausbildung mit 12 Piper L-18C Super Cup aus US-Produktion, die bis zum April 1957 auf 40 Maschinen aufwuchsen. Im März 1957 kamen noch die Noratlas und verschiedene Hubschrauber hinzu, wie Bell 47G-2 und H-21C. An der FFS »S« standen Luftfahrzeugführer der USAF und der RAF zur Verfügung. Auf der Noratlas halfen zunächst außerdem vier französische Lehrbesatzungen aus, auf den Hubschraubern einige von der USAF. Am 3. April 1957 nahm man die Schulung mit der Do 27 auf, zugleich die Schulung auf der Piaggio P.149D, wobei Piloten der FFS »S« die ersten Schulungsflugzeuge eigenhändig von Norditalien über die Alpen flogen.

Zunächst wurden überwiegend Kriegsgediente nach ihren erfolgreichen »Refresher-Lehrgängen« am 16. Dezember 1957 als Fluglehrer auf einmotorigen Flugzeugen zur 1. Ausbildungsstaffel/FFS »S« in Memmingen versetzt[124]. Viele davon setzten ihre Tätigkeit als Ausbilder ab März 1959 bei der Ausbildungsgruppe A in Diepholz fort.

In der Ausbildung wich die FFS »S« aus Kapazitätsgründen auch auf die benachbarten zivilen Flugplätze Friedrichshafen (mit Do 27) und Mengen (mit L-18) aus. Eine Verlegung auf geeignetere Plätze im Norden der Bundesrepublik kam aber erst ab 1958 zustande (Wunstorf, Faßberg, Diepholz).

Vom 30. März 1957 bis zum 31. März 1958 führte Major Erich Hohagen als ehemaliger Jagdflieger[125] die 2. Ausbildungsstaffel auf dem Fliegerhorst Memmingen. Der Personalaufwuchs erfolgte schrittweise mit dem Zulauf des zunächst noch in der Ausbildung befindlichen, kriegsgedienten Lehrpersonals, das im Lehrgang T-1 in Memmingen bzw. Neubiberg auf Noratlas umschulte,

---

123 Die Chronik des LTKdo, S. 78 nennt hingegen bereits den 16.6.1956 als Tag der Verlegung nach Memmingen, was dem offiziellen Tag des Einmarsches am 4.8.1956 nicht widerspricht.

124 BMVg - III C (2) Lw/III C (2) 19 v. 10.12.1957, Akte im Privatbesitz Zipser. Es handelte sich dabei um ca. 30 Personen.

125 BrigGen a.D. Erich Hohagen (*1915 † 1990). Vgl. Range, Kriegsgedient, S. 225.

und danach mehrheitlich die Aufgaben als Fluglehrer übernahm[126]. Der Lehrgang T-2 (vom 21. August 1958 bis 9. März 1959) begann bereits in Neubiberg.

Inzwischen befanden sich neun verschiedene Luftfahrzeugmuster im Schulungsbetrieb, der überwiegend auf dem Flugplatz Memmingen[127] stattfand. Zur Entlastung des zu dichten Flugbetriebes in Memmingen verlegte die FFS »S« ab Mai 1957 die Schulung auf Piper L-18C zeitweilig auf den Flugplatz Mengen (Saulgau), die dort bereits im September endete. Die Maschinen und Ausbilder verlegten vom 8. bis 17. Oktober 1957, gemeinsam mit Anteilen der FFS »A« aus Landsberg, mit 48 Maschinen auf den Fliegerhorst Uetersen. Dort wurden sie zum 3. Oktober 1957 dem Luftwaffenausbildungsregiment 1 unterstellt. In Uetersen begann auch der reguläre Flugbetrieb am 10. Oktober 1957. Zugleich verlegte die 1. Ausbildungsstaffel mit den P.149D im März 1959 von Memmingen nach Diepholz und nahm dort den Ausbildungsbetrieb auf.

Die Ausbildungsgruppe gliederte sich im Januar 1958 (1. Februar 1958 Aufstellungsbefehl Nr. 58) in nunmehr drei Ausbildungsstaffeln:

1. Ausbildungsstaffel: Piper L-18 (ab 3.10.1957 in Appen im LAR), P.149D (ab 1.4.1959 in Diepholz) und Do 27 (ab 2.5.1960 in Appen)

2. Ausbildungsstaffel: Mehrmotorigen-Ausbildung Noratlas und Pembroke (ab 10.4.1958 in Neubiberg)

3. Ausbildungsstaffel: Hubschrauber-Ausbildung auf Bell-47G-2, Bristol 171 Sycamore, Vertol H-21C und Sikorsky H-34 G (ab Oktober 1958 in Faßberg)[128].

Die 3. Ausbildungsstaffel (Hubschrauber) wurde vom Dezember 1957 bis Juni 1959 vom Ritterkreuzträger Major Alfred Veith geführt. Ab diesem Tag meldeten sich bei ihm auch die (aus den verfügbaren Unterlagen) nachweislich ersten kriegsgedienten, nun als Fluglehrer auf Hubschraubern einzusetzenden Luftfahrzeugführer[129].

---

126 Im Flugbuch von O a.D. Heinz Braun, später Kommodore des LTG 61, tauchen in der Zeit seiner Mehrmot-Ausbildung auf Noratlas in Memmingen vom 18.8.1957 bis 23.3.1958 vor allem folgende Namen auf: Hauptmann Philipp Müller (Staffelchef 2./FFS »S« ab 1.4.1958), Hauptmann Otto Jans und Hauptmann Artur Schröder.

127 Piper L-18C, P.149D, Do 27, Noratlas, Pembroke, Bell-47G-2, Sycamore, Vertol H-21C und Sikorsky H-34 G.

128 BMVg - III C (2) Lw/III C (2) 19 v. 10.12.1957, Privatbesitz Zipser.

129 Ebd.: (Jahrgänge in Klammern), die Oberleutnante Rudolf Camphausen (1924), Irmfried Zipser (1923), Hans-Georg Brehme (1925), Albert Greiner (1926), Otto Manz (1925), Rudolf Meyer (1926), Hans Winzinger (1925), Max Dietrich (1926), Erich Heizmann (1925) und Alfred Winderlich (1925).

Doch war auch für die Hubschrauber kein langes Bleiben in Memmingen. Zum 1. Januar 1959 erfolgte die Versetzung weiteren Fluglehrpersonals der 3./FFS »S« als Teil der Ausbildungsgruppe C nach Faßberg[130].

Der Stamm der Heeresflieger blieb vorerst in Memmingen und schulte nun engagiert als Lehrer und Schüler vom Außenlandeplatz »Am Waldkaffee« bis hin zur Gebirgsausbildung. Sogar zur Fuchsjagd[131] eignete sich die Bell-47G-2, wobei sich die Hubschrauberpiloten Bernd Jürgensmeier (bis zu seiner Versetzung nach Faßberg) und Fluglehrer Francis (USAF) sehr zum Leidwesen des »Jagdherrn« und ersten Kommandeurs, Oberstleutnant Karl Rammelt[132], hervortaten. Mit der Übernahme der Ausbildung auch von Luftfahrzeugführern für Heer und Marine nahm der Flugbetrieb weiter zu.

Am 4. Juni 1957 verlegte die Do 27-Fluggruppe zunächst nach Mengen, wo sie aber inakzeptable Unterkunftsverhältnisse vorfand und eine angenehmere Lösung suchte. Dafür bot sich der unmittelbar am Bodensee gelegene Flugplatz Friedrichshafen an, den die Gruppe ab 25. Januar 1958 belegte, sich aber mit der französischen Luftwaffe teilen musste. Bedarfsinspektionen und notwendige Instandsetzungen nahm die Firma Dornier in Oberpfaffenhofen vor.

Der spätere Hubschrauberführer Oberstleutnant a.D. Winfried Menges berichtet hierzu aus seinen Erinnerungen[133]:

»Einigen jungen Anwärtern [...] bot man [anstatt einer zwischenzeitlichen Tätigkeit als Ausbilder in einem LAR] eine Ausbildung auf der Do 27 mit anschließender Fluglehrertätigkeit an. Horst Lohmann und ich zogen dieses Angebot vor, fuhren nach Memmingen, meldeten uns beim Kommandeur, Oberstleutnant Wilhelm Batz. Dieser schickte uns sofort wei-

---

130 BMVg P V 2 - Az.: 16-26-04, Tgb. Nr.: 47/59 v. 2.3.1959: Versetzungen nach Umgliederung der FFS »S«. Privatbesitz Zipser. Dies betraf u.a. folgende Hubschrauberführer: Major Alfred Veith (Staffelchef), Oberleutnant Lorenz Wagner (1921/SDO), Major Ludwig Herlein (1918/Einsatz-StOffz), die Hauptleute und Gruppenfluglehrer Josef Neuhaus (1918), Bernd Jürgensmeier (1924), Irmfried Zipser und Walter Hoffmann (1915), sowie die Oberleutnante und Fluglehrer Hans Brehme (1925), Rudolf Camphausen, Erich Heizmann, Alfred Winderlich, Hans Winzinger und Otto Manz (1925).

131 Das war bei den US-Boys wohl nicht unüblich. So schreibt Beever, Der Zweite Weltkrieg, S. 746: »Im November 1944 langweilten sich Generalmajor Troy H. Middletons Einheiten des VIII. Korps an der Ardennenfront. General Bradley kamen Beschwerden von Förstern zu Ohren, dass GIs aus Gier nach gegrilltem Fleisch aus niedrig fliegenden Piper Super Cubs [L-18] mit Maschinenpistolen Jagd auf Wildschweine machen.«

132 OTL Karl Rammelt war von 6/1956-5/1958 erster Kommandeur der AusbGrp A/FFS »S« in Memmingen, flog P.149D sowie Hubschrauber, »crashte« mit einer Vertol H-21C und landete mit einer Bell 47G-2 nach der Autorotation in einer Kiesgrube (Auskunft O a.D. Rappke v. 9.8.2012).

133 Berichte (Auszug) OTL a.D. Winfried Menges vom 4.1.2013 und 10.1.2013.

ter nach Friedrichshafen zu Major Wolf, der das dortige Do 27-Kommando befehligte[134]. Die Do 27-Gruppe in Friedrichshafen war eine selbstständige Ausbildungseinheit [der FFS »S«], sogar mit eigener Küche in den Unterkunftsgebäuden. Ich muss schätzen: mindestens zwei Hallen für ca. 15 Do 27[135]. In meinem Lehrgang von Ende Juli 1958 bis Mitte März 1959 waren wir 6 Heeres- und 9 Luftwaffenschüler, die jeweils bis ca. 90 Stunden bis zum ›Final Check‹ flogen. Noch bevor wir unsere Fluglizenz erhielten, hatte die Luftwaffe ihre Personalplanung für uns bereits geändert: Der Do 27-Kommandoführer Major Wolf eröffnete uns, dass 5 angehende Do 27-Piloten alternativ als Hubschrauberführer benötigt würden. So legten wir mit Erfolg unseren Final-Check ab, packten erneut unsere ›Siebensachen‹ und machten uns Mitte März 1959 mit stolz geschwellter Brust als Jungpiloten auf den Weg nach Faßberg, um uns zunächst beim Staffelchef, Major Alfred Veith, und dann beim Kommandeur, Oberstleutnant Johannes Naumann, zur Ausbildung auf der Bell 47G-2 zu melden.«

Die Ausbildungs- und Wartungsstaffel Do 27 verlegte ab 2. Mai 1960 von Friedrichshafen nach Uetersen[136]. Ab Dezember 1958 als »Mufti-Staffel« benannt, war sie dort praktisch autark, und vom technischen Personal über den Nachschub bis hin zu den Fluglehrern war alles vorhanden. Bis zum 15. Februar 1961 blieb die Staffel noch der FFS »S« in Wunstorf unterstellt, um dann als 2./FAR Teil der Ausbildungsgruppe A des inzwischen aufgestellten Fluganwärterregiments zu werden[137].

Im Herbst 1958 leitete die Luftwaffenführung erste Maßnahmen ein, um das am 29. November 1958 in Faßberg aufgestellte Jagdbombergeschwader 34 (mit Republic F-84F Thunderstreak) ab 11. April 1959 anstatt nach Husum nun nach Memmingen zu verlegen. Die FFS »S« musste demnach rechtzeitig Abrücken. Letztendlich wich zunächst die 2. Ausbildungsstaffel mit der dazugehörigen 2. Wartungsstaffel und den mehrmotorigen Mustern Pembroke und Noratlas am 10. April 1958 auf den Flugplatz Neubiberg aus.

---

[134] Dem Kommandoführer unterstanden als Fluglehrer die Hauptleute Gebhard Weber und Hoffmann, die Oberleutnante Krüger und Süßmann, sowie die Feldwebeldienstgrade Köhne, Straub, Richter, Lommel und Fahrnow, sowie eine nicht mehr bekannte Zahl an Technikern und allgemeinem Bodenpersonal, wie dem Meteorologen Dr. Gasser. Hauptmann Hoffman war für die Unterrichte verantwortlich. Gemäß Bericht OTL Menges.

[135] Es standen dort 30 Do 27 und aufwachsend 19-20 Fluglehrer zur Verfügung.

[136] Fluganwärterregiment d. Lw., S 3 - Az 10-50-16, Tgb. Nr. 751/60 v. 27.4.1960, gez. Jenett, Oberst u. Rgt. Kdr. Chronik der Marseille-Kaserne.

[137] Kommando der Schulen, A 1, Az 412, TgbNr. 18 326/57 B v. 28.9.1959. Chronik der Marseille-Kaserne. Wache, F-40, Dornier Do 27 A/B nennt hierfür den 24. März 1961.

## 4. Ausbildungsgruppe C/FFS »S« ab 1956, Memmingen und Faßberg

*Verlegung von Memmingen nach Faßberg*

Neben den zeitweiligen Ausbildern der USA und aus Großbritannien halfen auch zivile Flugschulen in dieser Phase aus. Neben der fliegerischen Vorauswahl teils in Bonn-Hangelar nutzte man für die Hubschrauberführergrundausbildung die Schule auf dem Hummerich bei Koblenz. Weitere zivile Flugschulen befanden sich in Egelsbach, München-Oberwiesenfeld, Baden-Oos, Koblenz-Kartause, Bielefeld-Windelsbleiche und Braunschweig.

Für die Hubschraubergrundausbildung griff die Bundeswehr neben der Flugschule auf dem Hummerich auch auf die Nordflug GmbH in Hartenholm in Schleswig-Holstein zurück (mehrere Lehrgänge), um dort in etwa 100 Flugstunden die Grundlagen für zukünftige Hubschrauberführer zu legen. Die Ausbildung erfolgte auf der zweisitzigen Bell 47G-2. Zur Schulung gehörten 25 Flugstunden Hochgebirgsausbildung der Nordflug GmbH vom Platz Lenggries in Bayern aus, des Weiteren ein umfassender theoretischer Unterricht[138]. Da die Nordflug GmbH nicht über genügend eigene Hubschrauber verfügte, hatte sie eine Bell bei der schweizerischen »Heliswiss« samt Fluglehrer und Techniker gechartert[139].

Die Verlegung der FFS »S« nach Norddeutschland und die anwachsenden Lehrgänge für die Grundschulung für Heer, Luftwaffe und Marine auf der Bell 47G-2[140] sowie die Weiterschulung auf mittleren Mustern machte schließlich eine Trennung der Hubschrauberschulung von den Flächenflugzeugen notwendig.

Ab 1. Oktober 1958 hatte die Offizierschule der Luftwaffe den Fliegerhorst Faßberg verlassen. Vom 20. bis 25. Oktober 1958 verlegte die Ausbildungsgruppe C von Memmingen nach Faßberg[141]. Damit einher ging eine Umgliederung der Ausbildungsgruppe C in die Ausbildungsstaffel und Wartungsstaffel C sowie in den eigenen Instandsetzungs- und Nachschubzug[142]. Prägend war ihr erster Kommandeur, Major (später Oberstleutnant)

---

138  Darin Aerodynamik, Wetterkunde, Typenkunde und Technik, Flugsicherung, Navigation, einschließlich IFR-Theorie und englische Flugfunksprechausbildung.

139  Aussagen zur Nordflug aus dem Bericht O a.D. Folker Flasse v. 22.11.2015. Checkflüge in Hartenholm (Namen): Checklehrer der Lw auf Bell 47G-2 am 1.6.1959 Hptm Camphausen, am 17.7. u. 16. 9. 1959 Major Herlein.

140  Vgl. Šándor, Die *Bubble-Maschine* wird noch lange fliegen. In: Rotorblatt Special, S. 50-61.

141  Gem. »Verlegungsbefehl KdS Lw, Org. 1, Az.: 10-50-16, TgbNr. 32570/58 B v. 10.10.58; gez. O i.G. Ennecerus« und »Verlegebefehl Kdr FFS »S«, Az.: 10-50-20, TgbNr. 9435/58 v. 16.10.1958; gez. O Heise«. Archiv LTG 62/FFS »S«.

142  Die Verlegestärke betrug 46 Offiziere, 104 Unteroffiziere und 134 Mannschaften, insgesamt 284 Soldaten.

Johannes Naumann. Dieser hatte seinen Dienst 1956 bei der Luftwaffe als S3-Stabsoffizier bei der FFS »S« in Memmingen angetreten. Damit war seine zukünftige Beschäftigung mit der Ausbildung von Besatzungen und dem Einsatz der Hubschrauber in Bundeswehr und Luftwaffe vorgezeichnet. Nach der Verlegung der FFS »S« im Jahr 1958 wurde er Kommandeur der Ausbildungsgruppe C/FFS »S« (20. Oktober 1958 bis 31. März 1963). Mit seinem Durchsetzungsvermögen, klaren Zielvorstellungen und Vorgaben sorgte er für die Fortführung der begonnenen Hubschrauberführerausbildung sowie deren weiteren erfolgreichen Auf- und Ausbau.

*Erfahrungen im Ausbildungsflugbetrieb auf dem Fliegerhorst Faßberg*

Zeitzeuge Oberstleutnant a.D. Siegfried Höhne, selbst als Hubschrauberführer und Ausbilder in Faßberg stationiert, ergänzt[143]:

>»Für die eigentliche Ausbildung stand im Gebiet der Lüneburger Heide reichlich Platz zur Verfügung. Da es sich um Grundbewegungen des Fluggerätes handelte, konzentrierten sich die fliegerischen Übungen auf enge Räume. Es gab keine Konflikte mit dicht bewohntem Gebieten, mit der östlich der Übungsräume laufenden ADIZ[144] oder den vom Heer benutzten umliegenden Schießplätzen Munster Nord und Süd. Mit deren Schießplatzkommandantur, wie auch mit der Leitung des Schießplatzes der Firma Rheinmetall/Unterlüß, stand eine ständige Telefonverbindung zur Verfügung. Die enge Nachbarschaft der Schießplätze hatte im Gegenteil sogar den Vorteil, dass während der schießfreien Zeit das gesamte Gebiet für die fliegerische Ausbildung genutzt werden konnte.
>
>Das Führungspersonal der Ausbildungsgruppe C bestand aus älteren Offizieren mit Erfahrungen im Zweiten Weltkrieg. Das Gros der Fluglehrer rekrutierte sich aber bereits aus jüngeren Offizieren und Unteroffizieren, die zwangsläufig selbst noch über relativ wenig militärische und speziell fliegerische Erfahrungen verfügten. Trotzdem erfolgte die Schulung einschließlich der theoretischen Ausbildung aus meiner Sicht sehr fachkundig, zielgerichtet und durchaus effizient.
>
>Die Ausbildung der Hubschrauberführer der Luftwaffe verlief in jenen Jahren in folgenden Abschnitten:
>
>- 25 Stunden Auswahlschulung auf der Piper L-18
>- 100 Stunden Hubschrauber-Grundausbildung auf der Bell 47G-2, davon 25 Stunden Gebirgsausbildung

---

143  Bericht (Auszug) OTL a.D. Siegfried Höhne v. 25.3.2014.
144  Air Defence Identification Zone – Radarüberwachtes Sicherheitsabstandsgebiet innerhalb der BRD an der Grenze zur SBZ/DDR und CSSR mit grundsätzlichem Einflugverbot.

- 70 Stunden Umschulung und 20 Stunden Spezialausbildung auf der Sycamore
- 90 Stunden Such- und Rettungsausbildung.

Die Umschulung und Spezialausbildung verliefen auf den anderen Mustern entsprechend, teilweise auch in den USA.«

»[Der Gebirgsausbildung auf der Reiteralpe] folgte die Umschulung auf das künftige Einsatzmuster im Schoße der FFS »S«/Ausbildungsgruppe C in Faßberg. Für zwei Offiziere und vier Unteroffiziere bedeutet dies, den mittelschweren Transporthubschrauber Vertol V 43/44 (H-21C, Spitzname ›Banane‹) kennenzulernen. Die Luftwaffe hatte 1957 fünf Hubschrauber H-21 aus den USA übernommen. Eine größere Anzahl H-21 ging anschließend an das Heer. Eine Maschine der Luftwaffe erlitt bereits kurz nach der Übernahme bei einer Übungsnotlandung (im Mai 1958) eine zu harte Landung. Trotz Flugunfähigkeit konnte sie immer noch an der Technischen Schule 3 der Luftwaffe der Ausbildung technischen Personals dienen. Die anderen Flugschüler der Luftwaffe erhielten eine Weiterschulung auf der Bristol B-171 Sycamore. Die Kameraden aus Heer und Marine wechselten zu ihren Teilstreitkräften[145].«

Oberstleutnant a.D. Winfried Menges gewährt uns mit seinem Bericht detaillierte Einblicke in den damaligen Ausbildungsbetrieb[146]:

»Die sehr anspruchsvollen Anforderungen der Bell-Controls[147], die viele Flugschüler ins Schwitzen brachten, gingen mir schon bald gut von der Hand, sodass ich auch an dieser Art der Fliegerei Gefallen fand. Dies besonders, wenn der Fluglehrer z.B. in der Platzrunde in 500 ft über Grund ruckartig das Drehgas auf ›Flight Idle‹ [d.h. Leerlauf] zurückdrehte. Ich merkte schon bald, dass die ›Autorotation‹ ein Flugmanöver war, das besonders die ›Alten Hasen‹ bei allen Hubschraubertypen reizte. Bereits im September 1959 war ich Fluglehrer und hatte drei Flugschüler der Heeresflieger auszubilden, denen viele weitere Schüler des Heeres, der Luftwaffe und der Marine folgten. Anfang 1960 wurde ich zusammen mit meinem damaligen Freund Horst Lohmann zum Oberleutnant befördert.

Im September 1961 verließ ich mit drei weiteren Bell 47 Faßberg in Richtung Fürstenfeldbruck, um dort beim Flugtag am 24. September 1961 einen Flaggenschlepp mit den Flaggen der 15 NATO-Partner vor mehr als 100.000 Zuschauern zu demonstrieren, wobei ich selbst mit der

---

[145] Bericht (Auszug) O a.D. Jörg Rappke v. 17.3.2013.
[146] Bericht (Auszug) OTL a.D. Winfried Menges v. 10.1.2013.
[147] Steuer- und Bedienelemente: Pedals, Stick und Collective Pitch Lever.

NATO-Flagge vorweg flog. Diese Flaggenparade soll wiederholt bei ähnlichen Veranstaltungen gezeigt worden sein.

Mitte Februar 1962 verlegte die Ausbildungsgruppe C mit nahezu allen flugklaren Hubschraubern von Faßberg nach Hamburg-Fuhlsbüttel, um für Rettungs- und Versorgungseinsätze bei der verheerenden Flutkatastrophe verfügbar zu sein. Auch ich war mit einer Bell-47 im Einsatz, um Gehöfte, die wie Inseln aus den Fluten herausragten, mit meinem Co-Piloten, Oberleutnant z.S.[148] von Saldern, mit den notwendigen Lebensmitteln, zumeist Milch und Brot, zu versorgen.

Ende April 1962 verließ ich mit meinem Co-IP Gottfried Büchel mit einer Bell 47 Faßberg in Richtung Oberjettenberg (bei Bad Reichenhall) zur dortigen Gebirgsflugausbildung. Nach unserer Einweisung flogen wir ›Solo‹ zwei Wochen lang Baumaterial für eine Berghütte und Verpflegung für die Gebirgsjäger auf die Reiteralpe. Auch diese Art der Fliegerei hat ganz besondere Reize und stellt erhebliche Anforderungen an Piloten und Hubschrauber!«

Oberstleutnant a.D. Höhne schildert uns den weiteren Verlauf der Ausbildung[149]:

»Bis zum Jahr 1965 wurde durch die Einsätze zur Auswahl des neuen Hubschraubermusters H-34 die Weiterbildung in die Einsatzstaffeln bzw. in die USA verlagert – auch aus Gründen der Kostenminimierung. Bei der Ausbildungsstaffel der III./FFS »S« in Faßberg verblieb die Grundausbildung auf der Bell 47G-2 und Alouette II bis zur Einführung der UH-1D Ende 1971. Ich selbst, 1961 zum Hauptmann befördert, wurde im März 1963 als Lehroffizier und für die S3-Organisation unter Beibehaltung des Status ›Inübunghalter‹ bis 1966 an die Offizierschule der Luftwaffe nach Neubiberg versetzt. Während dieser Zeit schulte ich zeitweilig in Faßberg auf Alouette A II um. Nach bestandenem Stabsoffizierslehrgang kam ich im Mai 1966 als ›Leiter Fliegertheoretische Ausbildung‹ wieder zurück nach Faßberg. Hier lief hauptsächlich die Grundausbildung der Heeresflieger auf der Bell 47G-2. Parallel erfolgte die Ausbildung der Polizei des Inselstaates Malta, sowie für Teile der Marine und der Luftwaffe für die Grundausbildung des Nachholbedarfs bzw. der Regeneration der SAR-Staffeln und des HTG 64. Während der Ausbildung zukünftiger Piloten der nigerianischen Luftwaffe zeigten sich bei den ausländischen Lehrgangsteilnehmern Schwierigkeiten aufgrund zu

---

[148] z.S.: zur See, Zusatzbezeichnung einiger Dienstgrade bei Offizieren der Marine.
[149] Bericht (Auszug) OTL a.D. Siegfried Höhne v. 25.3.2014.

unterschiedlicher Bildungsvoraussetzungen und/oder eines andersgearteten Denk- und Vorstellungsvermögens[150].«

Dank der Technik erhöhte sich das Flugstundenaufkommen 1969 gegenüber den Vorjahren spürbar, sodass allein in diesem Jahr 120 Soldaten nach erfolgreicher Ausbildung ihre Flugzeugführerscheine empfingen[151]. Die Wartung und Instandsetzung der 60 Hubschrauber sowie der Nachschub wurden durch weitere Rationalisierungsmaßnahmen verbessert. Im Herbst 1969 trafen die von allen Stammflugzeugführern lange ersehnten ersten zwei Hubschrauber des Typs Bell UH-1D ein. Man begann unverzüglich mit der Umschulung der Fluglehrer. Ein Modelllehrgang für eine kombiniete Grund- wie auch Fortgeschrittenenausbildung von 150 Stunden (70 Stunden Bell 47 und 80 Stunden Bell UH-1D) für die Flugschüler der Luftwaffe lief bereits im Mai 1970 an[152].

## 5. Umschulungen auf Einsatzmuster

*Bristol 171 Sycamore Mk. 52*

Einer der erfahrensten Hubschrauberführer auf der Bristol Sycamore Mk. 52, Hauptmann a.D. Wulf Bertinetti, berichtet über seine Ausbildung auf diesem Muster bei der 3. LRetVerbStff auf dem Fliegerhorst Ahlhorn[153]:

»Am 3. Juni 1964 waren die Einweisung, und damit auch meine Ausbildung auf der Bell 47 mit 114:00 Flugstunden abgeschlossen [...]. Am 9. Juni 1964 stand die Versetzung nach Ahlhorn an. Roland Höll hatte einen blauen Käfer, und so machten wir uns zu dritt auf den Weg nach Norden. Es war eine lange Reise. Vor allem vor dem Hintergrund, dass das Autobahnnetz zu der Zeit noch ausgesprochen dünn war. Irgendwann waren wir da. Die 3. Luftrettungs- und Verbindungsstaffel – wie sie nun hieß – hatte im Januar 1964 von Faßberg nach Ahlhorn verlegt. In zwei Formationen wurden die Einsatzmuster Bristol B-171 Sycamore (11 Maschinen) und Dornier Do 27 (8 Maschinen) überführt. Neben der Halle 5 – von der Flugsicherung liebevoll ›Schuppen 5‹ genannt – war die Staffel in den auf der Nordseite des Platzes von der Royal Air Force errichteten Baracken-ähnlichen Unterkünften untergebracht.

---

[150] Von 1957 bis 1971 kam es zu folgenden Unfällen: Es gingen als Totalschaden 3 Bell 47G-2, 1 Alouette, 1 Sycamore, 1 Vertol H-21 und 2 Sikorsky H-34 verloren, letztere aufgrund werkseitiger Mängel bzw. fehlerhaften Materials. Im selben Zeitraum wurden knapp 2.000 Flugschüler zu Piloten ausgebildet. Aus dem Bericht OTL a.D. Höhne v. 25.3.2014.

[151] 1967 hatte man in der AusbGrp C ca. 14.000, 1968 und 1969 über 15.000, 1970 über 17.000 Flugstunden geflogen.

[152] Siehe Stärk, Faßberg, S. 143.

[153] Bericht (Auszug) Hptm a.D. Wulf Bertinetti v. 29.6.2013.

Die Staffel war in ihrer Stärke und Gliederung etwa einer Gruppe gleichzusetzen; sie war selbstständig und direkt der 4. Luftwaffendivision in Aurich unterstellt. Staffelkapitän war Major Rudolf Camphausen[154]. Er pflegte einen kameradschaftlich rauen Ton, und seine Spezialität war der ›Karnickelfangschlag‹, ein durchaus kräftiger Schlag seiner Hand in den Nacken [des Flugschülers]. Er sollte ausdrücken: o.k., so machen wir das! Die Art von Camphausen wurde von allen akzeptiert – heute, 50 Jahre später, mag dies seltsam anmuten. Ich möchte jedoch nicht darüber urteilen, ob ein eher sachlicher Umgang untereinander der bessere ist. Ich glaube wohl, dass wir damals eine Gemeinschaft waren, die kameradschaftlich miteinander umging und als Ganzes funktionierte. Zu uns Dreien gesellte sich noch Unteroffizier Peter Steinmann und Oberleutnant Gothelm Kobusch. Roland Höll aber wurde nach Lechfeld versetzt – dort war die Schwesterstaffel stationiert, die auch Sycamore flog. Wir waren der letzte Lehrgang, der auf die Bristol Sycamore umgeschult werden sollte. Vor uns Neulingen liefen aber noch weitere Umschulungslehrgänge, die noch nicht beendet waren. Da auch die Anzahl der Fluglehrer und die Zahl der Hubschrauber begrenzt waren, standen wir in einer Warteschlange.

Im September 1964 begann endlich unsere Umschulung. Mein erster Flug datiert auf den 21. September mit der LC+112[155], mein Fluglehrer war Oberleutnant Dietrich ›Dietl‹ Schmeidler. Unser Lehrgang wurde von zwei Fluglehrern betreut, der zweite war Oberfeldwebel Dieter ›Monte‹ Berg [...].

Unsere Technik hatte zu kämpfen, um den Klarstand im geforderten Maß aufrecht zu erhalten. Nicht immer gelang dies. So hatten wir zwangsläufig von Mitte Oktober 1964 bis zum Februar 1965 eine Pause. Mein erster Soloflug auf der Sycamore fand am 12. März 1965 statt. Der Final-Check für die Grundumschulung datiert auf den 17. März 1966. Dem folgte der Taktiklehrgang, den ich am 31. August 1966 mit dem SAR-Final-Check abschloss. Es war eine lange, aber intensive Ausbildungsphase[156].

---

[154] Biographie OTL a.D. Hans-Rudolf Camphausen im Anhang.

[155] Der Rumpf fand später Verwendung als »Bierausschank« auf dem Fliegerhorst Ahlhorn, danach in Hohn – das Instrumentenbrett in einer Bar auf dem Fliegerhorst Landsberg.

[156] Fast 2 Jahre für die Umschulung auf einem nur nach Sichtflugregeln einsetzbaren Hubschrauber bis zum Herstellen der SAR-Befähigung lassen auf einen schlechten Klarstand der Sycamore schließen, was entweder an mangelndem technischem Personal oder fehlenden Ersatzteilen liegen konnte, was der Verfasser einräumt, bzw. Schlechtwetterlagen hatten den Ausbildungsflugbetrieb verzögert.

Eingeschlossen darin war auch die Seeflugausbildung auf Borkum. Hier hatten wir die Unterstützung seitens der Marine, die für unsere Übungen ihre Schiffe bereitstellte. Zu den Schiffsbesatzungen, vor allem die der KW 19 (Küstenwachboot) und des FW 4 (Frischwassertanker), hatten wir bald ein freundschaftliches Verhältnis, das auch noch anhielt, als wir jährlich mit dem Nachfolger der Sycamore, der UH-1D, zur Seeflugausbildung nach Borkum kamen. Wir mussten lernen, wie man im Tiefflug über der Nordsee mit Hilfe der Seezeichen auf den Seekarten navigiert [...]. Wir lernten im Tiefflug ohne weitere Hilfsmittel – die Sycamore hatte keine – die Seeschifffahrtsstraßen ›Deutsche Bucht Weg‹ und den im Norden gelegenen ›Tiefwasserweg‹ kennen, die Feuerschiffe ›Borkumriff‹ und ›Deutsche Bucht‹. So flogen wir von Borkum über Helgoland nach Sylt und zurück. Aus heutiger Sicht betrachtet, darf man nachdenklich werden: ein Triebwerk, keine navigatorischen Hilfsmittel!

Ein weiterer Punkt im Ausbildungsprogramm war die Instrumentenflugeinweisung. Um die Sicht des auf der rechten Seite sitzenden Flugzeugführers nach außen zu verhindern, wurde die ›künstlerische Seele‹ unserer Crew, Bodo ›Fuzzy‹ Heuser, tätig und versah die rechte Frontscheibe und die unteren Fenster beider Ausbildungsmaschinen mit einem schwarzen Anstrich, der mit einem Auge und einem Haifischmaul verziert wurde.«

Die Bordwarte und Luftrettungsmeister waren für Ausbildung und Einsatz auf den Hubschraubern wertvolle, meist unverzichtbare Besatzungsmitglieder. Einer von ihnen, zudem noch als Techniker und Prüfer ausgebildet, schildert uns seinen Werdegang[157]. Im Juni 1958 mit dem Verwendungswunsch »Flugzeugführer« in die Luftwaffe eingetreten, landete Dieter Hasebrink über Landsberg zunächst in Faßberg und belegte als Einstieg einen Lehrgang »Flugzeug Technik«. Die Ausbildung zum Flugzeugführer (FF) blieb ihm jedoch versagt, als Alternative bot man ihm die Ausbildung zum Bordwart auf der Bristol Sycamore an. Sein Bericht macht deutlich, wie sich in den Aufbaujahren Verwendungen je nach Bedarf und mit wenig Rücksichtnahme auf die Betroffenen darstellten:

»Einige Tage später – nach der ›Parole‹ – mussten die ›FF-Anwärter‹ zum ›Spieß‹ [Staffelfeldwebel]. Der eröffnete uns, dass es mit der FF-Ausbildung aus verschiedenen Gründen im Moment nichts würde. Stattdessen sollten wir eine technische Typeneinweisung auf dem Hubschrauber ›Bristol 171 Sycamore‹ machen. Hubschrauber! Jeder Einwand war zwecklos und endete normalerweise im Absolvieren von Liegestützen. Als ›Bonbon‹ wurde uns aber eröffnet, dass wir zu einer neu aufzustellenden Einheit kämen, die den Auftrag hatte, den Rettungsdienst ›SAR‹

---

157 Beitrag Hauptmann a.D. Dieter Hasebrink v. 22.04.2019.

in der Bundesrepublik Deutschland mit eben dieser ›Sycamore‹ aufzubauen. Die Besatzung sollte aus einem Hubschrauberführer und einem Bordwart bestehen, und genau das sollten wir werden. Unter Bordwart konnten wir Nichtflieger uns aber zuerst nicht viel vorstellen. Schon während des Einweisungslehrgangs wurde ich mit Wirkung vom 1. April 1959 zur 1. Luftrettungsstaffel (Nord) versetzt. Die Staffel bestand zwar am Anfang nur aus dem (gedienten) Hauptmann Dworsky als Staffelchef und einem Feldwebel für den Papierkram, und sonst nichts […]. Sie wurde aber bald mit zwei (altgedienten) und neu ausgebildeten Hubschrauberführern sowie ab dem 1. August 1959 einem neuen (altgedienten) Staffelchef, Hauptmann Edgar Dräger, aufgestockt. Zwei Sycamore gehörten auch schon zur Staffel. Weitere Hubschrauber und junge ausgebildete Hubschrauberführer kamen dazu.

Dann begann unverzüglich die Ausbildung zum Bordwart. Uns wurde beigebracht, wie herum man eine Fliegerkarte im Hubschrauber hält und wie man aus einer Karte Kurse und Entfernungen ermitteln kann. Die fliegerische Ausbildung, hier wurde uns die Bedienung der Rettungswinde und weitere nützliche Dinge beigebracht, machte jetzt richtig Spaß. Vor allen Dingen lernten wir schnell die Vorzüge eines Hubschraubers kennen, konnte man doch an allen möglichen Orten in der Heide Landen, und mitunter war auch ein Restaurant in der Nähe, sodass es auch noch einen Kaffee gab.

Doch noch während dieser Ausbildungsphase wurde der Spaß, Bordwart zu werden, jäh gebremst. Irgendwo in einer höheren Kommandobehörde wurde entschieden, dass der Bordwart ein ›Mediziner‹ sein sollte. Das waren wir natürlich nicht, und so wurde der ›Luftrettungsmeister‹ erfunden.[158]

So war es schnell mit der ›fliegerischen‹ Laufbahn wieder vorbei. Die ›beinahe‹ Flieger wurden also wieder in die Technik eingegliedert. Vor- und Nachflugkontrollen, Störbehebungen und das Bereitstellen der Hubschrauber war jetzt unsere Aufgabe […].

Im Mai 1960 entstand aus der 1. Luftrettungsstaffel die 3. Luftrettungs- und Verbindungsstaffel (LRetVerbStff). Der Staffel wurden schnell ein paar Dornier Do 27 als Verbindungsflugzeuge samt FF zugeführt. Die

---

[158] Das gleiche Problem hatten die Marineflieger auch, die mit vier Sycamore schon ab Juni 1958 den Rettungsdienst über See aufgenommen hatten. Dort wurde das Problem etwas pragmatischer gelöst, die Bordwarte der Marine durchliefen eine medizinische Ausbildung und blieben so auf der Sycamore.

meisten Sycamore-Techniker erhielten jetzt auch noch eine Einweisung auf der Do 27.

Noch im selben Monat wurde die volle Einsatzbereitschaft gemeldet.

Im August teilte sich die 3. LRetVerbStff und es entstand die 2. LRet-VerbStff. Diese Staffel verlegte alsbald zum Fliegerhorst Lechfeld.

Meinen ersten SAR-Einsatz erlebte ich im Sommer 1960 von Faßberg aus. Der Einsatzoffizier, Oberleutnant Alfred Winderlich (ein altgedienter Jagdflieger), und ich (es mangelte noch an Luftrettungsmeistern) flogen mit der Sycamore zum holländischen Fliegerhorst Leeuwarden. Von dort aus suchten wir stundenlang vor der holländischen Küste nach einer vermissten amerikanischen Douglas RB 66. Aber außer ein paar, vermutlich von dem Flugzeug stammenden Teilen, wurde nichts gefunden. Spät abends ging es wieder zurück nach Faßberg. Über unsere ›Seenotausrüstung‹ möchte ich mich hier nicht näher auslassen.

Schon im Januar 1961 wurden von der Staffel zwei SAR-Kommandos eingerichtet. Eines lag auf dem Fliegerhorst Ahlhorn und eines auf dem Fliegerhorst Nörvenich [...]. Jedes Kommando war mit drei Sycamore ausgestattet. Zu jedem Hubschrauber gehörten ein HF, ein LR und ein Techniker. Diese Kommandos brachten für die Techniker etwas Abwechslung, waren sie doch jetzt über einen mehr oder weniger langen Zeitraum zum Kommando kommandiert [...].

Ein anderes Erlebnis etwas anderer Art hatte ich im Oktober 1961 auf dem SAR-Kommando Nörvenich. Ich gehörte zur 15-Minuten-Bereitschaft. Wie vorgesehen erfolgte vor der Aufnahme der Bereitschaft der vorgeschriebene ›Functional Check Flight‹. Der wurde von dem HF und dem Techniker durchgeführt. Dem gesamten Vormittag über lag Nörvenich unter einer dicken Nebeldecke. Gegen Mittag klarte es auf und so starteten wir zu unserem vorgeschriebenen Flug. Mein HF war von der schnellen Sorte, und so flogen wir zügig zwischen den ersten in Nörvenich stationierten Lockheed F-104 Starfightern hindurch, bis es einen heftigen Ruck gab und unsere Sycamore gewaltig anfing zu schütteln und zu bocken. Was war passiert? Ich lag nicht falsch mit der Annahme, dass wir wohl eine Hindernisberührung hatten. Der HF versuchte eiligst, die Fahrt zu reduzieren, was ihm auch kurz vor dem Erreichen der Runway gelang. Was dann folgte war eine Notlandung mit Fehlern: die Heckrotorblätter waren alle abgeschert und der Heckausleger stark abgeknickt. Aber sonst ging es uns gut! Eine nähere Untersuchung ergab, dass wir mit einem Hauptrotorblatt einen abgestellten ›Follow Me‹ (Borgward Kübel) erwischt hatten. Am Blatt fehlten ca. 60 cm und die ›Trimmkante‹ (für den Spurlauf wichtig) fehlte auch. Das mag ein Rotor überhaupt nicht, und so kam was kommen musste: Bruch! [...].

Weil es wohl zu diesem Zeitpunkt für mich mit dem FF nichts wurde, hatte die Staffel mich schon bei der TSLw 3 zum Lehrgang ›Prüfer für Luftfahrtgerät‹ angemeldet. Das war es dann erst einmal mit dem Traum vom FF.

Das SAR-Kommando Nörvenich hatte im Juni 1962 die traurige Aufgabe, die erforderlichen Flüge nach dem Absturz von vier Starfightern östlich des Fliegerhorstes der Kunstflugstaffel der 4./ Waffenschule der Luftwaffe 10 durchzuführen. Ein weiterer erfolgreicher Einsatz mit der Sycamore erfolgte aber von dem bereits Mitte 1962 eingerichteten SAR-Kommando Wittmund aus. Die ostfriesischen Inseln waren im Dezember eingefroren und es wurde ein ›Eisnotdienst‹ eingerichtet.

Nach meiner Anmeldung bei der Schule lief ich noch eine Zeit als ›Hilfsprüfer‹ bei verschiedenen Einheiten mit, bis ich dann von April 1963 bis August 1963 den Prüferlehrgang besuchte. Ich erwarb kurz hintereinander die Zellenlizenz und die Triebwerklizenz. Zurück in der Staffel, stand ich dann nach kurzer Zeit alleine den Sycamore und Do 27 Maschinen gegenüber, da die beiden bisherigen (altgedienten) Prüfer in Pension gingen. Damit der Betrieb nach Vorschrift weiterlaufen konnte, wurde mir die Genehmigung zur Abnahme der Flugausrüstung auch noch erteilt.

Im Januar 1964 fand eine größere Veränderung statt. Die Staffel verlegte mit allem, was sie hatte, unter ihrem Staffelkapitän, ab dem 1. November 1961 Major Rudolf Camphausen, auf den Fliegerhorst Ahlhorn. Dort hatte sich mittlerweile das Lufttransportgeschwader 62 (LTG) mit ihren Noratlas unter Oberst Werner Guth eingerichtet. Im April 1965 wurde dann aus der 3. LRetVerbstff die 3. Hubschrauberrettungsstaffel (HubschrRetStff).

Das Flugzeugmuster Do 27 wurde nach und nach an andere Verbände (so auch nach Nigeria) abgegeben.

Im April 1967 wurde mir von der 3. HubschRetStff. ein Silberbecher zum 1.000. Prüfflug überreicht. Einige Überführungsflüge in der Umstellungsphase führten mich sogar bis zum Reparaturwerk auf dem Flugplatz Alverca bei Lissabon.

Es gab auch amüsante Erlebnisse mit der Sycamore. So wurde ein Hubschrauber samt Besatzung während der jährlich stattfindenden ›Seeflug Aus- und Weiterbildung‹ vom Fliegerhorst Westerland auf Sylt aus in die Dreharbeiten zum Spielfilm ›Heißer Sand auf Sylt‹ eingebunden. Sehr zur Begeisterung der Staffel!

Aus der 3. HubschrRetStff wurde im Januar 1968 die 3./HTG 64. Staffelkapitän war ab dem 22. November 1965 Major Heribert Kühner. Das HTG 64 war bereits 1966 in Landsberg/Lech aufgestellt worden unter

Führung des Kommodore Oberst Johannes Naumann. Bis zu diesem Zeitpunkt waren alle meine militärischen Vorgesetzten, ob fliegender oder technischer Bereich, überwiegend ›altgediente‹ Soldaten. Entsprechend waren mein Respekt und meine Achtung diesen Soldaten gegenüber sehr groß. Im Nachhinein betrachtet komme ich zu der Feststellung, dass diese ›Altgedienten‹ mit uns jungen Soldaten ausgezeichnet umgehen konnten. Es machte keinen Unterschied, ob man zum fliegenden oder technischen Personal gehörte. Man konnte ohne Übertreibung sagen, wir waren wie eine große Familie. Besonders machte sich das bei Weihnachts- oder Nikolausfeiern bemerkbar. So spielte uns z.B. Hauptmann Dräger zu Weihnachten auf seiner Geige Weihnachtslieder vor, oder der Nikolaus schwebte zur Freude der Kinder natürlich mit einem Hubschrauber zur Bescherung ein.

Was mich im Nachhinein noch immer sehr beeindruckt war die Tatsache, dass auftretende Probleme, und die gab es damals auch, immer mit der Führung in vorderster Linie für uns ausgefochten wurden. Aber offensichtlich war es in anderen Verbänden zu diesem Zeitpunkt wohl so ähnlich. So war der Kommodore des LTG 62 für alle nur ›Papa Guth‹. Das sagt doch schon vieles aus.

Die Zeit der Sycamore näherte sich aber unaufhaltsam seinem Ende zu. Das sah man auch daran, dass ich schon im Januar 1967 eine Mustereinweisung auf unserem Nachfolgemuster Bell UH-1D erhielt. Auch wurden schon ab Mitte 1968 die ersten Sycamore entweder direkt nach Braunschweig (zur Betreuungsfirma) oder noch nach Landsberg geflogen [...]. Während meiner Prüfertätigkeit zwischen 1962 und 1968 habe ich insgesamt 651 Prüfungen und Abnahmen durchgeführt und in der Zeit 731 Flugstunden notiert.

Der neue im Zulauf befindliche Hubschrauber Bell UH-1D warf seine Schatten voraus.

Ich hatte mich im Geschwader mittlerweile für eine Laufbahn als Bordtechniker auf der UH-1D beworben. Nach einigem Zögern wurde dem stattgegeben. So verließ ich Ahlhorn im August 1968, fast zeitgleich mit der letzten Sycamore, in Richtung Landsberg zum zweiten Lehrgang ›BT UH-1D‹, der gerade begonnen hatte. Nach erfolgreichem Abschluss wurde ich danach sofort als Lehrer für den nächsten BT-Lehrgang festgehalten, konnte aber nach Durchführung des Lehrgangs im Herbst 1969 endlich wieder nach Ahlhorn zurückkehren und führte dann die Bordtechniker der 3.Staffel.

1971 nahm ich am Auswahllehrgang für ›Offiziere des militärfachlichen Dienstes mit Erfolg teil und nach Erwerb der mittleren Reife 1972 wurde ich weiter in der Staffel eingesetzt.«

Nach erfolgreichem Besuch des Lehrgangs »Luftfahrzeug Technischer Offizier« und der Offiziersschule der Luftwaffe erfolgte seine Beförderung zum Leutnant am 1. Juli 1975[159].

Die Sycamore kam vor allem in SAR-Dienst zum Einsatz und war als Verbindungsflieger aufgrund seiner geringen Sitzplatzkapazität und mangelnden Komforts von Passagieren wenig geschätzt.

### Sikorsky H-34 G (S-58)

Der Zeitzeuge Oberstleutnant a.D. Siegfried Höhne schulte ab Sommer 1958 in Faßberg auf die H-34 um und berichtet[160]:

> »Die fliegerische Weiterbildung begann am 25. August 1958 bei der 9./Ausbildungsgruppe C mit dem Muster Sikorsky S-58/H-34 A[161]; Mil. FS Kl. II. Die Grundausbildung umfasste 50 Flugstunden. Fluglehrer waren: HFw Siegle, Major Herlein, Hauptmann Zipser, Olt Heizmann, Mr. Hosking (US-Flugzeugwerk). Nahtlos schlossen sich bis zum 26. Januar 1959 die Lehrerausbildung und die Einweisung für die Berechtigung zur Abnahme von Werkstatt- und Prüfflügen an. Anfang März 1959 begann die Schulung für die Fortgeschrittenen der Heeresflieger auf Sikorsky H-34 A, zu denen im Laufe der Jahre ab und an Angehörige ausländischer Streitkräfte, wie Israelis, dann auch deutsche Polizei, kamen.«

Zum Betrieb der H-34 in Faßberg schreibt OTL a.D. Winfried Menges[162]:

> »Nach nahezu 1.000 Stunden Bell begann im Juni 62 mit Fluglehrer Rudi Meyer meine Ausbildung zum Fluglehrer auf der Sikorsky H-34. Parallel dazu führte ich meine Lehr- und Prüffunktion auf der ›kleinen Bell‹ [Bell 47G-2] in Hartenholm weiter, wo ein Privatunternehmen Pilotennachwuchs für das Heer ausbildete. Nach meiner beschleunigten Lehrerausbildung begann ich bereits am 20. September 1962 mit mehreren Flugschülern meine Lehrertätigkeit auf der Sikorsky H-34, auf dem ich ebenfalls über 1.000 Flugstunden erreichte.
>
> Mein Staffelchef, Major Irmfried Zipser, teilte mir Anfang November 1962 mit, dass neue H-34 G-III mit der vorgeschriebenen IFR-Instrumentierung auf dem Weg nach Faßberg seien, er hätte mich zur Einweisung unserer Fluglehrer vorgesehen. Der H-34 mit dem kaum bekannten Zusatz G-I und G-II hatte ein weniger belastbares Hauptfahrwerk im

---

[159] Hauptmann Hasebrink wurde am 31. März 1993 in den Ruhestand versetzt.
[160] Bericht (Auszug) OTL a.D. Siegfried Höhne v. 25.3.2014.
[161] Erste US-Variante der H-34, vgl. Wache, F-40, Sikorsky H-34, S. 3.
[162] Bericht (Auszug) OTL a.D. Winfried Menges v. 10.1.2013.

Vergleich zur G-III, und eine mindere Ausrüstung hinsichtlich der Funk-geräte, der Instrumente, der Navigationsgeräte und der ASE. Diese Aus-rüstung der G-III entsprach den internationalen IFR-Vorschriften [...]. So begann ich, mich mit der neuen Instrumentierung unter Anleitung meines Staffelchefs vertraut zu machen. Anfang 1963 erwarb ich die Testflugberechtigung und hatte damit eine weitere verantwortungsvolle Aufgabe übernommen, die zu mehr als 65 Testflügen H-34 führte. Im Mai 1963 erwarb ich die Checkflugberechtigung, und hatte damit den Auftrag, den Ausbildungsstand und die Einsatzfähigkeit der in den H-34-Fluggruppen ausgebildeten Hubschrauberführer zu beurteilen; hinzu kamen die jährlichen ›Stand-Checks‹[163], die jeder Hubschrauber-führer zur Erneuerung seiner Lizenz ablegen musste. Im Verlauf der nächsten Jahre hat die Mehrzahl der H-34-Piloten der Ausbildungs-gruppe C mit Rang und Namen neben mir zum Stand-Check Platz ge-nommen [...].

Am 8. Mai 1964 starteten wir mit zwei H-34 zur Firma Sud Aviation in Marignane bei Marseille, wo unsere Maschinen generalüberholt wurden. Nach Toul Rosières AB[164] hatten wir die Ambérieu-en-Bugey Air Base[165] bei Lyon zum Auftanken festgelegt. Es hatte sich herumgesprochen, dass Englisch in der französischen Flugsicherung oft überhört wurde. Trotz-dem versuchte ich, ca. 20 Meilen vor Ambérieu Sprechkontakt aufzuneh-men, denn ich hörte bereits Gespräche in Französisch, bekam aber keine Antwort. So versuchte ich es in meinem Schulfranzösisch, und bekam prompt eine freundliche Antwort in Französisch. Wir übergaben in Marignane[166] unsere beiden Maschinen und übernahmen eine general-überholte zum Rückflug. Heimgekehrt sollte ich mich, nach einem Fern-schreiben beim Schulkommandeur der FFS »S«, Oberst Treppe, in Wunstorf zum Rapport melden. Meine Befürchtung, einen ›Anschiss‹ entgegen nehmen zu müssen, kehrte sich in eine freudige Überraschung um: ich wurde zum Hauptmann befördert!

Mitte Februar 1965 begann in Bückeburg bei der Heeresfliegerwaffen-schule meine ersehnte IFR-Ausbildung auf H-34 G-III. Neben der The-orie, z.B. der Beherrschung der IFR-Flugregeln in Englisch, mussten wir 50 Flugstunden nach IFR absolvieren. Am 28. Juni 1965 legte ich bei Major Zebrowski meinen ›White Card-Check‹ ab und war nun der 6. IFR-Hubschrauberpilot der Luftwaffe, ein stolzes Gefühl!«

---

163  Standardisierungs-Überprüfungsflüge.
164  Militärflugplatz Toul-Rosières (LFSL). Der Platz war nach der Befreiung Frankreichs von 1944 bis 1967 eine hauptsächlich mit Kampfflugzeugen belegte U.S. Air Base.
165  Zivil-militärischer Flugplatz Ambérieu-en-Bugey Air Base (LFXA).
166  Ziviler Flughafen Marseille (LFML).

Die H-34 war allerdings unter winterlichen Flugbedingungen nicht unkritisch. Heeresflieger Oberst a.D. Folker Flasse schreibt hierzu[167]:

> »Die H-34 war vereisungsgefährdet. Bei einem IFR-Flug von Köln-Bonn nach Bückeburg hatten wir in den Wolken über dem Sauerland Blatt- und Kabinenvereisung bekommen. Das ging so schnell, dass sich der Hubschrauber nicht mehr halten ließ und wir von 10.000 Fuß auf 5.000 Fuß durchsackten. Gottseidank wurde es dort wärmer und einige Eisstücke flogen weg. Mit erheblichem Herzklopfen flogen wir dann – ich glaube VFR – nach Bückeburg.«

## 6. Truppenversuche mit der Sikorsky S-64 Skycrane

Den Sikorsky S-64 Skycrane[168] hatte man in die Auswahl zur Einführung eines modernen, leistungsstarken Hubschraubers für die Bundeswehr mit einbezogen. Die US-Prototypen Nr. 2 und 3 hatte die Firma Sikorsky im Jahr 1962 an die Weser Flugzeugbau in Bremen in Einzelteilen geliefert. Dort wurden die Maschinen weiterentwickelt und erhielten die Bezeichnung WFS-64A[169]. Nach einer Werkserprobung in 1963 zunächst von der Heeresfliegerwaffenschule in Bückeburg getestet, übernahm sie kurze Zeit später die Luftwaffe. In Fürstenfeldbruck und Oberpfaffenhofen schlossen sich bis 1965 weitere Erprobungen an. Ab November 1965 teilte man die beiden Maschinen der 1. LRetVerbStff (zunächst) in Fürstenfeldbruck zu, wo sie bis zu ihrer Außerdienststellung im Jahr 1968 erfolgreich zum Einsatz kamen.

Oberstleutnant a.D. Menges war einer der wenigen Hubschrauberführer, die dieses Muster beherrschten und bei einigen Einsätzen erprobten[170]:

> »Im Oktober 64 eröffnete mir mein Chef, Major Zipser, dass ich noch im Oktober für einige Wochen nach Oberpfaffenhofen kommandiert würde, zur Schulung auf den S-64 Skycrane (Fliegender Kran). Er war lange der größte, leistungsstärkste Hubschrauber des Westens, von der Firma VFW im Auftrag der Luftwaffe konzipiert und von Sikorsky 1963 gebaut[171]. Er sollte senkrecht startende Jets aus/in getarnte Abstellplätze

---

[167] Mitteilung (Mail) O.a.D. Folker Flasse v. 10.11.2015.

[168] Leistungsdaten der S-64 im Anhang. Ein beeindruckendes Bild findet sich bei Polte, Hubschrauber, S. 62. Vgl. auch Holmes, Sikorsky CH-54 Tarhe, S. 488.

[169] Merkmale: Cockpitgondel an Rumpfgestell mit Sechsblatt-Hauptrotor und Vierblatt-Heckrotor. Ein Container mit dem Maßen 8,36 m Höhe, 2,89 Breite und 1,98 m Höhe passte exakt unter die S-64.

[170] Bericht (Auszug) OTL a.D. Winfried Menges v. 10.1.2013

[171] Hier irrt der Zeitzeuge, es war genau umgekehrt! Die Scycrane war von der Firma Sikorsky konzipiert und gebaut. Zwei Exemplare wurden in einzelnen Teilen an VFW geliefert, dort modifiziert, in Lizenz zusammengebaut und der Truppe zugeführt. Siehe auch Polte, S. 62.

versetzen, aber auch 10 t schwere Lkw oder Container, z.B. als Sanitäts-einheit oder Gefechtsstand transportieren können. Ich fuhr also nach Oberpfaffenhofen, um mir vom Fluglehrer Jack Porth die Beherrschung dieses riesigen Fluggerätes beibringen zu lassen. Mein Co-Schüler war kein geringerer als der damalige Leiter der E-Stelle 61, Sektion Hub-schrauber, Karl Bode. [...]

Die Besonderheit des S-64 war nicht nur seine vielfältige Lastaufnahme-kapazität, sondern seine ›Backseatcabin‹ [zusätzliche rückwärtige Ka-bine], die dem darinsitzenden ›Backseatpilot‹ (der sogenannte Kranfüh-rer) eine begrenzte Steuerfähigkeit mit Blickrichtung nach hinten ermöglichte. So konnte er den Schwebeflug punktgenau durchführen und mittels einer Winde Lasten bis zu 8 Tonnen unter den Schwerpunkt des Hubschraubers aufnehmen. Danach übernahm einer der Front-Pilo-ten [wieder] die Steuerführung, um den Einsatz fortzusetzen. Im Januar 1965 überführte ich den Skycrane (D-9510) mit dem VFW-Testpiloten Heinz Hoffmann von Einswarden über Bückeburg, Kassel, Niederstet-ten nach Oberpfaffenhofen. Entgegen passabler Wettervorhersagen gingen die Sichten so sehr zurück, dass ich es vorzog, durch eine Wol-kenlücke ›On-Top‹ [über die Wolken] zu gehen und den VFR-Flug mit der hervorragenden Ausrüstung, die mir von der H-34 G-III gut bekannt war, fortzusetzen. Wir landeten am 13. Januar 1965 um 12.09 Uhr ohne gefährliche Tiefflugmanöver in Oberpfaffenhofen. Nach meiner Verset-zung als Einsatzoffizier zur Hubschrauberlehr- und Versuchstrans-portstaffel in Fürstenfeldbruck Mitte 1965 bekam ich von Major Rein-hold Lork aus dem Materialamt der Luftwaffe die telefonische Anfrage, ob wir dort für die S-64-Kräne aufnahmefähig wären. Ich bejahte die Frage, sodass er uns die Anweisung zur Übernahme zuschickte. Wir hat-ten bereits davor mehrere Anfragen aus Industriebereichen für die Ver-legung sperriger Güter erhalten, die auf normalem Wege nicht zu trans-portieren waren. Wir nahmen auch an mehreren Flugtagen teil und führten dort die beindruckende Leistungsfähigkeit des S-64 vor, auf dem ich insgesamt mehr als 50 Flugstunden erreichte.

Die U.S. Army hatte auf dem Zugspitzblatt eine H-34 infolge des Leis-tungsverlustes als ›Crash‹ zurückgelassen, den wir mit einem S-64 nach Fürsty transportierten; vor mir hatten bereits Geissinger, Preiß und Bie-nek darauf geschult. Wir bedauerten sehr, dass Kommodore Naumann nach Aufstellung des HTG 64 den S-64 schleunigst abgab. Man sieht ihn heute noch bei Großbränden als Löschhubschrauber.«

Oberst a.D. Jörg Rappke ergänzt[172]:

>»Der Versuchsauftrag der HubschrLVsuTrspStff umfasste auch die Begutachtung neuer Hubschrauber als mögliche Nachfolgemuster der vorhandenen. Dazu zählten die Vertol 107[173], die Super-Frelon und die S-61. Als zu teuer und technisch zu komplex schieden diese Maschinen schnell aus. Später konnte die UH-1D mit besserem Erfolg erprobt werden. Ein Sonderfall war die Erprobung der S-64 Skycrane. Die Luftwaffe beurteilte die Sicherheit ihrer Kampfflugzeuge auf Flugplätzen im Konfliktfall als problematisch und suchte nach Abhilfe. Ein Lösungsweg stellte die Entwicklung von senkrechtstartenden Kampfflugzeugen dar. Man könnte sie in Auflockerungsstellungen außerhalb der Flugplätze bereithalten. Eine zweite Überlegung diente der Frage, ob es möglich sei, die Kampfflugzeuge mit Hubschraubern aus Auflockerungsräumen zur Startposition zu transportieren. Der sehr innovative Aufbau ohne feste Kabine und die imposante Größe der S-64 versprachen vordergründig eine Lösung. Der Hubschrauber zeigte sich jedoch für diese Aufgabe als zu schwach und für die sonstigen Transportaufgaben als zu aufwendig. Das Heer zeigte sich ebenfalls an der S-64 interessiert, nahm aber Abstand und entschied sich für das Schwestermuster S-65 (CH-53).«

## 7. Bell UH-1D

Eine erfolgreiche Umschulung der für die UH-1D vorgesehenen Besatzungen war bei der Einführung dieses modernen US-Musters ohne Hilfe der amerikanischen Partner nicht möglich. Diese sicherten durch ein diversifiziertes Lehrgangsangebot die Umschulung der ersten deutschen Fluglehrer auf der Bell. Lassen wir den Zeitzeugen Oberst a.D. Jörg Rappke erneut berichten[174]:

>»Ende des Jahres 1967 durfte ich mit einem Stabsfeldwebel zusammen den sogenannten ›Rotorywing Instrumentflight Examiner Course‹ an der U.S. Army-Aviation-School, Fort Rucker/Alabama absolvieren. Diesem Kurs ging eine Umschulung auf die Bell UH-1D voraus. Nach Rückkehr von diesem Kurs verfügte das HTG 64 nun über drei Hubschrauberführer mit allen notwendigen Lizenzen für die UH-1D: neben mir waren das Stabsfeldwebel Heede und Stabsfeldwebel Graffenberger. Nachdem auch die Übergabe der neuen UH-1D an die Luftwaffe kurz bevorstand,

---

[172] Bericht (Auszug) O a.D. Jörg Rappke v. 17.3.2013.
[173] Vgl. Holmes, Boeing (Vertol) H-46 Sea Knight, S. 461. Sie wurde entwickelt als Modell 107 mit Erstflug 22.4.1958. Die US-Marines bestellten von ihr als CH-46A zunächst 100 Exemplare.
[174] Bericht (Auszug) O a.D. Jörg Rappke v. 17.3.2013.

folgte prompt der Auftrag an diese kleine Gruppe, die Umschulung der Hubschrauberbesatzungen der Luftwaffe zu übernehmen. Das Umschulungsprogramm war schnell entworfen, es handelte sich ja um ausgebildete Hubschrauberführer, wenn auch mit sehr unterschiedlichem Erfahrungshintergrund. Also bot die Umschulung auch Gelegenheit zur Standardisierung. Um die Umschulung der Bordtechniker und Luftretter konnten sich Stabsfeldwebel Dobrindt und Hauptfeldwebel Heinrich Michel kümmern, die bereits wie Stabsfeldwebel Heinrich Heede die UH-1D während der Erprobungsphase kennengelernt hatten. Außerdem konnten wir uns auf den Kern der Academic Section der aufgelösten FFS »A« abstützen in Person von Stabsfeldwebel Stötzle. Wir stießen wieder auf das alte Problem: eine autorisierte Dokumentation stand nicht zur Verfügung. Aber man erlaubte uns, Vorschriften der U.S. Army Aviation School also des US-Heeres zu nutzen, die ich vorsorglich aus Fort Rucker mitgebracht hatte, wie auch Dokumente aus der Erprobung. So begannen wir die Umschulung Anfang 1968, indem wir zunächst einige weitere Fluglehrer ausbildeten.«

Das Programm umfasste 25 Flugstunden (15 Stunden zur Musterberechtigung und 10 Stunden Taktik), sowie 15 Stunden Fliegertheorie. Sie sollte bis 1969 abgeschlossen sein. 1967 ging das HTG 64 davon aus, dass die taktische Ausbildung zukünftig in der Verantwortung der III./FFS »S« in Faßberg läge, und damit das Geschwader nur noch taktisch ausgebildete Einsatzpiloten (CR) erhielte.[175]

»Die Umschulung ging insgesamt sehr zügig vonstatten und – dank der Unterstützung durch die Fliegende Gruppe unter Oberstleutnant Friedrich-Karl Hoffmeister – auch ohne größere Komplikationen. Das verdient insbesondere deshalb Anerkennung, weil neben der Abschleusung alter Hubschrauber und der Zuschleusung neuer Hubschrauber die originären Aufgaben des Verbandes unverändert bestanden. Auch das Geschwader selbst war noch auszuformen, es war ja gerade erst aufgestellt worden. Das Ausbildungspersonal war mit Begeisterung bei der Sache und trug so auch manchen Mangel oder erhebliche zusätzliche Belastung ohne Klagen. Das Vertrauen in diesen Lehrschwarm seitens der Geschwaderführung war so groß, dass uns über die Umschulung hinaus weitere fliegerische Ausbildungen übertragen wurden.

So robust und einfach die UH-1D erwartungsgemäß auch zu handhaben war, einige System-Defizite können nicht unerwähnt bleiben, um diese Phase ehrlich beurteilen zu können. Der Hubschrauber war laut, er

---

[175] Geschwaderbriefing HTG 64 aus dem Jahr 1967. Archiv Wache.

konnte über große Distanzen bereits ausgemacht werden, d.h. gegnerische Kräfte hätten sich frühzeitig auf eine Bekämpfung des Hubschraubers einstellen können. Andererseits verfügte er über keinerlei Panzerung, hatte keine Einrichtungen zur Erkennung oder Abwehr gegnerischer Bedrohung. Die Kommunikations- und Navigationseinrichtungen genügten lediglich Flugsicherungsanforderungen, waren also ebenfalls zu identifizieren und zu orten und erlaubten keinen abhörsicheren Betrieb zur taktischen Führung. Eine Bewaffnung zum Selbstschutz: Fehlanzeige. Mit der Konferenz zur Sicherheit und Zusammenarbeit in Europa (KSZE) war u.a. eine Obergrenze der Anzahl bewaffneter Hubschrauber festgelegt worden, die vom Heer und der Marine ausgeschöpft war. Das bedeutete, dass die UH-1D im Konfliktfall nur über eigenem Territorium und bei Luftüberlegenheit mit überschaubarem Risiko einzusetzen war. Andererseits beinhaltete die Konzeption die Aufgabe ›Combat Rescue‹, was bedeutete, dass der Hubschrauber zwangsläufig auch in gegnerischen Luftraum eindringen musste, um ggf. notgelandete Besatzungen von dort zu bergen. Wir konnten uns nicht vorstellen, dass wir diesen Auftrag im Konfliktfall ernsthaft mit der UH-1D erfüllen sollten, sondern haben die UH-1D als einen Erprobungsträger betrachtet, um Einsatzkonzepte zu entwerfen und entsprechende Anforderungen mit einem künftigen Hubschrauber gezielt realisieren zu können. Diese Handicaps begleiteten das Waffensystem UH-1D während der gesamten Nutzungsphase, wenn auch einige Mängel mit der Dringlichkeit der späteren UN-Missionen behoben werden konnten. Seine Domäne blieb damit vor allem die schnelle Versorgung der eigenen Verbände mit Dringlichkeitsgütern und der Verwundeten- und Krankentransport (VuK), allerdings ohne den völkerrechtlichen Schutz einer Rot-Kreuz-Kennung. Man verzichtete darauf, weil hierfür gezielt Hubschrauber hätten reserviert werden müssen, die dann für andere Aufgaben ausfielen. Und dafür schien der Bestand an UH-1D zu klein.«

Oberstleutnant Ludwig Herlein, seit 1963 Kommandeur der Ausbildungsgruppe C in Faßberg, bilanziert[176]:

»Ich habe in meiner Ausbildungsgruppe viele Höhepunkte erleben dürfen, leider aber auch manchen Rückschlag hinnehmen müssen. 1969 konnte das Flugstundenaufkommen noch weiter erhöht werden, sodass allein in diesem Jahr 120 Soldaten nach erfolgreicher Ausbildung ihre Flugzeugführerscheine erhielten[177]. Die Wartung und Instandsetzung der

---

[176] Siehe Stärk, Faßberg, S. 143.
[177] 1967 hatte die AusbGrp C ca. 14.000, 1968 und 1969 über 15.000, 1970 über 17.000 Flugstunden erflogen.

60 Hubschrauber sowie der Nachschub wurden durch weitere Rationalisierungsmaßnahmen verbessert. Im Herbst 1969 trafen die von allen Stammflugzeugführern lange ersehnten ersten zwei Hubschrauber des Typs Bell UH-1D ein. Mit der Umschulung der Fluglehrer wurde sofort begonnen. Ein Modell-Lehrgang für eine kombinierte Grund- wie auch Fortgeschrittenen-Ausbildung von 150 Stunden (70 Stunden Bell 47 und 80 Stunden Bell UH-1D) für die Flugschüler der Luftwaffe lief im Mai 1970 an[178]. Der 2. März 1970 wurde durch den Zusammenstoß und Absturz von zwei Bell UH-1D zum schwärzesten Tag der Gruppe. Die Fluglehrer Hauptmann Scholz und Hauptfeldwebel Benedix sowie die Flugschüler Leutnant Lenz und Unteroffizier Berghammer fanden den Fliegertod. An dieser Stelle möchte ich auch der beiden Flugzeugführer gedenken, die vor neun Jahren, am 17. März 1961, beim Flugunfall mit einer Bristol Sycamore den Tod fanden.«

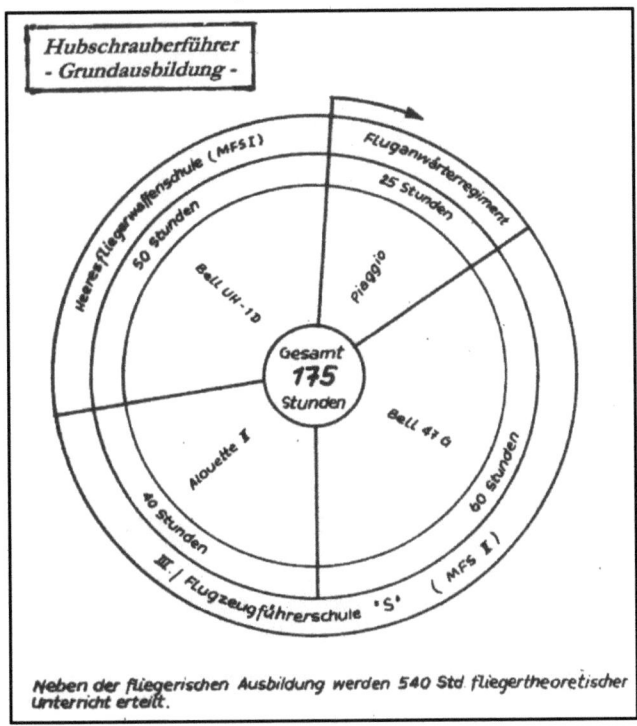

Geschwaderbriefing
HTG 64
1968 (Wache)

---

[178] Die nachfolgende Graphik des HTG 64 aus 1967 sah einen anderen Ablauf vor.

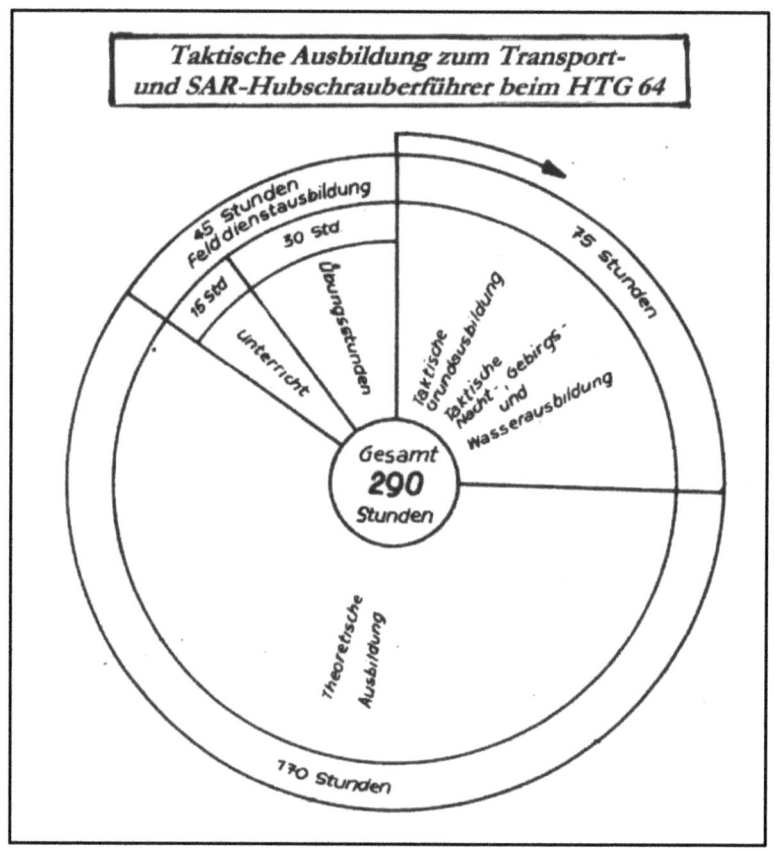

Geschwaderbriefing HTG 64 1968 (Wache)

## 8. Auf dem Weg zur Hubschrauberführerschule der Luftwaffe[179]

Noch vor der Umgliederung der II. und III./FFS »S« (ex Ausbildungsgruppe C) zwecks Aufstellung der Hubschrauberführerschule der Luftwaffe (HFSLw) zum 1. Januar 1971 hatte sich Inspekteur Steinhoff bei seinem Besuch in Faß-berg im Mai 1969 noch durch OTL Herlein und seinen Stab einen detaillierten

---

[179] Angelehnt an »Chronik der HFSLw« in: Das LTKdo und seine Verbände, S. 199-213. Der in diesem Buch grundsätzlich gewählte Zeitrahmen bis 1971 wird mit dem Ziel einer kurzen Darstellung der 1975 bereits wieder aufgelösten HFSLw ausnahmsweise überschritten.

und umfassenden Einblick in Lage des Verbandes verschafft. Daraus sind u.a. folgende Aussagen mit Blick auf das Personal erwähnenswert[180]:

> »In der *Ausbildungsstaffel* ist das gesamte fliegende Personal – Fluglehrer und Flugschüler – zusammengefasst. In der Teileinheit ›Fliegerische Ausbildung und Einsatz‹ bestehen 5 bis 6 Fluggruppen, in denen laufend je 16 bis 18 Flugschüler ausgebildet werden; das sind 84 bis 90 Flugschüler zugleich und ein jährlicher Zulauf von 116 Hubschrauberführern. Bei einen Lehrer-Schülerverhältnis 1 zu 2 benötigt die Ausbildungsstaffel etwa 45 Fluglehrer [...].

> Das Fehl zwischen Stellenplan *Soll* und dem *Ist* bewegt sich bei den Soldaten in günstigen Grenzen. Die Personallage bei den zivilen Arbeitnehmern kann als ›gut‹ bezeichnet werden.

> Der Anteil von Berufssoldaten beträgt 21,9 %, der Anteil von Zeitsoldaten 63,2 %. Etwa 43 % der Mannschaften sind Wehrpflichtige [...].

> Die Masse der Fluglehrer besitzt Flugerfahrung von etwa 1.500 bis 2.500 Flugstunden. Die Lehrer fliegen durchschnittlich pro Jahr 313 Stunden; es kommt aber auch bei einigen zur Spitze von 450 Flugstunden. Das Alter der meisten Fluglehrer liegt zwischen 28 und 32 Lebensjahren, sowohl bei Offizieren als auch bei Unteroffizieren.«

OTL Herlein wies zudem auf zu lange Stehzeiten der Lehrer an der Schule hin:

> »Aber ein Austausch ist leider nicht möglich, der der Verband [HTG 64] seine Flugzeugführer erst selbst auf das Einsatzmuster UH-1D umschult, wogegen die Fluglehrer der Gruppe nur die Qualifikation für leichte Hubschrauber besitzen. Ein weiteres Problem besteht bei den Fluglehrer-Offizieren, besonders bei den aktiven Hauptleuten, die eines Tages trotz erfüllter Voraussetzungen nach dem bisher gültigen Stellenplan keine Aussichten auf eine Beförderung zum Stabsoffizier besitzen. Beim Geschwader besteht die gleiche Situation.

> Bei der Betrachtung des fliegenden Personals kann ich einen Faktor nicht unerwähnt lassen, der sich besonders bei den 75 % der Heeres-Flugschüler bemerkbar macht. Es ist dort eindeutig ein Nachlassen der Qualität spürbar. Den Grund sehe ich in der Tatsache, dass das Heer seit mehreren Jahren aus Mangel an Bewerbern auch Soldaten ausbilden lässt, die nach dem Psychologischen Gutachten eindeutig ›nicht geeignet‹ oder

---

[180]  BArch, BL 1/4513. Vortrag anlässlich des Truppenbesuchs des Herrn Inspekteur der Lw am 6.5.1969 in Faßberg: »Die Hubschrauberführerausbildung und Fortgeschrittenenausbildung bei der III./Flugzeugführerschule »S« Faßberg«. Vortragender: OTL Herlein, Kommandeur III./FFS »S«.

›kaum geeignet‹ befunden worden sind; zudem lässt die Leistungsbereit-
schaft bei diesem Personenkreis vielfach zu wünschen übrig. Die Ablö-
sequote schwankt zwischen 15 und 20 %.«

Bei letzterem Sachverhalt stellt sich die Frage nach der Sinnhaftigkeit flugpsy-
chologischer Begutachtungen. Aber mit der »Psychologie« hatten die »Männer
des Heeres« bis ins 21. Jahrhundert ohnehin ihre Probleme. Erst durch Druck
von außen gelang es, die für eine erfolgreiche Behandlung notwendige Einsicht
der Betroffenen und ihrer Vorgesetzten und der notwendigen medizinischen
und personellen Behandlungsmöglichkeiten (auch unter Einbeziehung der Familien) zu schaffen.

Die Hubschrauberführerschule der Luftwaffe (HFSLw) entstand im Wesentlichen aus der III./FFS »S« (Ausbildungsgruppe C) und der IV./FFS »S«
(Fliegerhorstgruppe) in Faßberg. Ihre feierliche Indienststellung nahm Brigadegeneral Gerhard Langguth[181], der Kommandeur des Luftwaffenausbildungs-
kommandos und Stellvertreter des Amtschefs Luftwaffenamt am 21. Januar
1971 in Anwesenheit zahlreicher Ehrengäste vor. Oberstleutnant Ludwig Herlein trat am selben Tag seine Verwendung als erster Kommandeur der HFSLw
an. In Faßberg kein Neuling, war er doch als der für die Hubschrauberausbildung langjährige verantwortliche Kommandeur der bisherigen Ausbildungsgruppe C der FFS »S« (1.4.1963 bis 20.1.1971) mit den Verhältnissen vor Ort
bestens vertraut. In seiner Antrittsrede wünschte er sich und den jungen Hubschrauberbesatzungen ein Arbeitsklima, das von Einsatzfreude und gegensei-
tigem Vertrauen geprägt sei. Oberst Siegfried Gottschalt, Kommandeur der
FFS »S«, entließ seine Hubschrauberbesatzungen schweren Herzens. »Hals-
und Beinbruch« wünschte er der neuen Institution. Der Grund für die Aufstellung lag in der Zunahme der militärischen Aufgaben, die inzwischen den Hubschraubern in der Luftwaffe zugewachsen waren, und der resultierende Bedarf
einer gesonderten standardisierten Ausbildung, auch zur Entlastung des HTG
64. Die gesamte Hubschrauberführerausbildung (Grund-, Fortgeschrittenen-
und Blindflugausbildung) der Luftwaffe lief von nun an in Faßberg. Neben dem
fliegenden Personal der Luftwaffe wurden hier auch Heeresflieger und Marineflieger sowie Personal des Bundesgrenzschutzes, der Feuerwehr, der Polizei
und aus dem Militär befreundeter Staaten zu Hubschrauberführern ausgebildet.
Insgesamt verfügte die HFSLw 1972 nach Zuführung der Bell UH-1D über
insgesamt 72 Luftfahrzeuge (12 Alouette II und 35 Bell 47G-2 sowie darunter
25 Bell UH-1D[182]).

---

[181] Brigadegeneral Gerhard Langguth (*1914 † 2008), Kdr LwAusbKdo, 10/1970-3/1972.
[182] »Als Negativpotential ist für die Zeit von 1957 bis 1971 naturgemäß leider auch eine Anzahl
von Flugunfällen zu verzeichnen. Es gingen als Totalschaden 3 Bell 47G2, 1 Alouette,
1 Sycamore, 1 Vertol H-21 und 2 Sikorsky H-34 verloren, letztere aufgrund werkseitiger

Der Schulbefehl 8/71 gab bekannt, dass der Inspekteur der Luftwaffe, Generalleutnant Steinhoff, das Schulwappen (die Libelle) der HFSLw genehmigt hatte. Mit Stolz nahm zudem Kommandeur Oberst Herlein am 17. Februar 1972 aus den Händen des Amtschefs Luftwaffenamt, Generalleutnant Uwe Vogel, den Flugsicherheitspokal für 1971 für 17.100 unfallfreie Flugstunden entgegen.

Der Schule war aber kein langes Leben beschieden. Anlass war die Entscheidung der Luftwaffe, die Grundschulung der Hubschrauberführer an die Hubschrauberführerschule nach Fort Rucker[183] in den USA zu verlagern, vergleichbar mit den Strahlflugzeugführern/WSO der Fliegenden Kampfverbände. Bessere Wetterbedingungen, damit kürzere Ausbildungszeiten und die Einsparung von Luftwaffenpersonal gaben im Sinne höherer Effizienz dafür den Ausschlag.

Am 1. Januar 1975 begann die Auflösung der HFSLw. Das Fliegende Personal wurde allmählich reduziert, um bis Juli 1975 die personelle und materielle Abschleusung zu beenden. Ein Nachkommando blieb noch bis zum Ende der HFSLw am 30. September 1975 in Faßberg. Fast alle Fluglehrer fanden Aufnahme im HTG 64, davon die Mehrzahl in der ATV-Gruppe und im Lehr- und Versuchsschwarm, wobei man letzteren praktisch als Nachfolger der HFSLw bezeichnen kann. Insgesamt erfuhr das HTG 64 eine personelle und materielle Verstärkung, sodass dem HTG 64 fortan 110 Hubschrauber mit etwa 30.000 Flugstunden pro Jahr zur Verfügung standen[184].

## 9. Die Anfänge der Heeresfliegertruppe und ihre Verbindungen zur Luftwaffe[185]

Mit dem Aufbau der Bundeswehr ab 1955 wurden eigenständige fliegende Einheiten und Verbände des Heeres analog zur U.S. Army Aviation geplant und geschaffen. Die Gründung der Heeresflieger geht auf zwei Entscheidungen des Amtes Blank bzw. des gerade aufgestellten Bundesministeriums für Verteidigung zurück. Dort heißt es in einer ersten Weisung vom 1. Juni 1955: »Die Heeresflieger sind ein Teil des Heeres« und »Sie bilden eine eigene Waffengattung.« Als erster Referatsleiter Heeresflieger wurde Oberstleutnant i.G. Pape eingesetzt.

---

Mängel bzw. fehlerhaften Materials. Im selben Zeitraum wurden knapp 2.000 Flugschüler zu Piloten ausgebildet.« Angaben aus dem Bericht OTL a.D. Siegfried Höhne v. 25.3.2014.

[183] U.S. Army Aviation School, bei dem ab 1971 auch USAF-Hubschrauberbesatzungen ausgebildet wurden.

[184] Vgl. Broschüre 10 Jahre HTG 64 (1966-1976), Ahlhorn, Oktober 1976, S. 7.

[185] Gekürzter und überarbeiteter Bericht von O a.D. Folker Flasse v. 22.11.2015.

Von da an ging es um die konkrete Ausplanung der neuen Waffengattung. Nach kurzer Zeit, am 6. Dezember 1955, lag ein erster STAN-Entwurf vor. Dieser sah eine Personalstärke von 428 Offizieren, 3.053 Unteroffizieren und 3.097 Mannschaften, insgesamt 6.578 Soldaten, vor, die 813 Luftfahrzeuge betreiben sollten.

Im Einzelnen sollten 370 »Starrflügler« und 435 Hubschrauber beschafft werden. Als Starrflügler waren sechs zweimotorige Reiseflugzeuge und, das lag bereits fest, Dornier Do 27 vorgesehen. Als Reiseflugzeuge wählte man im Jahre 1957 die Pembroke Mk.54 aus, von denen schließlich nur vier beschafft wurden (u.a. PB+223).

Neben einem Heeresfliegerkommando sah der STAN-Entwurf zwei Heeresflieger-Verbindungsstaffeln, 25 Heeresflieger-Aufklärungsstaffeln (davon 17 direkt den Großverbänden des Heeres zugeordnet), 12 Heeresflieger-Transportstaffeln, 6 Versorgungskompanien (für die Versorgung mit luftwaffeneigentümlichem Gerät) und 43 Flugplatzkommandos vor. Eine Heeresfliegerschule taucht in dem Plan noch nicht auf. Für die leichten Heeresfliegerstaffeln waren jeweils 14 Do 27 und 7 leichte Hubschrauber vorgesehen. Die Anzahl der Transporthubschrauber war noch nicht festgelegt. Dieser Entwurf mit einer solch großen Anzahl von Luftfahrzeugen ist übrigens nie Realität geworden.

Die Soldaten der neuen Heeresfliegertruppe waren fast alle ehemalige Luftwaffensoldaten der Wehrmacht, ganz wenige kamen aus einer zivilen fliegerischen Tätigkeit oder vom Bundesgrenzschutz. Als Truppenkennzeichen dienten zunächst kleine Schwingen am Kragen der Uniformjacken. Als im Spätsommer des Jahres 1957 die hellgrauen Uniformjacken eingeführt wurden (wie sie auch heute noch gebräuchlich sind) wurden auch die hellgrauen Kragenspiegel für die Heeresflieger verbindlich. Als Flugzeugführerabzeichen dienten zunächst einfache Schwingen auf der linken Brustseite, die keinerlei fliegerische Qualifikationen erkennen ließen. Als Kopfbedeckung für den täglichen Dienst diente das Schiffchen. Die Ärmelstreifen für die Heeresflieger wurden erst später eingeführt, nachfolgend die dunkelroten Barette. Die Soldaten aus der ehemaligen Luftwaffe kamen aus allen bis 1945 existierenden Verbänden, einige von den Nahaufklärern. Ihr Alter lag zwischen ca. 35 und 50 Jahren. Sie hatten u.a. Ju 52, Me 323 Gigant, Me 109, Fw 190, Ju 88 oder Fieseler Storch geflogen. Viele hatten ihre fliegerische Ausbildung erst 1944 begonnen. Den Flugfunksprechverkehr hatten sie nur auf Deutsch abgewickelt. Ihre sehr unterschiedlichen Erfahrungen stammten aus ihren ehemaligen Truppenteilen und Einsatzbereichen. So gab es anfangs sehr schneidige Flieger, aber natürlich auch bedächtige – Hubschrauber hatte wohl keiner der Ehemaligen zuvor geflogen.

Der Aufbau der Heeresfliegertruppe wurde zunächst aus der Bonner Ermekeilkaserne (BMVg) gesteuert, dann vom Heeresfliegerkommando 801 in

Koblenz. Als dringend benötigte Ausbildungsstätte wurde 1958 die Heeresflieger-Waffenschule (Oberst Ebeling) auf dem von den Franzosen übernommenen Flugplatz Niedermendig geschaffen. Die Schule verlegte dann im Januar 1960 auf den Flugplatz Bückeburg-Achum. Auf diesem Flugplatz war zunächst die Heeresfliegerstaffel 1 aufgestellt worden, nachdem der Platz von der britischen Luftwaffe übernommen worden war.

Für den allgemeinen Nachwuchs der Heeresflieger wurde in der Kaserne in Andernach das Heeresflieger-Ausbildungsbataillon aufgestellt, das später nach Zweibrücken wechselte. In Bückeburg wurde 1963 die Lehrgruppe B ins Leben gerufen.

Die Heeresflieger konnten an kaum eine Tradition anknüpfen. Das Führungspersonal der ersten Stunde war zu heterogen, brachte, wenn überhaupt, Erfahrungen aus der alten Luftwaffe mit, wenige aus dem Bundesgrenzschutz (BGS). Mit den Heereskommandeuren sprach man nicht dieselbe Sprache. Dies führte zu Unsicherheit, Zurückhaltung, einem stark zurückgenommenen Auftreten unter Gleichen in Führungsstäben und so unterschwellig auch zu einem Unterlegenheitsgefühl. Und ein gewisses Abhängigkeitsgefühl bestand auch gegenüber der viel größeren Luftwaffe. Dieses führte dazu, dass die Luftwaffe in vielen fliegerischen Bereichen diktierte, wo es lang gehen sollte. Der Versuch einer Waffengattung, sich mit ihren Interessen und heeresbedingten Forderungen gegen eine viel größere Teilstreitkraft durchzusetzen, war häufig schwierig. Später hob man sich von der Luftwaffe ab, indem auf allen Luftfahrzeugen des Heeres der Schriftzug »Heer« angebracht wurde. Dies wiederum bewirkte, dass die Luftwaffe auf ihrem Fluggerät den Schriftzug »Luftwaffe« anbrachte. Mit den ebenfalls neu aufgestellten Marinefliegern gab es kaum Berührungspunkte. Bei den luftfahrttechnischen Versorgungsgütern, im Bereich der Flugsicherheit, der Standardisierung, des Wetterdienstes, der Ausbildung von Technikern, Luftfahrzeugprüfern und Flugsicherungspersonal wurde (und wird) eng mit der Luftwaffe kooperiert.

Die Ausbildung der ersten jungen Offiziere der Heeresflieger geschah zunächst bei sog. Patentruppen. So bildeten die Grenadiere, Panzergrenadiere, und die Artillerie ihre Offizieranwärter bis zum Beginn des Fahnenjunkerlehrganges an den Heeresoffizierschulen (HOS) aus. Ich erhielt beispielsweise eine Einstellungsurkunde als »Grenadier mit späterer Verwendung Heeresflieger«.

Den Lehrgängen an den Offizierschulen in Hannover und Husum folgten die Fähnrichslehrgänge an den Truppenschulen des Heeres. Mit einem Kameraden gastierte ich an der Infanterieschule in Hammelburg. Bis zur endgültigen Versetzung zur Heeresfliegertruppe, die ich kaum erwarten konnte, dauerte die gesamte Ausbildung insgesamt 1 Jahr und 10 Monate. Damit verfügte die Heeresfliegertruppe erstmals über Offiziere, die die »Heeressprache« verstanden.

Weder Heeresflieger noch Luftwaffe verfügten in den ersten Jahren ihres Bestehens über eigene Flugschulen bzw. über genügend Kapazitäten. So wurde eine erste kleine Gruppe von Offizieren (meist ältere) an der amerikanischen Army Aviation School in Fort Rucker auf der Bell 47 und dann auf der Sikorsky H-34 und der Vertol H-21 geschult.

Der eigentlichen fliegerischen Ausbildung *aller* Flugzeuführer sollte die sog. Vorfliegerische Ausbildung vorweglaufen. Diese bestand aus 25 Flugstunden meist auf der Piper L-18 oder L-4, und entsprechender theoretischer Ausbildung in allen luftfahrtrelevanten Fächern. Wegen des Mangels an eigenen Flugschulen wurden Verträge mit privaten Flugschulen in ganz Deutschland geschlossen, die diesen Ausbildungsabschnitt durchführen sollten. So wurden jeweils 8 bis 12 Flugzeugführeranwärter u. a. in Bielefeld-Windelsbleiche, auf der Kartause in Koblenz (heute überbaut), in Egelsbach, in Baden-Oos und auf dem Oberwiesenfeld in München (heute Olympiagelände) ausgebildet. Ich selbst wurde mit sieben Kameraden zur Motosportfliegerschule Nordrhein-Westfalen nach Bonn-Hangelar geschickt (Februar/März 1959). Neben Start- und Landeübungen, außergewöhnlichen Flugzuständen, Platzrunden, Überlandflügen gehörten auch Alleinflüge zum Schulungsprogramm. Diese Ausbildung endete mit einem Final-Checkflug. Wem kein fliegerisches Gefühl nach diesen 25 Stunden attestiert werden konnte, wurde von der weiteren fliegerischen Laufbahn ausgeschlossen. Dies passierte einem Kameraden von uns. Später übernahm die Luftwaffe mit einer Flotte von gelben Piper L-18 die vorfliegerische Ausbildung.

Die Heeresflieger sollten mit einem leichten Flächenflugzeug, mit einem leichten Transportflugzeug, einem leichten Hubschrauber und mittleren Transporthubschraubern sowie ab 1963 auch mit einem Aufklärungsflugzeug ausgestattet werden (auf die Auswahlverfahren und Tests gehe ich an anderer Stelle ein). Für das leichte Flächenflugzeug bot sich sehr früh die teilweise in Spanien von Dornier entwickelte Do 27 an. Sie hatte STOL[186]-Eigenschaften und konnte bis zu sechs Personen oder eine Reihenmesskamera aufnehmen. Zunächst erhielten einige ältere Flugzeugführer eine Ausbildung auf der Do 27 bei Dornier in Friedrichshafen. Später übernahm die Luftwaffe die Schulung in Memmingen, dann in Wunstorf und schließlich in Uetersen. Ich selbst war mit drei Heeresfliegerkameraden Flugschüler bei der Ausbildungs- und Wartungsstaffel Do 27 der Luftwaffe in Uetersen (Frühjahr 1960). Bemerkenswert ist, dass ich da bereits meinen Flugzeugführerschein für Hubschrauber in der Tasche hatte. Man hatte damals für einige Flugzeugführer den eigentlich logischen Weg der Ausbildungsfolge umgedreht (erst Fläche dann Hubschrauber). Anmerken will ich noch, dass ein Luftwaffengeneral meinen Flugzeugführerschein unterzeichnet hatte.

---

[186] Short Take-Off and Landing.

Anfang 1958 stand die Entscheidung für den zu beschaffenden leichten Hubschrauber noch nicht fest. So kaufte die Bundeswehr zu Testzwecken einige Bell 47G-2, die französische Djinn mit Turbinen- und Blattspitzenantrieb (ein Autorotationswunder aber mit nur minimaler Reichweite), die britische Skeeter und testete auch die Hiller. Die schließlich ab 1959 beschaffte französische Alouette II mit Turbinenantrieb trat erst als letzte in das Testprogramm ein [...].

Nachdem der Kauf und die Einführung der UH-1D in Heer und später Luftwaffe feststand, wurde ich als erster Pilot der Heeresflieger zum U.S. Army Aviation Centre nach Fort Rucker zur Umschulung auf UH-1D und zu den sich anschließenden Fluglehrer-, Testflug- und Schießfluglehrerlehrgängen geschickt. Auf den mittleren Transporthubschrauber H-34 hatte ich bereits drei Jahre zuvor in Bückeburg umgeschult.

Die Lehrgänge in den USA fanden auf dem Höhepunkt des Vietnam-Krieges statt, und so wurde ich als einziger Deutsche zusammen mit einem Schweden in einen Umschulungslehrgang eingegliedert, deren Piloten alle für den Einsatz in Vietnam vorgesehen waren (zwei meiner amerikanischen Kameraden waren bereits nach dreiwöchigem Einsatz gefallen.) In den Parallellehrgängen wurden vietnamesische und laotische Piloten ausgebildet. Die Amerikaner hatten die Lehrgangsfrequenz so hochgeschraubt, dass an jedem Tag des Jahres ein Lehrgang begann und endete. Gleiches galt für die Technikerlehrgänge. Alle Kenntnisse wurden täglich mittels Multiple Choice abgefragt und jede Flugstunde musste von den Lehrern bewertet werden.

Hatte jemand das Lehrgangsziel nicht erreicht, so musste er nicht für eine Wiederholung auf einen Lehrgang in vier oder acht Wochen warten, sondern nur bis zum nächsten Tag. Für diese hohe Ausbildungsfrequenz hatten die Amerikaner allein 1.000 UH-1 Hubschrauber auf dem weltgrößten Hubschrauberlandeplatz Hanchey (Fort Rucker) stationiert. Geflogen wurde jeden Tag rund um die Uhr, die Wartung der Hubschrauber lag in der Hand ziviler Firmen. Als Hubschrauber stand uns die gesamte UH-1 Reihe zur Verfügung. Das waren die UH-1A, UH-1B, UH-1C (540) mit besonders tiefen Rotorblättern und die UH-1D, die je nach Verfügbarkeit benutzt wurden.

Für die zukünftigen Vietnampiloten wurde gelehrt, dass im Kriegsfall ein möglichst hohes Fliegen die beste Überlebenssicherheit bedeutet. Das stimmte sicherlich für den Feind in Vietnam, der meist nur über Handfeuerwaffen verfügte. Einige Male durfte ich einwerfen, dass aber in Mitteleuropa der extreme Tiefflug das Gebot der Stunde sei. Für Navigations-, Nacht- und IFR-Flüge waren die Bundesstaaten Alabama und Georgia im Vietnam-Maßstab 1:1 mit einem Netz taktischer Funkfeuer bedeckt, die von Platzierung, Kurs, Entfernung und Kennung genau den Funkfeuern in dem südostasiatischen Land entsprachen. So hatten die Hubschrauberführer bereits das IFR-Netzwerk Vietnams im Kopf, bevor sie in das Land geschickt wurden.

Durch die so stark verdichtete Ausbildung waren auch alle Unterkünfte belegt, sodass ich als Wohnung ein 20 Meter langes, mit allen Annehmlichkeiten ausgestattetes, auf Steine abgesetztes Wohnmobil in einem Trailer Court mit zentralem Swimmingpool erhielt.

Die USA hatte ich mit der Lufthansa erreicht. Für den Rückweg erhielt ich einen Platz in einer DC-6B der Flugbereitschaft von McGuire Air Force Base (Lakehurst bei Philadelphia) über Gander (Neufundland) nach Köln-Bonn (Dezember 1966).

Nach umfangreichen Versuchen und Truppenerprobungen zur Beschaffung eines leichten Transporthubschraubers und Vorstellung verschiedener Muster durch die Industrie (u.a. Alouette III, Absturz 1962 in Mittenwald; Bell UH-1, 1963/64; Puma) entschied sich die Heeresfliegerführung unter Beteiligung der Luftwaffe 1965 zur Beschaffung der UH-1D, die nach dem Zusammenbau von 10 Basismustern aus in den USA vorgefertigten Teilen bei Dornier in Oberpfaffenhofen und weiterer Erprobung durch die E-Stelle 61 (damals auch in Oberpfaffenhofen), dann auch bei Dornier in Lizenz gefertigt werden sollte.

Die ersten zwei für die Truppe vorgesehenen UH-1D (71+83 und 71+84) wurden am 16. August 1967 in Oberpfaffenhofen feierlich an den Kommandeur der Heeresflieger-Waffenschule übergeben. Sie durften dann aber bis zum 16. Februar 1968 nicht geflogen werden, da Ersatzteile, Werkzeug und Bodengerät noch fehlten. So hatte man vereinbart, dass ich mit einem weiteren Fluglehrer, der gerade in Fort Rucker seine Umschulung beendet hatte, ab August 1967 auf den Erprobungsmustern [der Bell UH-1D] in Oberpfaffenhofen (KL111 und KL112) bereits acht Fluglehrer der Heeresflieger-Waffenschule ausbilden konnte. Diese standen dann in Bückeburg bereit, als die UH-1D an der Waffenschule zum Fliegen und zur Schulung weiterer Hubschrauberführer freigegeben worden waren [...].

In den Jahren 1962 und 1963 wurden Überlegungen und Erprobungen zur Gefährdung eigener Hubschrauber durch feindliche Kampfflugzeuge angestellt. Dazu wurden über dem norddeutschen Flachland Versuche mit den Jets der Luftwaffe (Fiat G-91 und Lockheed F-104G) geflogen.

Wenn Hubschrauber über 2.000 Fuß flogen, waren sie den Jets meist unterlegen, da sie auch mittels Autorotation nicht schnell genug abtauchen konnten. Im Tiefflug (was ja im Kriegsfall das Normale sein sollte) wurden die Hubschrauber von den Jetpiloten meist überhaupt nicht gesehen oder so spät erkannt, dass die Jets gar nicht mehr reagieren konnten. Wie wir später in der Auswertung von Schießfilmaufnahmen feststellen konnten, verrieten sich die

Hubschrauber meistens nicht selbst, sondern durch die plötzlich Licht- oder Sonnenstrahlen reflektierenden Rotorkreisflächen. Mit der kleinen Alouette II haben wir bei den Versuchen Katz und Maus mit den Jets gespielt, da die Düsenmaschinen meist an uns vorbei rasten und uns erst im letzten Moment sahen – falls überhaupt. Hatten die Jets gewendet, versteckten wir uns immer auf der abgewandten Seite von Busch- oder Waldgruppen. Da die Hubschrauberfliegerei im Kriegsfall sowieso den Tief- und Tiefstflug vorsah, wurden die Versuche mit den zuvor geschilderten Erkenntnissen beendet.

Eine besonders enge Zusammenarbeit der Heeresflieger mit der Luftwaffe bestand für den Spannungs- und Konfliktfall. Die Heeresflieger(Lehr-) Staffel 51 der Heeresflieger-Waffenschule hatte den Auftrag, die Verbindungsaufgaben zwischen dem BMVg, seinen Ausweichführungsstellen (Bunkern), der Bundesregierung und den notfallrelevanten Teilen der anderen Ministerien mit der Flugbereitschaft BMVg, die mit ihren großen Transport- und Verkehrsflugzeugen auf Flugplätze in Westeuropa ausgewichen wäre, zu übernehmen. Bei den großen Übungen Fallex (17.-27. September 1962 und 18.-26. September 1964) und Wintex wurde die Staffel wiederkehrend herangezogen. So verlegte sie mit Do 27 und Alouette II (später nur noch mit Hubschraubern) auf versteckte Landeplätze in der Eifel und im Hunsrück.«

# VI. Der Such- und Rettungsdienst (SAR) – Säule des Einsatzes

## 1. Konzept und Aufgaben[187]

Die Geschichte des deutschen SAR-Dienstes geht auf die Seenotrettung mit Hilfe von Flugzeugen zurück. In Deutschland liegt ihr Ursprung in den 1930er Jahren, als nach einer Schiffskollision der Einsatz von Flugbooten Dornier Wal einigen Schiffbrüchigen das Leben rettete[188]. Dieser Erfolg führte zur Entwicklung des dreimotorigen Seenotflugbootes Dornier Do 24, das auch bei bewegter See starten und landen konnte. Im Zweiten Weltkrieg bewährten sich die Flugboote als Seerettungsmittel; sie bargen ca. 12.000 Personen aus dem Meer. Die Überlebenden zog man dabei aus dem Wasser direkt an Bord[189].

Als Nachfolger der Flugboote kam beim Aufbau der Bundeswehr ab 1959 die Grumman HU-16 Albatros[190] bei der Marine zum Einsatz, wo sie sich bis 1971 bewähren sollte. Alsbald übernahm sie die primäre Rolle als Suchflugzeug, da die nun nach und nach zulaufenden Hubschrauber mit Hilfe einer Bordwinde die Schiffbrüchigen schneller und sicherer an Bord nehmen konnten; auch machten sie Starts und Landungen auf See überflüssig.

Bis zum Beitritt der Bundesrepublik in die Internationale Zivilluftfahrtorganisation (ICAO) im Jahr 1956 trugen die drei Besatzungsmächte in ihren Zonen, danach auf dem gesamten Hoheitsgebiet die Verantwortung für den SAR-Dienst[191].

---

[187] Angelehnt an: »50 Jahre SAR-Dienst der Bundeswehr«. Herausgeber: LTKdo (SAR) Münster, April 2009 sowie »25 Jahre SAR der Luftwaffe«. Herausgeber. Projektgruppe HTG 64, Ahlhorn. Vgl. auch Polte, Hubschrauber, S. 172-213.

[188] Ausführlich hierzu Werner Fischbach, Die dreimotorigen Seeaufklärer (Do 24 und BV 138), FliegerRevue Nr. 11/2018, S. 50-53.

[189] Bei der USAAF kam es ab 1943 zu ersten SAR-Einsätzen im Rahmen der »Hump-Luftbrücke« von Indien nach China, und im April 1945 auch durch Hubschrauber. Speziell dafür ausgebildete Ärzte sprangen bei fehlender Landemöglichkeit an der Unfallstelle oder in der unmittelbaren Nähe ab, um die medizinische Erstversorgung bis zur endgültigen Rettung zu gewährleisten. Vgl. Huschke, Rosinenbomber, S. 85f.

[190] Daten bei Holmes, S. 324.

[191] Grundlagen für die Ausübung des SAR-Dienstes auf dem Hoheitsgebiet der Bundesrepublik sind das internationale Übereinkommen zur einheitlichen Festlegung von Regeln über die Hilfeleistung in Seenotfällen vom 23. September 1919, das Londoner Internationale Übereinkommen zum Schutz menschlichen Lebens auf See vom 17. Juni 1960, das 1. Genfer Abkommen vom 12. August 1949 (Bereich Land) und 2. Genfer Abkommen (Bereich See) gleichen Datums zur verpflichtenden Hilfeleistung von Gegnern im Kriege, die ICAO (Artikel 25 der Konvention von Chicago mit der Verpflichtung zum Aufbau eines eines

Danach galt es, rasch einen eigenen SAR-Dienst über Land und in den durch den ICAO-Regionalplan zugewiesenen Gebieten der Nord- und Ostsee einzurichten und in ständiger Bereitschaft zu halten. Zu den Aufgaben des nationalen SAR-Dienstes zählen nach den Vorgaben der ICAO bis heute die Suche nach überfälligen, vermissten oder abgestürzten Luftfahrzeugen, unabhängig von ihrer Nationalität, die Rettung von Besatzungen und Passagieren, Erste-Hilfe-Leistung für Verletzte und ggf. der Transport zur medizinischen Weiterbehandlung. Verantwortlich zeichnete das damalige Bundesministerium für Verkehr (BMV). Das für die praktische Ausübung des SAR-Dienstes zuständige Luftfahrt-Bundesamt (LBA) verfügte allerdings nur über beschränkte Mittel, ebenso wie die von der Polizei und der Deutschen Gesellschaft zur Rettung Schiffbrüchiger (DGzRS) in den Bundesländern eingerichteten Bereichssuchstellen. Daher schlossen die Bundesministerien für Verkehr und Verteidigung am 15. Oktober 1965 eine Verwaltungsvereinbarung[192] für die nationale Zusammenarbeit der am SAR-Dienst beteiligten zivilen und militärischen Dienststellen ab. Bei Katastrophen gelten die »Bestimmungen für den Einsatz der Bundeswehr in Katastrophenfällen«[193] sowie Hilfsleistungspflicht, die sich aus § 330c Strafgesetzbuch für jedermann ergibt. Ein regelmäßig tagender Koordinierungsausschuss sorgt bis heute für eine abgestimmte und effiziente Zusammenarbeit der beteiligten Dienststellen.

Die Verantwortung für die operative Ausübung des SAR-Dienstes lag nunmehr beim BMVg. Auch war mit der Verwaltungsvereinbarung der formale Rahmen für die Einbeziehung auch der Suche nach zivilen Luftfahrzeugen mit militärischen Mitteln auf dem Gebiet der Bundesrepublik geschaffen. Die konzeptionelle Umsetzung fand ihren Niederschlag in der ersten Grundsatzweisung für den SAR-Dienst aus dem Jahr 1966, allerdings fanden erste Einsätze mit der Aufstellung der Luftrettungsstaffeln (LRetStff) schon ab 1959 statt.

## 2. Die Organisation des SAR-Dienstes

Die Rettung und Bergung von abgestürzten Besatzungen aus feindlichem Gebiet gelang der Luftwaffe bereits im Zweiten Weltkrieg mit gutem Erfolg. Heute läuft dies unter dem Begriff CSAR (Combat Search and Rescue). Zwar

---

leistungsfähigen SAR-Dienstes über dem eigenen Hoheitsgebiet) und schließlich die Verpflichtung der NATO-Staaten, den ICAO-Vorschriften zu folgen.

[192] Siehe VMBl. 1968, S. 15.
[193] Siehe VMBl. 1962, S. 402 u. VMBl. 1963, S. 466.

standen damals dafür noch keine Hubschrauber zur Verfügung, aber der Beobachtungs- und Verbindungsflieger Fieseler Fi-156 Storch[194] mit seinen hervorragenden Kurzstart- und Landeeigenschaften bewährte sich in zahlreichen Einsätzen über Land. In einem Bericht des JG 5 »Eismeerjäger«, das 1943/44 im Schwerpunkt von Finnland aus über sowjetischem Gebiet seine Einsätze flog, heißt es[195]:

> »Die 9. Staffel verliert am 28. Juli [1943] ihren Kapitän, Oberleutnant Wulf Dietrich Widowitz, der auf einem Kurierflug mit der Go 145 nordwestlich von Petsamo [Finnland] abstürzt. Besonders um ihn trauert das gesamte Geschwader, war er doch für nicht wenige der über gegnerischem Territorium abgeschossenen Jagdflieger die letzte Hoffnung. Seine Such- und Rettungsflüge mit dem [Fi-156] Storch hatten ihm einen nahezu legendären Ruf eingebracht, und oftmals genug gelang es ihm, seine Kameraden aus unwegsamen Gegenden herauszuholen, sie der mörderischen Tundra zu entreißen, sie so vor dem sicheren Tod oder vor dem Zugriff der Russen zu bewahren.«

Im Jahr 1943 war es zu ersten Versuchen zur Seerettung mit dem Hubschrauber Flettner F 223 Drache und der Entwicklung eines Rettungskorbes gekommen. Alliierte Bomberangriffe machten aber die Hoffnung auf eine ausreichende Serienfertigung dieses Hubschraubers zunichte[196].

Nach dem Zweiten Weltkrieg teilten die Besatzungsmächte das Hoheitsgebiet der Bundesrepublik in zwei SAR-Bereiche ein. Der SAR-Bereich »Süd« umfasste die Fluginformationsgebiete (FIR) Frankfurt und München. Der SAR-Bereich »Nord« war identisch mit der FIR Hannover. In beiden Bereichen stellten sie eine SAR-Leitstelle auf (Rescue Coordination Center, RCC). Die USAF betrieb das auf der U.S. Airbase Ramstein liegende RCC Süd, das RCC Nord in Hannover lag in der Verantwortung der Royal Air Force (RAF). Am 1. Juni 1961 übernahm die Luftwaffe beide RCC[197].

---

[194] Vgl. Holmes, S. 160.

[195] Girbig, Jagdgeschwader 5, S. 170f.

[196] Braun, Kolibri und Drache - Heinrich Focke, Anton Flettner und ihre Meisterstücke, S. 26.

[197] Im Bericht (Auszug) OTL a.D. Winfried Menges v. 10.1.2013 heißt es: »Im März 1968 fand ich erneut eine Versetzung auf meinem Schreibtisch vor, diesmal zu einer fliegerischen Scheinerhalter-Tätigkeit, zur SAR-Leitstelle Süd nach Ramstein, als Stellvertreter des dortigen Leiters, Major Toni Meier. Ihn verurteilte schon nach wenigen Wochen ein Herzinfarkt über viele Monate zur Dienstunfähigkeit. Nun übernahm ich nicht nur die Führung der Leitstelle, sondern hatte auch meinen eigenen Schichtbetrieb zu leisten. Der war u.a. geprägt durch viele Suchfunktionen und SAR-Übungen, die bei Unterstützung des AARRC weit über unsere Grenzen hinausgingen. Wir waren mit unserer Auftragstaktik den Kameraden der USAF mit Ihrer Befehlstaktik häufig weit voraus.«

Beispielhaft war allerdings der Aufbau und Betrieb des Seenotdienstes der Luftwaffe mit Schwimmerflugzeugen und Flugbooten[198]. Die Marine konnte daher bei der Übernahme der Seerettung auf entsprechende Erfahrungen der früheren Luftwaffe zurückgreifen und bestand für den SAR-Dienst über See auf der Forderung nach einer Leitstelle mit maritimer Expertise. Daraufhin richtete man innerhalb des SAR-Bereiches Nord den »Unterbereich See« ein (Rescue Sub Center, RSC). Er umfasste die Bundesländer Schleswig-Holstein und Hamburg sowie die innerhalb der FIR-Hannover liegenden Seegebiete von Nord- und Ostsee.

Man unterscheidet bis heute SAR-Mittel 1. und 2. Grades. Erstere sind speziell für den SAR-Dienst ausgebildete und ausgerüstete Bundeswehreinheiten. Sie stehen in ständiger Ad-hoc-Bereitschaft. Hierzu zählen die RCC und alle SAR-Kommandos der Bundeswehr.

Die Mittel 2. Grades sind alle übrigen, für den SAR-Dienst heranziehbaren Kräfte und Mittel. Sie reichten von Luftfahrzeugen (u.a. alle Hubschrauber von Heer, Luftwaffe und Marine, Bréguet Atlantic, Noratlas und Transall), Landfahrzeugen und Schiffen/Booten bis hin zu Bodentruppen. Aus dem zivilen Bereich sind dies geeignete Kräfte der Polizei, Feuerwehr, Technischem Hilfswerk (THW) und der Bergwacht. Bei Bedarf kommen auch Einheiten des BGS, der zivilen Handelsschifffahrt oder der zivilen Luftfahrt zum Einsatz.

Nach der Neuordnung der FIR in den Jahren 1966 bis 1968 legte man die SAR-Bereiche nach den ICAO-Bestimmungen neu fest. Die Marine nahm am 12. Dezember 1967 mit dem RCC Glücksburg bei gleichzeitiger Auflösung des Rescue Sub Center den Einsatz auf, die Luftwaffe am 28. August 1968 mit der Zusammenlegung der SAR-Leitstellen Ramstein und Hannover zum RCC in Wahn (im selben Gebäude wie das LTKdo). Allerdings verlief der Einsatz des Personals der Leitstelle in Wahn während der SAR-Übungen, z.B. »Yellow Jacket 72«, nicht zur Zufriedenheit des damaligen Kommandeurs LTKdo, wie dieser in aller Deutlichkeit in seinem Schreiben an deren Leiter Ausdruck verlieh[199]:

> »Vor Ergreifung von personellen Maßnahmen weise ich den Leiter SAR-Leitstelle letztmalig darauf hin, die in der Anlage gekennzeichneten, immer wieder auftretenden Mängel abzustellen und die Fachkenntnisse des Personals der SAR-Leitstelle durch Weiterbildungsunterrichte zu vertiefen.«

---

[198] Vgl. Püschel, Die Seenotverbände der deutschen Luftwaffe 1939-1945; Born, Rettung zwischen den Fronten und Kühn, Der Seenotdienst der deutschen Luftwaffe.

[199] LTKdo - Kommandeur - v. 24. Juli 1972 [Auszug], gez. Guth, Brigadegeneral. Nachlass Guth.

Zeitzeuge Oberst a.D. Hans-Jürgen Ochs berichtet als erfahrener Hubschrauberführer:

»Die SAR-Leitstelle der Luftwaffe (Land) verlegte im I. Quartal 1976 von Wahn nach Goch (Niederrhein). Grund dieser Verlegung war neben den beengten räumlichen Verhältnissen am alten Standort die Kolozierung mit Northern Fixer, einem UHF-Peilsystem zur direkten Führung und Zieleinweisung für die Luftnahunterstützung (Close Air Support) der Air Tactical Operation Center (ATOCs) bei den beiden deutschen Luftangriffsdivisionen. Die permanente Überwachung der internationalen Notfrequenz 243,0 MHz neben den jeweiligen Arbeitsfrequenzen gewährleistete eine unmittelbare Reaktion auf Luftnotfälle und die erforderliche Unterstützung rund um die Uhr durch qualifizierte Rettungskräfte. Die Genauigkeit des Systems umfasste ein Quadrat von 2 x 2 Kilometern. Northern Fixer deckte Norddeutschland von der dänischen Grenze bis zum Rhein-Main-Gebiet fast bis zum Boden ab, Southern Fixer als Geräteeinheit reichte überlappend bis zur Alpenregion. Für den Einsatz unterstanden sie den jeweiligen regional zuständigen Luftangriffsdivisionen, der 3. Luftwaffendivision in Kalkar für den Norden bzw. der 1. Luftwaffendivision in Meßstetten für den Süden.

Für die Arbeit der SAR-Leitstelle Goch bedeutete die Mitnutzung dieses Peilsystems einen unschätzbaren Zeitgewinn. Die direkte Führung der Hubschrauber von den SAR-Kommandos zum und am Einsatzgebiet reduzierte erheblich den bisherigen Koordinierungsaufwand. Nach dem Ausschuss einer Kampfflugzeugbesatzung mit dem Schleudersitz war die Ortung der Crew und Heranführung geeigneter land- oder luftgestützter Rettungskräfte fast zeitverzugslos möglich. Auch die Zusammenarbeit mit beteiligten Kräften der Flugsicherung, der Polizei, DGzRS, Spezialkrankenhäusern und den Nachbar-RCC erfuhr dank des Zeitgewinnes und der Qualität der belastbaren Informationen nachweislich eine Optimierung. Dies war zur damaligen Zeit ein Quantensprung, heute mit der Vernetzung und Verarbeitung der GPS-Signale innerhalb eines Wimpernschlages kaum noch vorstellbar!

Der Führungsstab der Luftwaffe war als federführende Stabsabteilung im BMVg in enger Abstimmung mit dem Führungsstab der Marine für alle Grundsatzfragen des SAR-Dienstes verantwortlich. Das Luftwaffenamt mit der »Inspektion Kampfverbände der Luftwaffe/SAR« war die zentrale Dienststelle des militärischen SAR-Dienstes, entsprechend das Flottenkommando der Marine für den Seenotrettungsdienst. Ihr oblag die fachliche Zuständigkeit des SAR-Dienstes der Bundeswehr bis zur Verlagerung der SAR-Leitstelle von Goch in das LTKdo nach Münster

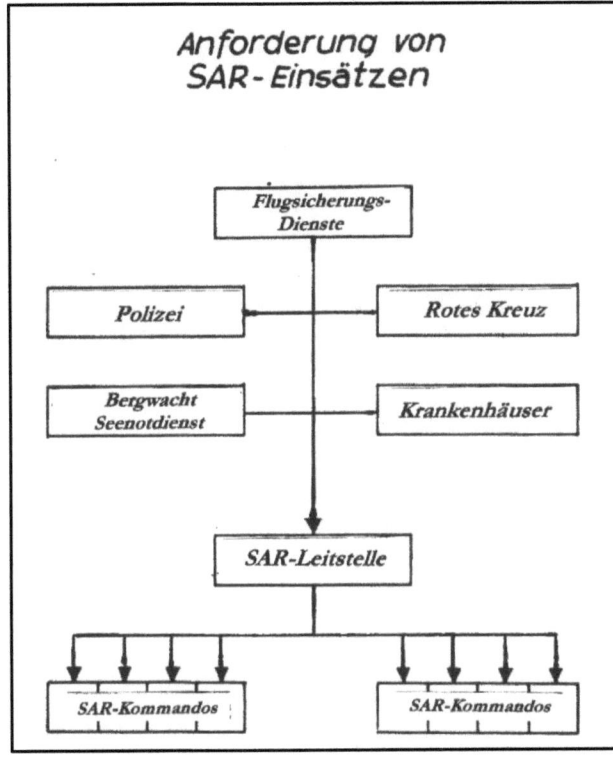

**Anforderung von SAR-Einsätzen**

Flugsicherungs-Dienste

Polizei — Rotes Kreuz

Bergwacht Seenotdienst — Krankenhäuser

SAR-Leitstelle

SAR-Kommandos    SAR-Kommandos

Geschwaderbriefing HTG 64 1968, (Archiv Wache)

im Jahr 1997[200]. Das in der Inspektion vorhandene Dezernat für den SAR-Dienst stand unter Leitung eines Oberstleutnants (A 15), den Stellvertreter stellte die Marine. Zugleich war diese Dienststelle zuständig für die ressort- und länderübergreifende Geschäftsführung in allen Belangen des nationalen SAR-Dienstes. Der Leiter vertrat die Interessen der Bundeswehr im länderübergreifenden SAR-Koordinierungsausschuss. Die dortige graue, unumstrittene Eminenz hieß Oberstleutnant Alfred Winterlich, kriegsgedient, kompetent, aber auch pingelig und vorschriftentreu. Dies führte beim SAR-Einsatz zuweilen zu deutlichen Meinungsverschiedenheiten, da der damalige Leiter der SAR-Leitstellen Wahn bzw. Goch, Oberstleutnant Konrad Kunitz, ein erklärter Gegner jeglicher Bevormundung anstatt der nicht nur seines Ermessens zwingend erforderlichen Auftragstaktik war.

Die Ausbildung des SAR-Personals war sehr anspruchsvoll, die SAR-Einsatzoffiziere durchliefen u.a. eine vierwöchige Spezialausbildung bei der US-Küstenwache (U.S. Coast Guard) auf Governors Island/New York[201].«

---

[200] Die SAR-Leitstelle nahm dort zusammen mit der SAR-Grundsatzarbeit im Dezernat A 3a SAR am 5.5.1997 ihre Arbeit auf.

[201] Angelehnt an den Beitrag (Auszug) O a.D. Hans-Jürgen Ochs v. 25.5.2015 und Auskunft v. 20.3.2019.

Generalarzt a.D. Dr. Erich Rödig ergänzt hierzu[202]:
»Mit der Aufnahme des militärischen Flugbetriebes und dem Beitritt der Bundesrepublik Deutschland zur ICAO im Jahr 1956 galt es einen robusten und effizienten militärischen SAR-Dienst zu etablieren, der verunglückte Luftfahrzeuge und ihre Besatzungen suchen, bergen und retten konnte. Erst im Jahr 1966 wurde mit einer Grundsatzweisung der formale Akt vollzogen, die militärischen SAR-Hubschrauber auch als eigenständiges Mittel für den zivilen Rettungsdienst bereitzustellen[203]. Damit war auch die erfolgreiche Wahrnehmung der Rettungsmedizin durch Fliegerärzte und dem *Luftret-tungsmeister* als Besatzungsmitglied in die Wege geleitet. Bis 1970 konnte man bereits sieben SAR-Kommandos aufstellen, die Indienststellung der zivilen Rettungszentren gelang ab 1971. Im täglichen Einsatz hat der SAR-Dienst der Bundeswehr zahlreiche Menschenleben gerettet, Patienten notfallmedizinisch versorgt und bei Katastrophen seine einzigartige Fähigkeit bewiesen. Unvergessen bleiben u.a. die Sturmfluteinsätze in Hamburg (1962) und das Lawinenunglück auf der Zugspitze (1965).«

## 3. Die SAR-Kommandos, Rettungszentren und Auslandskommandos

*Einsatz auf dem SAR-Kommando*

Wie sah es nun mit dem organisatorischen Teil des SAR-Dienstes aus? Hierbei gilt es, die SAR-Kommandos der Luftwaffe und Marine, die Rettungszentren an Krankenhäusern und die Auslandskommandos zu unterscheiden.

»Ein SAR-Kommando ist ein Standort, an dem ein Hubschrauber mit Besatzung ständig für Einsätze in Bereitschaft gehalten wird. Der Hubschrauber ist täglich in der Zeit von 07.30 Uhr bis zum Sonnenuntergang + 30 Minuten, jedoch nie später als 20.30 Uhr, innerhalb von 15 Minuten einsetzbar. Bei Nacht erhöht sich die Bereitstellungszeit auf maximal 60 Minuten.«[204]

Die Besatzung eines zweiten Hubschraubers – sofern vorhanden – stand in einer 1-Stunden-Bereitschaft (24 Stunden am Tag).

Zwischen 1960 und 1971 stellte die Luftwaffe zehn SAR-Kommandos unterschiedlicher Einsatzdauer auf dem Gebiet der Bundesrepublik Deutschland auf, die Marine in diesem Zeitraum sechs.

Mit Ausnahme von Karlsruhe befanden sich die Kommandos auf Fliegerhorsten der Luftwaffe, was die logistische Anbindung und medizinische

---

[202] Beitrag GenA a.D. Dr. Erich Rödig v. 31.3.2014.
[203] Eine weitere Grundsatzweisung für den militärischen Such- und Rettungsdienst (SAR-Search and Rescue) erging durch den Fü L III 3, Az 10-51-14 (VMBl 72/274) am 27.6.1972.
[204] Chronik »50 Jahre SAR-Dienst der Bundeswehr«, S. 13.

Versorgung sowie die angemessene Unterbringung der Besatzungen gewährleistete.

Das Personal des SAR-Kommandos bestand aus der Besatzung (Hubschrauberführer, Bordmechaniker und Luftretter) sowie einem Fahrer (Mannschaften oder Unteroffiziere), zuweilen traten noch ein oder zwei Flugzeugwarte hinzu. Der Fahrer war u.a. für die Abholung der Tagesverpflegung[205] aus der Truppenküche und anderen Versorgungsfahrten mit dem zugewiesenen VW-Bulli verantwortlich. Weiterhin bediente er das kleine Schleppfahrzeug mit Stangen zum Ein- und Ausbringen des Hubschraubers (mit angebrachten Hilfsrädern) aus der jeweiligen Halle und unterstützte die Besatzung bei Wahrnehmung ihrer Aufgaben am Boden.

Die Hubschrauber standen während der Bereitschaftszeiten im Freien, ansonsten (soweit möglich) in vorhandenen Fliegerhallen, gehärteten Flugzeugschutzbauten oder später in eigens für den Hubschrauber errichteten Hangars. Die Besatzungen waren mit ihren Einsatz-, Flugvorbereitungs-, RuS[206]-Lager- und Ruheräumen in sehr naheliegenden geeigneten Bauten (auch Holzbaracken) untergebracht. Eigene Kochgelegenheiten waren meistens gegeben, Führungsverbindungen zur den SAR-Leitstellen und anderen Dienststellen vorhanden.

Von den SAR-Leitstellen per Direktleitung überraschend ausgelöste Übungsalarme überprüften und sicherten die hohe Einsatzbereitschaft der Crews. Zur schnelleren und sicheren Durchführung eines Einsatzes waren die Kommandos mit vorbereitetem Kartenmaterial ausgerüstet, Landeplätze bei Krankenhäusern und Lazaretten hatte man erkundet und karteimäßig erfasst.

Die Besatzungen fuhren grundsätzlich mit eigenem Pkw zu den Kommandos. Nach einer Woche in der SAR-Bereitschaft stand den Besatzungen unmittelbar eine Woche (Montag bis Freitag) dienstfrei zu.

Der jeweiligen Such- bzw. Einsatzauftrag erging durch die SAR-Leitstellen unmittelbar an ein SAR-Kommando. Tagsüber nach spätestens 15 Minuten in der Luft, flog die Crew zu den von der Leitstelle vorgegebenen Koordinaten der vermuteten Absturzstelle oder zur letzten Position, an der das Luftfahrzeug zuletzt gesehen oder vom Flugsicherungsradar erfasst wurde[207]. Bei aktiviertem Notsender des Luftfahrzeuges folgte die Crew der im Peilinstrument angezeig-

---

[205]  Die Angehörigen des SAR-Kommandos waren zur Teilnahme den der Truppenverpflegung gegen Bezahlung verpflichtet. Anders sah das auf zivilen Rettungszentren aus.
[206]  Rettung und Sicherheit.
[207]  Über See gestaltete sich die Suche aufgrund der Wind- und Strömungsverhältnisse über die Zeit durch Abtreiben von Schlauchboot oder einzelnen Personen nur mit Schwimmweste schwierig. Hierbei kamen drei bewährte Suchverfahren je nach Lage zur Anwendung: Creeping Line ahead, Sector Search und Expanding Square.

ten Richtung des Sendestrahls, der aber keine Entfernung lieferte. Die Mindest-wetterbedingungen bei der Suche waren auf 800 m Flugsicht bei einer Mindest-flughöhe von 100 ft festgelegt. Die Flugdauer der UH-1D betrug mit einem eingebauten Zusatztank (300 l) ca. 4:15 Stunden.

Bei Flügen über See und dortigem SAR-Einsatz waren Hubschrauber und Besatzung mit spezieller Seenotausrüstung ausgestattet, wobei für letztere ein »wasserdichter« Kälteschutzanzug mit Schwimmwesten und für den Hub-schrauber seitlich an die die Kufen angebrachte aufblasbare Notschwimmer elementar waren. Letztere – rechtzeitig aktiviert – sollten ein sofortiges Ken-tern des Hubschraubers nach dem Wassern verhindern und der Crew (und den Passagieren) ausreichend Zeit zum rechtzeitigen Verlassen des Hubschraubers vor seinem Versinken sichern. Persönliche Notsender am Mann (Frequenzen UHF 243.0 bzw. VHF 121.5) konnten durch Dauerton bzw. die Möglichkeit zum Sprechfunk mit den Rettern die Suche und Bergung der notgewasserten Crew erleichtern. Die Aufnahme der Verunglückten erfolgte mit einem Ret-tungsseil mit Schlinge über die an Bord befindliche Rettungswinde, sofern keine Aufnahme durch in der Nähe befindliche Boote/Schiffe möglich war[208].

*SAR-Kommando Faßberg (1960 bis 1964, 1975 bis 1995)*

Das erste SAR-Kommando der Luftwaffe entstand am 1. Mai 1960 auf dem Fliegerhorst Faßberg. Die Besatzungen der dort stationierten zwei Bristol B 171 Sycamore MK. 52 lagen durchweg in einer hohen Bereitschaft. Die erste (kurz und folgend) war täglich von Sonnenaufgang in 15-Minuten- Bereitschaft, wobei der »Alarmstart« bereits nach wenigen Minuten gelang. Der 2. Hub-schrauber stand von Montag bis Freitag in 1-Stunden-Bereitschaft, wobei er nach dem Start des 1. Hubschraubers sofort dessen 15-Minuten-Bereitschaft übernahm. Die Besatzungen setzten sich jeweils aus einem Hubschrauberfüh-rer (HF), einem Bordmechaniker (BM) und einem Luftretter (LR) zusammen. Mit der Verlegung der 3. Luftrettungs- und Verbindungsstaffel nach Ahlhorn betrieb sie zugleich das dort neu eingerichtete SAR-Kommando nach Auflö-sung des SAR-Kommandos in Faßberg. Bis zur Übernahme des ICAO-Auftra-ges durch die Bundeswehr folgten die SAR-Kommandos in Lechfeld und Nör-venich (1961), in Jever (1962), Karlsruhe (1962) und Ingolstadt (1963). Später kamen die SAR-Kommandos Bremgarten (1969) und Neuburg (1971) hinzu.

*Das SAR-Kommando Ahlhorn (1961 bis 1962, 1964 bis 1997)*

Dies Kommando nahm im Januar 1961 seine Bereitschaft auf. Zu dieser Zeit war dort das JG 71 Richthofen stationiert, ab April 1963 das LTG 62, ab

---

[208] Auskünfte OTL a.D. Roland Radrich v. 7.3.2019.

1. April 1971 das HTG 64. Das SAR-Kommando blieb dort über die Auflösung des HTG 64 im Oktober 1993 hinaus bis zur Verlegung nach Diepholz 1997 aktiv.

### Das SAR-Kommando Lechfeld (1961 bis 1966)

Dieses Kommando nahm im Juli 1961 seinen Dienst auf. Bis zur Auflösung des Kommandos im September 1966 standen für den SAR-Einsatz zwei Bristol B 171 Sycamore mit Schwerpunkt in der Bergrettung zur Verfügung.

### Das SAR-Kommando Nörvenich (1961 bis heute)

Mit zwei Hubschraubern Bristol B 171 Sycamore nahm dieses Kommando 1961 seine Bereitschaft auf. Ab 1969 ersetzten zwei Bell UH-1D die zwei Sycamore. Die LT-Gruppe des LTG 62 in Holzdorf war seit Oktober 2006 nach Auflösung der Hubschrauberstaffel in Nörvenich für den Betrieb des Kommandos bis 2010 verantwortlich.

### Das SAR-Kommando Jever (1962 bis 1992)

Die Aufstellung dieses Kommandos erfolgte im Jahr 1962. Es war als einziges Kommando der Luftwaffe befähigt, Einsätze über See durchzuführen. Zunächst mit Bristol B 171 Sycamore besetzt, verfügten die folgenden Bell UH-1D über Notschwimmer und die Besatzungen über eine spezielle Seenotausrüstung. Das Kommando stellte am 30. Juni 1992 seinen Betrieb ein.

### Das SAR-Kommando Karlsruhe (1962 bis 1970)

Nach der Ablösung der Bristol B 171 Sycamore durch die Bell UH-1D in der Luftwaffe wurde dieses SAR-Kommando 1970 außer Dienst gestellt.

### Das SAR-Kommando Ingolstadt (1963 bis heute)

Dieses Kommando nahm seine Bereitschaft 1963 mit Bristol B 171 Sycamore auf und war zusammen mit den Kommandos in Bremgarten und Landsberg mit UH-1D fallweise für Rettungseinsätze im Gebirge im Einsatz.

### Das SAR-Kommando Bremgarten (1969 bis 1994)

Es nahm 1969 seine Bereitschaft mit zwei Bell UH-1D auf. Ab Mitte der 1970er Jahre wurde nur noch eine Bell UH-1D bereitgestellt. 1994 erfolgte die Außerdienststellung des Kommandos.

*Das SAR-Kommando Neuburg/Donau (1971 bis 1979)*

Der Einsatzbetrieb begann zunächst mit zwei Bell UH-1D, später reduziert auf eine Maschine. Das Kommando stellte seinen Betrieb 1979 ein.

*Marine*

Das erste SAR-Kommando der Marine entstand am 1. Juli 1958 auf dem Fliegerhorst Kiel-Holtenau. Im SAR-Dienst kamen eine Bristol B 171 Sycamore und später eine Grumman HU-16 Albatros[209] zum Einsatz.

Dem folgten bis 1971 weitere SAR-Kommandos in Schleswig (1958), Husum (1959), Westerland (1961), Helgoland (1961), Nordholz (1964) und Borkum (1965).

Durch Strukturanpassungen und die Einführung neuer Hubschraubermuster kam es zur Schließung zahlreicher SAR-Kommandos der Marine, sodass ab 2009 nur noch die Standorte Helgoland und Warnemünde verblieben.

## 4. Die Rettungszentren

> »Als Rettungszentren waren SAR-Hubschrauber und Besatzung grundsätzlich an einem Krankenhaus stationiert und täglich in der Zeit von 07.30 Uhr bis Sonnenuntergang, jedoch nicht länger als 21.00 Uhr in Bereitschaft. Der Start zu einem Rettungseinsatz erfolgte durchschnittlich innerhalb von drei Minuten nach Alarmierung[210].«

Nach ersten Versuchen mit Rettungshubschraubern und mitfliegenden Notärzten in den 1960er Jahren stellte der ADAC am 2. November 1970 den ersten Rettungshubschrauber »Christoph 1« in den Dienst. 1971 stationierte die Luftwaffe einen Hubschrauber Bell UH-1D am Bundeswehrkrankenhaus Ulm für einen halbjährigen Testbetrieb. Im Gegensatz zu den SAR-Kommandos war auch dieser Hubschrauber zusätzlich mit einem zivilen Notarzt oder einem aus der Bundeswehr besetzt. Die zahlreichen Einsätze mit der UH-1D wiesen die Fähigkeit und aufgrund der noch fehlenden Raumabdeckung durch zivile Hubschrauber auch den Bedarf einer schnellen *Erstversorgung* bzw. eines schonenden Transportes von Unfallopfern durch die Luftwaffe nach[211]. Zusätzlich zum

---

[209] Vgl. Holmes, S. 324.

[210] Chronik »50 Jahre SAR-Dienst der Bundeswehr«, S. 14.

[211] Ebd.: »Im März 1972 verblieb auch die Besatzung aus Gründen der Wirtschaftlichkeit vor Ort am Krankenhaus in Ulm, wie auch an den im Laufe der 1970er Jahre und nach der deutschen Wiedervereinigung eingerichteten weiteren, bis zu 15 Rettungszentren, davon neuen in den neuen Bundesländern. 2006 gab die Luftwaffe die letzten Rettungszentren in

Luftretter kam hier ein im Krankenhaus in Bereitschaft stehender Notarzt zum Einsatz. Weitere Rettungszentren folgten bis zur Abgabe an zivile Träger im Jahr 2006.

Der Aufenthalt und Flugdienst in den Rettungszentren waren für die Besatzungen aus drei Gründen durchaus lukrativ: finanziell durch Tagegelder und Reisekosten, »sozial« durch hohe öffentliche Anerkennung der geleisteten Hilfe, sowie letztendlich fliegerisch durch eine hohe Zahl fordernder Einsätze zum Aufbau und Erhalt des fliegerischen Könnens und dem Erfüllen des Taktischen Jahresprogramms (TCTP). Andererseits stellte die Konfrontation mit Verletzten und Getöteten (vor allem bei betroffenen Kindern) am Unfall- oder Absturzort eine starke Herausforderung und nachgängige psychische Belastung für die Besatzungen dar, die zumeist nach dem Einsatz durch die Gespräche im Besatzungskreis oder nach Rückkehr vom Kommando im Familienkreis einen Ausgleich fanden. Nicht immer gelang das vollständig. Das Thema »Posttraumatische Belastungsstörung« (PTBS) blieb damals in der Bundeswehr trotz der Erfahrungen aus dem Ersten und Zweiten Weltkrieg bis Mitte der 1990er Jahre weitgehend unbeachtet und kaum erforscht[212].

## 5. Die Auslandskommandos

Die zunehmende Intensivierung des militärischen Flugbetriebes mit Kampfflugzeugen über dem Gebiet der Bundesrepublik Deutschland in niedrigen Höhen und die sich daraus ergebende Lärmbelastung[213] für die Zivilbevölkerung zwangen auch die Luftwaffe zur Mitbenutzung von Schießgebieten und Übungslufträumen im Ausland. Damit ging die Verpflichtung einher, den Auslandsflugbetrieb auch mit eigenen nationalen SAR-Mitteln abzusichern, sofern die Gastgeber dazu nicht in der Lage bzw. nicht bereit waren. Im Jahr 1971 erhielt das HTG 64 den Auftrag, mit der UH-1D zusätzlich ein SAR-Kommando auf dem Fliegerhorst Beja in Portugal aufzubauen[214]. Dies wurde – mit

---

Hamburg und Neustrelitz an zivile Betreiber ab.« Mit der bekannten TV-Serie »Die Rettungsflieger« gelang es, den Alltagsbetrieb der Besatzungen publikumswirksam darzustellen.

[212] Zur Einführung des Konzeptes zur präventiven Flugpsychologischen Betreuung und Behandlung von PTBS siehe Ahrens, Die Luftbrücke nach Sarajevo, S. 190-197.

[213] Das BMVg sprach bei Eingaben oder kritischen Medienberichten bzw. gegenüber Parlamentariern relativierend nur von einer »Lärmbelästigung«.

[214] »Mehrjährige SAR-Kommandos in Decimomannu (Sardinien/Italien) und Goose Bay (Neufundland/Kanada) sowie zeitweilige in Erhac (Türkei) und Sarajevo (Bosnien-Herzegowina) folgten und unterstrichen die deutsche Hilfsbereitschaft nach außen und SAR-Einsatzbereitschaft für die eigenen Besatzungen auch fern der Heimat im Auslandseinsatz.« Chronik 50 Jahre SAR-Dienst der Bundeswehr, S. 15.

einigen Jahren der Unterbrechung aus politischen Gründen – bis 1993 mit gutem Erfolg betrieben und diente u.a. auch den taktischen Übungsflügen im Tiefstflug (250 ft AGL) mit der Transall sowie dem Erhalt der Einsatzbereitschaft der Hubschrauberbesatzungen. Allein die Überführungsflüge aus Deutschland über Frankreich und Spanien nach Portugal setzten eine sorgfältige Flugplanung und -durchführung unter Berücksichtigung der für die Bell UH-1D einschränkenden Rahmenbedingungen (nur ein Triebwerk, geringe Fluggeschwindigkeit und Reichweite, Vereisungsgefahr) voraus.

## 6. Der Sea Survival – Überleben auf See?

Der fliegerische Einsatz über Land, vor allem im Gebirge und über See, setzte für die notgelandeten oder verunglückten Besatzungen (und womöglich deren Passagiere) einige lebenswichtige Kenntnisse voraus. Hierfür hatte die Luftwaffe »Überlebenslehrgänge Land« mit Unterstützung des Heeres im Gebirge eingerichtet, an denen in verschiedenen Ausprägungen alle Besatzungen auf Flächenflugzeugen und Hubschraubern teilzunehmen hatten. Hierzu schreibt exemplarisch der Zeitzeuge Oberst a.D. Manfred Backerra[215]:

> »Im Oktober 1963 beförderte mich der neue Kommodore [LTG 63], Oberst Rudat, beim Winzerfest zum Hauptmann [...]. Das war Samstag. Am Montag begann mein vierwöchiger Überlebens-/Survival-Lehrgang im Sauwald südlich Landsberg/Lech. Zu zweit im Para-Tipi (Indianerzelt mit doppelter Fallschirmseide), unter dem Winterschlafsack Reisig und Laub, Teelicht als Heizung (es war schon sehr kalt), Abseilen, Klamotten in Zeltplane schwimmend trocken über den Lech bringen, aus lebenden Fischen, Hühnern, Kaninchen Essen zubereiten, Abseilen, Foltertraining: in Unterhose in einem Silo eingesperrt und beschallt: *Ich will aussagen!*, Verhör im dunklen Keller, angestrahlt von einem Scheinwerfer, Fragen, Fragen, in einen Eimer mit kaltem Wasser gesetzt, übergossen, d.h. Feststellen der eigenen Belastungsgrenze[216].«

Die erfolgreiche Suche und Rettung von abgestürzten bzw. notgelandeten Besatzungen auf See verlangte nicht nur eine gründliche Ausbildung der »Retter«, sondern auch der sich mit Rettungsmitteln (z.B. Rettungsinseln, Schlauchbooten, Westen) im Wasser treibenden Überlebenden. Hierfür richtete die Luftwaffe »Überlebenslehrgänge See« ein, die zunächst in eigener Verantwortung der Geschwader (vorzugsweise an Auslandstandorten im Mittelmeer), aber

---

215  Bericht O a.D. Manfred Backerra (Auszug) v. 28.3.2013.
216  Auf die Verschiedenartigkeit der Lehrgänge in Inhalt und Dauer kann an dieser Stelle nicht weiter eingegangen werden.

auch an Nord- und Ostsee (u.a. Sylt) oder heimischen Binnengewässern statt-fanden. Erst ab 1969 übernahm das Marinefliegergeschwader 3 (MFG 3) auf dem Fliegerhorst Nordholz die theoretische und praktische Aus- und Weiter-bildung. Für die Übungen auf der Nordsee griff man auf Versorgungsboote der Marine zur Fahrt ins Übungsgebiet auf der Nordsee bei Cuxhaven zurück. Für die Bergung aus der Luft kamen Hubschrauber der Marine und Luftwaffe zum Einsatz, sofern die Wetterlage dies zuließ.

Praktische Erfahrungen hatte man bereits im Zweiten Weltkrieg gewon-nen, etwa im Auftrag der Luftwaffe durch grausame Versuche an KZ-Häftlin-gen in Dachau durch Unterkühlung (auch bis zum Tode) Erkenntnisse zur Überlebenswahrscheinlichkeit in unterschiedlicher Umgebung und Bekleidung gewann. Volker Koop schreibt hierzu[217]:

>»Erhard Milch, Staatssekretär im Reichsluftfahrtministerium, hatte am
>20. Mai 1942 SS-Obergruppenführer Karl Wolff mitgeteilt, dass die Hö-
>henversuche in Dachau abgeschlossen seien und die Unterdruckkammer
>nicht mehr benötigt würde. Wichtig sei nun die Durchführung von Ver-
>suchen zur Rettung aus Seenot. Oberstabsarzt Georg Weltz, Chef des
>Instituts für Luftfahrt-Medizin in München, und Stabsarzt Rascher soll-
>ten sie durchführen. Rascher widmete sich den sogenannten Unterküh-
>lungsversuchen mit derselben Skrupellosigkeit wie zuvor den Höhenflug-
>versuchen[218].«

Es ist anzunehmen, dass (nicht nur) die Bundeswehr diese in verbrecherischer Weise gewonnenen medizinischen Erkenntnisse später zum Vorteil auch der Besatzungen und anderer Soldaten nutzte.

Die Lehrgänge für die Flächenflugzeuge und Hubschrauberbesatzungen beim MFG 3 in Nordholz gingen von einer Notwasserung und der darauffol-genden Rettung mit eigenen Hubschraubern aus der Luft aus[219]. Jahrelang ge-hörte hierzu auch der simulierte Absprung der Noratlas- und Transall-Besat-zungen mit dem Fallschirm *vor* der Wasserung des Flugzeuges (dem »Ditching«), was unweigerlich den Verlust des sich noch in der Maschine be-findlichen Schlauchbootes[220] bedeutet hätte; im Gegensatz zu den Kampfpilo-

---

[217]  Koop, Himmlers Germanenwahn, S. 185-198.
[218]  Ebd., S. 186.
[219]  Eine Rettung durch heranfahrende Frachtschiffe auf hoher See war – für die Transportflie-ger auf »Fläche« die wahrscheinlichere Lage – im Übungsszenar nicht vorgesehen, damit fehlte auch das Erklimmen einer Strickleiter an einer hohen Bordwand mit klammen Fin-gern aus dem stark schaukelnden Schlauchboot!
[220]  Sowohl das hinter dem Cockpit in einer Wanne im oberen Rumpfteil der Transall einge-baute Schlauchboot und weitere Zusatzboote im Laderaum waren nur von einem Flugzeug *auf dem Wasser* verbringbar. Bei der Noratlas war es im Laderaumheck deponiert.

ten, die nach dem Ausschuss mit dem Schleudersitz als persönliche Notausrüstung ein sich im Wasser selbst aufblasendes »Einmann-Schlauchboot« mitführten. Erst ab 2005 gelang nach mehrmaligem Hin- und Her dem Kommandeur LTKdo, den bisherigen Lehrgang in enger Abstimmung mit dem MFG 3 unter Berücksichtigung des Einsatzauftrages und der vorhandenen Überlebensausrüstung der Transallbesatzungen anzupassen. Hierzu gehörte in der Wasserübungshalle u.a. der disziplinierte Ausstieg der Crew einer waagrecht im Wasser versinkenden Transall aus dem oberen Notausstieg des Cockpits, nacheinander verschiedene »Sinkgeschwindigkeiten« des Übungsgerätes, zuweilen auch das Wiederholen der Übung.

Bei den Hubschraubern musste man nach einer Wasserung des Hubschraubers (ohne Notschwimmer) durch den hohen Schwerpunkt von einem sofortigen seitlichen Kippen des Hubschraubers um 180 Grad ausgehen, was das Üben eines Notausstieges nach einer »Kopf-nach-unten-Lage« im Pilotensitz erforderte. Das war für die Crews durchaus ungewohnt und psychologisch herausfordernd, was zuweilen (bei entstehender Panik) das rasche Eingreifen der stets unter Wasser präsenten Rettungstaucher (wie auch bei anderen Übungen) verlangte. In den ersten Jahren kam hierfür der gefürchtete »Dilbert-Dunker«[221] zum Einsatz. Er bestand aus einem Pilotensitz, der mit Laufrollen auf einer schrägen Schiene unter großem Getöse (laute Hupe) Richtung Becken glitt und beim Anschlag am Rand vornüber, aber an der vorderen Achse noch befestigt, ins Becken kippte. Das Crewmitglied, nur mit Badehose bekleidet, hing damit also kopfüber im Sitz, musste die Luft rechtzeitig anhalten, sich vom Gurtzeug losschnallen und zunächst nach *unten* geradeaus abtauchen, um dann seitlich wieder an die Oberfläche zu kommen. Nicht ganz einfach! Grundsätzlich trugen die Hubschraubercrews der UH-1D bei Flügen über See den Kälteschutzanzug mit Unterwäsche, darüber die Rettungs- und Schwimmweste und auf dem Rücken das automatisch aufblasbare Ein-Mann-Schlauchboot (wie die Jet-Besatzungen). Bei Passagieren wurde ein zusätzliches Schlauchboot und eines als Reserve mitgeführt.

Höhepunkt sowohl für die »Flächenflieger« als auch Hubschrauberbesatzungen war am Ende der Ausbildungswoche in Nordholz das »Open Sea Training«. Hierzu diente ab den 1970er Jahren der Marinekutter »Wangerooge«, mit dem es von Cuxhaven zu einem nahegelegenen Übungsgebiet auf der Nordsee ging. Versehen mit Kälteschutzanzug, Helm und Schwimmweste warfen die Transallcrews eine »verpackte« 20-Mann-Rettungsinsel in die Nordsee, aktivierten sie durch kräftigen Zug an der Reißleine und sprangen mit dem (zumeist) wasserdichten Kälteschutzanzug, den es an Bord der Transall aber niemals gab,

---

[221] Erstmals 1943 in den USA in durch Wilfred Kaneb gebaut. http://www.navy.mil/submit/display.asp?story_id=50097.

hinterher. Bei Wind (im Frühjahr und Herbst vorherrschend) war es oft mühsam, in Rückenlage und mit aufgeblasener Schwimmweste die davontreibende Rettungsinsel zu erreichen und zu entern. Wer zuerst drin war, warf den Treibanger raus – ein kleiner Fallschirm an langer Leine, der das weitere Abreiben des Schlauchbootes verzögerte. Danach warteten die Crews erschöpft und (je nach Seegang) nach mehr oder weniger häufiger Entleerung des Mageninhaltes (nach Möglichkeit außenbords) sehnsüchtig auf den Rettungshubschrauber. Dieser erschien meist nach einer Stunde als Bell UH-1D der Luftwaffe oder als Westland Mk. 41 Sea King (ex S-61) der Marine. Mit einer Rettungsschlinge und Seilwinde ging es dann ab nach oben, wobei der »Kommandant« der Rettungsinsel als Letzter drankam. Durch den starken »Downwash« des Hubschrauberrotors kippte die nahezu leere Rettungsinsel gelegentlich um und musste vor dem Aufwinschen zunächst von ihm allein wieder aufgerichtet werden. Daher war diese »Stellung an Bord« unter den Crews weniger begehrt. Wer seine Ausbildung in den USA als Flugzeugführer oder Navigator erhielt, hatte hingegen das Vergnügen, den ersten Sea Survival in meist »warmen« Gewässern zu erleben[222].

Für die Hubschraubercrews, die bereits nach dem simulierten Fallschirmabsprung über Wasser den simulierten Schleppvorgang am Fallschirm in der Wasserübungshalle mehrfach geübt hatten, begann das Training mit der gleichen Übung auf offener See. Im Fallschirmgurtzeug an einem Kran am Ende des Schiffes mit Blick zum Schiff hängend, fiel der Übende bei leichter Fahrt voraus in die See und wurde mit Kopf voraus gen Schiff gezogen. Nun musste er durch Längsdrehung des Körpers schnell eine Rückenlage einnehmen. Bei »stabiler Rückenlage« gab der Übungsleiter ein Freizeichen, worauf sich der Übende vom ziehenden Fallschirmgeschirr am Körper lösen musste. Bei einem Zentralschloss vor dem Bauch, das vier überkreuzende Gurte verband, war dies nur mit einem öffnenden Schlag nach Drehung des Schlossdeckels und einer nach vorn wegtauchenden Rumpfbeuge möglich – was nicht immer sofort gelang. Bei den alternativen zwei Gurtschlössern am Schulterteil des modernen Gurtzeugs galt es nur, die Schutzdeckel der zwei Schlösser hochzuklappen und

---

222 OTL a.D. Peter Briegel schreibt in seinem Bericht: »Nach der »Graduation« im Juli 1967 nahmen wir noch für zwei Wochen am US-Sea Survival Lehrgang (Überleben See) in Homestadt AFB, Florida teil. In diesem Lehrgang lehrte man uns in Theorie und Praxis alle Techniken und Verfahren, die es einem Besatzungsmitglied ermöglichten, bei einer Notwasserung oder einem Notabsprung über See zu überleben. Im Gegensatz zum deutschen »Sea Survival« musste man kein nahezu »Profi-Schwimmer« sein. Der Lehrgang war voll darauf angelegt, dass auch ein Nichtschwimmer im Wasser überleben konnte. Der Höhepunkt war auf dem letzten Tag. Eine »Besatzung« mit sechs Mann wurde ca. zwei Meilen vor der Küste von Florida in einem Schlauchboot ausgesetzt. Mit diesem musste die Gruppe durch Paddeln oder durch Setzen eines Hilfssegels einen bestimmten Punkt an der Küste erreichen. Dort wurde man von den Ausbildern mit dem Lehrgangszeugnis und einer Dose Bier erwartet«.

an den herausspringenden Drahtringen zeitgleich ruckartig zu ziehen – schon war man frei. Danach hatten die Hubschraubercrews ihre Ein-Mann-Schlauch-boote zu aktivieren und zu besteigen. Später lagen diese aus Kostengründen bereits aktiviert nahebei bzw. die Crews mussten eine Rettungsinsel (z.B. 20-Mann-Schlauchboot) entern und auf den Rettungshubschrauber bis zum Winschen warten[223].

Beim Einsatz der UH-1D der Luftwaffe kam es nur zu einer einzigen Notwasserung mit aktivierten Notschwimmern. Die Besatzung konnte die Maschine rechtzeitig und unbeschadet verlassen, obwohl die Bell durch eindringendes Wasser in den eingetauchten Heckausleger schnell volllief und sank.

Für die Besatzungen auf Flächenflugzeugen war eine erfolgreiche Teilnahme alle fünf Jahre Pflicht, während die Hubschraubercrews alle drei Jahre in Nordholz antreten mussten. Anzumerken ist noch, dass es bei der Entwicklung und Erprobung der Transall weder »Schwimmversuche« gab noch es bis heute zu einer echten Notwasserung kam. Das Verhalten der Maschine bei der Landung auf hoher See und die Dauer ihres Verbleibens an der Wasseroberfläche ist bis heute nicht bekannt. Der Beschreibung des Anflugverfahrens »auf See« im Flughandbuch der Transall lagen demnach keine eigenen praktischen Erfahrungen zugrunde. Auf welche externen Erkenntnisse die Verfasser damals zurückgegriffen hatten, war leider nicht mehr in Erfahrung zu bringen.

---

[223] Auskunft O a.D. Hans-Jürgen Ochs v. 21.3.2019.

Sea Survival – Überleben See:

Blick auf das Training in der Wasserübungshalle beim Marinefliegergeschwader 5 in Nordholz

Übung im Dilbert-Dunker

Simulierter Fallschirmschlepp

(Bilder Pasternak)

Oben: Personal der 3. Luftrettungsstaffel in Ahlhorn 1964. Hinten: Roy, Langer, Camphausen (Staffelchef), Kühner, Despress; vorne: Helbig, Schmeidler (Dieter Hasebrink)

Unten: Sycamore der 3. Luftrettungsstaffel auf dem Flugplatz im Ahlhorn 1967, dahinter 2 Dornier Do 27 (Steinmann/Wache)

Instandsetzung auf einem unbekannten Außenplatz (Archiv Sedlak/Wache)
Bergwacht mit Lawinenhund an einem Sycamore (Wache)
Einfache Technik: das Cockpit des Bristol Sycamore (Roland Oster)

# VII. Die Luftrettungs- und Verbindungsstaffeln – der dezentrale Einstieg

Aufgrund der Erfahrungen im Zweiten Weltkrieg hatten die Westalliierten ab 1945 mit dem Aufbau von Such- und Rettungsstaffeln auf nationaler Ebene begonnen. SHAPE wies mit Blick auf die Fähigkeiten der NATO-Partner die Mitgliedsstatten 1957/58 an, einen eigenen Rettungsdienst einzurichten, und strebte eine Assignierung dieser Staffeln an. Das scheiterte jedoch am Einspruch der Briten und Franzosen. Der Oberbefehlshaber von AIRCENT hatte in seinem Bereich ein Verhältnis von 50 Kampfflugzeugen zu einem SAR-Hubschrauber festgelegt. Daraus leiteten sich aus nationaler Sicht des Fü L II 4 in 1958 ca. 40 Hubschrauber in zwei Staffeln zu je 20 Hubschraubern ab. Je eine Staffel war für den Bereich der 2. bzw. 4. ATAF vorzusehen. Gedacht war an leichte Hubschrauber z.B. des Musters Bristol Sycamore. Für Krise- und Krieg sah der Fü L u.a. folgende Zusatzaufträge vor: Lenkung von Flüchtlingsströmen, Feststellen radioaktiver Verseuchung, Absprühen von Entgiftungsmitteln, Lageerkundung nach Luftangriffen und Transport von Verwundeten vor[224].

Mit der Aufnahme des Flugbetriebes der Luftwaffe und den leider unvermeidlichen Flugunfällen war der frühe Bedarf an SAR-Hubschraubern unbestritten. Es folgte ab 1959 die Aufstellung von den Luftwaffengruppen Nord und Süd, später den Luftwaffendivisionen dezentral unterstellten, aber im SAR-Einsatz zunächst durch regionale SAR-Leitstellen Nord (Hannover/GB) und Süd (Ramstein/US) geführten deutschen Luftrettungsstaffeln. Erst 1966 kam es mit der Aufstellung des HTG 64 in Landsberg zur weitgehenden organisatorischen Zusammenfassung der bis dahin dezentral geführten drei Hubschrauberrettungs- und Verbindungsstaffeln der Luftwaffe.

Oberst a.D. Jörg Rappke führt als Zeitzeuge dazu aus[225]:

»Die drei Hubschrauberstaffeln wurden als ›Selbstständige Staffeln‹ den Höheren Kommandobehörden zugeteilt und unterstanden diesen unmittelbar:

-   die 1. LRetVerbStff (mit H-34, H-21C und Do 27) dem KdSLw;
-   die 2. LRetVerbStff (mit Bristol B-171 Sycamore und Do 27) dem Kdo LwGrp S;

---

[224] Vgl. Wolfgang Richter, »In dieser Zeit vor 30 Jahren…Aller Anfang ist schwer, Heft 28/1990, Hrsg. TG Hubschrauber der Bw. In: Wache, Dornier Do 27 A/B, S. 4f.
[225] Bericht (Auszug) O a.D. Jörg Rappke v. 17.3.2013.

- die 3. LRetVerbStff (mit Bristol B-171 Sycamore und Do 27) dem Kdo LwGrp N.[226]

Einheitlichkeit in Konzeption, Führung und Einsatz dieser drei Staffeln – und damit des Hubschrauberpotenzials der Luftwaffe – ließen sich so natürlich nicht realisieren. Diese Erkenntnis führte zu ersten Schritten auf der Suche nach einer Lösung: die 1. LRetVerbStff wurde zum 1. Mai 1965 in 1. HubschrLVsuTrspStff umbenannt, mit dem Ziel, neben der Wahrnehmung der bisherigen Aufgaben auch Ideen für die Zukunft zu entwickeln und ggf. zu erproben[227]. Die Hauptfrage stellte der Auftrag, das Einsatzkonzept dar. Hieraus sollte sich die Forderung nach dem geeigneten Einsatzmuster und auch die Organisationsform und Unterstellung der Hubschrauberkomponenten ableiten lassen. Aus diesem groben Auftrag des Inspekteurs der Luftwaffe entwarf Oberstleutnant Karl Rammelt eine Denkschrift zum künftigen Hubschraubereinsatz der Luftwaffe. Als ehemaliger Jagdflieger im Zweiten Weltkrieg verfügte er über reiche fliegerische Einsatzerfahrung auf Kampfflugzeugen. Er hatte sich mit Eintritt in die Bundeswehr frühzeitig zur Hubschrauberflotte bekannt. Vor dem Hintergrund seiner intellektuellen Fähigkeiten entstanden sehr fortschrittliche Ideen: als Escort-Hubschrauber sollte er Hubschrauberverbänden Geleitschutz geben; als Jagd-Hubschrauber sollte er gegnerische Hubschrauber, als Kampf-Hubschrauber sollte er stationäre und bewegliche Ziele am Boden bekämpfen; spezielle Aufklärungsaufträge oder Sonderaufträge kamen ebenfalls infrage; Transport-, sowie Such- und Rettungsflüge gehörten dazu. Eine einheitliche Führung auf der Basis eines Geschwaders war das Ziel. So innovativ und schlüssig diese Ansätze auch klangen, aus unterschiedlichen Gründen sah sich der Inspekteur der Luftwaffe nur in der Lage, die Kategorie der SAR- und Transportflüge mit Hubschraubern der Luftwaffe weiterzuverfolgen. Die Entscheidung folgte wohl der Überzeugung General Steinhoffs, für die anderen Aufgaben stünden bereits Kampfflugzeuge mit hinreichender Effizienz zur Verfügung. Bemerkenswert ist allerdings, dass Inhalte dieser Denkschrift in Streitkräften anderer Staaten und auch im deutschen Heer und der Marine wieder auftauchten und teilweise dort auch realisiert wurden[228].«

---

[226] Vom Verfasser als LwRetuVerbStff bezeichnet, bei Riedesser als LwRetVerbStff, was hier im Text gewählt wurde.

[227] Dies waren u.a. Gebirgsflugausbildung und Truppenversuche. Vgl. Riedesser, S. 5.

[228] Interessanterweise werden die Aufgaben der seit 2002 in AFG eingesetzten CH-53 (der Lw) ab 2021 durch eine Kombination aus NH 90 (des Heeres) und H145M LUH SOF (der Lw) übernommen. Der LUH wird dabei Begleitschutzes für den Medevac NH 90 eingesetzt. Infoblatt TG HubLw Jahrgang 2019, Ausgabe 1, S. 1. OTL Rammelt hatte Weitsicht bewiesen!

Die Luftwaffenrettungsstaffeln verfügten über 12 bis 18 Hubschrauber Bristol B 171 Mk. 52 Sycamore. Nach der Umgliederung als Luftwaffenrettungs- *und* Verbindungsstaffel kamen je sechs bis zwölf Flächenflugzeuge Do 27 hinzu.

Bereits am 1. April 1959 erfolgte die Aufstellung der 1. LRetStff »Nord« auf dem Fliegerhorst Faßberg. Dies war gleichzeitig das offizielle Datum für den Beginn des SAR-Dienstes der Bundeswehr nach ICAO-Bestimmungen, unbeschadet der Unterzeichnung der Verwaltungsvereinbarung zwischen dem BMV und dem BMVg erst am 15. Oktober 1965[229].

Die ebenfalls zunächst in Faßberg aufgestellte 2. LRetVerbStff verlegte im August 1960 mit 16 Sycamore und Do 27 nach Lechfeld und nahm dort am 1. Oktober 1960 den Flugbetrieb auf.

Diese nahezu selbstständigen Staffeln trugen verschiedene Bezeichnungen: zunächst Luftrettungsstaffel, danach Luftrettungs- und Verbindungsstaffeln und ab 1965 Hubschrauberrettungsstaffel. Nach der Eingliederung in das HTG 64 ab 1966 hießen sie 1./ bis 4./HTG 64. Die Ausbildungsstaffel der FFS »S« sowie die Hubschrauber Lehr- und Versuchsstaffel in Fürstenfeldbruck wichen aufgrund ihres abweichenden Auftrages von diesem Schema ab.

## 1. Die 1. Luftrettungs- und Verbindungsstaffel (Faßberg, Fürstenfeldbruck und Landsberg, Oberjettenberg) ab 1959

Der Aufstellungsbefehl Nr. 103 vom 6. November 1958 sah die Aufstellung dieser Staffel zunächst in Faßberg vor. Der Zulauf von Personal und Luftfahrzeugen, wie Bell 47G-2 und Do 27 zogen sich bis Ende 1959 hin[230]. Die 1. Luftrettungs- und Verbindungsstaffel verlegte erst Anfang 1960 nach Fürstenfeldbruck.

Oberst Alfred Veith beschrieb als damaliger Zeitzeuge rückblickend und eindrucksvoll die Geschichte dieser Staffel[231]:

> »Die FFS »S« räumte im Oktober 1958 den Fliegerhorst Memmingen und verlegte auf die Fliegerhorste Wunstorf, Diepholz und Faßberg. Die Hubschraubergruppe fand im Fliegerhorst Faßberg zwar weitläufige Anlagen, doch draußen nur flaches und eingeengtes Übungsgelände[232]. Die Gebirgsflugausbildung für junge Hubschrauberführer, abschließender Teil der Grundausbildung bislang, musste ausfallen. Mit der Aufstellung

---

229 Vgl. 50 Jahre SAR-Dienst der Bundeswehr, S. 11f.
230 Vgl. Wache, F-40, Dornier Do 27 A/B, S. 5.
231 Broschüre 10 Jahre HTG 64 (1966-1976), Ahlhorn, Oktober 1976, S. 12-15.
232 Dies widerspricht der von OTL a.D. Höhne geschilderten Lage des Platzes.

der 1. Luftrettungs- und Verbindungsstaffel im Januar 1960 in Fürsten-feldbruck sollte die Gebirgsflugausbildung für junge Hubschrauberfüh-rer der Bundeswehr wieder ermöglicht und ein Luftrettungsdienst im Ge-birge aufgestellt werden.

Mit sieben Do 27[233] sollte der Staffel erweiterte Beweglichkeit, mit vier Vertol H-21 (Banane) mehr Kapazität im Lufttransport verliehen wer-den. Und nun folgten zwei interessante Jahre meiner Zeit in der Luft-waffe als Kapitän der 1. Luftwaffenrettungsstaffel. Bewährte Fluglehrer und Techniker meiner alten Memminger Staffel boten sich zur Neuauf-stellung an, aber auch junge Soldaten, die alle Bayern wiedersehen oder kennenlernen wollten und in Faßberg noch nicht Wurzeln geschlagen hatten.

Mitte Januar 1960 landete Oberleutnant Dietrich mit der ersten unserer acht Bell 47 in Fürstenfeldbruck und wir zogen in die riesige Blechhalle am Nordrand des Platzes ein.

Die ersten Erkundungsflüge mussten uns die Bestätigung bringen, ob ich in der Reiteralm bei Bad Reichenhall das geeignete Übungsgelände für Gebirgsflug gefunden hatte. Dieser Meinung waren wir auch nach gründ-lichem Test, weniger das zuständige Forstamt im Verein mit Naturschutz und Fremdenverkehr. Ein intensives Tauziehen um die Reiteralm be-gann, bei dem wir kräftige Unterstützung fanden vom Kommando der Schulen der Luftwaffe (KdSLw), der Erprobungsstelle Oberjettenberg als Platzherren, der Wehrbereichsverwaltung und nach den ersten Ret-tungsflügen auch von der Bergwacht und dem Landrat. Ein noch heute [1976] gültiger Vertrag mit dem Freistaat Bayern zur ständigen Nutzung der Reiteralm für Hubschrauberflugbetrieb war das Ergebnis, das für un-sere Alpenregion auch die Ausnahme bleiben sollte.

Schon zum 1. April [1960] erwarteten wir die ersten 25 Flugschüler. Sie wurden auf der Alm im ›Traunsteiner Haus‹ untergebracht. Fluglehrer und Techniker hausten im alten ›Soder-Bauernhof‹ am Fuße der Reiter-alm. Doch unsere Hubschrauber standen noch im Freien, aber nicht lange. In den Hang hinein gruben wir Boxen, die mit Planen abgedeckt unserer Bell vorerst Schutz boten und der Bezeichnung ›Hundshütt'n‹ nicht entgehen konnten. Mit den ersten Gebirgsfluglehrgängen festigte sich das Gefüge der Staffel, erwarben die Fluglehrer grundlegende Kenntnisse und Fertigkeiten, die ihnen und ihrem Verband für Jahre zu-gutekommen sollten. Die Flugschüler lernten Möglichkeiten und Gren-zen ihres Flugzeuges unter extremen Bedingungen kennen.

---

[233] Nach Wache, F-40, Do 27 A/B, S. 5 standen 8 Do 27 und 6 Flugzeugführer zur Verfü-gung.

Wenn unsere Technik in Fürstenfeldbruck zur Instandsetzung der immer dringend gebrauchten Hubschrauber auch noch nicht ausreichend Personal und Gerät zur Verfügung hatte, so setzten sich umso mehr ein paar erfahrene Unteroffiziere mit ihren Wehrpflichtigen in den Kopf, ihre Kameraden auf dem Oberjettenberg nicht im Stich zu lassen. Die Staffel hatte es selbst in den ersten Lehrgängen nicht nötig, eine Verlängerung derselben zu beantragen.«

Oberst a.D. Jörg Rappke schildert im Folgenden seine eigenen Erfahrungen aus der fliegerischen Ausbildung auf der Reiteralm[234]:

»Die Reiteralpe stellte unseren Hauptübungsraum dar. Bei der Reiteralpe handelt es sich um ein annähernd rundes Bergmassiv mit nach außen steil abfallenden Wänden, die nach innen einen großen Kessel bilden. Die deutsch-österreichische Grenze teilt dieses Massiv, ein weiteres fliegerisches Schmankerl, denn Österreich ist neutral, Grenzverletzungen sind unbedingt zu vermeiden. Der deutsche Teil des Gebirges ist militärisches Übungsgelände, und damit auch für die fliegerische Schulung ideal, zumal der Fluglärm kaum aus dem Kessel herausdringt. Trotzdem fanden die Flüge im Berchtesgadener Land anfangs nicht das Gefallen von Regionalpolitikern, Bürgern und Touristen. Das änderte sich jedoch sehr schnell, als die ersten spontanen Rettungs- und Notversorgungsflüge den Nutzen der Hubschrauber für die Region erwiesen; Flüge, die obendrein optimal mit dem Ausbildungsprogramm harmonierten. So konnte z.B. das Baumaterial zur Instandsetzung der Blaueishütte am Hochkalter nach einem Brand in Schulungsflügen auf den Berg geflogen werden. Eine effizientere Ausbildung scheint kaum möglich. Das zu dieser Zeit noch lückenhafte Reglement der Bundeswehr bot dem Kommandoführer ausreichend Entscheidungs- und Handlungsspielraum, den er in Absprache mit dem Staffelkapitän, Major Alfred Veith, sehr verantwortungsbewusst und pragmatisch zu nutzen verstand. Damit legte er den Grundstein für die allgemeine Akzeptanz der Hubschrauberflüge im Gebirge.«

Oberst a.D. Alfred Veith fährt fort:

»Unter dem Kommando von Hauptman Dietrich wurde neben der Ausbildung in Oberjettenberg eine ständige Rettungsbereitschaft eingerichtet, die aufgrund ihrer ersten Erfolge bald den Respekt von Zivil und Militär forderte. Der Anfang für einen erfolgreichen Abschnitt im Luftrettungswesen durch Hubschrauber der Luftwaffe war gemacht.

Der Sommer 1960 brachte in Oberjettenberg neben Flugbetrieb viel anderweitige Arbeit, da feste Start- und Landeplätze sowie winterfeste Hallen in Kleinformat für vier Bell 47 gebaut werden mussten. Alles legte

---

[234] Bericht (Auszug) O a.D. Jörg Rappke v. 17.3.2013.

Hand an und half. Die Erprobungsstelle mit Planierraupen, die Nach-schub- und Transportstaffel Fürstenfeldbruck mit Brettern und Planen, Bergwacht und Alpenverein mit Bauholz, Beschlägen und Schmiedear-beiten. Es machte so richtig Spaß, noch einmal Baukasten im Großen zu spielen, und das auch noch in ›Schwarzbauweise‹. Kameradschaft und Hilfsbereitschaft waren allenthalben groß, mit dem Hubschrauber konn-ten wir's vergelten.

Was tat sich neben der Instandsetzung weiter in Fürstenfeldbruck? Die Gruppe der Do 27 vervollständigte sich. Vier Fluglehrer nahmen Flug-schüler und Luftrettungsmeister in Ausbildung, sodass auch hier reger Ausbildungs- und Flugbetrieb herrschte.

Eine besondere Note erhielt der Flugbetrieb durch unsere vier Vertol H-21C, die einzigen ihrer Art in der Luftwaffe. Von zwei Fluglehrern wurde eine kleine Gruppe von Schülern ausgebildet. Zudem wurde eine Reihe besonderer Lufttransporteinsätze für Zivil und Militär durchgeführt, wie Absetzen von Schwermaterial zum Bau von Unterkunftshäusern im Ge-birge, Aufsetzen von Radarantennen in Luftwaffenanlagen, Aufsetzen ei-nes großen Abgasfilters in einer Industrieanlage und auch Bergung eini-ger Bell 47, die bei Rettungsaktionen Bruch gemacht hatten [...].

Ende 1961 habe ich die Staffel an Major Schultz abgegeben. Ca. 150 Ret-tungseinsätze waren durchgeführt und 200 Flugschüler ausgebildet wor-den.«

Über den fordernden Einsatz mit der H-21C (Fliegende Banane)[235] berichtet aus eigener Erfahrung Oberst a.D. Jörg Rappke[236]:

»Noch vor Abschluss dieser Umschulung [in Faßberg] wurden die vier Hubschrauber H-21, zwei Fluglehrer und die sechs Hubschrauberführer mit einer kleinen technischen Crew zur 1. LRetVerbStff in Fürstenfeld-bruck versetzt (Ende 1960), um Transport- und Luftrettungsaufgaben zu übernehmen. Aber zunächst hieß es, die Umschulung zu beenden und eine ›Fliegertaktische Ausbildung‹ von 100 Flugstunden zur Vorberei-tung auf die künftigen Aufgaben zu absolvieren. Bereits während dieser Phase galt es, Einsatzaufgaben zu übernehmen, soweit sie zur Ausbil-dung passten. Die Luftwaffe verfügte in dieser Leistungsklasse neben diesen vier H-21 über einige Sikorsky S-58 (H-34 G-I/-II/-III), die der gemeinsamen Ausbildung für Heer, Luftwaffe und Marine an der Aus-bildungsgruppe C/FFS »S« dienten. Für den *Einsatz* standen nur die H-21 zur Verfügung, also waren sie häufig gefordert, obwohl ihre Besat-

---

235  Leistungsdaten und Beschreibung der H-21 im Anhang.
236  Bericht (Auszug) O a.D. Jörg Rappke v. 17.3.2013.

zungen eigentlich noch nicht einsatzreif waren. Die Erkenntnisse aus diesen Aufträgen bereicherten jedoch wiederum die Schulung enorm, denn es lagen ja bislang noch kaum Erfahrungen vor, überall erwartete uns Neuland. Besatzungen, soweit sie aus der ›alten‹ Luftwaffe stammten, hatten ausschließlich Erfahrungen auf Kampfflugzeugen oder Transportern. Häufig musste ›kreativ‹ vorgegangen werden, um Einsatzverfahren zu entwerfen und zu erproben. Auf Vorgaben, wie sie heute Standard sind, konnte man kaum zurückgreifen. Grobe Hilfen bot gelegentlich das US-amerikanische Flughandbuch [Manual]. Eine ausgereifte Dokumentation gab es nicht. Das bot andererseits Freiheiten, die im Dienst der Sache durchaus genutzt wurden.

So war schon im November 1960 der erste Einsatz fällig, sieben Tage nach Verlegung der H-21-Komponente nach Fürstenfeldbruck und noch während der Typenumschulung. Es ging um die Suche nach einem vermissten Jet-Trainer T-33 der FFS »B« im Raum Wertheim. Das Luftfahrzeug wurde zwar gefunden, Rettungs- oder Bergungsmöglichkeiten bestanden aber nicht mehr. Und der Einsatz zeigte: wir müssen Such- und Bergeverfahren entwickeln. Noch im selben Winter folgten Flüge zur Notversorgung von eingeschneiten Berghütten in den Alpen. Diese Art von Flügen wiederholte sich in den folgenden Jahren immer wieder. Es waren demnach auch Verfahren vor allem für Flüge mit Außenlasten zu perfektionieren. Da nicht überall Landemöglichkeiten bestanden, mussten wir auch Verfahren zum Aufnehmen und Absetzen von Personal mit der Rettungswinde entwickeln.

Flüge mit VIP standen immer wieder auf der Tagesordnung, denn die H-21 war geräumig und relativ bequem. Minister, Regierungsdelegationen, Begleitteams des Bundeskanzlers, ausländische Gästegruppen auf Besichtigungsreisen, der Inspekteur der Luftwaffe, die Kommandierenden Generale und Amtschefs nutzten diese Möglichkeiten, wann immer sinnvoll, z.B. für Truppenbesuche entfernter und auf dem Landweg schlecht erreichbarer Stellungen. General Kammhuber ließ sich für diese Flüge sogar einen eigenen Sitz in den Durchgang zum Cockpit einbauen, damit er der Besatzung über die Schulter schauen konnte.

Die wenigen H-21 waren nicht in das SAR-Netz eingebunden. Gleichwohl galt es, Rettungsflüge unterschiedlicher Art auszuführen. Hierzu zählten immer wieder die Suche nach vermissten Flugzeugen oder Unterstützung nach Flugunfällen, die in den Anfangsjahren der Bundeswehr leider nicht allzu selten vorkamen. Die Unerfahrenheit der Jet-Besatzungen spielte dabei wohl die entscheidende Rolle.

Einen etwas spektakulären Fall stellte der Absturz des Senkrechtstarters VJ-101C im September 1964 dar, bei dem der Testpilot, Jim Bailey, schwere Wirbelsäulenschäden davontrug. Nach einem schonenden Hubschrauberflug zum Krankenhaus ›Rechts der Isar‹ in München konnte er wieder vollständig genesen. Bei komplizierten Wirbelsäulenverletzungen stellte sich der Flug mit der schwingungsarmen H-21 immer wieder als erstes Mittel der Wahl dar, auch wenn der Einsatz manchmal durch Nebensächlichkeiten unnötig erschwert wurde [...].

Der Transport sperriger Außenlasten an schwierige Landestellen stellte immer wieder eine neue Herausforderung dar. Kein Einsatz glich dem anderen. 1962 war ein Schwerpunktjahr. Einige Beispiele sollen das Spektrum verdeutlichen.

So war ein im Gebirge verunglückter Hubschrauber zu bergen, mehrmals voluminöse Antennen des Radarführungsdienstes und der Flugsicherung am Einsatzort abzusetzen, eine Antennenvorrichtung samt dem dazugehörigen Stativ und Getriebe auf dem ›Hohen Bogen‹ im Bayrischen Wald zur ›Elektronischen Aufklärung‹ aufzubauen, Überdruckbehälter auf exponierte Plattformen in militärischen Liegenschaften zu fliegen. Eine Skihütte und mehrmals Material für Hüttenreparaturen zur Gewährleistung der Berg- und Winterkampfausbildung militärischer Einheiten zählten ebenso dazu, wie die Verlegung des Zugseils der einzigen Bw-eigenen Seilbahn in Oberjettenberg [...].

Bei extremen Schneelagen sicherten Flüge zur Wildfütterung das Überleben des Wildes im Gebirge, sie fanden die ungeteilte Anerkennung der Wildhüter. Gelegentlich kamen Einsätze auf wirtschaftlichem Gebiet hinzu, unter der Voraussetzung, dass zivilen Unternehmen kein Auftrag entging und unser Ausbildungsinteresse überwog. So war z.B. im Münchener Stadtgebiet ein Deflektor auf einem Industrieschornstein zu montieren [...].

Mit lediglich vier H-21 erwies sich ein sinnvoller Einsatzbetrieb als nicht möglich. Die Luftwaffenführung entschied deshalb, die H-21 Ende 1964 dem Heer zu übergeben im Tausch gegen die gleiche Anzahl H-34. Zeitgleich wurde der Ausbildungsschwarm H-34 der Ausbildungsgruppe C/FFS »S« aufgelöst und die dortigen Hubschrauber und Fluglehrer an die HubschrLVsuTrspStff und an die Flugbereitschaft BMVg abgegeben. Die H-21-Beatzungen erhielten unverzüglich eine Umschulung auf das neue Muster. So verfügte diese Staffel ab 1965 über die stattliche Anzahl von sieben H-34, für die auf dem Staffelliegeplatz des Flugplatzes Fürstenfeldbruck gar kein ausreichender Platz zur Verfügung stand. Der Auftrag der Staffel änderte sich zunächst nicht. Es kursierten aber bereits Informationen über die Aufstellung eines Hubschraubergeschwaders in Landsberg/Lech in Kürze, womit sich dann auch die Platzfrage klären sollte.

Einige wenige Exemplare der H-34 [Version G-III] boten Instrumenten-flugmöglichkeiten, für deren Nutzung allerdings zunächst nur wenige lizensierte Hubschrauberführer vorhanden waren. Mit zwei weiteren Hubschrauberführern erhielt ich Ende 1965 als einer der Ersten eine ent-sprechende Schulung bei der Heeresfliegerwaffenschule, Bückeburg-Achum. Damit war ein Einstieg in eine neue fliegerische Erfahrungswelt gegeben, der mir später weitere Türen öffnete.«

## 2. Die 2. Luftrettungs- und Verbindungsstaffel (Faßberg und Lechfeld)[237]

Unter dem Staffelabzeichen der rasenden Micky Maus mit dem Sanitätskoffer und der Spritze in der Hand (nur für das SAR-Kommando) waren die Männer der 2. Hubschrauberrettungsstaffel in unermüdlichem Einsatz. Es begann im Dezember 1959 in Faßberg mit der Aufstellung der 2. Luftrettungs- und Verbindungsstaffel unter Hauptmann Fritz Dworsky[238]. Die Staffel war der Luftwaffengruppe Süd direkt unterstellt und verlegte im August 1960 nach Lechfeld, ihrem Endstandort[239]. Ausgerüstet mit 12, später 16 Hubschraubern Bristol B-171 Sycamore und 12 Verbindungfliegern Do 27 nahm hier die Staffel sofort den SAR-Dienst auf: mit einem Hubschrauber in 15-Minuten- und einer weiteren Maschine in 1-Stunden-Bereitschaft. Einsatzraum war der Südteil der Bundesrepublik Deutschland (FIR München und Frankfurt). Die Koordinierung der Einsätze erfolgte durch die (US-)SAR-Leitstelle Süd in Ramstein. Mit den ersten erfolgreich abgeschlossenen Einsätzen begann ein steter Leistungsanstieg der Staffel. Mit der staffeleigenen Gebirgsausbildungsstätte Steibis und später Ettensberg standen Hubschraubereinsätze für die Bergwacht und die Forstbehörden (soweit dienstlich möglich) zu jeder Zeit ohne formelle Schwierigkeiten zur Verfügung. Das Jahr 1961 war ein hartes Jahr der fliegerischen Ausbildung im SAR-Dienst mit Schwerpunkt Bergrettung. Die Ausbildung für das fliegende Personal war im November 1961 für 16 Hubschrauberführer,

---

[237] Weitgehend entnommen (und überarbeitet) aus der Chronik »10 Jahre 1. Luftwaffendivision«, München 1969 (?), S. 53, sowie aus dem Beitrag von OTL Hans Winzinger in der Broschüre 10 Jahre HTG 64 (1966-1976), Ahlhorn, Oktober 1976, S. 16-19.

[238] »OTL a.D. Fritz Dworsky, verstorben am 14.02.2000 in Garmisch-Partenkirchen. Er war Staffelkapitän zunächst in Faßberg und baute dann die 2. Luftrettungs- und Verbindungsstaffel in Lechfeld auf. Später war er beim RCC der US-Luftwaffe in Ramstein maßgeblich an der Errichtung der SAR-Organisation in der Südhälfte der Bundesrepublik beteiligt«. Auszug aus dem Nachruf im Rotorblatt, III. Quartal 2000.

[239] Dem waren über Monate gehende Überlegungen zur Nutzung der Flugplätze Trier, Bremgarten, Pferdsfeld, Memmingen, Kaufbeuren und Karlsruhe vorausgegangen.

8 Do 27 Flugzeugführer und 11 Luftretter dank des guten Leistungs- und Aus-
bildungsstandes der Technik abgeschlossen.

Schnell waren die Männer der »Micky-Maus« in der näheren Umgebung
von Lagerlechfeld, insbesondere aber im Allgäu, bekannt und geschätzt. Die
personelle und materielle Entwicklung gestattete im April 1962 die Inbetrieb-
nahme eines SAR-Kommandos in Pferdsfeld, das ebenfalls mit einem Alarm-
hubschrauber und einer Reservemaschine ausgerüstet war[240]. Der Staffelstand-
ort Lechfeld wurde immer besser und freundlicher ausgebaut und man verfügte
bald über zwei Truppenunterkünfte, eine Deuterhalle mit Infrarotheizung, vier
Feldhäuser (für Werkstätten und Nachschub) und ein Haus als Gefechtsstand
für Einsatz und Ausbildung. Ab Juli 1961 stellte die Staffel für den SAR- und
Katastrophendienst folgende Kräfte bereit:

1 Hubschrauber Bristol B 171 Sycamore in 15-Minuten-Bereitschaft,

1 Hubschrauber Bristol B 171 Sycamore in 1-Stunden-Bereitschaft,

1 Do 27 in 1-Stunden-Bereitschaft.

Hauptmann Hans Winzinger, der Einsatzoffizier, konnte am 1. Oktober 1962
als Nachfolger von Major Fritz Dworsky, der zum RCC nach Ramstein als
Leiter der SAR-Zentrale wechselte, schon eine weithin bekannte, einsatzfreu-
dige Staffel übernehmen, die man dann am 1. Februar 1963 der 1. Luftwaffendivision unterstellte.

Im Herbst 1964 wurde das SAR-Kommando Pferdsfeld nach Karlsruhe
verlegt[241]. Die Staffel erhielt am 1. April 1965 ihren neuen Namen: »2. Hubschrauber-Rettungsstaffel«. Der Auftrag blieb der gleiche. Mit fortschreitender
Ausbildung neuer Piloten und Luftretter konnte im Mai 1965 das SAR-Kommando Ingolstadt in gleicher Weise wie Karlsruhe seine Einsatzbereitschaft
aufnehmen[242]. So wurden z.B. 1965 auf militärischem Sektor 141 und im zivilen
Bereich 44, 1966 bis September 105 bzw. 28 Einsätze geflogen. Wer wird es da
verdenken, dass die allgemeine militärische Ausbildung zugunsten der stetigen
Einsatzbereitschaft in den Hintergrund gedrängt wurde?

Als mit der Aufstellung des HTG 64 im Herbst 1966 die Staffel aus der
1. Luftwaffendivision wieder ausschied und als erste in den neuen Verband
aufgenommen wurde, konnte sie auf eine Flugleistung von 20.313 Flugstunden
zurückblicken. Vier Flugzeugführer, unter ihnen der Staffelkapitän, Major
Hans Winzinger, brachten es auf mehr als 2.000 Flugstunden. Er erhielt aufgrund seiner Verdienste beim Abschied vor seinem Weg ins Luftwaffenamt in

---

[240] Die Chronik »50 Jahre SAR-Dienst der Bundeswehr« beschreibt auf S. 30 dieses Kdo lediglich ab 1972, möglicherweise aus Unkenntnis der früheren Stationierung von 1962 bis
1964.

[241] Ebd. S. 27. Es verblieb dort bis 1970.

[242] Ebd. S. 27. Darin legt man den Beginn schon auf 1963 fest.

Wahn von den Besatzungen eine Krone aufgesetzt und durfte sich fortan »König von Bayern« nennen[243]. Zwölf Flugunfälle, wobei ein Flugzeugführer, Leutnant Joachim Korb, sein Leben lassen musste, sind die tragische Seite dieses Rückblicks.

Die alten Besatzungen und Mechaniker führten nach dem Ausscheiden aus der 1. Luftwaffendivision als 1./HTG 64 den Auftrag weiter und wollten die schon zur Tradition gewordene Zuverlässigkeit im SAR-Dienst fortsetzen, und darüber hinaus die neu hinzukommenden Transportaufträge von Personen und Material zur schnellen Versorgung der Einsatzverbände der Luftwaffe erfüllen.

Für die Luftrettung kamen bis zur Einführung der Bell UH-1D 1968 vor allem die Bristol B 171 Sycamore zum Einsatz, die sich trotz ihrer begrenzten Reichweite auch im SAR-Gebirgseinsatz bewährte. Details zum Einsatz mit diesem Muster schildert im folgenden Abschnitt ein Zeitzeuge aus Ahlhorn.

### 3. Die 3. Luftrettungs- und Verbindungsstaffel (Faßberg und Ahlhorn)

Zwei Zeitzeugen berichten uns über die Aufstellung und Einsatz dieser Staffel; zunächst Major Dietrich E. Schmeidler[244]:

> »Am 1. April 1959 wurde auf dem Fliegerhorst Faßberg die 1. Luftrettungsstaffel unter Staffelkapitän Hauptmann Fritz Dworsky in Dienst gestellt. Schon vier Monate später, am 1. August 1959, übergab er die Staffel an Hauptman Edgar Dräger und begann selbst mit dem Aufbau einer weiteren Staffel.
>
> Bereits am 26. August 1959 wird der erste SAR-Einsatz mit einer Bristol Sycamore durch die Faßberger Staffel durchgeführt. Der zusätzliche Auftrag, Verbindungsflüge für die Luftwaffengruppe Nord durchzuführen, macht die Umbenennung in 3. Luftrettungs- und Verbindungsstaffel erforderlich. Am 23. Oktober 1959 wird sie der Luftwaffengruppe Nord in Münster/Westfalen unterstellt. Die Jahre 1959 und 1960 sind gekennzeichnet durch den personellen Aufbau und die Ausbildung von Hubschrauberführern und Luftrettungsmeistern für den SAR-Dienst.
>
> Am 16. Januar 1961 werden die ersten SAR-Außenkommandos in Ahlhorn und Nörvenich mit je zwei Hubschraubern und drei Besatzungen in Dienst gestellt. Mit den SAR-Bereitschaften in Faßberg, Ahlhorn und

---

243 Siehe Bild in Broschüre »10 Jahre HTG 64 (1966-1976)«, Ahlhorn, Oktober 1976, S. 19.
244 Artikel (leicht überarbeitet) in Broschüre 10 Jahre HTG 64 (1966 - 1976), Ahlhorn, Oktober 1976, S. 20-22.

Nörvenich wird die Abdeckung der Gebiete Niedersachsens und Nordrhein-Westfalens innerhalb einer Flugstunde möglich.

Am 1. November 1961 verzeichnet die Chronik der 3. Luftrettungs- und Verbindungsstaffel in Faßberg zwei wichtige Daten: Zum einen ist der Aufbau der Staffel in nur zwei Jahren zu 80 % vollzogen, zum anderen werden die Geschäfte des Staffelkapitäns durch Hauptmann Rudolf Camphausen übernommen.

Die erste große Bewährung der Staffel erfolgt am 17. Februar 1962. Um 4.30 Uhr morgens wird die Staffel alarmiert und bereitet sich auf den ersten großen Katastropheneinsatz in den von einer Sturmflut überschwemmten Katastrophengebieten Bremens und Hamburgs vor. Nicht alle Besatzungen entsprechen den normalen Erfordernissen eines derartigen Einsatzes. So fungieren in einigen Hubschraubern Do 27-Piloten der Staffel als Luftrettungsmeister an der Winde. Einige von ihnen sitzen hierbei zum ersten Mal in einem Hubschrauber. Die Staffel ist mit 11 Hubschraubern im Einsatz und fliegt bis zum 23. Februar 1962 in Hamburg und Umgebung 248 Einsätze, bei denen 47 Menschen aus unmittelbarer Lebensgefahr gerettet werden.

Am ersten Weihnachtstag 1962 beginnen die Besatzungen des inzwischen von Ahlhorn nach Wittmundhaven verlegten SAR-Kommandos Versorgungsflüge zu den vom Eis eingeschlossenen Ostfriesischen Inseln. Bis zum 20. März 1963 gelingen über 3.000 Versorgungseinsätze zu den Inseln. Die 3. LRetVerbStff kürt hierbei die Insel Baltrum zu ihrer Lieblingsinsel. Das von der Staffel jährlich durchgeführte Sommerlager in Baltrum – als ›Härtelager‹ den vorgesetzten Dienststellen deklariert – gibt noch Jahre später ein beredtes Zeugnis dieser Kontakte. Am 11. April 1963 meldet der Staffelkapitän dem Kommandeur der 4. Luftwaffendivision in Aurich, dem die Staffel jetzt seit 10 Tagen direkt untersteht, die 10.000. Flugstunde.

Am 24. Februar 1964 trifft der Verlegebefehl nach Ahlhorn ein. In zwei großen Formationen – 11 Bristol Sycamore und 8 Do 27 – fliegt man von Faßberg zum neuen Standort. Zwei kleine Zwischenfälle trüben jedoch die ›machtvolle‹ Demonstration der 3. LRetVerbStff bei ihrer Meldung beim Hausherrn des Fliegerhorstes Ahlhorn, dem Kommodore des LTG 62, Oberst Werner Guth: Einmal war ausgerechnet dem Staffelkapitän Camphausen beim Start in Faßberg das Triebwerk nicht angesprungen (was seinem Zugehörigkeitsgefühl zu den Faßbergern zugeschrieben wurde), das andere Mal hatten sich unsere Verbindungsflugzeugführer beim Raussuchen der Frequenz des Ahlhorner Funkfeuers vertan und flogen zum Zeitpunkt des gemeinsamen Überfluges in Ahlhorn wacker in niederländischem Hoheitsbereich![245] Sechs Jahre nach der Indienststellung wird die Bezeichnung der Staffel erneut geändert: Ab 1. April 1965 lautet der neue Name ›3. Hubschrauber-Rettungsstaffel‹. Zwei Tage vor Weihnachten 1965 wechselt wieder einmal die Führung: Als Vertreter des Kommandeurs 4. Luftwaffendivision übergibt der Kommodore des LTG 62, Oberst Werner Guth, die 3. HubschrRetStff an Hauptman Heribert Kühner.

Die Jahre 1966 und 1967 bringen für die Staffel in Ahlhorn eine Phase der Konsolidierung. Die Ausbildung junger Hubschrauberführer und Luftretter ist im Großen und Ganzen abgeschlossen und der personelle Bedarf damit nahezu gedeckt. Die 25.000. Flugstunde wird erreicht, man lebt in guter Nachbarschaft mit den Kameraden vom LTG 62 und unterhält freundschaftliche Beziehungen zur Zivilbevölkerung im norddeutschen Raum, insbesondere zu den Inselgemeinden, dem Unfallkrankenhaus in Hamburg-Lohbrügge, der Stadt Nordenham[246] und natürlich zu den offiziellen Dienststellen im Verwaltungsbezirk Oldenburg. Die technischen Probleme mit dem nun langsam etwas betagten Hubschrauber vom Typ Sycamore hatte man in den ›Griff‹ bekommen und die Verbindung zu den Betreuungsfirmen Luther in Braunschweig und Röder-Präzision in Darmstadt sind außergewöhnlich gut. Den Dienstwagen des Staffelkapitäns ziert der Stander eines Bataillonskommandeurs und die vorgesetzte Kommandobehörde ist in sicherer Entfernung in Aurich. Da ziehen aus Süddeutschland drohende Wolken auf, die die Selbstständigkeit der 3. HubschrRetStff gefährden. Den Ahlhornern wurde nun Angst und Bange, und sie veranstalten am 8. Dezember 1967 ein rauschendes Fest unter dem Motto: ›Sing out 59-67‹. Und richtig, das neue Jahr 1968 hatte kaum begonnen, da wurde die 3. HubschrRetStff (zum letzten

---

[245] Generalmajor Guth erinnerte bei der Übergabe des Flugplatzes an das HTG 64 am 6. April 1971 an die gemeinsame Zeit mit der Staffel als Kommodore LTG 62: »Als ich vor Jahren gefragt wurde, ob im Fliegerhorst eine Hubschrauber-Rettungsstaffel aufgenommen werden könne, habe ich freudig Ja gesagt. Es kam ein fröhliches Häuflein mit eigener Musikkapelle an, das offensichtlich vom Temperament seines Staffelkapitäns, Major Camphausen, in Bewegung gehalten wurde. Sie waren mit viel Schwung überall dabei, im Offizierheim wie in der Uffz-Kameradschaft, hatten sofort guten Kontakt in der Bevölkerung, schoben unermüdlich ihre Bereitschaften im Rettungsdienst, transportierten Schwerkranke, Passagiere und Lasten, setzten Kirchtürme um, übten mit der Feuerwehr, zogen ihren versetzten Staffelkapitän mit der Winde hoch und machten noch viel mehr.« Redemanuskript (handschriftlich) Generalmajor Werner Guth, Kdr LTKdo, anlässlich der Übergabe des Fliegerhorstes Ahlhorn an das HTG 64 v. 6.4.1971. Nachlass Guth.

[246] Die Nordwest-Zeitung berichtet am 2.3.1965 positiv über die Öffentlichkeitsarbeit der 3.Staffel unter der Überschrift »Kontakt mit ziviler Bevölkerung – Piloten der Rettungsstaffel bekamen das Nordenhamer Wappen geschenkt«.

Mal?) umgetauft: Der neue Hubschrauberverband beließ ihr aber wenigstens ihre Zahl, und fortan hieß sie ›3./HTG 64‹.«

Einer der erfahrensten Hubschrauberführer auf der Bristol Sycamore, Hauptmann a.D. Wulf Bertinetti, berichtet über seine Erlebnisse auf diesem Muster, vor allem im SAR-Einsatz vom Fliegerhorst Ahlhorn aus, unter der Überschrift »Mit der Bristol *Sycamore* Mk. 52 im SAR-Einsatz«[247]:

»Nun, nach Beendigung der Ausbildung, ging es in den normalen Staffeldienstbetrieb: SAR-Bereitschaft in Ahlhorn und Jever, und hin und wieder auch Dienst im selbstständigen Kommando in Nörvenich. Daneben natürlich die Durchführung normaler Personentransporte und Frachtflüge.

Am 5. Juli 1968 hatte ich SAR-Bereitschaft in Ahlhorn. Mein Luftrettungsmeister war Oberfeldwebel Hugo Scharf. Anruf der SAR-Leitstelle (RCC): ›Explosionsunfall in der Raketenversuchsanstalt Trauen. Krankentransport von zwei Brandverletzten‹. Sofort wurde das Krankentragestell zur Aufnahme einer zweiten Krankentrage in die ›Rescue-Charly 7808‹ – das Rufzeichen bei Einsätzen – eingebaut. Um 10.30 Uhr waren wir in der Luft und nahmen Kurs in Richtung Trauen auf. Die Raketenversuchsanstalt Trauen geht auf Eugen Sänger zurück und hieß in den 1930er Jahren ›Raketentechnisches Institut der Luftwaffe‹. Im Jahr 1958 ging das Gelände wieder in die deutsche Verwaltung über, und ab 1959 arbeiten hier Wissenschaftler der Deutschen Forschungsanstalt für Luftfahrt e.V. (später DLVR, heute DLR). Das Gelände liegt in der Nähe des Flugplatzes Faßberg. Um 11.30 Uhr erreichten wir das Gelände. Die beiden schwerverletzten Ingenieure wurden auf die obere und untere Krankentrage gebettet. Ziel sollte das Krankenhaus Hamburg-Eppendorf sein. Der Mitflug eines Arztes war angesagt, so musste Oberfeldwebel Scharf seinen Platz räumen, und Dr. Grube war auf dem nach hinten gedrehten Sitz für die medizinische Betreuung während der Überführung zuständig. Start in Trauen um 12.00, Landung in Hamburg um 12.30 Uhr. Die Übergabe und Aufnahme der beiden Verletzten zog sich in die Länge. So starteten wir erst um 16.00 Uhr zum Rückflug nach Ahlhorn – nun hatte ich den Sitz gedreht und der Doktor durfte in Flugrichtung blicken […].

1968 war auch das letzte Jahr der Sycamore in der Luftwaffe, denn das Nachfolgemodell, die Bell UH-1D, wurde in den Dienst gestellt. Am 24. Januar 1969 hatte ich in Landsberg meinen ersten Schulungsflug auf der Bell, am gleichen Tag wurde ich zum Hauptfeldwebel befördert. Doch die Sycamore-Geschichte war noch nicht zu Ende. Am 3. Februar 1969

---

247 Bericht (Auszug) Hptm a.D. Wulf Bertinetti v. 29.6.2013.

überführten wir fünf Sycamore von Ahlhorn nach Landsberg. Und am 18. März 1969 musste ich eine Sycamore, die GAF 7820, von Ahlhorn zu den Lutherwerken in Braunschweig überführen. Dies war mein letzter Flug mit der Bristol Sycamore.«

## 4. Die 1. Hubschrauber Lehr-, Versuchs- und Transportstaffel (Fürstenfeldbruck)

Diese Staffel entstand aus der 1. LRetVerbStff. Ihr Schwerpunkt lag nicht im SAR- und Verbindungsdienst, sondern sie war mit Gebirgsflug, Sonderaufgaben, Truppenversuchen mit neuen Mustern und der fachlichen Vorbereitung zur Aufstellung des HTG 64 in Landsberg, dessen Teil sie werden sollte, beauftragt.

Oberst a.D. Hans-Jürgen »Hajo« Langer diente als Oberleutnant, später als Hauptmann vom April 1965 bis Oktober 1966 in dieser Staffel. Er schrieb in seinem Lebenslauf vom 1.6.1986:

> »Ich ließ mich 1965 von meiner 3. Luftrettungsstaffel in Ahlhorn sofort nach Bayern in die 1. Luftrettungsstaffel in Fürstenfeldbruck versetzen, in der die Konzepte für ein zukünftiges Hubschraubergeschwader (HTG) entwickelt wurden. Umschulung auf die dort geflogene Sikorsky S-58 [H-34]. Auch hier gab es außer Ausbildungs- und Routinebetrieb schwierige und teilweise spektakuläre Rettungseinsätze zusammen mit der Bergwacht im Gebirge, in der Watzmann-Ostwand oder bei Lawinenunglücken. Die Staffel […] bildete die Keimzelle für das 1966 auf dem Fliegerhorst Landsberg gegründete HTG 64, bis dahin Sitz der in Auflösung befindlichen Flugzeugführerschule ›A‹ mit der Fouga Magister[248].«

OTL a.D. Menges ergänzt[249]:

> »Nach meinem Urlaub mit meiner Familie trat ich Mitte Juli meinen Dienst als Einsatzoffizier der Hubschrauber-Lehr- und Versuchstransportstaffel in Fürstenfeldbruck an, wo ich mich nach Meldung beim Staffelkapitän Major Otto Schulz und nach Einweisung in den Staffelbereich mit meinen neuen Aufgaben vertraut machte. Darunter fielen Erstellung einer SOP (Vorschrift für den Einsatzbetrieb) und Vorbereitung eines Lehrgangskonzeptes für die Bordtechnikerausbildung. Zum Üben der Notverfahren wichen wir wegen des dichten Jetflugverkehrs in Fürsty nach Schleißheim aus. Im Oktober 1965 ging die Meldung bei mir ein,

---

[248] Nachlass O a.D. Langer.
[249] Bericht (Auszug) OTL a.D. Winfried Menges v. 4.1.2013.

dass auf der dortigen Runway eine H-34 eine Bruchlandung gebaut hätte. Ein Blick auf den Local-Flugplan ließ keinen Zweifel aufkommen: es waren die späteren Kommodores Werner Geissinger und Jörg Rappke, die beim Autorotieren dem Fahrwerk zu viel Belastung zugemutet hatten. Noch war keine Skycrane in unserem Besitz, sodass wir alternative Bergemöglichkeiten untersuchen mussten. Letztendlich bot sich nach Hauptmann Hajo Langers Berechnungen die praktikable Lösung an, den Crash-Hubschrauber am Lasthaken eines H-34 von Schleißheim nach Fürsty zu fliegen. So stieg ich als Leichtgewicht mit einem weiteren Hubschrauberführer (Leichtgewicht) in die H-34 LA-101, flog zum Crash-Hubschrauber und ließ diesen nach erneuter Kraftstoffbedarfsberechnung in den Lasthaken einhängen. Die berechnete und angezeigte ›Hover-Power‹ [Schwebeleistung] war okay. So ging ich in den Vorwärtsflug über und flog in ca. 300 ft GND mit ca. 40 Knoten in Richtung Fürsty, wo ich den Crash-Hubschrauber am ›Buttler-Hangar‹ absetzte. Nach Bestätigung von Sikorsky-Junior gab es keinen 2. Flug dieser Art: Wir hatten es leider versäumt, dieses einmalige Ereignis in das Guinnessbuch der Rekorde eintragen zu lassen.

Das Besatzungskonzept für die Bell UH-1D sah zwei Hubschrauberführer (HF) und einen Bordtechniker (BT) für den IFR-Einsatz und einen HF und einen BT für den Standard VFR-Einsatz vor. Der BT hatte außerhalb der Standorte Vor- und Nachflugkontrollen durchzuführen, sowie den Piloten während des Fluges zu unterstützen, z.B. bei der Kartennavigation. So begannen wir mit der BT-Ausbildung, die im Laderaum der H-34 infolge der stark begrenzten Sichtverhältnisse äußerst schwierig war, während die Einsprechverfahren bei geöffneter Laderaumtür bei Landungen in schwierigem Gelände, bei Außenlast- und Windenmanövern gute Fortschritte machten. Hierbei haben sich unsere Fassberger Einsprechverfahren erneut bewährt, und die vorgesehenen BT freuten sich über ihre künftigen Aufgaben als Bordtechniker, die ihnen ja auch die BT-Zulage einbrachte.

Zur Vorbereitung der Aufstellung des HTG 64 zum 1. Oktober 1966 hatte man den Staffelkapitän der Fürsty-Staffel, Major Otto Schultz, ein hochdekorierter Me-109-Pilot[250], bereits vorab nach Landsberg beordert. Als sein Stellvertreter war es meine Aufgabe, die Staffel nach Landsberg zu verlegen, wo ich gemäß Weisung des Kommandeurs Fliegende Gruppe, Major Max Dietrich, mit einigen anderen erfahrenen Hubschrauberführern die fehlende SOP für Landsberg erstellte.«

---

[250] Ritterkreuzträger.

## 5. Der erste Großeinsatz bei der Hamburger Sturmflut 1962

Die erste große Bewährungsprobe bei einem Hilfseinsatz im Inland sowohl für das LTKdo Bw als auch für alle anderen beteiligten zivilen Einrichtungen, militärischen Dienststellen und Verbände der Bundeswehr war die folgenreiche Flutkatastrophe vom Februar 1962 in Norddeutschland mit dem Schwerpunkt in Hamburg. Dieser Einsatz begründete das Ansehen der »neuen« deutschen Streitkräfte und baute weitgehend bis dahin vorhandene Vorbehalte in der Zivilbevölkerung ab. Erstmals konnte sich in diesem umfangreichen Hilfseinsatz auch das LTKdo Bw bewähren und sich über die Medien in der Öffentlichkeit bekannt machen. Einen Einblick in den Ablauf der dramatischen Stunden auch beim Lufttransportkommando bietet der Bericht des Journalisten Ulrich Fritze, der am 21. Februar 1962, wenige Tage nach den mehreren Deichbrüchen, General Kammhuber auf einem Rundflug begleitete[251]:

> »Die Luftbrücke begann Sonnabend [17.2.] Nacht. Es war 2.15 Uhr. Der Chef des Stabes der 4. Luftverteidigungsdivision in Aurich ruft den Kommandeur des Lufttransportkommandos der Bundeswehr, Oberst Alfons Vonier, in Köln-Wahn an: ›Katastrophenalarm an der Küste. Die Deiche brechen. Wir brauchen Sandsäcke!‹ Vonier weckt General Kammhuber in Bad Godesberg. Der Inspekteur gibt Alarmbefehl. Alarmiert werden die Lufttransportgeschwader 61 (München-Neubiberg), 62 (Köln-Wahn), 63 (Celle), die Flugzeugführerschule Wunstorf und die beiden Hubschrauber-Rettungsstaffeln der Luftwaffe[252]. In den Unterkünften schrillen die Alarmglocken, in den Wohnungen der Verheirateten klingeln die Telefone Sturm. Überall flammen die Lichter auf, Bordmechaniker hasten über die Betonpisten, reißen auf den Abstellflächen der Noratlas-Transportflugzeuge die Schonbezüge von den Luftschrauben und lassen die Motoren warmlaufen. In den Bereitschaftsräumen der fliegenden Besatzungen machen sich die Männer startklar. Sie streifen die Lederjacken über die Overalls und warten. Das Wetter ist miserabel. In Celle und Wunstorf fegen Orkanböen über die Flugplätze. Es ist fast unmöglich, zu starten. *Drei erfahrene Besatzungen wollen es riskieren. Sie wissen, dass Menschen in Not sind, und sie wollen helfen.* Aber der Staffelkapitän und die Meteorologen sprechen ein Machtwort: ›Unten bleiben! Es geht nicht. Selbst wenn ihr hochkommt, droht oben in der Luft schwerste Vereisungsgefahr!‹ Erst gegen 8 Uhr früh dreht der Sturm. Die schweren Maschinen des Celler Lufttransportgeschwaders 63 gehen ›auf die Reise‹. Sie werfen Zehntausende von Sandsäcken über Baltrum, Norderney,

---

[251] Hamburger Abendblatt (Auszug) v. 22.02.1962, S. 10: So begann die Luftbrücke nach Hamburg. Hamburger Abendblatt an Bord des fliegenden Hauptquartiers. Nachlass Holinka.
[252] Vgl. Ziese, Hubschrauber der Luftwaffe im Katastropheneinsatz, S. 13-17.

Wangerooge und Spiekeroog ab. Die Operation ›Katastrophe Nordsee‹ beginnt. In Köln-Wahn ziehen Oberst Vonier und sein Stabschef Oberstleutnant Matheis Bilanz. 150 Noratlas-Transporter und 56 Hubschrauber haben sie ›in der Hand‹. Matheis, ein Hamburger, ist Generalstabsoffizier des Heeres. Der Stab des Lufttransportkommandos der Bundeswehr ist ›integriert‹[253], das heißt Offiziere der Luftwaffe, des Heeres und der Marine arbeiten zusammen. *Als am Sonnabendmorgen klar wird, dass der Schwerpunkt der Katastrophe Hamburg ist, werden auch die Heeres-Hubschrauberstaffeln alarmiert.* Der Inspizient der Heeresflieger und Luftlandetruppen, Brigadegeneral Bernd von Baer[254], übernimmt das Kommando in Fuhlsbüttel. Er dirigiert die große Hubschrauber-Armada.«

Von einer »Welle der Hilfsbereitschaft« für die Küstenbewohner berichtete auch der Bonner General-Anzeiger:

»Im Industriegebiet wurden 31.000 Wolldecken gespendet. Sie werden heute nach Hamburg geflogen. Die Amerikaner stellten aus Beständen, die teilweise noch in Frankreich lagern, 200.000 Sandsäcke, 50.000 Wolldecken und 5.000 Garnituren Unterwäsche zur Verfügung. 11 Flugzeuge sind unterwegs, um die Spende vom Flugplatz Sembach in der Pfalz nach Hamburg zu bringen. Am Samstag waren ständig 20 Transportflugzeuge und 24 Hubschrauber in der Luft. Die gestrigen Lufttransportflüge lassen sich noch nicht übersehen. Am Abend wurden von Wahn aus 3.500 Wolldecken und 4.000 Luftmatratzen nach Hamburg geflogen [...]. Beim Lufttransportkommando in Wahn gibt es Offiziere aller Waffengattungen, denn der Lufttransport ist für die ganze Bundeswehr zuständig. Es ist der kostspieligste Transport, der gleichzeitig auch den knappsten Raum zur Verfügung hat [...]. ›Die größte Chance haben die Transportflieger, wenn, wie in diesem Fall, alle anderen Transportmittel durch Naturkatastrophen, unvorhergesehene Ereignisse oder Kriegseinwirkung versagen‹, meint Oberst Vonier. Das beste Beispiel dafür war die Luftbrücke nach Berlin‹.«

---

[253] Der richtige Begriff hieße »joint«; »integriert« ist ein internationaler Stab, z.B. bei der NATO.

[254] Generalmajor Bernd von Baer (*1911 † 1981). Von 3/1960-2/1962 Inspizient der HFlg u. StvGendFüTr/TrAmt, Köln. Er gewährte den Heeresfliegern bei den Hilfseinsätzen während der Flutkatastrophe in Norddeutschland weitgehende Handlungsfreiheit. Vgl. auch Range, Kriegsgedient, S. 46.

Aber auch die Besatzungen der Lufttransportgeschwader 61 und 62 sowie die Ausbilder an der Flugzeugführerschule »S« kamen während der Flutkatastrophe mit ihren Noratlas zum Einsatz[255].

Einzelheiten aus der Sicht eines im Hilfseinsatz teilgenommenen Hubschrauberführers schildert eine Veröffentlichung aus dem Jahr 1988[256]:

»Noch in der Nacht zum Sonntag des 18. Februar startet Oberleutnant Winfried Menges von Faßberg aus mit einer Bell 47 zu einem ersten Erkundungsflug nach Hamburg. Winfried Menges gehört zu den Piloten, die heute in Ahlhorn stationiert sind, und die damals als junge Hubschrauberführer zum Einsatz kamen[257]. Was er im ersten Morgengrauen des 18. Februar sieht, ist schrecklich. Die südlichen Stadtteile von Hamburg sind eine unendliche, eiskalte Wasserwüste. Die Menschen hängen in Bäumen, stehen auf Hausdächern und Balkonen, froh, wenigstens das nackte Leben gerettet zu haben.

Im Laufe des Vormittags verlegt die Luftwaffe elf Bell 47-G, fünf Sikorsky H-34 und sechs Bristol Sycamore nach Hamburg-Fuhlsbüttel. Ein orkanartiger Wind aus Nordwest mit unberechenbaren Böen verlangt alle fliegerische Aufmerksamkeit. Auch ohne eine Windenanlage holen die Besatzungen verzweifelte Menschen von Bäumen und Hausdächern: über der eisigen Wasserwüste, in den krachenden Sturmböen aus Nordwest ist jeder Anflug ein Abenteuer. Wenn dann endlich, mit viel Geschick geflogen, der Hubschrauber einigermaßen ruhig steht, dann fällt eine Strickleiter nach unten. Klamme Finger fassen zu: gerettet! Mit Ihrem Untergestell schlagen Hubschrauber Löcher in die hölzernen Decken von Behelfswohnheimen, die fast bis zur Deckenhöhe vom Wasser eingeschlossen sind. Die Menschen kommen auf das Dach und werden an Bord genommen. Versorgt werden die Menschen im wahrsten Sinne aus der Luft. Man fliegt bis an die Hausdächer oder Balkone heran und reicht oder wirft das Nötigste einfach aua dem schwebenden Hubschrauber. Menschen auf Hausdächern strecken ihre Arme in die Höhe: mit ihren Händen fangen sie das Brot auf, das vom Himmel fällt[258].

---

[255] Wittrock, Fliegerhorst Wunstorf, Teil 2, S. 121: »Unmittelbar nach Bekanntwerden der Katastrophe [am 17. Februar] übernahm der Fliegerhorst Wunstorf die Funktion des »Master Diversion Airfield« (Hauptausweichplatz) und wurde zum Hauptumschlagplatz für 115.000 Sandsäcke, 5.800 Wolldecken und 3.000 Luftmatratzen […]. Insgesamt absolvierte die AusbGruppe 14 Einsätze mit einer Gesamtflugzeit von 34 Stunden. Auch die Wartungsstaffel gab ihr Bestes, indem sie zeitweilig bis zu 18 Noras einsatzbereit hielt.«

[256] Ziese, Hubschrauber der Luftwaffe im Katastropheneinsatz.

[257] 1988 lag das im September 1993 aufgelöste HTG 64 in Ahlhorn.

[258] Auch Leutnant Hans-Jürgen »Hajo« Langer flog mit seinem Co-Piloten, Oberfeldwebel Stecher, vom 17. bis 19. Februar 1962 mit seiner Sycamore (AS-326) mehrere Einsätze über Hamburg und Umgebung. So am 17. Februar um 0720 Uhr vom Fliegerhorst Faßberg nach

In vier Einsatztagen wurden die Piloten bis an die Grenze ihrer Leistungsfähigkeit geführt. Es waren Probleme zu bewältigen, für die das noch sehr junge Hubschrauberleben nicht immer Patentrezepte hergab. Es wurde improvisiert und man kämpfte bis zum Umfallen. Die Besatzungen der Flugzeugführerschule ›S‹ und der 3. Rettungs- und Verbindungsstaffel, die mit elf Sycamore an der Nordseeküste im Einsatz waren, flogen 500 Einsätze und retteten 183 Menschen aus Lebensgefahr. Insgesamt beteiligten sich 87 Hubschrauber der Luftwaffe, der Marine, des Heeres und der US-Streitkräfte.

Der damalige Innensenator der Freien und Hansestadt Hamburg, Helmut Schmidt, sprach am 21. Februar 1962 vor dem Senat von insgesamt 1.130 Menschen, die von Hubschraubern gerettet wurden, und dankte den Besatzungen für ihren vorbildlichen Einsatz«.

Aus den Erfahrungen des Agadir-Einsatzes 1960 hatte man gelernt. Das LTKdo Bw bewährte sich als Koordinator und erstmals als »Führungszentrale« für den Versorgungseinsatz mit Transportflugzeugen und Hubschraubern. Durch qualifiziertes Stabspersonal aus Heer und Marine war nun auch die notwendige Expertise für deren abgestimmten Einsatz vorhanden. Dennoch handelte es sich um einen Hilfseinsatz, an dem Streitkräfte und zivile Hilfsorgane am Boden, auf dem Wasser und in der Luft tätig waren. Nur die Abstimmung mit den US-Streitkräften und den zivilen Behörden überforderte das LTKdo Bw; das war auch nicht seine Aufgabe. Die an den Hilfseinsätzen beteiligten Fliegenden Verbände leisteten Hervorragendes. Die Hubschrauberbesatzungen von Heer und Luftwaffe auf den Alouette II, Sycamore, H-34 und H-21C flogen unentwegt unter widrigsten, teilweise auch gefährlichen Wetterbedingungen bis zur Erschöpfung. Verluste waren glücklicherweise nicht zu beklagen. Die Anerkennung seitens der Politik und Zivilbevölkerung war ihnen sicher.

---

Oldenburg, pendelte von dort zweimal nach Papenburg, und landete nachts um 0240 Uhr in Hamburg-Fuhlsbüttel. Er vermerkte in seinem Flugbuch einen Sturm von 60 Knoten (kts)! Am 18. Februar flog er von 0635 Uhr bis abends 1700 Uhr Einsätze zur Luftrettung im Stadtgebiet von Hamburg, weitere Rettungsflüge am 19. Februar von 0745 Uhr bis 0040 Uhr. Er notierte u.a. in seinem Flugbuch: »In Altenwerder-Finkenwerder 2 alte Leute und 1 Kind gewinscht/40 kts. 4 Personen ausgeflogen, Benzin, Verpflegung. Versorgungsflüge, Wasser. Erkundung, Wetterflug, 1 Ingenieur, Dieselöl, Versorgung + 3 Mann Filmteam »*Das Fenster*.« Insgesamt machte die Crew 42 Landungen bei rund 20 Flugstunden – aber unter welchen Bedingungen!

# VIII. Das Lufttransportkommando (LTKdo)

## 1. Organisationsstrukturen der Luftwaffe – ein kurzer Abriss[259]

Erst nach dem Erlangen der weitgehenden nationalen Souveränität und Mitgliedschaft der Bundesrepublik in der NATO und WEU kam es am 7. Juni 1955 zur Umbenennung des »Amtes Blank« in »Bundesministerium für Verteidigung«. Die bis dahin für die Belange der Luftwaffe zuständige Abteilung IV formierte sich am 1. Juni 1957 mit sieben Unterabteilungen zum »Führungsstab der Luftwaffe« mit dem Inspekteur der Luftwaffe an der Spitze.

Unterstellt waren ihm fünf nachgeordnete Kommandobereiche: Der Schwerpunkt »Ausbildung« lag bei dem in Fürstenfeldbruck aufgestellten Kommando der Schulen (KdSLw). Es war für die gesamte fliegerische, technische und allgemein-militärische Ausbildung zuständig. Bedingt durch den raschen Aufwuchs und den hohen Ausbildungsbedarf teilte man dessen unterstellten Bereich ab 1960 in vier Ausbildungsbrigaden auf.

Das Materialkommando der Luftwaffe war zuständig für die Versorgung und Logistik, das Allgemeine Luftwaffenamt diente als zentrale Stelle für Verwaltung und Spezialfragen. Es war aus der seit dem 20. April 1956 existierenden Dienststelle für zentrale Luftwaffenangelegenheiten hervorgegangen. Die Führung der Einsatzverbände lag bei den territorialen Luftwaffengruppen Nord und Süd. Die Struktur wechselte mehrfach kurzfristig.

Aus der Vorbereitungsstelle für bodenständige Aufgaben entstanden im Mai 1956 die Kommandos der Fliegerhorste Nord und Süd. Ihnen sollten die Fliegerhorstgruppen der Fliegenden Verbände, die Luftwaffen-Pionierstäbe, Fernmelderegimenter, Schieß- und Bombenabwurfplätze und die Luftwaffenmusikkorps unterstellt werden, doch kam die Luftwaffe diesbezüglich über das Planungsstadium nicht hinaus. An ihrer Stelle entstanden die Luftwaffengruppenkommandos Nord in Münster und Süd in Karlsruhe im Januar 1957. Diese führten befristet je ein Kommando der Luftwaffenbodenorganisation, ein Luftverteidigungskorps und ein Fliegerkorps. Im Frühjahr 1958 nahm die Luftwaffenführung die Umgliederung in je zwei Luftverteidigungsdivisionen und je eine Fliegerdivision Nord und Süd vor, während die Verantwortung für die Unterstützungsverbände und Schulen beim Allgemeinen Luftwaffenamt in Wahn lag. Das Grundprinzip der ersten Kommandostruktur lautete: Trennung von Einsatz, Versorgung und Ausbildung in der Führungsverantwortung.

---

[259] Vgl. Lemke, Die Luftwaffe, S. 568f. wie auch Chronik Führungsstab der Luftwaffe, sowie Rink, Die Bundeswehr, S. 58-65 und Möllers, Die Luftwaffe und ihre Strukturen, S. 18-48.

Die Luftwaffen-Rettungs- und Verbindungsstaffeln sowie die Lufttransportverbände waren dezentral zunächst den Luftwaffengruppen bzw. später den Luftwaffendivisionen unterstellt und von dort geführt. So unterstand das LTG 61 in Neubiberg zunächst dem Fliegerführer Süd, ab dem 1. Januar 1958 der Luftwaffengruppe Süd, ab 15. Mai 1963 dem Kommando der 1. Luftwaffendivision in Fürstenfeldbruck. Die 1956 aufgestellte FFS »S« unterstand auf allen seinen Standorten von Anbeginn an dem Kommando der Schulen, später dem Luftwaffenamt. Das ab 1959 in Celle und Wahn aufgestellte LTG 62 (einschließlich bis 1963 der Flugbereitschaft BMVg als 3./LTG 62[260]) und das LTG 63 in Celle unterstanden ab 1961 der Luftwaffengruppe Nord, ab 1. April 1963 der 3. Luftwaffendivision in Kalkar[261] und ab 1. Juni 1967 der 7. Luftwaffendivision in Schleswig. Das HTG 64 in Landsberg unterstand ab 1966 zunächst der 1. Luftwaffendivision, dann in Ahlhorn stationiert ab 1. April 1968 dem LTKdo.

Mit der Aufstellung des Lufttransportkommandos der Bundeswehr (LTKdo Bw) im Oktober 1961 gelang vorerst nur eine zentrale Planung des Lufttransportbedarfs und zuweilen die Koordination der Einsätze. Der »disziplinare Zugriff« auf die Verbände und die Zuständigkeit für die Grundlagenarbeit fehlten noch, auch unterblieben die Durchsetzung einheitlicher Verfahren bzw. eine übergreifende Standardisierung. Außerdem blieben die Luftwaffen-Rettungs- und Verbindungsstaffeln und auch das 1966 aufgestellte HTG 64 außen vor. Erst zum 1. April 1968 schuf die Luftwaffe mit dem LTKdo als Luftwaffendivision in Wahn, ab 1971 in Münster, als Teil der Fachkommandostruktur der Luftwaffe mit der Unterstellung aller Lufttransportverbände und des SAR-Dienstes der Bundeswehr eine Führung »aus einer Hand«.

---

[260] Unterstellungen der Flugbereitschaft BMVg im Detail in einen späteren Abschnitt.
[261] Vgl. auch Jarosch, Immer im Einsatz, S. 22-25 und S. 42-44.

# Neue Kommandostruktur der Luftwaffe 1970

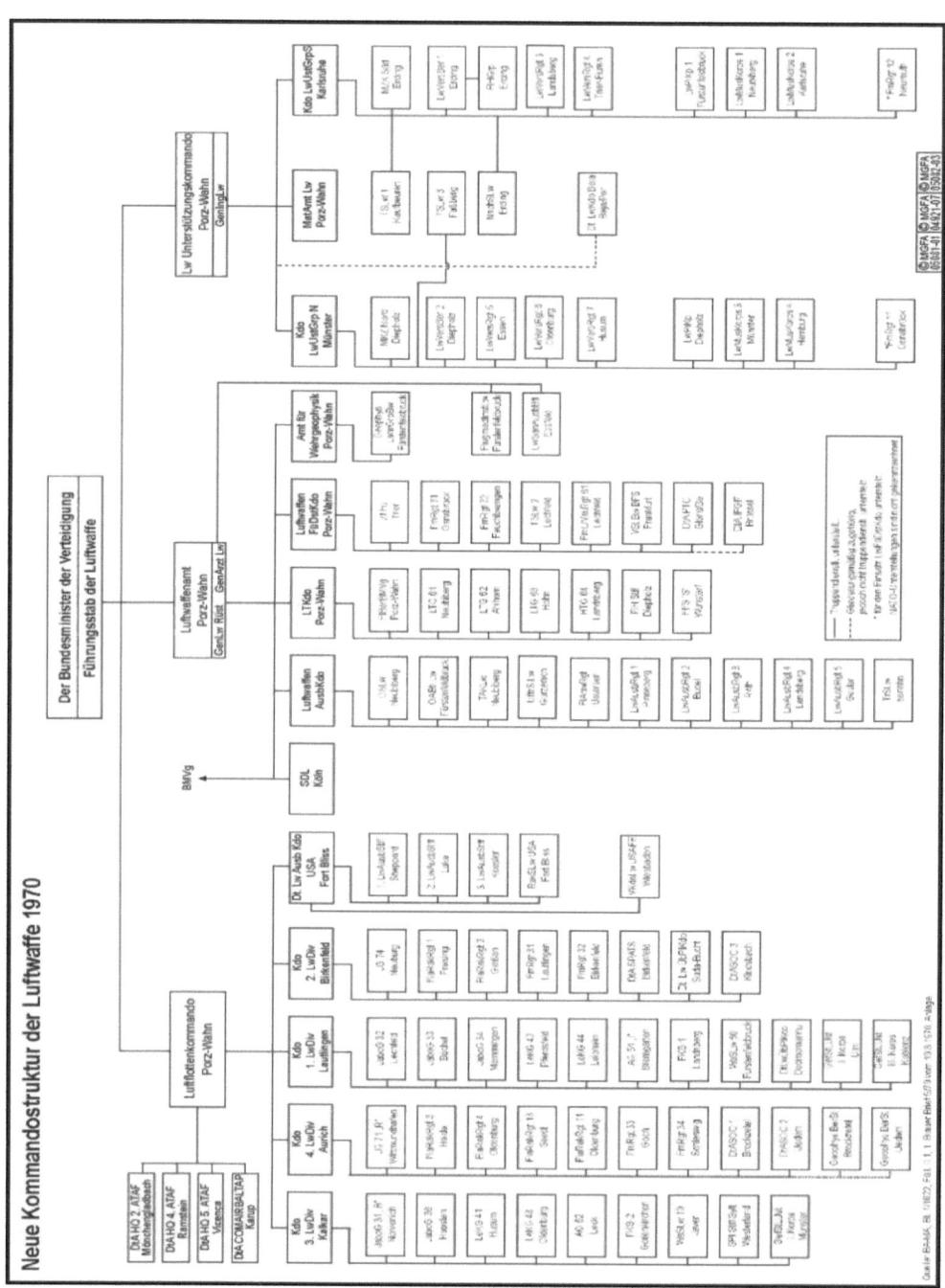

## 2. Der Führungsstab der Luftwaffe –
## wichtig für SAR und Verbindungseinsatz?

Zum Verständnis der aus den Archiven entnommenen Ausführungen und Berichte der Zeitzeugen ist ein kurzer Blick auf die oberste Entscheidungsebene der Luftwaffe, nämlich ihren Führungsstab (Fü L), unverzichtbar[262]. Nur so ist zu klären, an welcher Stelle die Einsatzkompetenz lag und inwieweit die Transportflieger einschließlich der Hubschrauber dort ihre Interessen vertreten konnten. Die Chronik des Führungsstabes der Luftwaffe beschreibt seine Funktion und seinen Wandel von den Aufbaujahren bis 2012, wobei hier nur der Zeitraum bis 1971 von Interesse ist[263].

Der Aufbau des Führungsstabes durchlief seit seiner Aufstellung am 1. Juni 1957 verschiedene Stadien, wobei der Personalumfang und die Zahl der Unterabteilungen und Referate wiederholt wechselten.

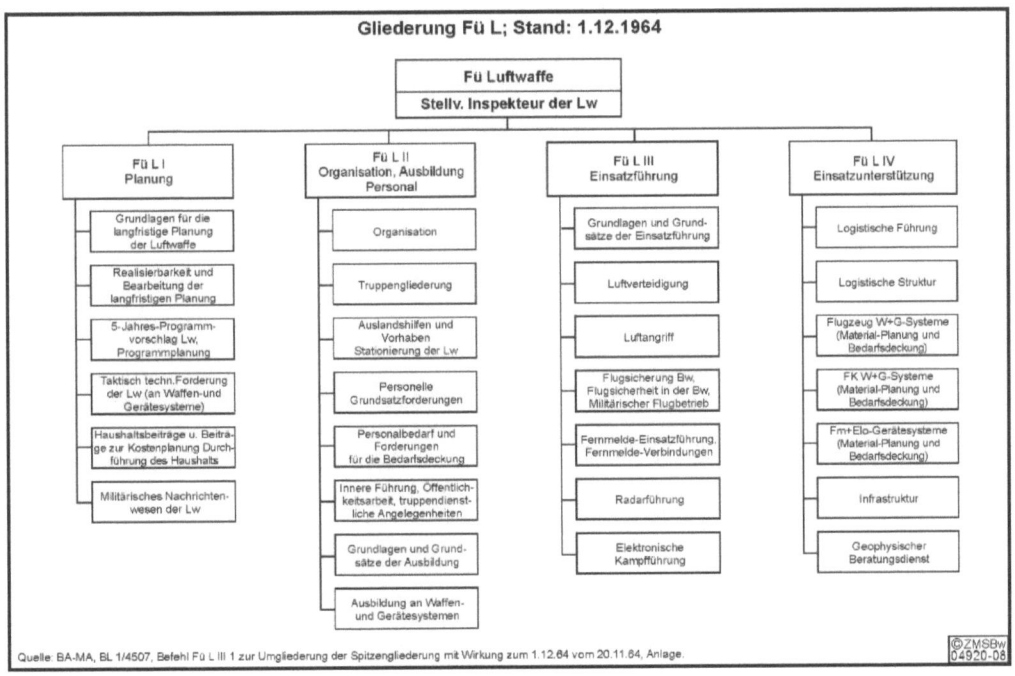

Gliederung Fü L; Stand: 1.12.1964

Quelle: BA-MA, BL 1/4507, Befehl Fü L III 1 zur Umgliederung der Spitzengliederung mit Wirkung zum 1.12.64 vom 20.11.64, Anlage.

---

262  Siehe hierzu Ahrens, Die Transportflieger der Luftwaffe, S. 114-120.
263  Chronik Führungsstab der Luftwaffe, S. 11-13. Zu den allgemeinen organisatorischen Grundlagen der Bundeswehr siehe u.a. Rautenberg, Streitkräfte und Spitzengliederung; umfassend zu den Aufbaujahren Hornung, Staat und Politik; auch Krüger, Das Amt Blank; und Rink, Die Bundeswehr, S. 48-50.

1957 noch mit sieben Unterabteilungen und 38 Referaten ausgestattet, kam es ab Ende 1964 beim Fü L zu einer Reduzierung auf vier Unterabteilungen mit 28 Referaten.

Für die Führung/Einsatzführung war die Stabsabteilung Fü L III verantwortlich. Als Folge der »Starfighterkrise« im Jahr 1966 erhielt der neue Inspekteur, Generalleutnant Steinhoff, erweiterte Kompetenzen und setzte eine Straffung der bisherigen Kommandostruktur und die Einrichtung von Fachkommandos ab 1. Januar 1970 durch. Der Fü L umfasste ab 1. Dezember 1970 nunmehr sieben Stabsabteilungen mit 37 Referaten.

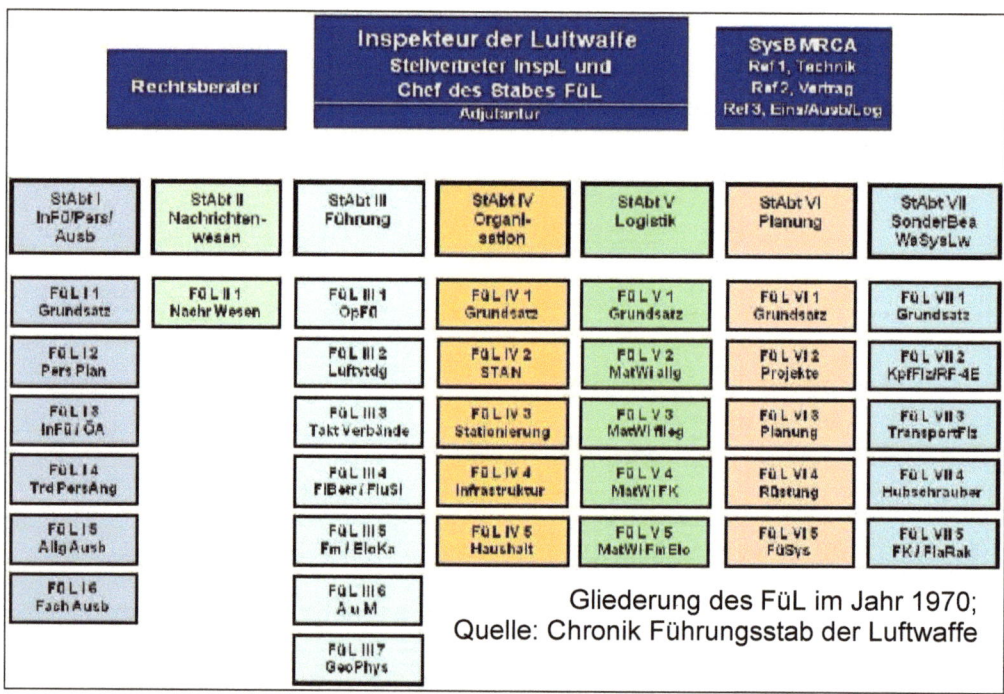

Gliederung des FüL im Jahr 1970;
Quelle: Chronik Führungsstab der Luftwaffe

Diese durch Steinhoff initiierte und auch gegen Widerstände durchgesetzte Struktur sollte bis zur Wiedervereinigung und dem Aufbau der »Armee der Einheit« Anfang der 1990er Jahre im Wesentlichen Bestand haben.

Im Führungsstab der Luftwaffe als Teil des BMVg fehlte seit 1955 durchgängig ein eigenes Referat für den Bereich »Lufttransport/SAR«. Auch darin drückte sich die geringe Bedeutung aus, die die Inspekteure diesen militärischen Fähigkeiten in Frieden, Krise und Krieg und den sich daraus ableitbaren Handlungsoptionen für die politische Leitung beimaßen. Obwohl detaillierte Personalübersichten des Führungsstabes der Luftwaffe bis Mitte der 1960er Jahre fehlen oder aber nicht zugänglich waren, ist nach dem ministeriellen Schrift-verkehr bislang davon auszugehen, dass sich die Lufttransportexpertise im Fü L im Bereich »Einsatz« auf die Ebene »(Hilfs-)Referent« im Dienstgrad Major oder Oberstleutnant beschränkte. Diese ein bis zwei (Hilfs-)Referenten waren Teil des Referates Fü L III 3 »Einsatz/Einsatzführung« bzw. »Luftangriff«, und glücklicherweise nicht der Logistik unterstellt. Die Luftwaffenführung war auf das Wissen und die Erfahrung dieser Fachleute angewiesen und griff bei Bedarf auch auf sie zurück.

Von 1961 bis 1969 nahm der kriegsgediente Ritterkreuzträger Oberst-leutnant Edgar Schwaneberg[264] die Aufgaben als Hilfsreferent im Fü L für den Bereich Lufttransport (Fläche) wahr. Offensichtlich gingen vor allem von ihm einige konzeptionelle Anstöße auf diesem Gebiet aus. Dafür sprechen auch seine regelmäßigen Veröffentlichungen in militärischen Publikationen zwischen 1962 und 1966 zu Fragen des Konzeptes, der Organisation und des taktischen Einsatzes von Transportflugzeugen der Luftwaffe[265]. Inwieweit sich seine Überlegungen auf die Entscheidungen der Luftwaffenführung auswirkten, ist aus der Aktenlage nur im Einzelfall nachvollziehbar.

Über seinen Mitstreiter im Referat Fü L III 3 für den Bereich Hubschrauber/SAR, Oberstleutnant Clemens Bauer (dort 1.10.1969-30.9.1981) liegen weder Personaldaten noch schriftliche Unterlagen vor bzw. diese waren auch über Zeitzeugen nicht nachweisbar[266]. Daher sind Aussagen über die Einflussnahme Bauers auf die Luftwaffenführung auf seinem Fachgebiet im behandelten Zeitraum nicht möglich. Es ist aber sehr wahrscheinlich, dass er sowohl im Ministerium, mit den unterstellten Kommandobehörden und auch der Truppe in fachlichen Fragen konstruktiv korrespondierte. Zudem war nicht ermittelbar, ob es einen Vorgänger in den Anfangsjahren bis 1969 gab. Die ministeriellen Arbeiten auf den Gebieten Grundsatz, Führung und Einsatz Hub/SAR nahmen ggf. andere Referate wahr oder sie entstanden als externe Zuarbeit im unterstellten Luftwaffenamt. Hierzu gehörte auch der umtriebige Oberstleutnant Karl Rammelt, der von April 1961 bis September 1965 als S3-Flugzeugführer-Stabsoffizier bei der Inspektion Transport-/Kampfflugzeuge der Luftwaffe in Wahn u.a. die Luftwaffenführung mit seinen zukunftsweisenden Denkschriften zum zukünftigen Einsatz von Hubschraubern konfrontierte – jedoch erfolglos.

---

264  OTL Edgar Schwaneberg, zunächst Fü L II 4, ab 1.12.1964 umbenannt in Fü L III 3, vom 1.7.1961 bis 30.9.1969. Vita im Anhang.

265  Eine Übersicht findet sich in »Literaturhinweise (Auswahl) Militärischer Lufttransport Oktober 1970«, LL/LTS, Altenstadt 1970, und im Literaturverzeichnis dieses Buches.

266  OTL a.D. Siegfried Höhne nennt in seinem Bericht v. 25.3.2014 zur Hubschrauber-Grundausbildung auf dem Hummerich v. 10.3.-16.7.1958 auch den Fluglehrer (Vorname?) Bauer. Das könnte zum Verwendungsaufbau Clemens Bauers auch zeitlich passen.

Bei Dienstantritt von Major i.G. Eckhard Dickhaut als Hilfsreferent Fü L III 3 am 1. Oktober 1969, als erstem nichtkriegsgedientem Generalstabsoffizier auf dem für Transportflieger (Fläche) ausgewiesenen Dienstposten, fehlte eine ausführliche Geschäftsübergabe durch seinen Vorgänger Edgar Schwaneberg, der sich zu diesem Zeitpunkt bereits im Ruhestand befand[267]. Unerfahrenheit in der Stabsarbeit und die Einarbeitung in völlig unbekannte Sachverhalte nahmen viel Zeit in Anspruch – all dies zulasten der eigentlich gedachten konzeptionellen Arbeit[268]. Die Zusammenarbeit mit dem LTKdo, vor allem mit der Abteilung A3, erachtete Dickhaut jedoch als »sehr gut«.

Für Dickhaut war als Neuling auf der Bonner Hardthöhe das in der Stabsarbeit auf der politischen Willensbildung gründende, vorherrschende »Konsensprinzip« eine große Herausforderung und ein zeitraubender Prozess, der seinen ohnehin meist hohen Termindruck weiter verschärfte. Das Einbringen von Interessen des Lufttransportes, z.B. in Konkurrenz zu den Fliegenden Kampfverbänden der Luftwaffe, war demnach auf dieser Ebene nur bedingt möglich.

Erst mit der Aufstellung des LTKdo als Divisionsstab *und* Fachkommando für den Lufttransport/SAR zum 1. April 1968 erlangten die Transportflieger einschließlich der Hubschrauberführer über »ihren« Kommandeur als Generalmajor im Kreis der Generalität mehr Einfluss beim nachhaltigen Ringen um die Belange des Lufttransportes und des SAR-Dienstes. Weit über das Jahr 1971 hinaus ging es dem LTKdo überwiegend darum, den Dienstbetrieb im Lufttransportbereich zu optimieren und wiederholte Eingriffe in sein Personal, sein Material und seine Struktur – meist zugunsten der Kampfverbände der Luftwaffe – zu verhindern bzw. wenigstens abzumildern.

## 3. Organisation, Aufgaben und Einsatz des LTKdo

Nachfolger von Oberst Vonier als Leiter des 1961 aufgestellten LTKdo Bw wurde zum 1. Oktober 1965 der als Leiter der deutschen Beratergruppe Tanganjika vorzeitig zurückgekehrte Oberst i.G. Herbert Treppe. Er und sein Stab sahen sich alsbald mit den Überlegungen des Ministeriums zur Neuausrichtung

---

[267] Bericht (Auszug) O a.D. Eckhardt Dickhaut vom 21.11.2014.

[268] Hornung, Staat und Armee, S. 313, stellt mit Blick auf »die allgemeinen Probleme des ministeriellen Geschäftsgangs« fest, »dass die militärischen Referenten, die im üblichen Rotationsverfahren meist nur wenige Jahre ins Ministerium gelangen, in der großen Mehrzahl der Fälle für diese Tätigkeit [im Gegensatz zum Zivilpersonal] nicht genügend vorbereitet und ausgebildet sind.«

der Luftwaffe auf eine Fachkommandostruktur und den Bestrebungen zur Reduzierung des Personalumfangs der Lufttransportverbände zugunsten der Fliegenden Kampfverbände konfrontiert.

Die im Fü L eingerichtete »Arbeitsgruppe Kommandostruktur« befasste sich denn auch mit dem Aufbau des »neuen« LTKdo. Sie griff dabei auf die Organisationsgrundlagen und Aufgaben des LTKdo Bw zurück. Somit war die dortige Lufttransportexpertise gefragt, vor allem in der Zuarbeit von Einzelaufgaben des zukünftigen Stabes[269]. Ausgehend von der Aufgabenbeschreibung des LTKdo Bw und dem dafür bislang ausgewiesenen Personalbedarf ging es nun darum, die zusätzlichen Aufgaben des LTKdo und die aufgrund der räumlichen Enge in Wahn in Aussicht gestellte Verlegung nach Münster (Frühjahr 1971) im Rahmen einer veränderten Organisationsstruktur zu untersuchen und mit Personal und Material zu unterlegen. Alle Abteilungen (A1 bis A6) hatten hierfür eine angepasste Aufgabenbeschreibung vorzulegen[270]. Deren Anhang zeigte den nach »Offizieren, Unteroffizieren, Mannschaften« aufgeschlüsselten Personalbedarf (Friedensstärke, also F-STAN) des LTKdo (neu). Er wies für den Stab insgesamt 100 Soldaten (Offiziere/Unteroffiziere/Mannschaften: 36/60/4) aus, zusätzlich einen Stabszug von 30 Soldaten (0/15/15) und einen Fernmeldebetriebszug von 40 Soldaten (0/9/31). Daraus ergab sich ein Personalumfang (neu) von 170 Soldaten (36/84/50). Die Ist-Stärke des LTKdo Bw umfasste am 7. Mai 1967 aber nur 44 Soldaten (10/13/21), sodass ein zusätzlicher Personalbedarf von insgesamt 126 Soldaten (26/71/29) entstand[271].

In einer weiteren undatierten Übersicht erhöhte sich der Personalumfang auf insgesamt 188 Soldaten (66/100/22) für einen damals unterstellten Divisionsbereich von 6.800 Personen. Organisationsstruktur und Personalumfang erfuhren noch einige weitere Anpassungen, bevor das BMVg die ersten Organisationsgrundlagen (vorläufige STAN mit Stellenplan) erließ. Folgende Bereiche unterschieden sich beim LTKdo wesentlich vom bisherigen LTKdo Bw:

— die truppendienstliche Führung aller Lufttransportverbände der Luftwaffe, inkl. Hubschrauber,
— die verantwortliche Grundsatz- und Grundlagenarbeit als »Fachkommando«,
— die Standardisierung für den Bereich aller Luftfahrzeuge des LTKdo,
— die notwendige Erweiterung des Gefechtsstandbetriebes,
— die Zuständigkeit für Such- und Rettungsdienste (SAR),

269 BArch, BL 1/5794: Fü L - ArbGrpKdoStruktur v. 30.5.1967. Handschriftliche Aktennotiz.
270 BArch, BL 1/5794: ArbGrpKdoStruktur v. 12.5.1967 mit Anlagen Personalbedarf LTKdo.
271 Handschriftlich kommentierte der Verfasser: »1) Fernmeldebetriebszug im Einzelnen noch nicht untersucht, Gesamtzahl aber abgesprochen! 2) Zahlen sind äußerst knapp bemessen Friedens-STAN. K-STAN sieht zusätzlich vor: Stab: 16/20/05: 41; Stabszug: 01/16/31: 49; Summe: 17/36/37: 90«.

– die alleinige Zuständigkeit für die Fachausbildung des Fliegenden Personals,
– die Einrichtung eines Kommandoarztes LTKdo für alle unterstellen Fliegenden LT-Verbände.

Eine entsprechende organisatorische Erweiterung des Personalumfangs war für die Wahrnehmung dieser Aufgaben unerlässlich. Auch mit der Versetzung von Personal aus anderen Stäben, vor allem aber aus der Truppe, gelang dies nur schrittweise. Mit der Herausgabe des »Befehls für die Änderung der Kommandostruktur der Luftwaffe« vom September 1967 war das Ringen um die Aufstellung eines LTKdo als Fachkommando zunächst beendet. Darin hieß es u.a. unter Punkt 4: »a) Das Lufttransportkommando wird unterstellt: (1) truppendienstlich dem Amtschef Luftwaffenamt, (2) für den Einsatz dem Bundesminister der Verteidigung, b) Dem Lufttransportkommando werden in jeder Hinsicht unterstellt: FlBschft BMVg, LTG 61, LTG 62, LTG 63, HTG 64, FFS »S«, TrVsuStff [Truppenversuchsstaffel] Transall, 1. LwFeldErsBtl[272].«

Im »Befehl für die Umgliederung Lufttransportkommando (LTKdo)« und der beigefügten »Dienstanweisung für den Kommandeur des Lufttransportkommandos« vom 5. April 1968[273] wurden ergänzend die SAR-Leitstellen Nord und Süd truppendienstlich und für den Einsatz unterstellt sowie die Führung der Einsätze des SAR-Dienstes aufgeführt.

Im Gegensatz zu den Kampfverbänden der Luftwaffe entfiel nun einerseits die Unterstellung unter die Ebene der Luftwaffengruppen, andererseits die sofortige Unterstellung unter die NATO-Befehlshaber, denen bei Bedarf in Krise und Krieg nur Teile der deutschen Transportflotte zur Verfügung standen. Auch war der zentrale Zugriff des LTKdo auf die Hubschrauberflotte der Luftwaffe und den SAR-Dienst hergestellt.

Die Unterstellung für den Einsatz ohne Zwischenvorgesetze unter das BMVg, also in der Praxis unter den Fü L (III 3), löste beim Fü S und den anderen Teilstreitkräften Unsicherheit über die planbare und zuverlässige Bereitstellung von Kapazitäten für den eigenen Bedarf aus[274].

Der Umfang des LTKdo und seines unterstellten Bereiches betrug zum März 1970 insgesamt 9.091 Personen im Vergleich zum ausgewiesenen STAN-Soll von 9.545. Beim Fliegenden Personal allein (Flugzeug- und Hubschrauberführer) fehlten rund 150 Mann. Zunächst musste sich der neue Stab personell

[272] BArch, BL 1/63351: BMVg Fü L II 1 v. 1.9.1967, S. 6f.
[273] BArch, BL 1/63351: BMVg Fü L II 1 v. 5.4.1968.
[274] BArch, BL 1/6235: Fü L II/Fü L II 1 - Az 10-51-14-05 v. 13.5.1968. In dem Schreiben weist Fü L II auf die in der Verteidigungsstärke (V-STAN) des LTKdo ausgewiesenen drei Dienstposten für das Heer hin. Ob der Fü H im Mitzeichnungsgang durch den Fü L aufgrund der früheren Querelen bei der Aufstellung des LTKdo Bw oder aus rein sachlichen Gründen unberücksichtigt blieb, ist aus der Aktenlage nicht mehr ersichtlich.

auffüllen und seine internen und externen Zuständigkeiten klären, neue Verbindungen aufbauen und bestehende festigen[275].

Die Kernaufgabe als Dienstleister in allen Fragen des Lufttransportes gegenüber der Bundeswehr und anderen Stellen nahm die Abteilung A3 unter einem Oberst i.G. wahr. Grundsätzlich war Lufttransportraum vom Bedarfsträger beim LTKdo zu beantragen und letztendlich durch den Kommandeur des LTKdo zu entscheiden. Lufttransportraum war seit jeher sehr knapp und kostenaufwändig und nur gerechtfertigt, wenn der Transport mit anderen Mitteln nicht oder nicht rechtzeitig durchführbar war. Strittige Fragen wurden seitens des Fü L mit der Festlegung von Prioritäten geklärt. Die Entscheidung über den VIP-Einsatz aller Luftfahrzeuge der Flugbereitschaft lag unverändert im Büro des Staatssekretärs, wo stets ein erfahrener Transportflugzeugführer tätig war. Die Steuerung aller logistischen Transporte der Luftwaffe übernahm das Luftwaffenunterstützungskommando. Dies galt für die Einrichtung von Routendiensten ebenso wie für Einzellufttransporte. Den verbleibenden Teil plante und steuerte das LTKdo in eigener Zuständigkeit[276]. Eine Anforderung auf Lufttransport erfolgte im militärischen Bereich standardisiert in der NA-RAT-Form (NATO Request for Air Transport Support[277]). Dabei unterschieden sich planmäßiger Routenlufttransport und nicht planmäßiger Bedarfslufttransport.

Der zuständige Gefechtsstand des LTKdo wurde durch den Dezernatsleiter A3b (Oberstleutnant) im Auftrag des Abteilungsleiters A3 (Oberst i.G.) geführt. Dort liefen die Fäden bei der Kräfteplanung, Einsatzvorbereitung, Einsatzführung und Einsatznachbereitung, einschließlich von Verlegungen und Übungen, zusammen. Von den meisten anderen Führungseinrichtungen der Luftwaffe unterschied sich dieser Gefechtsstand in wesentlichen Punkten: Er war in seiner Existenz einmalig und als Luftwaffeneinrichtung für alle Teilstreitkräfte in gleicher Weise zuständig. Er musste bereits im Frieden voll funktionsfähig, d.h. 24 Stunden einsatzbereit sein, da sich seine Friedensaufgaben von denen im Spannungs- und Verteidigungsfall kaum unterschieden. Bereits im Frieden wurden nachweisbare »geldwerte« Sachleistungen erbracht, die allen

---

[275] Siehe das Gliederungsbild LTKdo. Aus Platzgründen musste auf die detaillierte Darstellung aller Stabsabteilungen des LTKdo verzichtet werden.

[276] Anforderungsberechtigt und zuständig für die Überprüfung der Notwendigkeit und Dringlichkeit der Lufttransportunterstützung waren Hauptabteilungen und Abteilung im BMVg; Höhere Kommandobehörden der Bw und deren gleichgestellte Dienststellen; analog dazu Abteilungen, Kommandobehörden und Dienststellen der alliierten Streitkräfte im Rahmen gegenseitiger Unterstützung; Personen und Institutionen außerhalb des militärischen Bereiches.

[277] Gemäß STANAG 3093, 3. Ausgabe. Diese beschreibt auch die »TRANSAR« (Transport Answer to Air Request).

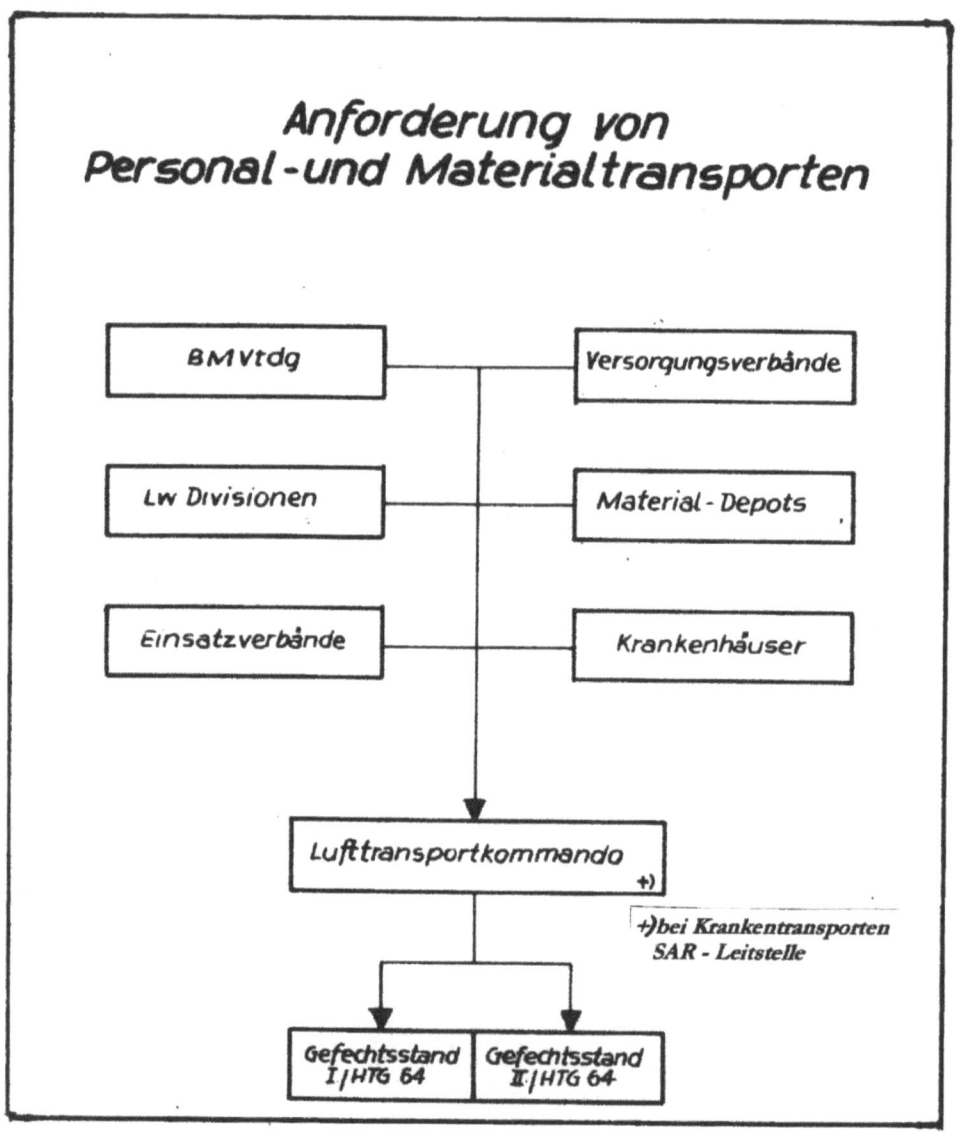

**Anforderung von Personal - und Materialtransporten**

| | |
|---|---|
| BMVtdg | Versorgungsverbände |
| Lw Divisionen | Material - Depots |
| Einsatzverbände | Krankenhäuser |

Lufttransportkommando +)

+)bei Krankentransporten
SAR - Leitstelle

Gefechtsstand I/HTG 64 — Gefechtsstand II/HTG 64

Geschwaderbriefing HTG 64 1968, Archiv Wache

Teilstreitkräften gleichermaßen zugutekamen. Daneben erfolgte in vielen Fällen die Unterstützung ziviler Einrichtungen. Logistische Einsätze von militärischen Transportflugzeugen und Hubschraubern (u.a. Aufstellen von Masten, Kreuzen bzw. Windfahnen auf Kirchen) für den zivilen Bedarf musste wegen des Konkurrenzverbotes des Bundes stets eine Ausnahme bleiben und bedurfte zuvor der Genehmigung des BMVg und Zustimmung der Industrie- und Handelskammer und anderer ziviler Dienststellen

Der tägliche Informations- und Datenaustausch im Einsatzbetrieb mit dem Fü L musste sich zunächst einspielen und bedurfte nach Auffassung des Fü L III 3 Ende 1969 noch einer Optimierung. Einerseits war der unmittelbare Dienstweg zwischen dem LTKdo und dem Fü L III 3 (zwei Referenten »Fläche« und »Hub«) aufgrund »kurzer Wege« von Vorteil, andererseits verfügten diese »Einzelkämpfer« nicht über eine eigene Gefechtsstandorganisation. Außerdem war die tägliche Arbeitsbelastung im Ministerium sehr hoch und ging oft bis in die späten Abendstunden. Die Beschränkung von Entscheidungen des Fü L III 3 auf Grundsatzfragen bzw. Sonderfälle unter Umgehung des Luftwaffenamtes stellte durch die Reduzierung zahlreicher zeitraubender Telefonate (DV-Systeme fehlten zu jener Zeit) eine hilfreiche Entlastung für beide Seiten dar[278].

Nach der Stationierung von Teilen des HTG 64 in den nördlichen und südlichen Regionen der Bundesrepublik (Diepholz, Landsberg) und dem steten Zulauf der Bell UH-1D erreichte das HTG 64 im Laufe des Jahres 1969 seine volle Einsatzbereitschaft. Damit waren in begrenztem Rahmen ab Februar 1969 erste Transporte von Dringlichkeitsmaterial im Umkreis von 200 km von Diepholz und Landsberg möglich. Mit seiner Mitteilung vom 18. Februar 1969 forderte das Luftwaffenamt die Luftwaffengruppenkommandos und Versorgungsbereiche der Luftwaffe auf, ab sofort davon Gebrauch zu machen[279]. So war der erste Schritt in einen späteren innerdeutschen Lufttransportverbund von logistischen Transporten mit Flächenflugzeugen und Hubschraubern getan und zugleich die Bedeutung der Hubschrauber der Luftwaffe über den bisherigen Schwerpunkt SAR hinaus unterstrichen.

Nachdem das LTKdo im April 1968 nun auch für die zentrale Führung der Hubschrauber der Luftwaffe zuständig war, bedurfte es entsprechender Expertise auch im dortigen Gefechtsstand. Hierüber berichtet der Zeitzeuge Oberstleutnant a.D. Wolfram Wick, als Hauptmann vom 1. Juli 1970 bis 30. September 1973 eingesetzt:[280]

---

278  BArch, BL 1/6660, BMVg Fü L III 3 v. 1.6.1970. Vermerk für StvInsp Lw a.d.D. 1970 kam es zum Versuch des Luftwaffenamtes, sich im Rahmen des nicht vorgesehenen Dienstweges in die Auftragserteilung an das LTKdo einzuschalten. Das Ansinnen wurde durch den Fü L III 3 im Verlaufe einer Unterabteilungsleitersitzung im Mai 1970 strikt abgelehnt.

279  BArch, BL 1/4877, Luftwaffenamt - Insp VersTrTLw A3 Ib/A4 Trsp v. 18.2.1969.

280  Siehe hierzu den Bericht (1. Teil) von OTL a.D. Wolfram Wick v. 25.2.2015. Er diente als LTKdo/A3b Hub in Wahn v. 1.1.1970 bis 28.2.1971 und in Münster v. 1.3.1971 bis 30.9.1973.

»Zur Vorbereitung auf diese neue Aufgabe wurde ich sinnvollerweise zunächst auf den neuen Hubschrauber der Luftwaffe, die Bell UH-1D, umgeschult, um die Einsatzmöglichkeiten und Leistungsparameter dieses nunmehr komplett im Lufttransport beim HTG 64 eingesetzten Hubschraubers kennenzulernen. Weiterhin wurde ich noch nach der Umschulung kurze Zeit als Einsatzpilot im Lufttransport-Flugdienst der 2. Staffel des HTG 64 eingewiesen, um so meinen späteren Arbeitsbereich von der Basis her besser einschätzen und einordnen zu können.

*Mein Einsatz im Gefechtsstand des LTKdo in Wahn – eine Herausforderung*

Der Dienstbereich des LTKdo, den ich zum Dienstantritt erst einmal lange suchen musste, befand sich auf dem alten Kasernengelände von Köln-Wahn. Er lag gewissermaßen im Hinterhof dieser riesigen Kaserne in schon damals als ›historisch‹ zu bezeichnenden Räumlichkeiten. Ich konnte mir eigentlich nicht vorstellen, dass in diesem Umfeld ein General ›residieren‹ sollte. Der Gefechtstand war in einem dieser alten Dienstgemäuer im Erdgeschoss untergekommen, daneben war die SAR-Leitstelle untergebracht.

Zum Dienstantritt meldete ich mich beim Chef des Stabes, Oberst i.G Herbert Treppe. Weitere Führungsfiguren waren OTL i.G. Theodor Zillober als A3 und OTL Waldemar Heuer als Leiter des Gefechtsstandes.

Die Einsatzvorbereitung im Gefechtstand oblag den Majoren Karl Enzelberger und Udo Hartmann. Die Einsatzoffiziere auf der C-160-Seite waren die Hauptleute Joachim Mörsdorf und Udo Ottmüller, die Flugbereitschaft BMVg wurde von Hauptmann Gerhard Krimpenfort bearbeitet.

Mein Vorgänger im Amt, Major Konrad Geißler[281], kam aus der 2. Luftrettungs- und Verbindungsstaffel in Lechfeld und wechselte nun nach Faßberg, um als Staffelchef die Ausbildungsstaffel zu übernehmen. Der mir verbleibende ständige Mitarbeiter auf der Hubschrauberseite war Hauptfeldwebel Zimmermann, gleichfalls ein früherer Hubschrauberführer auf der Sycamore wie auch Major Hans-Joachim Naujok im Stabsgebiet A3, der für die Einsatzgrundlagen und die Ausbildung im Hubschrauberbereich tätig war.

Eine ganz neue Welt tat sich auf. Es eröffnete sich nun für mich die zentrale Vorbereitung, Leitung und Lenkung aller Einsätze der dem

---

[281] Gemäß Telefonat v. 22.6.2015 mit OTL a.D. Geißler hatte dieser in 1968 die Aufgabe »Hub« bei A3 b übernommen. Sein Vorgänger war ein Major Hoffmann, der aber nicht zum Hubschrauberpersonal gehörte. Dies ist insofern nachvollziehbar, als erst mit der Aufstellung des LTKdo (Lw) zum 1.4.1968 dieses auch für die zentrale Führung der Hubschrauber der Luftwaffe (im Gegensatz zum LTKdo Bw) zuständig war.

LTKdo unterstellten Verbände für die verschiedensten Bedarfsträger und in meinem speziellen Verantwortungsbereich die erstaunlich vielseitigen Einsatzmöglichkeiten des Hubschraubers im Lufttransport der Luftwaffe. Meine Einarbeitung verlief problemlos. Die UH-1D war wegen der Einführungsphase noch nicht lange im Lufttransport des HTG 64 eingesetzt. So brauchte ich diesbezüglich auch keinen Sack an Erfahrung aus der Vergangenheit mitbringen, sondern konnte in dieser Einführungs- und Entwicklungsphase des Einsatzes der UH-1D im Lufttransport einsteigen und dabei den eigenen gesunden fliegerischen Menschenverstand mit einbringen [...]. Ich fühlte mich in diesem relativ kleinen Gefechtstand sehr beengt, da das gesamte Personal der Einsatzführung hier arbeitete. Man hatte den Eindruck, alle an den Wandtafeln geführten Übersichten und Informationen wären provisorisch und warteten nur auf Überarbeitung und Erneuerung. Allerdings schwirrten damals schon Gerüchte über eine geplante Verlegung des LTKdo durch den Raum. Also nahm man offensichtlich die Provisorien und Schwierigkeiten der Arbeitsbedingungen in Aussicht auf eine mögliche positive Veränderung mehr oder weniger klaglos in Kauf. Vor allem war der Lärmpegel im Raum manchmal unerträglich, und zwar dann, wenn alle Positionen telefonierten. Die Fernmeldeverbindungen waren zu jener Zeit nicht immer von großer Güte, dafür aber das ›laute Organ‹ der Kameraden. Dieser Fall trat naturgemäß des Öfteren auf, denn es gab in unserem Einsatzgeschäft immer Fragen und Rückfragen, Hinweise und Anordnungen. So manchen begriffsstutzigen Bedarfsträger konnte man auch nicht immer überzeugen oder leicht abwimmeln. Aus diesem Grunde entfielen ursprünglich angedachte ›Briefings‹ zu Dienstbeginn, denn das dadurch notwendige ›Abschalten‹ der Telefone führte zu Beschwerden in der Chefetage. Eine solche Institution wie unser Gefechtsstand musste nun mal – nach dem damaligen Verständnis Vieler – permanent und umgehend telefonisch erreichbar sein.«

Anfang 1971 kam es zur Verlegung des LTKdo in die rund zwei Autostunden von Wahn und Bonn entfernt liegende, nicht vollständig belegte Luftwaffenkaserne des ehemaligen Luftgaukommandos VI an der Manfred-von-Richthofen-Straße in Münster. Das LTKdo verblieb dort bis zu seiner Auflösung im Jahr 2010[282].

Im März 1971 hatte der Gefechtsstand des LTKdo seine erste Grundstruktur eingenommen[283]. Zur besseren Planbarkeit für die Bedarfsträger und das LTKdo und seine Verbände kam es zur Einrichtung von »Routendiensten«.

---

282  Auszugsweise und leicht überarbeitet aus: Chronik Das Lufttransportkommando, S. 7.
283  Die folgenden Angaben aus: LTKdo – A 6 – v. 10.3.1971: Fernsprechverzeichnis LTKdo (1. Auflage). Nachlass Holinka.

Diese führten u.a. nach Souda-Bay (Kreta) und Decimomannu (Sardinien) jede Woche mit Transall, nach Brawdy/Castlemartin (GB) jede 2. Woche mit Transall, nach Brandon/Shilo Range (Kanada) sowie monatlich mit Transall bzw. B 707 – bedarfsweise geplant – nach Luke AFB (USA) und El Paso (USA)[284].

Auch Oberstleutnant a.D. Wolfram Wick[285], bereits im LTKdo im Standort in Wahn eingesetzt, machte den Umzug von Wahn nach Münster mit:

> »Eine Expertenkommission wurde gebildet, um den neuen Gefechtsstand im neuen Kommandogebäude in Münster zu konzipieren. Es wäre die Chance gewesen, in funktionaler Hinsicht und auf der Grundlage guter Arbeitsbedingungen für das dort eingesetzte Personal eine vernünftige Lösung zu finden. Heraus kam dabei jedoch ein Kellerraum, nicht viel größer als in Wahn. Man hatte allen Belangen der militärischen Sicherheit und den Grundsätzen des ABC-Schutzes und der Überlebensfähigkeit offensichtlich die allergrößte Aufmerksamkeit geschenkt. Das bedeutete jetzt Kellerenge, künstliches Licht, ein immer noch sehr hoher Lärmpegel, und nun auch noch eine gefilterte Frischluftzufuhr, die schon bei einer Normalbesetzung an ihre Grenzen stieß. Am Tage der Übergabe des Kommandos an General Guth [1. April 1971] wurde auch der neue Gefechtsstand von uns bezogen. Wir waren aber nicht glücklich über unsere neuen Arbeitsbedingungen [...].
>
> Im Zuge der Erhöhung des Personalumfanges gab es auch auf der Hubschrauberseite nunmehr zwei A3-Stabspositionen. Die bereits in Wahn durch Major Hans-Joachim Naujok besetzte Stelle wurde aufgeteilt in ›Einsatzgrundlage‹, was in seinem Aufgabenbereich verblieb, und in ›Ausbildung‹, die Major Klaus Rautenstrauch, der aus Faßberg kam, übernahm [...]. Man kann in dieser Zeit von keiner herausgehobenen Bedeutung des Hubschrauber-Transporteinsatzes sprechen, jedenfalls lagen in diesem Bereich noch keine maßgeblichen Einsatzgrundsätze vor. Allerdings hatte man bereits vor der Übernahme meiner Dienstgeschäfte den routinemäßigen Einsatz von Hubschraubern im logistischen Lufttransport zur Versorgung der Einsatzverbände der Luftwaffe eingerichtet. Mit diesem sogenannten Dauer-Lufttransportbefehl flog man täglich ein Netz aus festgelegten Routen mit von der Logistik bestimmten Depots und Umschlagplätzen ab, um den Bedarfsträgern möglichst kurzfristig dringend benötigte Ersatzteile und Geräte zuzuführen.
>
> Gut Ding will Weile haben: Wir hatten es letztendlich doch noch erreicht – den Ausstieg aus den Katakomben! Noch im Jahr 1972 zogen wir mit

---

284  Der Inlandsroutendienst »Lutrans« mit Transall und UH-1D für Dringlichkeitsmaterial der Bundeswehr über die Hauptluftumschlagspunkte an den Flugplätzen Landsberg-Stuttgart-Echterdingen-Köln/Bonn-Ahlhorn und Hohn kam erst später zum Tragen.
285  Bericht (2. Teil) OTL a.D. Wolfram Wick v. 25.2.2015.

dem Gefechtstand endlich in neue Diensträume im Hochparterre auf der Südseite des Kommandogebäudes um. Jetzt waren auch *wir* richtig in Münster angekommen!«

Erst nach fortwährenden Auseinandersetzungen um die Kompetenzen des LTKdo beauftragte der Inspekteur der Luftwaffe den Kommandeur des LTKdo, konkrete Verfahren für die Anforderung und Durchführung von Lufttransporteinsätzen festzulegen. Dieser erließ im Rahmen seiner Aufgabe als Führer eines Fachkommandos am 15. Februar 1973 die »Besondere Anweisung für das Lufttransportwesen Nr. 1/73 (BesAn LT 1/73)[286]«, wobei es vor allem um die Kenntnis und strikte Einhaltung der Anforderungswege ging.

Einsatzplanung und Einsatzführung im Stab und in den Verbänden beruhten auf Grundlagen, die nunmehr das LTKdo ab 1968 in eigener Regie zu erarbeiten hatte. Das Grundsatzreferat A3a, geleitet von einem Generalstabsoffizier (Ebene A 13/14), befasste sich u.a. mit den Konzepten, Grundsatzfragen und Vorschriften von »Führung und Einsatz« des Lufttransportes, einschließlich Unterstellungen (z.B. NATO), der Standardisierung, dem SAR-Dienst, den Jahresflugstundenprogrammen und den taktischen Einsatzprogrammen (TCTP) für Flächenflugzeuge und Hubschrauber sowie mit Übungen und dem Alarmwesen der Bundeswehr. Ferner vertrat der Dezernatsleiter den Abteilungsleiter A3 und diente dem Kommandeur und Chef des Stabes als enger Berater in allen Grundsatzfragen und auch darüber hinaus. Enge persönliche Verbindungen bestanden für das Dezernat A3a zum Referenten im Fü L III 3. Dieser war bei einer Vorverwendung im LTKdo – meist auch als Dezernatsleiter A3a – mit den dortigen Zuständigkeiten und Arbeitsweisen bestens vertraut und auch von der schnellen und qualifizierten Zuarbeit des unterstellten Fachkommandos abhängig. Der gegenseitige, auf Kompetenz und Vertrauen beruhende direkte Informationsaustausch war für beide Seiten von großem Vorteil. Dadurch erhielten der Kommandeur LTKdo und sein Stab rechtzeitig Kenntnis von den Überlegungen und Absichten des Inspekteurs bzw. der Leitungsebene, während der Referent auf die Fachexpertise des Kommandos und zuweilen auch auf die persönliche Unterstützung durch den Kommandeur bauen konnte.

Hierüber berichtet exemplarisch Oberstleutnant a.D. Erich Seitz, der Anfang 1971 als Stabsoffizier »Prop/Jet« im Dezernat A3a seine Arbeit im LTKdo in Münster aufnahm[287]:

»So war ich ab Februar 1971 im LTKdo in Wahn, das 14 Tage später nach Münster verlegte. Das LTKdo musste eine wirkungsvolle Führungsstruktur als Truppen- und Fachkommando aufbauen. Es galt, die

---

[286] LTKdo -A 3a- Az 43-70 v. 15.2.1973, gez. Guth, Generalmajor. Nachlass Holinka.
[287] Bericht (Auszug) OTL a.D. Erich Seitz v. 3.3.2013.

Verbände einzubinden und TCTP-Forderungen abzustimmen. Hier waren z.B. die Forderungen an die Hubschrauberkomponenten zu präzisieren. Sie flogen natürlich lieber taktisch im Rahmen der SAR- und Luftrettungseinsätze und weniger langweilige ›Kisten- und Kasten-Einsätze‹ für das LTKdo.«

Nach der erfolgreichen Einführung der neuen Lufttransportmuster zeichneten sich mittelfristig bedrohliche Eingriffe in den Bestand des LTKdo ab, ebenso blieben mancherlei Benachteiligungen der Transportflieger gegenüber den »Jets« bestehen. Verstärkte Kündigungen und Abwanderungen von Flugzeugführern zu zivilen Fluggesellschaften waren die schmerzhafte Folge.

Aus persönlichen Gründen und um aus seiner Sicht den Weg für einen »gewachsenen« Transportflieger (Brigadegeneral Werner Guth) frei zu machen, bat Generalmajor Kuhlmey 1971 um seine vorzeitige Versetzung in den einstweiligen Ruhestand. Mit der Verlegung des Stabes LTKdo von Porz-Wahn nach Münster endete zum 1. April 1971 auch offiziell seine Verwendung als erster Kommandeur des LTKdo[288].

Als neuer Kommandeur des LTKdo ab 1. April 1971 wandte sich Brigadegeneral Werner Guth noch vor der Auflösung des LTG 62 anlässlich eines Flugunfalls mit der UH-1D im Juni 1971 mit einem Brief an »Meine Kameraden der Transportfliegerei!«[289]. Er handelte darin ausführlich das Thema »Flugsicherheit« ab. Ferner schrieb er:

»Geringschätzung unserer Aufgabe und mancherlei Zurücksetzung, deren wir von manchen Seiten schon teilhaftig geworden sind und noch werden, können unseren Stolz auf unsere Waffe und ihre Leistungen nicht beeinträchtigen«.

In seinem Kommandeurbrief Nr. 1/71[290] hatte sich Guth an seinen Stab und die Führer der ihm unterstellten Lufttransportverbände gewandt. Darin ging er u.a. auf die ihm sehr wichtige Zusammenarbeit des LTKdo mit den Verbänden ein und stellte fest:

»Über Befehle und Vorschriften hinaus müssen wir zu einer Abstimmung unserer Auffassungen kommen, damit jeder in der Lage ist, aus eigenem Entschluss im Sinne des Ganzen richtig zu entscheiden. Die gesamte Transportfliegerei muss aus einem Guss sein. Nur so werden wir die uns zustehende Achtung erringen und erhalten.«

---

[288] Ausführungen zu GenMaj a.D. Kuhlmey u.a. angelehnt an die Beiträge seines Schwiegersohnes OTL a.D. Gerd Feier (Transportflieger) v. 14.3.2013 und 27.7.2015. Ausführlich in Ahrens, Die Transportflieger der Luftwaffe, S. 226f.
[289] LTKdo - Der Kommandeur v. 14.7.1971. Nachlass Guth.
[290] Lufttransportkommando - Kommandeur - v. 28.11.1971. Nachlass Guth.

Dies konnte die notwendige, aber mangelnde Unterstützung von Anliegen des Lufttransportes auf ministerieller Ebene auch nicht ersetzen.

Mit der Aufstellung des Lufttransportkommandos der Bundeswehr (LTKdo Bw) als Teil des Allgemeinen Luftwaffenamtes (ALA) im Oktober 1961 unter Oberst Alfons Vonier gelang vorerst nur eine zentrale Planung des Lufttransportbedarfs und die Koordination der Einsätze[291]. Der »disziplinare Zugriff« auf die Verbände und die Zuständigkeit für die Grundlagenarbeit fehlten noch, auch unterblieben die Durchsetzung einheitlicher Verfahren bzw. eine übergreifende Standardisierung. Außerdem standen die Hubschrauberstaffeln und das 1966 aufgestellte HTG 64 außen vor. Erst zum 1. April 1968 schuf die Luftwaffe mit dem LTKdo als Luftwaffendivision in Wahn, ab 1971 in Münster, als Teil der neuen Fachkommandostruktur der Luftwaffe mit der Unterstellung aller Lufttransportverbände und des SAR-Dienstes der Bundeswehr eine Führung »aus einer Hand«[292].

## 4. Die Abteilung Recht – Rechtsberater und Wehrdisziplinaranwalt[293]

Zum festen Bestandteil eines jeden militärischen Stabes gehören einige Exoten mit der Zuständigkeit für Sachgebiete, die ihrer Natur nach nicht originär militärischen Charakters sind – wie Wetter, Finanzen, Gesundheit oder aber Recht. Der Kommandoarzt bekleidet dabei eine Sonderstellung, da er seine Fachfunktion immerhin noch mit einer Uniform tarnt. Der Jurist kann dies nur im Einsatz; im Frieden läuft er als Rechtsberater und Wehrdisziplinaranwalt (RB/WDA) ziemlich ungeschützt durch die Flure und versucht in der Regel, die Balance zwischen Vertrauen und Abschreckung, die sich aus seiner Doppelfunktion als Rechtsberater und Wehrdisziplinaranwalt ergibt, zu finden und zu vermitteln. Zu seinem Standardprogramm gehören Disziplinar- und Beschwerderecht, Befehlsrecht, Unmittelbarer Zwang, usw. Daneben hat jeder Rechtsberater die besonderen Problemfelder der jeweiligen Organisationseinheit zu bearbeiten. Im LTKdo waren dies naturgemäß Fragen des Lufttransport- sowie des allgemeinen Luftrechts, genauer: des praktizierten Luftrechts. Denn anders als die Kampfverbände der Luftwaffe, die ihre Rollen in der Regel nur übten, befand sich das LTKdo tagtäglich im realen Einsatz. Die Lösung der dabei auftauchenden Probleme konnte also nicht anhand von Sandkasten-

---

[291] Siehe hierzu ausführlich Ahrens, Die Transportflieger der Luftwaffe, S. 197-221.

[292] Ausführlich zum LTKdo Bw und LTKdo (Lw) und unterstellte Verbände siehe Ahrens, Die Transportflieger der Luftwaffe, S. 197-324.

[293] Berichte Rechtsberater a.D. LTKdo RegDir i.R. Hans-Heinrich Gabbert v. 31.01.2015 und 3.4.2019.

szenarien einer Stabsübung erfolgen, sondern musste im laufenden Alltagsbetrieb, und zwar oft umgehend, bewältigt werden. Auch Rechtsfragen mit internationalem Bezug stellten sich dem Rechtsberater LTKdo bereits lange, bevor von Auslandseinsätzen der Bundeswehr die Rede war. Eine solche Frage war zum Beispiel die der Exterritorialität von deutschen Luftfahrzeugen auf ausländischem Boden oder der Haftung bei Mitflug von Angehörigen verbündeter Streitkräfte in deutschen Maschinen. Die mit der späteren Entwicklung hin zu multinationalen Verbänden verbundenen Rechtsfragen waren somit im Bereich Lufttransport teilweise schon lange aktuell.

Die fachlichen Fragen der Transportfliegerei waren aber nur *eine* Besonderheit des Dienstpostens Rechtsberater LTKdo. Eine *andere* war der Umgang mit den militärischen Angehörigen des Stabes. Denn dort waren die herausgehobenen Positionen (mit wenigen Ausnahmen) mit entweder aktiven oder in Übung gehaltenen oder aber ehemaligen Besatzungsangehörigen besetzt. Sie alle hatten etwas, das dem Juristen fehlte (mit Ausnahme des Kollegen Krause, dem man immerhin den Besitz einer PPL[294] nachsagte): Flugerfahrung. Offenbar ergab sich daraus ein Selbstverständnis, das sich dem Nichtpiloten nicht immer sofort erschließt. Dieses war bei der Rechtsberatung zu fliegerischen Themen weniger merklich als bei der disziplinaren Bewertung fliegerischen Verhaltens, zum Beispiel der berühmten »Fliegerischen Unzucht«, die dem Rechtsberater in seiner Zweitfunktion als Wehrdisziplinaranwalt zwangsläufig obliegt. Obgleich die Konsequenzen für den Betroffenen, namentlich dem Verantwortlichen Luftfahrzeugführer (VLF), in diesen Verfahren erheblich sein konnten, zeigten sich diese meist unbeeindruckt und auch etwas indigniert ob der Tatsache, dass ein Rechtsberater/Wehrdisziplinaranwalt (und damit in der Regel eben eines Menschen ohne Fähigkeit oder Erlaubnis, selbst ein Lfz zu führen) sich ein Urteil darüber erlaubte, ob ein Flugmanöver zulässig bzw. gefährlich war oder nicht. Leider war dieser Mensch aber nun mal zuständig für die disziplinare Bewertung auch fliegerischen (Fehl-) Verhaltens, aus Sicht der Piloteure möglicherweise ein Unding.

Auch gewisse allgemeine Verhaltensregeln sollte man als Rechtsberater/Wehrdisziplinaranwalt des LTKdo beherzigen. Die wichtigste lautet: Unterbreche niemals, außer bei Vorliegen eines unabweislichen dienstlichen Grundes, einen Piloten oder Navigator, der gerade eine Fliegergeschichte erzählt. Laienhafte Zwischenfragen sind ebenfalls entbehrlich.

Nach dieser eher anekdotenhaften Schilderung gilt es nun die Geschichte der Abteilung zu betrachten. Zwar ist schon in Ermangelung der nötigen Unterlagen nicht möglich, die Geschichte der Rechtspflege (damit sind zusammenfassend Rechtsberatung und wehrdisziplinare Tätigkeit gemeint) des

---

[294] Privat Pilot Licence, zivile Fluglizenz für Sportflieger.

LTKdo nachzuzeichnen, – und dies wäre auch vom Umfang her nicht Sache dieses Buches. Interessant ist aber ein Vergleich zwischen den Anfängen und dem Ende der Abteilung Recht, quasi eine vergleichende Betrachtung. Glücklicherweise ist in den Archiven dazu ein Bericht des kommissarischen 1. Rechtsberaters des LTKdo erhalten, den dieser unter dem 16. Januar 1969 dem Referat VR II 8 im Bundesministerium der Verteidigung vorgelegt hatte. Regierungsrat Dr. Helfferich führte seinerzeit die Geschäfte eines Rechtsberaters. Sein Nachfolger, Regierungsdirektor Klein, übernahm die Aufgabe dann regulär und führte die Abteilung bis 1972.

Dieser umfasst den »Tätigkeits- und Erfahrungsbericht« für das Kalenderjahr 1968, das Jahr der Aufstellung des LTKdo. Den Dienstposten als »RB/WDA«, der sich damals wie das LTKdo noch in Wahn befand, hatte er zum 1. April 1968 nach Auflösung der 7. Luftwaffendivision übernommen. Unterstützt wurde er ab dem 1. Dezember durch einen » RB 1«, wie der 2. Mann der Abteilung in verwirrender Weise hieß.

Sehr plastisch schildert Dr. Helfferich in seinem Bericht die damalige Situation in dem neuen Kommando. Eine Besonderheit seines Dienstpostens war zunächst, dass sich – anders als bei anderen Divisionen – die unterstellten Verbände in verschiedenen Richtungen weit entfernt vom Kommandostab befanden. Denn das damalige LTG 61 lag bekanntlich in Neubiberg, das LTG 62 in Ahlhorn, das LTG 63 in Krummenort bei Rendsburg, das HTG 64 teils in Landsberg und in Diepholz, die Flugzeugführerschule »S« in Wunstorf bzw. mit den Hubschraubern in Faßberg, und die Flugbereitschaft BMVg in Wahn. Trotz dieser Dislozierung sei der Kontakt zu ihnen »durch günstige Flugverbindungen und gute Fernmeldemittel voll gewährleistet« gewesen. Die Zusammenarbeit innerhalb des Kommandos sei »sehr gut«, eine Aussage, die bei einem neu aufgestellten Kommando durchaus nicht selbstverständlich ist.

Auch ein erstes Treffen der für das Kommando im Verteidigungsfall eingeplanten Richter, Staatsanwälte und Urkundsbeamten am 11. Dezember 1968 findet breite Erwähnung, insbesondere der Umstand, dass alle an einem einstündigen Rundflug mit der Noratlas teilgenommen hatten. Dabei bestand für die Juristen Gelegenheit, »die Besatzung des Flugzeuges während des Fluges bei ihrer Tätigkeit zu beobachten«. Dies war sicher nicht zuletzt wertvoll, weil man ja als Wehrdisziplinaranwalt – wie oben schon erwähnt – auch das disziplinar relevante Verhalten, etwa eines VLF, kurz Kommandant, zu bewerten hatte. Und ohne jede Kenntnis von den Gegebenheiten an Bord ist dies, wenn man ehrlich ist, fast unmöglich. Das sahen wohl auch die damaligen Kollegen so, die von dem Erlebten offenbar beeindruckt waren. Auch der technische Bereich erhielt Besuch, wobei sich die wohl nicht häufige Gelegenheit ergab, »die Soldaten der einzelnen Dienstgrade in ihrem Tagesdienst zu erleben«. All dies muss wohl sehr aufschlussreich und auch unterhaltsam gewesen sein. Jedenfalls äußerten die Gäste bei Abschluss des Besuchs den Wunsch, »bald wieder zur Truppe kommen zu können«. Insgesamt lassen diese Bemerkungen einen wichtigen Aspekt und eine Notwendigkeit für jeden Rechtsberater, besonders aber für jeden Wehrdisziplinaranwalt erkennen: seine Kenntnis vom Truppenalltag aktuell zu halten, sich mit dieser Realität auseinanderzusetzen und das Verständnis für den militärischen Dienst und die Dienstposteninhaber zu suchen. Der beste Jurist ist in der Bundeswehr fehl am Platze, wenn er keinen Sinn für die Truppe entwickelt und sich – insbesondere bei seinen disziplinaren Wertungen – nicht bemüht, den Standpunkt des Soldaten einzubeziehen und zu verstehen.

Zurück zu den juristischen Anfängen des LTKdo. Denn interessant sind auch die Zahlen des Berichtes. So wurden im Berichtszeitraum knapp fünfhundert Disziplinarmaßnahmen (Disziplinarstrafverfügungen) überprüft. Wobei wegen der überwiegend »ausreichenden Handhabung der Disziplinargewalt« nur wenige und – genau wie heute – meist aus formellen Gründen beanstandet werden mussten und lediglich zwei »der Aufhebung anheimfielen«, so die damalige, heute leicht altbacken wirkende Diktion.

Auch bei der Führung der geprüften Disziplinarbücher wurden »nur in wenigen Fällen schwerwiegende Fehler« festgestellt. Der Kommandeur LTKdo wurde in vier Fällen beraten, die »Pflichtverletzungen im fliegerischen Bereich« zum Gegenstand hatten, ein Punkt, der offenbar besonders erwähnenswert war. Weiterhin wurden fünf Beschwerden bearbeitet und weitere fünf mitgeprüft. Der Abteilung Recht wurden von den Staatsanwaltschaften, die dazu verpflichtet waren und sind, fast 300 Straftaten mitgeteilt, die Angehörige des LTKdo im Berichtszeitraum inner- oder außerdienstlich begangen haben. Eine m.E. durchaus respektable Zahl, die Dr. Helfferich aber wohl weniger beeindruckte, denn er kommentierte:

»Besonderheiten waren nicht zu berichten.« Schließlich wurde 15 Mal Rechtsunterricht in den verschiedenen Standorten erteilt, der im kommenden Jahr sogar noch intensiviert werden sollte […].

Wie sind diese Zahlen nun aus meiner Sicht, also des letzten Rechtsberaters und Wehrdisziplinaranwaltes zu werten? Nun, die gute Nachricht zuerst: Die Anzahl der bekannt gewordenen Straftaten der Angehörigen des LTKdo war über die Jahre gesunken und lag ab der Jahrtausendwende stabil und deutlich unter 100. Daran mag aber auch die veränderte personelle Zusammensetzung einen Anteil haben, namentlich die Reduzierung der Mannschaftsdienstgrade. Erhöht hatte sich dagegen (bei allerdings starken jährlichen Schwankungen) im Schnitt das Beschwerdeaufkommen, ein Phänomen, das allerdings bundeswehrweit zu verzeichnen war und auf eine geänderte Einstellung zu diesem noch in den Anfangsjahren eher verpönten Instrument zurückzuführen sein dürfte.

Ein virulentes Thema war und blieb der Rechtsunterricht, der sich vom Umfang her über die Jahre aus Kapazitätsgründen leider nicht steigern ließ. Zum einen reichte er einfach vom Zeitansatz nicht aus. Denn einerseits kamen neue Rechtsgebiete wie etwa das Einsatzrecht mit bisher unbekannten Themen wie »Rules of Engagement (RoE)« – d.h. verbindliche Einsatzvorgaben – hinzu. Andererseits wurden bestehende Themen immer umfangreicher und die Anforderungen an die Disziplinarvorgesetzten besonders in puncto der Rechtsförmlichkeiten weiter verschärft. So bedarf es heutzutage seitens des Einheitsführers schon einiger Übung, eine formell fehlerfreie Disziplinarmaßnahme zu verfassen, zu verhängen und zu vollstrecken. Ein zweiter wunder Punkt war und blieb die Ausbildung im Luftrecht. Kam diese noch in den Anfängen des LTKdo schlicht gar nicht vor, so hatte ich versucht, zumindest zu meiner Zeit Abhilfe zu schaffen.«

Die Ausbildung auf diesem Gebiet hat sich aufgrund gewonnener Erfahrungen, diverser Flugzwischenfälle und Flugunfälle bis heute positiv verändert, wobei die Vorschriftendichte auf allen Gebieten insgesamt spürbar, und damit für den Einsatz nachteilig, zugenommen hat.

# IX. Das Hubschraubertransportgeschwader 64 (HTG 64) Landsberg und Ahlhorn[295]

## 1. Aufbau und weitere Entwicklung ab 1966

Zunächst in drei Luftwaffen Rettungs- und Verbindungsstaffeln aufgestellt und dezentral geführt, kam es erst 1966 zur Zusammenfassung der Hubschrauberkräfte der Luftwaffe in einem Geschwader. Dieses wurde direkt dem Allgemeinen Luftwaffenamt unterstellt. Oberst Johannes Naumann hatte als erster Kommodore des HTG 64 vor der Übernahme des Geschwaders als Hilfsreferent im Fü L auf dem Gebiet der »Truppenorganisation Fliegende Verbände« gearbeitet und entscheidend an der Organisationsform des HTG 64 mitgewirkt – eine Aufgabe, die aufgrund der Eigenart des sehr differenzierten und raumdeckenden Einsatzauftrages des Verbandes auf dem SAR-Gebiet ohne Vorbild, und daher nicht ganz einfach war. Er beschreibt dies in seinem Artikel wie folgt[296]:

> »Für den organisatorischen Aufbau des HTG 64 mussten neue Wege gesucht werden, da der Auftrag des Geschwaders sich über den gesamten Raum der Bundesrepublik erstreckte und ein raumdeckendes SAR-Einsatzkonzept zu erfüllen war. Ein weiteres Novum in der Organisationsform der Luftwaffe war das Vorhandensein von insgesamt 90 Hubschraubern in *einem* Einsatzverband. So wurde schließlich eine Geschwaderform gewählt, die einerseits die Raumdeckung berücksichtigte und andererseits den Erfordernissen des Truppendienstes und der Technik Rechnung trug. Die durch die Hubschrauberzahl vorgegebene Größenordnung ließ eine Aufteilung auf vier Staffeln als zweckmäßig erscheinen. Je zwei wurden zu einer Fliegenden Gruppe zusammengefasst und mit entsprechender Technik für diese Gruppe versehen. Zielstruktur dieser Organisation sollte eine Gleichverteilung von Flugbetrieb und Technik mit je einer Geschwaderhälfte in Nord- und Süddeutschland sein. Damit wäre der Raumdeckung und der Leistungsfähigkeit des HTG 64 optimal Genüge getan. Soweit der Plan! Die Wirklichkeit sah dann etwas anders aus.

> Die offizielle Aufstellung des HTG 64 erfolgte zum 1. Oktober 1966 im Fliegerhorst Penzing bei Landsberg/Lech. Das Geschwader wurde aus der Flugzeugführerschule »A‹ und den beiden in Lechfeld und Fürstenfeldbruck stationierten Hubschrauberstaffeln gebildet. Beide Staffeln

---

[295] Hierzu insgesamt ausführlich Die Chronik des HTG 64 v. 1966 bis 1993.
[296] Broschüre 10 Jahre HTG 64 (1966-1976), S. 9-11.

verlegten alsbald nach Penzing, während die FFS »A« Zug um Zug mit Auslauf der Flugzeugführerausbildung auf [dem Jet-Trainer] Fouga Magister endgültig aufgelöst und mit seinen Bodenteilen innerhalb des nächsten halben Jahres in das HTG 64 überführt wurde. Die Jet-Schulflugzeuge wurden an Frankreich verkauft, das Fliegende Personal zu entsprechenden Einheiten versetzt.

Der fliegerische Beginn des HTG 64 in den Jahren 1966 und 1967 gestaltete sich ziemlich schwierig, da insgesamt drei Hubschraubermuster, und diese auch noch in kleiner Zahl, fliegerisch und technisch verkraftet werden mussten. Zudem war das technische Personal der ehemaligen FFS »A«, bis dato auf Fouga Magister eingesetzt, in den Fachlehrgängen und am Arbeitsplatz umzuschulen. Auch der Begin der Standardisierung des Fliegenden Personals gestaltete sich insofern schwierig, als die Staffeln als selbstständige Einheiten natürlich auch ein Eigenleben im Flugbetrieb und ziemlich viel Eigenständigkeit sonstiger Art mitgebracht hatten.«

Hubschraubertransportgeschwader 64

Grafik: Britta Göllner nach Vorlage Wache

169

1967, ein Jahr nach der Aufstellung des HTG 64 auf dem Fliegerhorst Penzing, stellte sich die Lage für den jungen Verband wie folgt dar[297]:

> »Das Geschwader besteht aus drei Gruppen (Fliegende-, Technische- und Fliegerhorstgruppe). Für den fliegerischen Einsatz wurden zwei *Fliegende Staffeln* aufgestellt:
>
> 1./HTG 64 mit 17 Hubschraubern Bristol B-171 Sycamore und 8 Do 27
>
> 2./HTG 64 mit 10 Hubschraubern Sikorsky H-34 und 3 Bell 47G-2.
>
> Das Geschwader betreibt 3 *SAR-Kommandos*:
>
> SAR-Kommando Karlsruhe mit 14 Soldaten und 2 B-171 Sycamore
>
> SAR-Kommando Ingolstadt mit 12 Soldaten und 2 B-171 Sycamore
>
> SAR-Kommando Landsberg mit 9 Soldaten und 2 B-171 Sycamore.
>
> 3./HTG 64 mit 21 Hubschraubern B-171 Sycamore und 7 Do 27.
>
> Diese Staffel betreibt 3 SAR-Kommandos: Nörvenich, Jever und Ahlhorn.
>
> 3./HTG 64 in Ahlhorn wird gemeinsam nach Aufstellung einer 4. Hubschrauberstaffel im Nordbereich dem HTG 64 unterstellt. Das HTG 64 untersteht dem Luftwaffenamt. Geplant: In jeder Hinsicht dem Lufttransportkommando im Rahmen der Einsatz- und Organisationsstraffung der Luftwaffe.«

1967, noch vor der Verlegung nach Ahlhorn, hatte das HTG 64 einen Personalumfang von 1.305, davon 890 Soldaten (59/590/241) und 415 Zivilangestellte, Beamte, Arbeiter. Für die Stationierung in Neubiberg[298] und Ahlhorn sah die Planung einen Personalumfang von 1.385 vor, davon 875 Soldaten (65/651/159) und 510 Zivilangestellte, Beamte, Arbeiter. Das Fliegende Personal umfasste 131 Luftfahrzeugführer, davon 104 Staffelangehörige, 15 Staffelchefs bzw. Einsatzoffiziere und 12 in den Stäben. Darunter waren 84 Bordmechaniker und 48 Luftretter. Nach der Einführung von etwa 90 Bell UH-1D ging man von einem Flugstundensoll der Technik von 25.500 Stunden pro Jahr, also 23,8 Stunden pro Maschine pro Monat aus. Das Flugstundensoll für Hubschrauberführer pro Jahr betrug 120 h für Stabspersonal, 150 Stunden für Staffelkapitäne und Einsatzoffiziere, sowie 200 Stunden für Hubschrauberführer

---

[297] BArch BL 1/4513. Angelehnt an BMVg Fü L III 3, Az. 10-51-14 v. 10.10.1967: Sprechzettel für die 9. Besprechung der Chefs der Konsortien-Luftwaffen [d.h. für Insp L] in Fürstenfeldbruck zum 19./20.10.1967; Betr.: Employment of helicopters in support of tactical air units.

[298] Eine früher geplante Stationierung des HTG 64 Neubiberg wird auch aus dem Organigramm auf S. 170 – geplante Stationierung – (aus Wache, F-40, Bell UH-1D, S. 9) ersichtlich. Die Anbindung von Teilen des HTG 64 (als 1. HTG64 verst.) erfolgte erst nach Verlegung des LTG 61 von Neubiberg nach Landsberg in 1971, nicht schon in Neubiberg.

in den Staffeln. Die Gesamtflugzeit des HTG 64 lag 1967 bei 8.543:50 Stunden. Damit flog der Verband in 305 SAR-Einsätze einschließlich von Krankentransporten, 38 Einsätze auf wirtschaftlichem Gebiet und beförderte 2.500 Personen und 106,2 t Last. 1968 stieg die Gesamtflugzeit auf 15.750 Stunden mit 350 SAR-Einsätzen einschließlich Krankentransporten, 55 Einsätzen auf wirtschaftlichem Gebiet, 3.645 Passagieren und 195 t Last.

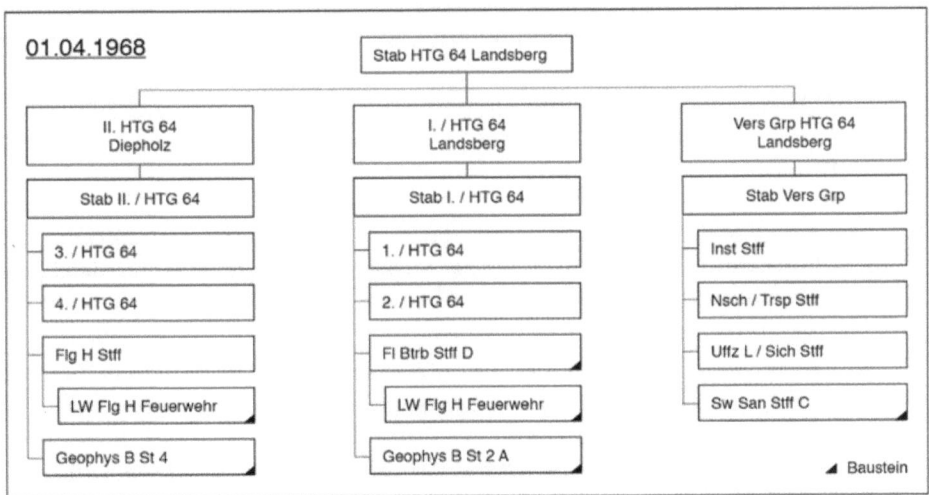

Grafik: Britta Göllner nach Vorlage Wache

Mit Blick auf die Einführung der UH-1D fährt Oberst a.D. Naumann fort:

>So war es ein besonderer Feiertag für das HTG 64, als im Februar 1968 die Umrüstung auf das Standardmuster UH-1D beginnen konnte. Die Umschulung ging planmäßig, wenn auch mit großen Anstrengungen über die Bühne, da der Flugzeugslieferplan durch die Industrie exakt eingehalten wurde[299]. Mit dem Zulauf der Flugzeuge rundete sich auch das Bild der Organisation langsam ab. In Penzing wurde eine weitere Staffel neu aufgebaut und die ehemals 3. Luftrettungs- und Verbindungsstaffel in Ahlhorn dem HTG 64 unterstellt. Sie blieb allerdings in Ahlhorn stationiert. Nach Beendigung der Neuaufstellung der 4. Staffel in Penzing verlegte diese nach Diepholz und wurde mit der 3. Hubschrauber- und Verbindungsstaffel unter einer zweiten Fliegenden Gruppe mit Sitz in Diepholz zusammengefasst. Nunmehr verfügte das HTG 64 über insgesamt vier Staffeln in der idealen Stationierung, zur Hälfte in Süd- und Norddeutschland und in zwei Gruppen organisiert.

299 Ein Vorgang, der sich in der Geschichte der Luftwaffe bis heute selten wiederholen sollte!

Das Ziel des Konzeptes aus den Jahren 1964/65 war fast erreicht. Da wurde das HTG 64 im Jahre 1971 in seiner positiven Entwicklung einschneidend gebremst. Die Luftwaffenplanung sah nun die Umrüstung der drei Noratlas-Geschwader auf nur zwei Transall-Geschwader vor, wobei das LTG 62 in Ahlhorn aufgelöst werden sollte. Als Nachfolger auf diesem Fliegerhorst wurde das HTG 64 ausersehen, das einerseits dem LTG 61 in Penzing Platz machen musste, da dieses in Neubiberg nicht zu halten war[300], und andererseits die ›Trümmer‹ des aufgelösten LTG 62 bei sich aufnehmen sollte. Das ehemals gut gemeinte Konzept wurde erheblich verändert, es zogen drei Staffeln gen Norden und zurück blieb eine Staffel im Süden.

Mit viel Initiative und vielleicht auch etwas trickreich gelang es, diese Staffel im Süden wenigstens als verstärkte Staffel zu erhalten, sodass das Kräfteverhältnis Nord/Süd nicht 3:1, sondern 2:1 ausfiel. Wegen der abgelegenen Stationierung wurden der Südstaffel auch truppendienstliche und logistische Vollmachten erteilt, sodass sie in Wirklichkeit als eine ›getarnte Gruppe‹ anzusehen war und noch ist [1976]. Ihre Einsatzleistungen waren und sind jedenfalls bemerkenswert gut.

Noch einmal – 1975 – gab es Veränderungen im Geschwader. Nach der Auflösung der Hubschrauberführerschule in Faßberg wurden die Hubschrauber und Teile des Personals aufgenommen. Dabei konnte vor allem der Südbereich des Geschwaders erheblich verstärkt werden[301].«

## 2. Die 1./Hubschraubertransportgeschwader 64 (verstärkt), Landsberg

Wie bereits aufgeführt, musste nach der Verlegung des HTG 64 nach Ahlhorn eine Staffel auf dem Fliegerhorst Penzing verbleiben, um weiterhin vor allem den SAR-Einsatz von Hubschraubern der Luftwaffe auch im süddeutschen Raum einschließlich im Gebirge sicherzustellen.

Oberst a.D. Hans-Otto Elger, damals Staffelkapitän, schildert seine Erfahrungen[302]:

»Nachdem ich die Führung der 2./HTG 64 in Penzing abgegeben hatte, wurde ich mit der Aufstellung der 1./HTG 64 (vstk) beauftragt. Ich kann

---

[300] Insofern ist auch eine geplante Stationierung des HTG 64 in Neubiberg kritisch zu sehen, da die zunehmende Bebauung mit Wohnblocks in unmittelbarer Nähe des Flugfeldes mit der Folge von zivilen Lärmbeschwerden auch für das HTG 64 wohl auf die Dauer politisch unhaltbar geworden wäre.

[301] Für diesen Zeitraum vgl. den Artikel von OTL Bruno Klingner in der Broschüre 10 Jahre HTG 64 (1966-1976), Ahlhorn, Oktober 1976, S. 24-27.

[302] Bericht (Auszug) O a.D. Hans-Otto Elger v. 22.3.2013.

mich noch sehr gut daran erinnern, dass sich anfänglich fast täglich einer der zukünftigen Fachbereichsleiter und Teileinheitsführer mir Personal zur Übernahme meldete, da ja ein fließender Wechsel aus den alten Organisationsstrukturen in die neue Staffel erfolgte, deren unmittelbarer Disziplinarvorgesetzter ich nun war. Die Personalstärke der Staffel lag bei ca. 250 Soldaten und etwa 60 Zivilbediensteten; an Luftfahrzeugen hatte man uns etwa 40 Hubschrauber Bell UH-1D zugeteilt. Hinzu kamen ein eigener Kraftfahrzeugfuhrpark, ein selbstständiger luftfahrzeugtechnischer Bereich, ein Versorgungs- und Lagerbezirk, sowie die entsprechenden Liegenschaften und Unterkünfte mit dem dazugehörigen Material. Fazit: Die verstärkte Staffel war ›de facto‹ ein kleines Geschwader!

Hausherr auf dem Fliegerhorst Penzing war seit Anfang 1971 das Lufttransportgeschwader 61 unter der Führung seines Kommodore Oberst Helmut Schwarz, das aus Neubiberg verlegt hatte und sich in der Umrüstung auf Transall C-160 befand. Das LTG 61 übernahm die bodenständigen Aufgaben der Fliegerhorstgruppe, z.B. Sicherung und sanitätsdienstliche Versorgung, von denen auch die 1./HTG 64 (vstk) profitierte.

Während meiner Zeit als Staffelkapitän war die Zusammenarbeit mit dem Geschwader als reibungs- und problemlos, kameradschaftlich und menschlich einwandfrei zu bezeichnen. Dazu trug auch die beiderseitige Aufgabenstellung bei, wobei trotz aller Unterschiedlichkeit in Größe, Geschwindigkeit, Reichweite und Zuladung des jeweiligen Einsatzmusters die Fliegerei als gemeinsame Basis verbindenden Charakter hatte.

Überdies war an vielen Stellen eine Verzahnung der Einsätze zu verzeichnen, u.a. beim sogenannten Stückgutroutendienst (später ›Lutrans‹), den man Ende 1969 eingeführt hatte. Mit Routineflügen der Transall C-160 wurden Hauptluftumschlagspunkte (HLUP) von Hohn bis Landsberg miteinander verbunden. Von den HLUP aus verteilten unsere Bell UH-1D das angelieferte Dringlichkeitsmaterial weiter zu den diversen Bedarfsträgern. In die Zuständigkeit der 1./HTG 64 (vstk) fielen Luftumschlagspunkte von Mechernich bei Euskirchen bis zum Bedarfsträger FlaRak-Geschwader in Lenggries bei Bad Tölz.

Eine weitere Hauptaufgabe für die verstärkte Staffel ergab sich aus der notwendigen SAR-Abdeckung des süddeutschen Raumes. Während meiner Zeit in Penzing war die Staffel für die SAR-Kommandos in Penzing, Bremgarten, Pferdsfeld und Neuburg (später Ingolstadt) verantwortlich. 1971 kam zur Erprobung der Unterstützung des zivilen Rettungsdienstes ein ›Testrettungszentrum‹ beim Bundeswehrkrankenhaus in Ulm dazu.

Nach den dort gemachten positiven Erfahrungen wurde 1976 das Rettungszentrum Nürnberg in Dienst gestellt.

Um die Einsatzfähigkeit der Besatzungen auch im Gebirge sicherzustellen und aufrechtzuerhalten, hatte die verstärkte Staffel die Gebirgsflugausbildung und Weiterbildung im Rahmen des TCTP durchzuführen. Im Interesse der erfolgreichen Zusammenarbeit mit der Bayerischen Bergwacht bei Bergrettungseinsätzen gab es außerdem ein jährliches Übungsprogramm für die Bergwachtbereitschaften, was immer wieder Wochenendeinsätze erforderte. Diese waren jedoch bei den Besatzungen sehr beliebt. Ich zitiere den Info-Meister der HT-Staffel/LTG 61, Hauptfeldwebel Manfred Kallert aus der Chronik des HTG 64: 1./HTG 64 (vstk) und die bayerische Bergwacht – eine erfolgreiche Seilschaft.

Ich hatte die Freude, diese Staffel bis zum 30. September 1973 zu führen. Es war eine der schönsten und befriedigendsten Aufgaben meiner militärischen Laufbahn. Zum 1. Oktober 1973 übernahm Oberstleutnant Bruno Klingner die Führung der 1./HTG 64 (vstk), die man zum 1. April 1979 dem LTG 61 eingegliederte.«

### Hubschraubertransportgeschwader 64

Grafik: Britta Göllner nach Vorlage Wache

## 3. Die ersten Großeinsätze mit der Bell UH-1D

*Einsatz nach der Flutkatastrophe im Ganges-Delta 1970*[303]

Für die fordernden Einsätze bei der großen Flutkatastrophe in Hamburg und Norddeutschland im Jahr 1962 stand die UH-1D noch nicht zur Verfügung. Die damals mit den alten Mustern – vor allem H-34 G, H-21C und Bristol Sycamore gewonnenen Erfahrungen kamen den Besatzungen und der Technik des HTG 64 nun auch für Einsätze in entfernten Regionen zugute. Zudem waren die Besatzungen im SAR-Dienst im In- und Ausland an schnelles, flexibles und selbstständiges Handeln gewohnt. Es war also kein besonderes Risiko, einige Hubschrauber für einige Wochen selbst nach Asien zu verlegen. Für den Lufttransport musste man die UH-1D teilweise demontieren, damit sie in die Transall passten.

»Mitte November 1970 erfährt die Welt durch Presse und Rundfunk von der verheerenden Wirkung eines tropischen Wirbelsturms von bisher nicht gekannter und erlebter Gewalt in dem zu Ost-Pakistan gehörigen Gebiet im Ganges-Delta, dem heutigen Bangladesch. Weltweit ist große Anteilnahme an dem Unglück erkennbar, dass die Bevölkerung in dieser Region getroffen hat, vor allem als die Presse im weiteren Verlauf der Berichterstattung von 200.000 bis zu 500.000 und schließlich von 1,5 Millionen Toten[304] berichtet. In aller Welt laufen Hilfsmaßnahmen an, und auch die Bundesrepublik Deutschland beteiligt sich umgehend mit dem Deutschem Roten Kreuz (DRK) und Technischem Hilfswerk (THW). Bald wird bekannt, dass zwar große Mengen von Hilfsgütern in Dakka, der Hauptstadt des Landes, eingetroffen sind, aber die Verteilung dieser Güter auf die betroffenen Inseln im Ganges Delta erscheint fast unmöglich, da keine geeigneten Transportmittel zur Verfügung stehen[305].

---

[303] Bericht (teilweise als Tagebuch) OTL a.D. Hans Schlieben v. 19.1.2013. Ausführlich hierzu Schlieben, SAR-Hubschrauber im Ganges-Delta. S. 32-63; sowie Hübner, Hyazinthen am Ganges. Bengalen, weine.

[304] »Poeple's View«, Dacca, Ost-Pakistan, v. 20./21.11.1970. Die anfängliche Meldung über 1,5 Mio Tote wurde später korrigiert in 500.000.

[305] Hübner schreibt: »Nachdem sich das Ausmaß der Katastrophe in Ostpakistan immer mehr verdeutlicht, laufen die Hilfsaktionen der Bundesregierung in vollem Umfang an. Mehr als 500 Tonnen Hilfsgüter liegen in Deutschland bereit für Pakistan. Zehn Wasseraufbereitungsanlagen stehen zur Verfügung. Verteidigungsminister Helmut Schmidt hat die Luftwaffe deshalb mit der Ausweitung der bestehenden Luftbrücke beauftragt, stellt jetzt die volle Bandbreite der verfügbaren Flugzeuge bereit«.

*Freitag, 20. November 1970*

Der Bundesminister der Verteidigung, Helmut Schmidt[306], beauftragt die Luftwaffe, sofort fünf Hubschrauber vom Typ Bell UH-1D des HTG 64 in Landsberg auf dem Luftweg, d.h. unter Verladung in die Transall C-160, in das Katastrophengebiet von Ost-Pakistan zu entsenden.

Als Staffelkapitän der 3./HTG 64 in Ahlhorn erhalte ich um 14.00 Uhr von meinem Kommodore, Oberst Johannes Naumann, den Befehl, sofort ein Hubschrauberkommando (HS-Kommando) für den Hilfseinsatz in Ost-Pakistan zusammenzustellen. Der Umfang des HS-Kommandos wird mit acht Hubschrauberführern, acht Bordmechanikern, zwei Luftrettungsmeistern, acht Technikern und Luftfahrzeugprüfern festgelegt.

Die Demontage und Verladung der für den Einsatz vorgesehenen fünf Hubschrauber in vier C-160 des LTG 61 soll in Landsberg erfolgen. Der Abflug des HS-Kommandos mit C-160 ist für Sonnabend, 21. November 1970 um 13.00 Uhr Ortszeit von Ahlhorn aus geplant. Die erforderlichen Maßnahmen laufen unverzüglich an, trotz vieler Unsicherheiten: unbekanntes Land und fremde Menschen, andere klimatische Verhältnisse, erforderliche Ausrüstung und Medikamente für Notfälle, keine genaue Zielangabe in Ost-Pakistan. Die Auswahl der Besatzungen und Techniker muss neben der Qualifikation auch nach einem gültigen Impfstatus für diesen Einsatz erfolgen. Diese Voraussetzungen können kurzfristig nur Piloten und Bordmechaniker der 3./HTG 64 in Ahlhorn und einige Besatzungen der 4./HTG 64 in Diepholz erfüllen. Mit Unterstützung durch technisches Personal der Luftwaffenwerft in Diepholz wird das HS-Kommando in kürzester Zeit zusammengestellt.

Einsatzbriefing um 16.00 Uhr. Der Fliegerarzt, OSA Dr. Sven Schelle, gibt uns einen Überblick über die klimatischen Verhältnisse im Einsatzraum, mögliche Gefahren für die Gesundheit, sowie noch einige allgemeingültige Ratschläge, und verteilt abschließend die Pillen für die Malariaprophylaxe. Die Technik stellt die Ausrüstung zusammen. Wir wollen mobil sein und entscheiden, einen Pkw 0,25 t mitzunehmen. Der Rechnungsführer erhält den Auftrag, einen Vorschuss des Tagegeldes in US-Dollar zu besorgen, aber die Banken haben bereits geschlossen – er soll stattdessen mit der nächsten Transall das Geld in kleinen Scheinen für jeden Einzelnen von uns im Umschlag mitschicken. Ausrüstung: Wo werden wir untergebracht? Wir beschließen, uns auf den widrigsten Fall einzustellen. Also Zelte mitnehmen, kleine Kampftasche, Arbeitsanzug, Schlafsack, Fliegersonderbekleidung, Pistole ›PPK‹ und entsprechende

---

[306] Helmut Schmidt (SPD), Bundesminister der Verteidigung, v. 22.10.1969-6.7.1972.

Munition (wer weiß, wogegen wir uns schützen müssen), dazu ausreichend Marschverpflegung (EPA)[307] und etliche Kanister mit Trinkwasser.

*Sonnabend, 21. November 1970*

15.00 Uhr Start der Transall des LTG 63 von Ahlhorn nach Köln-Wahn. Im Laderaum steht verzurrt bereits ein VW-Bus des Majors Horst Pöser und seiner drei Unteroffiziere, die mit uns als Einsatzleitgruppe des Lufttransportkommandos (LTKdo) in den Einsatz gehen. Er überrascht uns mit der Neuigkeit, dass in Köln-Wahn noch ein VW-Bus des THW zugeladen wird, und daher kein Platz für unseren DKW-Jeep vorhanden ist. Die Kanister mit Trinkwasser nehmen wir trotzdem mit – wer weiß, was uns erwartet. Nach der Landung in Köln-Wahn steht der blaue VW-Bus des THW bereit, aber wo sind die vom LTKdo für uns bereitgehaltenen Karten des Einsatzgebietes? Viele Telefongespräche – ohne Erfolg, die Karten will man uns mit der nächsten Transall nachschicken. Mit vier Stunden Verspätung erfolgt der Abflug von Köln-Wahn über Athen nach Teheran.

*Sonntag/Montag, 22./23. November 1970*

Die Transall ist vollgestopft mit Ausrüstungsgegenständen, zwei VW-Bussen, einem großen Generator, und vor allem mit viel Personal. Neben unserem HS-Kommando müssen noch die Einsatzleitgruppe und eine zweite verstärkte Transallbesatzung im Laderaum Platz finden. Für Start und Landung muss jeder einen Platz mit Anschnallgurt haben, auf einigen Plätzen kann man nur mit angezogenen Beinen oder verdrehtem Körper sitzen. Kurzer Zwischenstopp gegen Mitternacht auf der US-Air Base bei Athen. Nach dem Auftanken geht es sofort weiter nach Teheran. Dort werden wir von einem Hauptbootsmann der Deutschen Botschaft mit der guten Nachricht empfangen, dass der Weiterflug erst am nächsten Tag geplant ist und wir im Hotel übernachten können. Die Aussicht auf einen Bummel durch Teheran lässt keine Müdigkeit aufkommen, und nach Passieren des Zolls tauchen wir in den Orient ein! Am nächsten Morgen sitzen wir ausgeschlafen im Bus auf dem Weg zum Flughafen. Nach dem Start folgt mein längster Flug in der Transall – acht Stunden bis nach Karatschi in Pakistan – unter uns nur endlose Wüste. Landung in Karatschi am Nachmittag – es ist ziemlich warm. Die Besatzung der Transall und uns bewegt die Frage: Wo fliegen wir anschließend hin? Ein Herr vom Deutschen Konsulat übergibt dem Kommandanten

---

[307] Essenspaket Einmannpackung.

der Transall einen Handzettel, auf dem ›Chittagong‹ steht. Wir alle haben noch nie von diesem Ort gehört. Laut Karte im Maßstab 1:1 Million liegt die Stadt am Ausgang des Ganges-Deltas an der östlichen Küste des Golfs von Bengalen. Der Überflug Indiens ist uns aber nicht genehmigt! Indien und Pakistan waren vor Kurzem noch in Kampfhandlungen verwickelt und der Überflug eines deutschen Militärtransporters von West-Pakistan nach Ost-Pakistan wird von den Indern mit Misstrauen betrachtet. Nach dem Auftanken starten wir. Irgendwie schafft es unser Transall-Kommandant nach verzögertem Start unterwegs über Funk doch noch, eine Genehmigung für den Überflug Indiens zu erhalten, anstatt des wesentlich längeren Umweges über den Pazifischen Ozean. In Chittagong ist es bereits dunkel – wir landen auf einem relativ kleinen Flugplatz. Viel ist nicht zu sehen und als wir aussteigen, umhüllt uns feuchtwarme Luft. Vom Flughafengebäude grüßt uns ein Transparent mit der Aufschrift: ›We are grateful!‹ In Empfang nimmt uns ein Heeresoffizier, Oberstleutnant i.G. Schröder, von der Deutschen Botschaft in Rawalpindi. Er erfreut uns mit der Mitteilung, dass wir alle in dem einzigen europäisch geführten Hotel untergebracht sind.

*Dienstag, 24. November 1970*

Am nächsten Morgen sind wir bereits in aller Frühe auf dem Flugplatz; denn es gibt eine Menge zu organisieren. Wir müssen die Transall entladen und einen Ort zur Aufbewahrung unserer Ausrüstung suchen und einen Umschlagplatz für die Hilfsgüter festlegen, die wir mit den Hubschraubern ins Katastrophengebiet fliegen sollen. Man weist uns an der entlegenen Seite des Flugplatzes am Ende eines Taxiways einen geeigneten Platz zu. Dort bauen wir unsere Zelte auf: Gefechtsstand, Aufenthaltszelt, Gerätezelt. Die Männer vom THW, die ihren blauen VW-Bus mit Wasserfilter abholen, schauen in den vollgestopften Bus und fluchen: ›Das ist schon der dritte Süßwasserfilter! Wir brauchen auf den vom Meerwasser überfluteten Inseln im Ganges-Delta eine Meerwasseraufbereitungsanlage! Es sind +30° C im Schatten, entsprechend luftig ist unsere Bekleidung, aber die Fliegerstiefel ziehen wir nicht aus; denn im Gras um uns herum gibt es kleine Schlangen, deren Biss selbst für einen kräftigen Mitteleuropäer innerhalb von Minuten zum Tode führen kann. Eine grüne Mamba – von einem unserer Techniker mit einem Knüppel zehn Meter entfernt vom Zelt erschlagen – hängt als sichtbare Warnung vor dem Zelteingang.

Die Einsatzleitgruppe des LTKdo nimmt mit zuständigen Stellen Kontakt auf, trifft Absprachen mit pakistanischen Dienststellen und lässt sich über die Lage im Katastrophengebiet unterrichten, auch hinsichtlich der

Koordination der Hilfsleistungen. Ein Unteroffizier versucht, über ein mitgeführtes Funkgerät eine HF-Verbindung zum LTKdo zu schaffen. Die Kommunikation ist sehr anfällig und unzureichend, aber mit Funkgeräten des THW [sic!] gelingt es, eine halbwegs stabile Verbindung aufrecht zu erhalten. Inzwischen treffen unsere Techniker mit tatkräftiger Unterstützung auch des Fliegenden Personals notwendige Vorbereitungen zur Montage der Hubschrauber, mit deren Eintreffen wir für morgen oder übermorgen rechnen. Tatsächlich landen in der Nacht vom 24. auf 25. November zwei Transall mit unseren drei UH-1D an Bord.

*Mittwoch, 25. November 1970*

Nach der Entladung der UH-1D aus beiden Transall beginnen wir sofort mit dem Zusammenbau. Durch den selbstlosen Einsatz aller Soldaten des Kommandos sind am Abend alle drei Bell UH-1D flugklar. Wir melden sie nach Abschluss der erfolgreichen Werkstatt- und Prüfflüge am Abend an das LTKdo als ›einsatzbereit‹. Zusammen mit dem Einsatzoffizier, Hauptmann Gothelm Kobusch, führe ich den ersten Erkundungsflug über dem Ganges-Delta durch. Der vom LTKdo entsandte Fliegerarzt, Oberfeldarzt Dr. Schulte-Wintrop, ist inzwischen auch eingetroffen und fliegt natürlich gleich mit.

*Donnerstag, 26. November 1970*

Von heute an beginnen wir mit den Hilfsflügen im Katastrophengebiet, zunächst mit den ersten drei UH-1D. Am gleichen Tag landen zwei weitere Transall in Chittagong mit den restlichen zwei Hubschraubern. Damit wären wir komplett. Entladung und Montage erfolgen unverzüglich noch am selben Tag.

*Freitag, 27. November 1970*

Alle fünf Bell UH-1D sind nun einsatzbereit. Zu unserem Einsatzgebiet gehören die Inseln Hatia, Sandwip, Manpura und Bhola im Auslauf des Ganges-Deltas [siehe Graphik], sowie unzählige kleine Inseln, die auf keiner Karte verzeichnet sind. Die vom LTKdo zugesagten Karten des Einsatzgebietes sind immer noch nicht eingetroffen. Vorausschauend hatte ich allerdings unseren Transall-Kommandanten vor seinem Rückflug überredet, uns seine Bordkarte (Maßstab 1:1 Million) zu überlassen. Anhand dieser Karte und mit Aufzeichnungen vom ersten Erkundungsflug über dem Ganges-Delta haben wir über Nacht fünf handgezeichnete ›Hubschrauber-Fliegerkarten‹ gefertigt, die unsere Besatzungen während der Einsatzflüge fortwährend aktualisierten und uns bis zum Ende der

Mission als einziges Kartenmaterial dienen sollten. Erst die Landsberger Besatzungen der 1./HTG 64, die uns am 17. Dezember 1970 ablösen, bringen endlich das zugesagte Kartenmaterial für die Region mit.

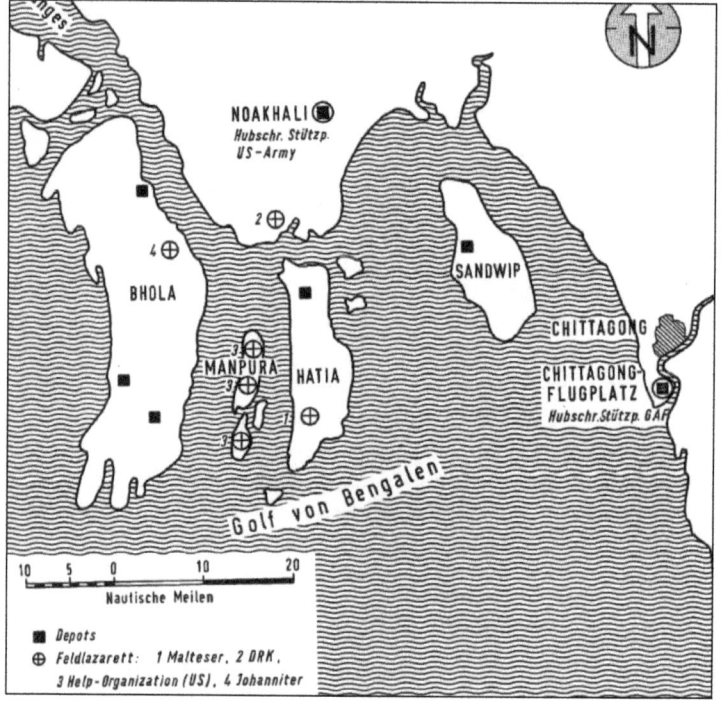

Quelle: Bericht OTL a.D. Hans Schlieben

*28. November bis 17. Dezember 1970*

Alle Hubschrauber sind nun von Sonnenaufgang bis Sonnenuntergang voll im Einsatz. Das Wetter ist während der Hilfsflüge von dem allmählich einsetzenden, verhältnismäßig trockenen Nordost-Monsun geprägt, und daher für unseren fliegerischen Einsatz ideal. Die Planung der Hilfsflüge erfolgt über die Einsatzleitgruppe in Verbindung mit dem pakistanischen Regierungsbeauftragten (›Relief Commissioner‹) und in enger Zusammenarbeit mit den anderen Hilfsorganisationen (DRK, THW, Malteser, Johanniter, US-HELP u.a.). Der Einsatzoffizier unseres HS-Kommandos setzt die täglich abgestimmten Lufttransportanweisungen in Flugaufträge für die eingeteilten Besatzungen um.

Auf den Inseln erwarten uns schreckliche Bilder! Einige Dörfer sind noch zu erkennen, aber wir sehen wenig Menschen und unglaublich viele Leichen. Wir wundern uns, dass die Überlebenden so selbstverständlich

180

zwischen den Leichen leben und keine Anstalten machen, die aufgedunsenen, von der Sonne verbrannten Körper zu begraben. Der süßliche Gestank hat sich bereits in unser Cockpit geschlichen und wird uns auf den Inseln bis zum Ende unseres Einsatzes begleiten. Art und Ablauf der Flüge ergeben sich aus der besonderen Katastrophensituation.

Viele Probleme! Nach der Landung auf den Inseln rennen plötzlich Hunderte von Menschen auf unsere Hubschrauber zu – ein ziviler Hubschrauber vom Typ Bell-47 wurde bei der Landung von den Menschen bereits gestürmt und zerstört. Der Pilot kam mit dem Leben davon, aber etliche Inselbewohner wurden von den laufenden Rotorblättern erfasst und getötet. Wir fliegen anfangs die Landeplätze immer mit zwei UH-1D an – ein Hubschrauber landet, um zu entladen, während der andere im schnellen Schwebeflug die Landestelle umkreist, um die ungeduldigen Einheimischen fern zu halten. Nach der Entladung der ersten UH-1D werden die Rollen getauscht. Beim Überflug sieht man nur wenig Überlebende, aber wo kommen plötzlich die vielen Menschen bei der Landung her? Uns fallen einige Löcher im Boden auf – wir fliegen tiefer und entdecken, dass Personen ihre Köpfe aus dem Schutzloch stecken. Nach der Landung des Hubschraubers springen alle heraus, um etwas abzubekommen. Später werden Soldaten zur Absperrung zentraler Landeplätze eingesetzt. Einen VW-Bus des THW fliegen wir als Außenlast unter einer UH-1D zu den Inseln – ein Verfahren, das mit einem VW-Bus als Außenlast noch nicht erprobt ist, hier aber problemlos gelingt. Ein wesentliches Risiko ergibt sich aus der Tatsache, dass wir mit unseren Hubschraubern etwa 85 % der Gesamtflugzeit über dem gelb-braunen Wasser des Ganges-Deltas fliegen und uns im Notfall keine SAR-Organisation zur Verfügung steht. Wir entwickeln daher unser ›eigenes‹ SAR-System. Die Flüge werden so abgestimmt, dass immer eine UH-1D als fliegende Relaisstation in der Luft bleibt. Die anderen Besatzungen melden ihre Landungen und Starts mit Angabe des genauen Ortes über Funk an die in der Luft verweilende UH-1D. Sie nimmt die Meldungen auf und bestätigt sie. Diese UH-1D darf erst selbst landen bzw. ›aus dem Funk gehen‹, wenn eine andere UH-1D ihre Aufgabe als ›Funkbrücke‹ übernommen hat. Das System bewährt sich bis zum Ende unseres Einsatzes und gibt uns allen ein Gefühl der Sicherheit und des Zusammenhalts. Nach einigen Tagen haben wir einen guten Überblick über die Lage am Boden in den Überschwemmungsgebieten gewonnen und können bei unseren Flügen die benötigten Hilfsgüter den Bedürfnissen anpassen und unsere Landepunkte entsprechend festlegen. Das ändert sich, als der deutsche Verteidigungsattaché uns überraschend mitteilt, dass wir ab sofort den Auftrag haben, unsere Einsätze nach Weisung der pakistanischen Regierung durchzuführen. In jeder UH-1D sitzen von nun an Regierungsoffizielle, die die Ladung und den Landeplatz bestimmen und nach der Landung vor Ort im Katastrophengebiet vor den hilfsbedürftigen Menschen große Reden halten. Uns wird klar: Es ist Wahlkampfzeit in Ost-Pakistan! Überall in der Stadt hängen Wahlplakate der ›Elefanten‹-Partei, der ›Fahrrad‹-Partei und vieler anderer Parteien, die durch Symbole auf sich aufmerksam machen, da kaum jemand lesen und schreiben kann. Die angelandeten Hilfsgüter werden jetzt nicht mehr sofort verteilt, sondern in ein Lager – meist die Hütte des Dorfältesten – gebracht. Oft werden unsere Hubschrauber im ›Shuttle‹ eingesetzt, um Hilfsgüter von einem Lagerort zum anderen auf den Inseln zu fliegen. Sind wir jetzt als unfreiwillige Wahlhelfer der Regierung tätig?

Der Gesundheitszustand einiger unserer Kameraden bereitet mir Sorgen. Bei den Besatzungen gibt es inzwischen Ausfälle durch Magen- und Darmerkrankungen. Trotzdem scheint es dem Attaché Schröder nicht schnell genug zu gehen, obwohl unsere Besatzungen über den ganzen Tag pausenlos im Einsatz sind. Er hastet mit einem Jeep der pakistanischen Armee zwischen unseren Hubschraubern herum und spielt den Antreiber – ich untersage ihm schließlich den Zugang zum Flugbetriebsbereich. Er fordert daraufhin beim Führungsstab der Luftwaffe einen Stützpunkt-Kommandanten als zentralen Ansprechpartner an. Dieser erscheint mit der nächsten Transall in Gestalt des stellvertretenden Kommodore LTG 61, Oberstleutnant Theodor Zillober[308]. Er fliegt sofort mit ins Einsatzgebiet, um sich einen Lageüberblick zu verschaffen, und ich weise ihn umgehend in unseren täglichen Dienstbetrieb ein. Danach hatte sich der Attaché in die Nähe des Relief Commissioners zurückgezogen und ward bei uns nicht mehr gesehen.

Die 48. Squadron der Royal Air Force (RAF) aus Singapur hat auf der anderen Seite des Flugplatzes ihren Stützpunkt aufgebaut. Sie versorgt mit zwei Wessex-Hubschraubern[309] die Inseln, indem sie auf britischen Versorgungsschiffen auf See landen, Hilfsgüter aufnehmen und direkt zu den betroffenen Orten fliegen. Mit den Kameraden der RAF entwickelt sich ein ausgesprochen freundschaftliches Verhältnis. Sie versorgen uns u.a. mit einer Medizin, die wie flüssiger Beton aussieht und offensichtlich auch so wirkt. Bei den meisten Kameraden sind die Durchfallprobleme nach der Einnahme alsbald gelöst. Unsere Luftrettungsmeister müssen noch einige Soldaten mit für uns unklaren Gesundheitsproblemen betreuen – der Fliegerarzt ist leider anderweitig beschäftigt und kommt nur

---

[308] Er verblieb bis zum 6.12.1970 im Katastrophengebiet. Mündliche Auskunft v. 29.10.2012.
[309] Westland Wessex: Britischer Lizenzbau der Sikorsky S-58.

hin und wieder in einem weißen Straßenkreuzer mit dem Schild ›US-Help‹ vorbei.

Die Bodenorganisation unseres HS-Kommandos gewährleistet von Anfang an durch das hervorragende tägliche Engagement aller Techniker und der Besatzungen einen reibungs- und verzugslosen Ablauf bei der Wartung, Betankung und Beladung.

Fazit: Der Einsatz der UH-1D der Luftwaffe in Ost-Pakistan über einen Zeitraum von fast vier Wochen hat deutlich bewiesen, dass dieses Luftfahrzeug vorhandene Versorgungslücken kurzfristig und flexibel zu schließen vermag, wenn andere Transportmittel nicht oder nicht in der erforderlichen Zeit zur Verfügung stehen. Die Bell UH-1D und ihre Besatzungen haben sich während des gesamten Hilfseinsatzes unter schwierigsten Bedingungen als absolut zuverlässig und leistungsstark erwiesen.

Der Tag unserer Ablösung am 17. Dezember 1970 wird uns alsbald mitgeteilt – zugleich gehen zwei UH-1D mit zurück in die Heimat. Auch der Stützpunktkommandant, der Fliegerarzt und ein Teil der Einsatzleitgruppe verlassen das Katastrophengebiet, denn die größte Not ist zu diesem Zeitpunkt in den von uns betreuten Gebieten bereits behoben.

Großer Dank wird uns offiziell vom ›Relief Commissioner‹ ausgesprochen – die Menschen auf den Inseln lassen wir aber eher erstaunt und voller Hoffnung zurück, dass wir bald wiederkommen.

Leistungsbilanz vom 25.11. bis 17.12.1970:

278 Hilfsflüge, 322 Flugstunden, Gesamtgewicht der transportierten Hilfsgüter: 300 Tonnen; die Gesamtzahl der Passagiere[310] wurde nicht erfasst.

Am 17. Dezember 1970 landet eine Transall aus Landsberg mit gut gelaunten Bayern unter Führung von Major Hans-Otto Elger, Staffelkapitän der 1./HTG 64 (vstkt). Unsere Ablösung ist da, und wir können uns auf die kommenden Weihnachtstage im Kreis unserer Familien freuen!«


Oberst a.D. Theodor Zillober berichtet[311]:

»Auf Befehl des LTKdo wurde ich vom 23. November bis 13. Dezember 1970 als Leiter des LTP befohlen. Ich traf am 24. November 1970 in Dakka ein. Nach Rücksprache mit dem Militärattaché flog ich weiter nach Chittagong. Mein Verhältnis zum deutschen Militärattaché und den

---

310  Leiter LTP - OTL Zillober - (ohne Datum); Betr.: Katastropheneinsatz OST-PAKISTAN vom 21.11.1970 bis 8.12.1970. Darin gibt er bis zum 8.12.1970 eine Transportleistung von 430 Passagieren an.
311  Bericht (Auszug) O a.D. Theodor Zillober v. 1.3.2013.

pakistanischen Behörden war sehr gut. Dem Kommando wurde eine große Entscheidungsfreiheit gewährt und es gab keine Schwierigkeiten. Der Attaché schrieb mir später einen Brief und beklagte sich darüber, dass ich seine Tätigkeit nicht genügend gewürdigt hätte. Da ich schon immer eine positive Einstellung zur Hubschrauberfliegerei hatte und habe, machte mir meine Aufgabe viel Freude und das Verhältnis zum HS-Kommando war sehr gut […]. Nach meiner Erinnerung waren ab dem 9. Dezember 1970 die Hilfsflüge nicht mehr erforderlich. Es gab ein Übermaß an Reislieferungen und alle Inseln konnten mit dem Schiff angelaufen werden[312]. Ich übergab am 10. Dezember das Kommando an Major Pöser, bisher S3. Der Rückflug erfolgte am 11. und 12. Dezember 1970.«

In seiner Bilanz folgert Zillober[313]:

»Eine verbesserte Vorbereitung der Katastrophenhilfe ist unbedingt erforderlich (Planspiele). Nach Entscheidung einer Hilfeleistung muss die Außenstelle mit dem Vertreter Luftwaffe sofort in das Katastrophengebiet, um an Ort und Stelle die erforderliche Hilfe nach Art und Umfang festzulegen. Nur so ist es möglich, dass Einsätze wie mit sieben Wasseraufbereitungsanlagen, zwei Lazaretten, die mit großen Kosten und Aufwand eingeflogen wurden und nicht gebraucht wurden (Lazarette im Zusammenhang mit der Katastrophe), vermieden werden. Die Entsendung eines Außenstabes kam verspätet, konnte sich jedoch an Ort und Stelle ein genaues Bild verschaffen und vielleicht weitere unnötige Hilfslieferungen stoppen. Die Bundeswehr sollte mit der zentralen Steuerung beauftragt werden. Alle beteiligten Gruppen haben bereitwillig diese Steuerung, Versorgungsplanung und Rückführungsplanung angenommen.«

Der beteiligte Fliegerarzt stellt in seinem »Gesundheitlichen Kurzbericht« vor allem mit Blick auf die hohe Zahl aufgetretener Fälle von Gastroenteritis (Magen-Darm-Infekt) u.a. kritisch fest:

»Schlussfolgerung: Die relative hohe Quote der Magendarmkatarrhe lässt sich mit Sicherheit durch Vermeidung o.a. Ursachen [Andersartige Ernährung, Fischgerichte, Gerichte mit Mayonnaisen, Trinken von eisgekühlten Getränken, Sonnenbrand, evtl. Genuss von nicht angekochtem Wasser und Magenverstimmung durch Alkohol] einschränken. Da eingehende Briefings nicht den gewünschten Erfolg hatten, erscheint eine

---

[312] Hier irrte der Zeitzeuge! Siehe nachfolgenden Bericht O a.D. Hans-Otto Elger.

[313] Leiter LTP - OTL Zillober - (ohne Datum); Betr.: Katastropheneinsatz OST-PAKISTAN vom 21.11.1970 bis 8.12.1970. Mit handschriftlicher Anmerkung: Maj Pöser zur Erstellung des Abschlussberichtes. Dieser liegt dem Autor leider nicht vor. Privatbesitz/Nachlass Zillober.

Personalauswahl hinsichtlich gesundheitlicher und charakterlicher Eignung erforderlich.«

Die Besatzungen waren zwar mit fliegerischer Einsatzerfahrung, aber mit ungenügender »Landeskunde« praktisch »aus dem Stand« in den Einsatz in ein für sie völlig unbekanntes Gebiet geflogen. Das Kommando auf dem Flugplatz arbeitete in einem Feldlager mit Zelten. Daraus ergaben sich Mängel in der Hygiene und gesundheitliche Probleme auch durch die Aufnahme von landestypischer Nahrung. Insgesamt aber haben sich alle am Einsatz Beteiligte dennoch durch großes eigeninitiatives Engagement und hohes fachliches Können ausgezeichnet.

*Erdbebeneinsatz in der Ost-Türkei vom 26. Mai bis 5. Juni 1971*

Ein halbes Jahr nach dem erfolgreichen Einsatz in Bangladesch folgte ein weiterer Hilfseinsatz mit der Bell UH-1D in der Türkei[314].

»Zwischen Euphrat und Tigris

*Die Lage*

Ein Erdbeben in der Süd-Ost-Türkei hatte die Ortschaft Bingöl und die umliegenden Bergdörfer teilweise zerstört[315]. Nach offiziellen Angaben gab es mehr als 800 Tote und tausende Obdachlose. Die Verkehrswege um Bingöl waren weitgehend unbrauchbar.

*Gebirgsflugberechtigung gefragt*

Mit der Verlegung des HTG 64 nach Ahlhorn verblieb auf dem Fliegerhorst Penzing bei Landsberg die verstärkte 1. Staffel. Mit einer kompletten technischen Einheit war die Staffel weitgehend selbstständig in der Durchführung ihres Auftrages, den SAR-Dienst und die anfallenden Lufttransportaufgaben in Süddeutschland wahrzunehmen. Entscheidende Voraussetzung für den Verbleib in der Staffel war die sogenannte Gebirgsflugberechtigung. Und diese Berechtigung führte dann auch dazu, dass Ende Mai 1971 der Staffelkapitän, Oberstleutnant Elger vom LTKdo den Auftrag erhielt, zwei Hubschrauber mit verstärkter Besatzung und technischem Personal mittels Transall C-160 in das Krisengebiet zu verlegen.

Die Lage erlaubte keine gezielte Vorbereitung. Improvisation und persönlicher Einsatz waren notwendig, um in kürzester Zeit in die Türkei zu verlegen. Das Zerlegen und Verladen der Hubschrauber klappte perfekt.

---

[314] In Auszügen entnommen aus Ziese, Von Hamburg bis nach Bangladesh, vom Autor verkürzt und leicht stilistisch überarbeitet. Verfasser des Berichtes war Gerhard Gantenhammer.

[315] Am 22. Mai 1971.

Die Erfahrungen aus dem Einsatz in Pakistan trugen Früchte. Unser Bordtechniker Jaedtke spielte sein bekanntes Organisationstalent voll aus. Etliche Kisten Bier und weitere Flüssigkeiten standen alsbald verladebereit im Hangar.

Die ersten UH-1D hatten damals weder eine Rotorbremse noch einen Zusatztank und waren zudem noch mit einem schwächeren Triebwerk [Lycoming T 53-L-11 mit 1.100 SHP] ausgerüstet. Außer ein paar Tragen und einigen Medikamenten sowie viel Optimismus hatten wir nichts an Bord. Das vorhandene Kartenmaterial zeigte, dass in dem betroffenen Gebiet das Gebirge bis zu 9.500ft hoch war. Von welchem Ort aus wir die Flüge starten würden, sollten wir erst später im türkischen Kayseri erfahren.

*Mit dem Elan der jungen Jahre*

Mit dem Elan der jungen Jahre und voller Spannung auf die vor uns liegende Aufgabe startete das Kommando unter der Führung von Major Peter Graeter, Staffelkapitän der 2./HTG 64 (Ahlhorn) am 24. Mai 1971, in zwei Transall verladen, Richtung Türkei[316]. Der Flug führte über Österreich, Italien, Griechenland bis in die Osttürkei. Dort landeten wir auf dem türkischen Luftwaffenplatz Kayserie-Erkilet[317].

Hier konnte man wenig mit uns anfangen[318]. Eine Zeitlang standen wir etwas verloren auf dem Vorfeld. Das Flugplatzpersonal wusste zwar von einem Erdbeben, aber das sei weit weg von hier, viel weiter im Osten! Das freundliche Abfertigungspersonal telefonierte mit den Flugplätzen Elazig[319] und Diyarbakir[320]. Dann hieß es: Weiterfliegen nach Diyarbakir. Die Kommandanten der zwei Transall entschieden, die restliche Strecke im Sichtflug zurückzulegen. Das gab uns Gelegenheit, die wildzerklüfteten Gebirgszüge in Augenschein zu nehmen. Gegen Abend landeten wir in Diyarbakir.

---

[316] Wie schon beim vorhergehenden Einsatz in Bangladesh hängt auch hier der taktische Einsatz von Hubschraubern der UH-1D-Klasse in weit entfernten Gebieten zunächst von der Möglichkeit zur Verlegung in Transportflugzeugen mit entsprechenden Laderaummaßen und Reichweiten ab, hier mit der Transall C-160.

[317] Kayserie-Erkilit (LTAU), TU, Mil/Civ.

[318] Wie schon bei anderen Hilfseinsätzen, funktionierte auch hier der Informationsaustausch und die enge Koordination zwischen den militärischen und zivilen Stellen unzureichend. So mussten sich wiederum erst die Besatzungen »vor Ort« durchfragen und vermeidbare Zeitverluste (d.h. höhere Flugdienstzeiten) hinnehmen.

[319] Elazik (LTCA), TU, Mil/Civ.

[320] Diyarbakir (LTCC), TU, Mil/Civ.

Wir waren am richtigen Ort. Auf dem Vorfeld standen etliche Zivil- und Militärflugzeuge, aus denen man offensichtlich Hilfsgüter entlud. In einem Hangar stapelten sich große Mengen von Zelten, Decken und Nahrungsmitteln; unvorstellbar, dass wir diese Sachen alle per Lufttransport verteilen könnten. Wie sich später herausstellen sollte, erreichte nur ein Bruchteil der Hilfsgüter das Basislager in Bingöl![321]

Ein Dr. Bauer vom ZDF begrüßte uns. Die Herren waren bereits zwei Tage vor Ort und konnten uns erste Eindrücke schildern. Ein Offizier der türkischen Luftwaffe stellte sich als Verbindungsmann vor. Major Graeter sah ihn mit erstaunten Augen an und fragte, ob er in den USA als Flugzeugführer ausgebildet wäre. Der bejahte und es dauerte nur wenige Sekunden, bis beide sich an den gemeinsamen Lehrgang erinnerten. Von da an waren sie unzertrennlich.

Wir erhielten einen Raum im Hangar und bis zum Einbruch der Dunkelheit konnten wir die Transall entladen. Der erste Kontakt mit einem ›Hotel‹ in der Stadt verlief unbefriedigend. Zwar empfing man uns mit aller Höflichkeit, hatte im Innenhof ein reichliches Abendessen aufgetischt, aber der Zustand der Zimmer war miserabel. Fäkalienreste im Schrank und etliches Ungeziefer ließen uns trotz Müdigkeit nicht einschlafen. Der Wunsch nach einer besseren Unterkunft wurde uns am nächsten Tag erfüllt.

*Verlegung ins Einsatzgebiet*

Nach der Einsatzbesprechung mit unserem Verbindungsoffizier ergab sich folgende Lage:

Das Zentrum des Erdbebens lag in unwegsamen Gebirgszügen des mittleren Taurus, westlich von Bingöl. Auch die Stadt selbst war stark in Mitleidenschaft gezogen. Mehr als 100 km trennten uns vom Einsatzgebiet. Eine sinnvolle Versorgung des betroffenen Gebietes war nur möglich, wenn die Hilfsgüter auf dem Landweg nach Bingöl transportiert und vor Ort ein Betankungspunkt eingerichtet würde.

Mit dem ersten einsatzbereiten Hubschrauber flogen wir, vollbeladen mit Decken und Zelten, nach Bingöl[322]. Im Tiefflug überquerten wir das flache, unbewohnte Land in Richtung Norden. Nur eine Hochspannungsleitung kreuzte unsere Route. Ein stabiles Hochdruckgebiet und das trockene Festlandklima bescherten uns klare und weite Flugsicht. Am

---

[321] Der Rest verschwand möglicherweise in »geheimen Kanälen« oder landete auf dem Schwarzmarkt!

[322] Zur Ladung gehörten auch etliche Rollen Klopapier, die ein Luftretter in Diyarbakir »besorgt« hatte.

Horizont zeichnete sich das Gebirge in scharfen, terrassenförmigen Er-
hebungen ab. Auf diesen sahen wir kleine Dörfer mit unmittelbar anschließenden Feldern und kleinen Wiesen, auf denen Schafe weideten.
Die Straße, die sich durch diesen Gebirgsstock zog, war nicht befestigt
und in einem schlechten Zustand, was unserem Tankwagen später fast
zum Verhängnis geworden wäre. Der Transport der Hilfsgüter auf dem
Landweg würde sich wohl schwierig gestalten. Nach kurzem Flug in etwa
5.000 Fuß MSL erreichten wir die Hochebene von Bingöl.

*Andere Länder, andere Sitten*

Südöstlich der stark zerstörten Stadt hatte man ein großes Armeelager
errichtet, bei dem wir landeten. Viele Soldaten befanden sich dort. In der
Nähe des Landeplatzes stapelten sich Versorgungsgüter. Vor einem der
Zelte standen oder saßen viele Männer auf dem staubigen Boden. Man
geleitete uns dorthin und wir bahnten uns einen Weg durch die misstrau-
isch blickenden Gestalten. Im Inneren des Zeltes stand an der Stirnseite
ein Tisch, dahinter saßen einige westeuropäisch gekleidete Herren, Vertreter der kommunalen Verwaltung, die offenbar für die Verteilung der
Hilfsgüter verantwortlich zeichneten. Man teilte uns mit, dass nur sie
Flüge in das Erdbebengebiet zuwiesen, damit eine gerechte Verteilung
erfolgen könne. Was, wieviel und wohin teilten sie uns auf Zetteln mit.
Für unser Verständnis kaum vorstellbar war die Art und Weise, wie die
Bittsteller ihre Anliegen vortrugen. Nach Betreten des Zeltes warfen sie
sich auf die Knie und beugten den Kopf bis zum Boden. Es folgte eine
Art Ehrbezeugung, dann erst durften sie ihre Bitte kniend vortragen. In
dieser Haltung verließen sie auch das Zelt.

Für die Verständigung vor Ort erhielten wir einen jungen türkischen Soldaten an die Seite, der ausgezeichnet Deutsch sprach. Er genoss seine
Ausnahmestellung und las uns jeden Wunsch von den Augen ab. Im Verlauf der Tage freundete er sich mit unserer Einsatzverpflegung an. Die
Fleischdosen hatten es ihm besonders angetan. Als gläubiger Moslem
war ihm dieser Genuss zwar versagt, aber er wusste sich zu helfen. Wenn
er wieder einmal ›schwach‹ wurde – und das geschah täglich – schloss er
den Zelteingang und rollte die Verdunklung der Fenster herab: damit Al-
lah nicht sehen könne, dass er sündige.

*Mit Handzeichen auf Kurs*

Das Technische Hilfswerk (THW) war bereits mit einer Wasseraufbereitungsanlage in Bingöl und betrieb von dort eine Funkbrücke nach Bonn,
die wir ebenfalls nutzen konnten[323].

---

[323] »Praktisch« ist dagegen nichts einzuwenden, hat aber mit unabhängigen und sicheren militärischen Führungsverbindungen nichts gemein.

Der Einsatzablauf spielte sich sehr schnell ein. Morgens flogen die Hubschrauber von Diyarbakir nach Bingöl. Das technische Personal flog wechselweise mit und half beim Beladen und Bereitstellen der Lasten. In der Mittagszeit tauschten die Besatzungen. Geflogen wurde bis zum Sonnenuntergang. Bis zum Eintreffen des ersten Tankwagens in Bingöl mussten wir stets in Diyarbakir tanken.

Die Flüge zu den einzelnen kleinen Siedlungen im Gebirge gestalteten sich nicht so einfach, wie wir es von zu Hause gewohnt waren. Das Kartenmaterial enthielt nur Höhenangaben, aber keine Einzeichnungen von Orten oder gar Häusern. In der Regel stieg in Bingöl ein ortskundiger Mann zu, der uns mit Handzeichen die Richtung anwies. Erstaunlicherweise klappte dieses Verfahren gut.

Völlig unvorbereitet traf uns der ›Empfang‹ bei den ersten Anflügen in der Gebirgsregion. Die Landeplatzerkundung führte meist zu dem Ergebnis, dass wir eine der wenigen grünen Stellen bei den Hütten und Zelten anflogen. Im Anflug auf diesen Landepunkt bewarf man uns teilweise mit Steinen. Erst nach mehrmaligem Überflug unterließ man diese Angriffe. Sofort nach der Landung begab sich unser Begleiter zu den Leuten und erklärte ihnen, dass wir ihnen Hilfe brächten. Woher sollten sie das auch wissen? Die Steinwürfe waren schnell erklärt: Die grünen Flecken waren bestellte Felder. Da es in diesem Klima nachts keinen Tau gibt, waren alle geknickten Pflanzen verloren. Und offensichtlich hatten einige Siedlungen wohl bereits durch Hubschrauber der türkischen Streitkräfte schlechte Erfahrungen gemacht. So überlegten wir uns ein neues Anflugverfahren: vor der Landung überflogen wir den Punkt und warfen Lebensmittel ab – dieser Hinweis wurde sofort verstanden. Erlaubte der Landepunkt ein sicheres Aufsetzen des Hubschraubers, stellten wir das Triebwerk ab. Ein Besatzungsmitglied verließ sofort die UH-1D, damit die heraneilende Menschenmenge nicht in den minutenlang auslaufenden Rotor lief.

*Stolz und Würde*

Das Begrüßungskomitee bestand fast nur aus Männern, während die Frauen in respektvoller Entfernung dem Geschehen beiwohnten. Die Kleidung der Leute gab ein farbenprächtiges Bild ab. Obwohl ihre Kleider aus schier unzähligen Flicken bestanden, strahlten diese Menschen Stolz und Würde aus. Nur mit dem Fotografieren musste man vorsichtig sein, vor allem dann, wenn es um die Frauen und Mädchen ging – das sahen die Männer nicht gerne. [...] Wo immer wir landeten und das Triebwerk abstellen konnten, besuchte unser Luftretter die Behausungen, um nach Verletzten Ausschau zu halten. In den ersten Tagen wurden ihm nur männliche Verletzte gezeigt, die wir teilweise zur ärztlichen

Versorgung nach Diyarbakir flogen. Dem beharrlichen Nachforschen unseres Luftretters Schulte ist es zu verdanken, dass auch weibliche Verletzte – man hatte sie versteckt – behandelt wurden. Wir können mit Stolz behaupten, dass wir dadurch einem kleinen Mädchen, das seit Tagen mit inneren Verletzungen im Zelt lag, das Leben retten konnten […].

*Türkische Gastfreundschaft*

Wie dem auch sei, wann immer wir mit diesen Menschen in direkten Kontakt kamen, empfing man uns mit großer Herzlichkeit. So hat man uns selbst in den entlegensten Ansiedlungen – als Zeichen der Gastfreundschaft – immer einen Krug mit kostbarem Trinkwasser angeboten. Beeindruckend für uns, wenn man so weit weg von zu Hause Deutsch sprechende Türken[324] antraf, die als Gastarbeiter bei uns ihr Brot verdienen und jetzt wegen des Erdbebens in ihre Heimat gekommen waren. Von ihnen erfuhren wir, wie wenig sich die Regierung in Ankara um ihre Heimat am Inneren Taurus kümmert.

Auf dem Flugplatz in Diyarbakir erhielten wir von den türkischen Luftwaffensoldaten jede mögliche Unterstützung. So bemühte sich das Küchenpersonal, uns täglich ein deutsches Mittagessen herzurichten. Für dieses Entgegenkommen bedankten wir uns mit einem Kasten unseres begehrten bayerischen Bieres.

Die strenge Trennung der Dienstgradgruppen im kameradschaftlichen Bereich fiel uns besonders auf. So war es zum Beispiel nicht möglich, dass wir mittags, wenn die Besatzungen tauschten, für alle in der Truppenküche die Verpflegung einzunehmen. Und ein von uns angeregtes Hangarfest am Ende des Einsatzes scheiterte an diesen strengen Grenzen […].

Woran man sich auch gewöhnen musste, war die allgegenwärtige orientalische Musik, die aus den Lautsprechern der Minarette in der ganzen Stadt (Diyarbakir) ertönte. Das setzte sich bis spät in die Nacht fort und begann morgens mit dem ersten Sonnenstrahl. Neben unserem Hotel befand sich ein Haus im Rohbau. Die vielen Arbeiter trugen den Beton und die Steine unter ständigem, monotonem Singen über wackelige Gerüste nach oben. Sie fingen mit dem ersten Büchsenlicht an, sodass unser Schlaf sehr darunter litt […].

*Vorbereitung zum Rückflug*

Mit zunehmender Einsatzdauer nahm der Bedarf an Transportkapazität laufend ab. Die politischen Vertreter ließen sich zu den umliegenden größeren Orten fliegen, um dort Wahlreden zu halten. Diese neue Situation

---

[324] Es handelte sich in diesem Gebiet überwiegend um Kurden.

meldeten wir in den täglichen Berichten über die Funkbrücke des THW an das LTKdo.

Die Wasseraufbereitungsanlage des THW erfreute sich großer Beliebtheit, benutzten die Bauern dieses Wasser doch tatsächlich, um ihr Vieh zu tränken, während sie selbst das Wasser aus dem nahegelegenen Fluss tranken!

Unsere letzten Lagemeldungen veranlassten das LTKdo, uns den Einsatzbefehl für die Rückverlegung zu erteilen. Dieser lautete: ›Verlegung der Hubschrauber im Direktflug nach Izmir. Eine Transall nimmt in Diyarbakir das technische Gerät samt technischem Personal auf. Dann Weiterflug der Transall nach Izmir und Zusammentreffen mit einer zweiten Transall. Nach dem Zerlegen und Verladen der zwei UH-1D in Izmir Rückflug nach Landsberg‹.

Für uns bedeutete das einen dortigen Stehtag am Mittelmeer.

*Über Euphrat und Tigris*

Auf einer IFR-Karte legten wir die Route fest. Ohne Zusatztank mussten wir zum Tanken insgesamt viermal Zwischenlanden. Aufgrund noch fehlender IFR-Ausbildung wählten wir die Route Diyarbakir – Erhac – Kayserie/Erkilet – Eskisehir – Izmir nach Sichtflugregeln. In Diyarbakir gelang es unseren türkischen Kollegen nicht, einen kompletten Kartensatz bis nach Izmir zu beschaffen. Aber bis Ankara reichte er. Der topographische Berichtigungsstand zeigte das Jahr 1952! In Kayseri erhielten wir die restlichen Karten. Gott sei Dank konnten wir bei einer stabilen Hochdruckwetterlage über der gesamten Türkei den Flug in den frühen Morgenstunden antreten. Um 9.45 Uhr überflogen wir den Euphrat. Was wir jetzt sahen, entsprach nur noch in groben Zügen der Darstellung auf den Karten. Viele Eisenbahnen, Hochspannungen und vor allem Stauseen gehörten jetzt zum Landschaftsbild. Mit Hilfe von Funkfeuern – man wusste zu diesem Zeitpunkt ja schon, dass die Nadel immer in Richtung Station zeigte – erreichten wir alle vorgeplanten Zwischenlandeplätze, wo man uns stets gut bediente. Im roten Schein der untergehenden Sonne schwebten wir in Izmir[325] ein. Kurz darauf landete auch die Transall mit den Technikern.

*Zurück in die Heimat*

Zu später Stunde fanden wir Unterkunft in einem vornehmen Hotel mit Klimaanlage und dem dort üblichen Komfort. Unser Kommandoführer entschied noch am Abend, dass die Besatzungen nach dem strapaziösen Flug am Stehtag frei haben. Das führte zu Unmutsäußerungen seitens

---

[325] Adnan Menderes Airport (LTBJ) TU, Civ.

des technischen Personals, die sich mit der Demontage und Verladung der zwei UH-1D für den Rücktransport zu beschäftigen hatten, änderte aber an der Entscheidung nichts.

So genossen wir vormittags die schöne Stadt, pflegten uns nachmittags am Swimmingpool des Hotels und feierten abends mit unseren Technikern den Abschluss des Einsatzes. Die kleine Missstimmung des Vorabends war verraucht.

In den Morgenstunden des 3. Juni 1971 starteten die beiden Transall zum Non-Stopp-Flug von Izmir nach Landsberg. Von der zurückliegenden kurzen Nacht noch etwas übermüdet, entwickelten wir ein ›Relaxsystem‹. In den verzurrten Hubschraubern nahmen zwei von uns auf den vorderen Sitzen Platz und schnallten sich an. Einer legte sich auf die eingehängte Trage und einer ruhte sich auf der Fünferbank aus. Im Turnus von etwa zwei Stunden wechselte das Personal den ›Ruheraum‹ auf dem siebenstündigen Flug in die Heimat. Natürlich gab es auch bereits in jenen Jahren ein paar ›combat ready‹ Schafkopfspieler, die während des gesamten Fluges ihre Spielerfahrung mit neuen Ergebnissen bereicherten. Übrigens schuldet der Kommandoführer dem Verfasser dieses Berichtes noch heute DM 4,60 anlässlich dieses ›high level‹-Turniers. Ab und zu schaute der Kommandant der Transall, Stabsfeldwebel Harry Lenser, bei uns im Laderaum vorbei und hielt uns über den jeweiligen Standort auf dem Laufenden. Endlich hörten wir das Öffnen der Fahrwerksklappen, nur noch wenige Minuten trennten uns von der Heimaterde.

Oberstleutnant Elger empfing uns auf der Ramp. Ohne besondere Vorkommnisse meldeten wir uns aus der Osttürkei zurück.«

Der Kommandoführer, Major Peter Graeter, schrieb zurückblickend über den Einsatz in der Türkei:

»Erstaunlich ist, dass es trotz extremer Bedingungen – Sandsturm, Temperaturunterschiede bis zu 20 Grad im Gebirge, schwere Gewitter – keine einzige Beanstandung an den beiden UH-1D gab.

Insgesamt flogen die Besatzungen des HTG 64 bei diesem Einsatz 52 Stunden und beförderten 85 Personen und 19,5 Tonnen Hilfsgüter.«

November bis Dezember 1970:
Bell UH-1D des HTG 64 beim
Hilfseinsatz in Bangladesch
Oben: Aufbau der 5 Bell UH-1D
Mitte: Beladung der Bell mit Le-
bensmitteln
Unten: Einheimische Bevölkerung
in Erwartung der Lebensmittel bei
einer Außenlandung
(Bilder: Hans Schlieben)

# X. Die Flugbereitschaft BMVg (Köln-Bonn/Wahn)

## 1. Struktur und materielle Ausstattung des Verbandes

Die Flugbereitschaft wurde bereits im ersten Band ausführlich beschrieben und sie bedarf daher keiner breiten Wiederholung[326]. Die von 1958 bis 1971 nur kleine Zahl stationierter Hubschrauber (zwischen zwei und fünf), meist mit einer VIP-Ausstattung, waren für den Kurzstreckentransport hochgestellter, meist politischer Persönlichkeiten (VIP) unverzichtbar.

Der politische Wunsch, nach Herstellung der weitgehenden Souveränität und Handlungsfähigkeit der Bundesregierung über eigene VIP-Luftfahrzeuge zu verfügen, ist nachvollziehbar, da international üblich. Mit der Aufstellung der Bundeswehr erhielten Regierung und Parlamentarier erstmals die Möglichkeit, eigene Luftfahrzeuge für Dienstreisen innerhalb und außerhalb des deutschen Hoheitsgebietes einzusetzen. Bis dahin waren sie von den Fluggesellschaften der Alliierten und ab 1955 von der neuen »Deutschen Lufthansa« abhängig. Innerdeutsch griffen sie bis dahin in den meisten Fällen auf Zugverbindungen zurück bzw. waren sie auf zeitraubende Fahrten mit dem Dienst-Pkw angewiesen. Dies sollte sich mit der Weisung des BMVg vom 2. Februar 1957 ändern[327]:

> »1. Es ist vorgesehen, eine Flugbereitschaft des Bundesverteidigungsministeriums aufzustellen, die aufstellungs- und einsatzmäßig der Abteilung VI [Luftwaffe] unterstellt wird. Bis zur Durchführung dieses Aufstellungsbefehls wird als Vorausmaßnahme ein Reiseflugzeug ›De Havilland DH 114 Heron‹ mit Besatzung und technischem Personal auf dem Flugplatz Köln-Wahn stationiert.
>
> 2. Verwendung dieses Flugzeuges für Reiseflüge des Bundesverteidigungsministeriums. Der Einsatz erfolgt ausschließlich auf Befehl des BMVg, Abteilung VI (Luftwaffe), Einsatzbefehle durch VI A 8 [...].
>
> 3. Das Personal (Flugzeugbesatzung und technisches Personal) in Stärke von 2 Offizieren und 11 Unteroffizieren wird einsatzmäßig der Abteilung VI, disziplinar und wirtschaftlich dem Allgemeinen Luftwaffenamt unterstellt. Zuständiges Referat der Abteilung VI für Aufstellung, Einsatz und Ausbildung: VI A 8.«

---

[326] Ahrens, Die Transportflieger der Luftwaffe, S. 324-373.
[327] Der Bundesminister für Verteidigung, Abteilung VI (Luftwaffe), VI B 2 Tgb. Nr. 904/57 v. 2.2.1957. Betr.: Reiseflugzeug »De Havilland DH 114 Heron«. Privatbesitz Badke.

Hauptmann Hans-Günther Peth führte das Kommando vom 8. Februar 1957 mit der offiziellen Bezeichnung »Flugbereitschaft des Bundesministeriums für Verteidigung«[328] zunächst bis November 1958[329]. Der Aufstellungsbefehl sah u.a. einen Personalbestand der Staffel zum 1. Juli 1957 von 4 Offizieren, 51 Unteroffizieren, 10 Mannschaften und 2 Arbeitern vor.

Die Erstausstattung der Flugbereitschaft umfasste 12 Luftfahrzeuge mit 6 verschiedenen Luftfahrzeugmustern. Deren Zulauf war wie folgt geplant[330]:
- 2 De Havilland DH 114 Heron (Februar und August 1957)
- 2 Douglas C-47 (April 1957)
- 2 Piaggio F-149 (Juli 1957)
- 2 Pembroke (September 1957)[331]
- 2 Fouga Magister (unbestimmt)
- 2 Hubschrauber (Typ und Liefertermin offen).

Als Hubschrauber wurden der Flugbereitschaft im März 1958 zusätzlich zwei Bristol 171 Sycamore MK.52 zugeführt. Diese erhielten einen weißen Anstrich mit blauen Längsstreifen, waren aber für den VIP-Einsatz bei der Flugbereitschaft aufgrund der Enge auf den hinteren zwei Sitzen (normalerweise Sitzbank mit drei Plätzen) und dem mangelnden Komfort nur wenig populär. Schon 1960 wurde je eine Sycamore an die Marine-Seenotgruppe und an eine LRet-VerbStff übergeben und durch zwei Sikorsky S-58 (VIP) und eine Sikorsky H-34 G-III (Truppenversion) ersetzt.

Ergänzend legte der Befehl die Zuständigkeiten im Ministerium für die Herausgabe notwendiger Sonderweisungen fest. Die Fouga Magister waren offenbar für Flüge hochrangiger Flugzeugführer (Inübunghalter) der Luftwaffe gedacht.

Nach den ersten Einsatzerfahrungen wurde der Organisationsumfang (STAN) der Flugbereitschaft auf insgesamt 106 Personen erweitert[332]. Besonders gravierend war das Fehl zwischen Soll- und Ist-Stärke beim Fliegenden

---

[328] BMVg, Abteilung VI (Luftwaffe), VI B 2 Tgb. Nr. 1035/57 NfD. v. 8.2.1957. Luftwaffenaufstellungsbefehl Nr. 53 für die Flugbereitschaft des Bundesministeriums für Verteidigung. i.A. gez. Panitzki. Privatbesitz Badke.

[329] Die erste Besatzung auf der Heron waren Flugzeugführer Hptm Peth, Bordfunker Hptm Aeffner, Bordmechaniker Fw Papart u. StUffz Schwind.

[330] Liefertermine waren abhängig vom Flugzeugauslieferungsprogramm, voraussichtliche Termine in Klammern.

[331] Die Pembroke liefen am 3.1.1958, Kz CA 551 (CA 021) und am 28.1.1958, Kz CA 52 (CA 022) zu. Chronik FlBschft.

[332] Leutnant Klaus Harder, in jenen Monaten als Flugzeugführer und Staffeloffizier eingesetzt, schrieb am 5. November 1957 in einer Aktennotiz, dass vorerst nur 75 Soldaten ihren Dienst in Wahn versahen. Das schränkte die Einsatzbereitschaft der Staffel spürbar ein. Nachlass O a.D. Reiss.

Personal. So verfügte die Fliegende Staffel bis Ende 1957 lediglich über fünf voll einsatzbereite Flugzeugführer. Zwei Piloten und zwei Navigatoren waren zu diesem Zeitpunkt noch in der Ausbildung. Mit voll ausgebildeten fünf Bordfunkern und sechs Bordmechanikern sah die Lage bei den anderen Fachgruppen ein wenig besser aus. Trotz dieser Personallücken wuchs der Flugzeugerstbestand wie vorgesehen auf[333].

Mit der Übernahme der ersten viermotorigen De Havilland 114 »Heron«[334] am 30. Januar 1957 begann die »fliegerische Geschichte« der Flugbereitschaft BMVg[335]. Zu dieser Zeit genoss die Flugbereitschaft auf dem Flughafen Köln-Bonn das Gastrecht der Royal Air Force (RAF); sie kam in der Halle I notdürftig unter. Die RAF hatte die Hallen nach dem Krieg von Ägypten nach Wahn verlegt und dort neu aufgestellt. Am 16. April 1957 ging die Führung der Flugbereitschaft auf Major Joachim Eisermann über.

Der Organisationsumfang der Flugbereitschaft umfasste zum 1. April 1959 etwa 250 Personen, für eine Einheit auf »Staffelebene« eine beachtliche Zahl[336]. Mit der Aufstellung des LTG 62 mit Stab und der 1. Staffel im Jahr 1959 auf dem Flughafen Köln-Wahn bot sich die Eingliederung der dort bislang nur als »Staffel« vorhandenen Flugbereitschaft an. Hierzu wies die Luftwaffenführung im 15. Juli 1959 ihre Umbenennung in 3./LTG 63 (Flugbereitschaft BMVg) an[337]. Fachliche Unterstellung und Einsatzverfahren änderten sich bis zur Aufstellung des Stabes LTG 62 in Wahn im Dezember 1959 nicht.

Nach dem Unterstellungswechsel der Flugbereitschaft bedurfte der Einsatz ihrer Luftfahrzeuge aufgrund der inzwischen entstandenen Begehrlichkeiten und Eifersüchteleien der VIP einer Neuregelung. Diese erging aufgrund der Ministerweisung vom 9. Mai 1960 als aktualisierte Grundsatzweisung des Führungsstabes der Luftwaffe[338]. Nach der Festlegung der Kostenerstattung für

---

333  Vgl. Chronik Das Lufttransportkommando, S. 10.
334  Werk-Nr. 14108, spätere CA-001. Vgl. Chronik Flugbereitschaft.
335  Vgl. auch Redemann, Die fliegenden Verbände der Luftwaffe, S. 161-166. Er nennt den 1.2.1957 als Tag der Übernahme. Namentlicher »Pate« war möglicherweise die im Jahr 1934 aufgestellte »Flugbereitschaft des Reichsluftfahrtministeriums« auf dem Flugplatz Staaken bei Berlin. Der Bedarf für »Regierungsflüge« war schon bei der Wehrmacht vorhanden. Siehe Völker, Die deutsche Luftwaffe, S. 46.
336  BArch, BL 1/22101. Im Detail weist die STAN Nr. 532 8000 aus: 1 OTL, 2 Majore, 10 Hauptleute, 11 Oberleutnante, 11 OStFw, 34 HFw, 49 Uffz/StUffz, 24 HG, 50 Flg/OG, 3 Beamte, 4 Schreibkräfte und 6 Arbeiter.
337  BMVg - Fü L III 2 v. 15.7.1959. Betr.: Umbenennung der Flugbereitschaft BMVg. In: Privatbesitz Badke.
338  BArch, BW 1/193703, BMVg - Fü L IV 2 v. 13.9.1960. Betr.: 3./LTG 62 (Flugbereitschaft BMVg) - Neufassung. Diese Weisung hob zugleich die vorhergehenden ab dem Jahr 1958 auf, einschließlich der fast wortgleichen Weisung v. 2.6.1960, vgl. BArch Bw 1/314114). Darin hatte sich der Fü L IV ein ausbildungsmäßiges Unterstellungsverhältnis vorbehalten.

Mitflüge von Fluggästen[339] sah sich das Ministerium aber gezwungen, schon 1963 in einem weiteren Erlass die wichtigsten deutschen VIP von einer Kostenberechnung wieder auszunehmen[340].

Die Verlegung des LTG 62 von Wahn nach Ahlhorn und die Änderung der Zahl und des technischen Aufwands der Luftfahrzeuge, insbesondere die Zuführung von Strahlflugzeugen, erforderten eine personelle Verstärkung und Umgliederung der 3./LTG 62 zu einem eigenständigen Verband als Flugbereitschaft BMVg[341]. Ab dem 1. April 1963 unterstellte die Luftwaffe sie truppendienstlich dem Luftwaffenamt, für den Einsatz dem Bundesminister der Verteidigung – einmalig in der Geschichte der Luftwaffe! Ihr Kommandeur (Ebene A 14) wurde der bisherige Staffelkapitän der 3./LTG 62 (FlBschft), Oberstleutnant Hans-Georg Mally. Die Unterstellung unter eine Luftwaffendivision ohne eine dort vorhandene relevante Lufttransportkompetenz – wie bei den anderen Lufttransportverbänden – wollte man wohl aufgrund der Sonderrolle mit Blick auf den Personalaustausch bei den ausländischen Ausbildungseinrichtungen und den sensitiven VIP-Einsätzen der Flugbereitschaft vermeiden. Der Verband gliederte sich in den Stab, eine Lufttransportstaffel (mit einer Geophysikalischen Beratungsstelle) und eine Technische Staffel[342]. Der beigefügte STAN-Entwurf sah nunmehr einen Personalumfang von 334 vor, der Stellenplan 323, im Entwurf vom 1. Januar 1963[343] war noch eine Gesamtstärke von 476 Soldaten und 63 Zivilpersonal vorgesehen. Darin war u.a. auch der Flugzeugpark ausgewiesen,

- 4 DC-6B, ab 1.12.1968 4 Boeing-707

- 6 Convair CV-440

- 3 Lockheed C-140 JetStar

---

[339] BArch, Bw 1/318058: BMVG - VR III 2, Az 56-10-00 v. 14.11.1961. Weitere Einzelheiten hatte Strauß bereits in seinen Weisungen vom 13.6. bzw. 14.11.1961 geregelt und darin für Fluggäste eine Kostenerstattung in Höhe von DM 0,33 für den Einzelflug bzw. DM 0,29 für Hin- und Rückflug pro Person und Flugkilometer festgelegt.

[340] BArch, Bw 1/318058: BMVg - VR III 2, Az 56-10-00 v. 4.6.1963. Darin wurden einheitlich für Einzel- bzw. Hin- und Rückflug DM 0,34 pro km festgelegt und folgender VIP-Kreis ausgenommen: Bundespräsident, Bundeskanzler, Präsident des Bundestages, Vorsitzender des Verteidigungsausschusses des Bundestages, Präsident des Bundesrates (mit Einschränkungen) und Angehörige anderer Bundesresorts, soweit diese Flüge ausschließlich im Interesse der Bundeswehr lagen.

[341] BArch, BL 1/6171: BMVg - Fü L III 2 v. 13.3.1963. Befehl für die Umgliederung der 3./LTG 62. Zur besseren Lesbarkeit wird im Folgenden auf den Zusatz »BMVtdg bzw. BMVg« verzichtet.

[342] Erst 1974 wurde aus der Technischen Staffel die Technische Gruppe mit Wartungsstaffel, Instandsetzungsstaffel, Nachschub- und Transportstaffel, sowie Unteroffizier- Lehr- und Sicherungsstaffel. Damit war der Geschwaderstatus erreicht. Chronik Flugbereitschaft (undatiert).

[343] BArch, BL 1/22101: BMVg - Fü L III 5 - Az 10-26-10, TgbNr. 9349/62 v. 18.12.1962.

- 6 HFB-320, ab Mitte 1968
- 2 Sikorsky S-58 und 1 Sikorsky H-34 G-III, ab 1.10.1968 Bell 4 UH-1D
- 1 Do-28, 4 Do 27, 3 Pi.149 und 3 Pembroke.

Damit umfasste der Luftfahrzeugbestand im Jahr 1963, also zu Beginn der Selbstständigkeit, 33 Luftfahrzeuge mit 9 verschiedenen Mustern zur Abdeckung des Kurz-, Mittel- und Langstreckenbedarfs.

Seit 1. April 1968, mit der Aufstellung des LTKdo und der Einnahme der Fachkommandostruktur der Luftwaffe, wurde die Flugbereitschaft ein eigenständiger Verband, nunmehr geführt durch einen Kommandeur auf Ebene »Oberst« (A 16), wie bei den anderen Geschwadern[344]. Mit der Einführung der Boeing B 707-307C als Ersatz für die DC-6B auf der Langstrecke, der HFB 320 für die Convair CV-440 und der 4 Bell UH-1D für die 2 S-58/1 H-34 begann die Modernisierung der Ausrüstung des Verbandes mit fast ausschließlich turbinengetriebenen Luftfahrzeugen (die C-140 JetStar war bereits ab 1962 im Inventar). Personal, Infrastruktur und Technik blieben davon nicht unberührt. Das hatte auch die neue STAN vom 1. Januar 1968 mit einem Personalaufwuchs auf nunmehr 474 Soldaten und 50 Zivilen zu berücksichtigen[345]. Der Kriegsumfang war mit 555 Soldaten festgeschrieben. Zusätzlich wurde die Geophysikalische Beratungsstelle dem Kommandeur unmittelbar unterstellt[346].

Der Ankauf und Betrieb neuer oder bereits gebrauchter ziviler Luftfahrzeugmuster stellte für das Personal in der Technik der Flugbereitschaft, ob auf Staffel- oder Gruppenebene, aufgrund der Typenvielfalt[347] und der Forderung nach hohem Klarstand – insbesondere für den VIP-Transport – hohe Anforderungen. Hierbei half die meist sehr konstruktive Zusammenarbeit mit der zivilen Flugzeugindustrie.

Mit der Auswahl der Luftfahrzeuge beabsichtigte das BMVg, den Bedarf auf der Kurz-, Mittel- und Langstrecke wirtschaftlich abzudecken, sowohl für den VIP- als auch für den »Truppentransport«. Dies waren bis 1968 zumeist auf dem zivilen Markt verfügbare Muster, im Einsatz der Fluglinien bewährt und überwiegend gebraucht gekauft. Das änderte sich erst grundlegend mit der Einführung der B 707 und HFB 320 in den Jahren 1968/69.

---

[344] Am 15. Dezember 1969 wurde ihr erster Kommandeur, Oberstleutnant Mally, zum Oberst befördert.

[345] BArch, BL 1/22101: Die STAN-Nr. 524 2350, Stand v. 1.1.1968 (mit Änderungsanweisung Nr. 15P) weist 68 Offiziere, 289 Unteroffiziere und 112 Mannschaften, 13 Beamte, 17 Angestellte und 20 Mannschaften aus.

[346] BArch, BL 1/22101: Gem. ÄA-Nr.16P v. 25.11.1969 mit Stärke 3/13.

[347] »Die Typenvielfalt hinderte die Betriebsführung, erhöhte Wartungs-, Reparatur und Lagerkosten.« Budrass, Adler und Kranich, S. 185, zur Lage der zivilen Luft Hansa in den 1920er Jahren!

## 2. Erste Erfahrungen beim VIP-Einsatz der Hubschrauber[348]

Über den VIP-Einsatz der zwei Bristol 171 Sycamore der Flugbereitschaft liegen weder Unterlagen noch Auskünfte von Zeitzeugen vor Verfügung. Zeitzeuge OTL a.D. Peter Tegeder, damals Hauptmann und Major in der Fliegenden Staffel, schilderte mir dankenswerterweise mündlich seine persönlichen Erfahrungen auf den Sikorsky S-58 und Bell UH-1D.

Die beiden Sikorsky S-58 mit der Kennung CA-350 und CA-351 liefen 1959 und 1960 der Staffel zu. Äußerlich unterschieden sie sich durch eine Einstiegsleiter, einen Handlauf, ein Panoramafenster auf der rechten Seite und ein zusätzliches Laderaumfenster auf der linken Seite. Sie verfügten über eine schöne und von den Fluggästen geschätzte VIP-Ausrüstung im Laderaum. Diese bestand aus vier komfortablen, mit Armlehnen und hohen Rückenlehnen versehenen Passagiersitzen, jeweils zwei gegenüber an einem in der Mitte befindlichen Tisch[349]. Die Besatzung bestand aus zwei Hubschrauberführern und einem Bordmechaniker, der seinen Sitz nicht im Cockpit, sondern unten im Laderaum hatte. Waren VIPs an Bord, übernahm er zugleich die Aufgabe eines Stewards, was sich auf das Reichen von Kaffee oder anderen Getränken beschränkte. Nur Bundeskanzler Ludwig Ehrhardt kam zuweilen in den Genuss verschiedener, von der Ehefrau eines Bordmechanikers extra für ihn zubereiteter Mehlspeisen (Pudding, Griesbrei).

Die dritte S-58 (H-34 G-III), 1962 zugeführt, war gegenüber den zwei VIP-Maschinen nur als reine Truppenversion vorgesehen, verfügte allerdings über eine bessere IFR-Ausstattung für Schlechtwetterflüge, während die beiden S-58 nur nach besonderen Sichtflugminima fliegen durften.

Leiter der Hubschraubersektion war damals Hauptmann/Major Bernd Jürgensmeier. 1963/64 bestand sie aus nur zwei Hubschrauberführern und zwei Bordmechanikern, darunter der erfolgreiche Jagdflieger und Ritterkreuzträger (Ober-)Stabsfeldwebel Helmut G. Rüffler. Seine Beförderung zum Enddienstgrad verdankte er dezenten Hinweisen seiner Crewkameraden an den damaligen Parlamentarischen Staatssekretär im BMVg, Eduard Adorno[350]. Die Hubschraubersektion wurde weitgehend auch von den anderen Crews, also den »Flächenfliegern« der Flugbereitschaft, anerkannt, zumal es für ihren Kurzstreckeneinsatz mit Landungen auf der Hardthöhe, in Kasernen, Innenhöfen und »auf freiem Feld« keine Alternative bzw. Konkurrenz gab.

---

[348] Mündliche Auskunft (überarbeitet und erweitert) von OTL a.D. Peter Tegeder v. 10.11.2018.
[349] Siehe Wache, Sikorsky H-34, S. 31f.
[350] Parlamentarischer Staatssekretär im BMVg von 1967 bis 1969.

Bis Ende September 1962 war zusätzlich eine Vertol H-21C, offenbar eine Version V-44B (eine ehemalige VIP), mit dem sehr erfahrenen Fluglehrer Hauptmann Rolf Winkler und seinem Bordmechaniker auf dem Militärbereich des Flughafens Köln-Bonn stationiert. Sie diente vor allem den Mitflügen des Luftwaffeninspekteurs General Kammhuber und verfügte über eine von ihm gewünschte Sonderausstattung. Ein so bezeichneter »Kammhubersitz« bestand aus einem selbst gebastelten gepolsterten Brett. Es wurde nur für seine Mitflüge in den Cockpitdurchgang eingehängt und später nicht mehr verwendet[351].

Nahezu tägliche VIP-Flüge mit der S-58 und später der UH-1D liefen zwischen der Bonner Hardthöhe zum Flughafen Köln-Bonn und zurück, die vor allem die Minister Kai-Uwe von Hassel (S-58) und Helmut Schmidt (UH-1D) nutzen. Die VIP-Flüge mit den Hubschraubern gingen grundsätzlich nicht über Entfernungen von 100 km hinaus.

Ein denkwürdiger Einsatz mit den S-58 war die Begleitung von hohen Staatsbesuchen des US-Präsidenten Kennedy und Königin Elisabeth aus Groß-britannien in den 1960er Jahren. Eine S-58 wurde durch ein Team des WDR für begleitende Luftaufnahmen technisch ausgerüstet und eingesetzt, mit großem Erfolg.

Als zuweilen schwieriger Passagier erwies sich Verteidigungsminister Franz-Josef Strauß, der den Besatzungen Flugverspätungen und Flugverschiebungen, oder gar eine kurzfristige Absage des Fluges aus Wettergründen verübelte. Nicht immer war bei gutem Wetter am Startplatz eine Absage wegen schlechten Wetters am Zielort für den Passagier nachvollziehbar, aber bei fehlender Ausrüstung der S-58 für einen Flug nach Instrumentenflugregeln aus Gründen der Flugsicherheit unabdingbar.

Allerdings war es mehr als unglücklich, dass die Crew mit ihrer S-58 entlang der Autobahn (als Orientierungshilfe) den Pkw von Strauß überflog, mit dem er nach der Flugabsage Vorlieb nehmen musste. Den Hubschrauber von unten erkennend, durfte die von ihm nachträglich angeordnete detaillierte Untersuchung auf hoher Führungsebene nicht überraschen – sie blieb aber für die Crew glücklicherweise ohne Folgen.

Auch Luftwaffeninspekteur Generalleutnant Steinhoff nutze regelmäßig die Hubschrauber der Flugbereitschaft, was nach einigen Zwischenfällen für die Crews nachteilige Folgen hatte.

Oberstleutnant a.D. Manfred Menges ergänzt hierzu[352]:

---

351 Auskunft O a.D. Rappke v. 13.11.2018.
352 Bericht (Auszug) OTL a.D. Winfried Menges v. 04.01.2013.

»Nachdem mir bereits Anfang 1963 mein Chef Zipser[353] die VIP-Berechtigung erteilt hatte und ich bereits mehrere VIP, u.a. auch den Inspekteur der Luftwaffe, Generalleutnant Steinhoff, in nördlichen Bereichen zu dessen voller Zufriedenheit transportieren durfte, passierte einem VIP-HF der Flugbereitschaft bei der x-ten Rheinüberquerung Köln – Hardthöhe – Köln ein Missgeschick: Anfang Januar 64 war General Steinhoff mit einer H-34 der Flugbereitschaft auf dem Weg zur Hardthöhe, als aufgrund erheblicher Sichtverschlechterung der VLF zu einer Sicherheitslandung auf freiem Feld ansetzte – leider wurde daraus eine ziemlich harte Landung. Als ich einige Tage später General Steinhoff erneut Besatzung und Hubschrauber startbereit meldete, wollte er von mir wissen, ob ich schon gehört hätte, ›was der mit ihm gemacht hätte‹, was ich ihm bejahen konnte. Auf meinem Schreibtisch lag bereits ein Marschbefehl zur Flugbereitschaft nach Wahn zur Überprüfung der dortigen VIP-HF auf ihre Beherrschung der Notverfahren, insbesondere der Autorotation. Nach Gesprächen über die Notverfahren am Vortag folgten am 30. Januar 1963 die Standchecks, wobei ich zur Beseitigung vorhandener Unsicherheiten weitere Übungsflüge im Checkreport anordnete[354].«

Diese lagen jedoch auch im Interesse der dortigen Hubschrauberführer, deren Hoffnung es war, einen Kameraden, der sich permanent vor dem Üben eines simulierten Triebwerkausfalls mit anschließender Autorotation drückte, aber dennoch auch bei VIP-Flügen die Rolle des verantwortlichen Flugzeugführers (VLF) für sich beanspruchte, unter Druck zu setzen[355].

»Bei zunehmenden VIP-Einsätzen las ich regelmäßig die Standardanweisung des LTKdo, dass nur erfahrene VIP-Besatzungen einzusetzen seien. So übernahm ich häufig diese Einsätze selbst, bei denen z.B. immer wieder General Steinhoff, später auch General Bennecke mit Ehefrau, US-General Haig, einige Parlamentarier, und auch der ›Superminister‹ Karl Schiller meine Fluggäste waren. Zwischenzeitlich war einem ›Sicherheitspapst‹ auf höherer Ebene eingefallen, das Tragen von Fallschirmen auch bei VIP-Flügen zu befehlen. Ich habe diese Anweisung missachtet und z.B. Frau Bennecke darauf aufmerksam gemacht, dass ich ihr entgegen meines Tragebefehls keine Fallschirmgurte anlege, u.a. um ihren Rock nicht zu zerknautschen! Sie stimmte lächelnd zu.

Es dauerte viele Wochen, bis meine diesbezüglichen, deutlichen Bemerkungen in meinen Einsatzberichten umgesetzt wurden. Viele solcher […]

---

[353] Major Irmfried Zipser, von 1963 bis 1966 Staffelchef der Ausbildungsstaffel/Ausbildungsgruppe C/FFS »S«.

[354] Auf die Namen der von Menges genannten Personen wird aufgrund widersprüchlicher Auskünfte der Zeitzeugen verzichtet.

[355] Auskunft des Zeitzeugen OTL a.D. Peter Tegeder v. 10.11.2018.

hinderlichen Anweisungen bewiesen mir immer wieder, dass man noch lange nicht in der Neuzeit angekommen war. Wir jungen Hubschrauberführer fragten immer wieder unsere ›Oberen‹, wie man aus einem abstürzenden, flugunfähigen Hubschrauber aussteigt, ohne von den Rotorblättern ›attackiert‹ zu werden. Man blieb uns alle Anfragen schuldig. Die ›kleine Bell‹ und die H-34 hatten entsprechend vorbereitete Sitze; nicht so die UH-1D, in der man im Notfall im Fluge den Brustfallschirm einhängen und dann den Hubschrauber verlassen sollte. Ich habe beim Kommodore Oberst Naumann[356]– als sein fliegerischer Berater und Leiter des Stand-Teams – u.a. wiederholt versucht, auch sein Einverständnis zum übungsmäßigen Unterfliegen von Hochspannungsleitungen zu erhalten, er lehnte dies regelmäßig entrüstet ab. Erst Kommodore Oberst Rudolf Meyer[357] stimmte diesem Vorschlag und vielen anderen zu. Der Fallschirm blieb uns in der UH-1D noch lange erhalten, ebenso auch andere Ungereimtheiten[358].«

Natürlich ist nachvollziehbar, dass der kreative Hubschrauberführer Menges mit seinen »modernen« Vorschlägen bei einigen seiner kriegsgedienten Vorgesetzten, d.h. ehemaligen Kampffliegern und auf Hubschraubern weniger erfahrenen Vorgesetzten, zuweilen auf Vorbehalte stieß. Denen kam es zuvorderst auf einen sicheren Flugbetrieb an, gerade nachdem es bereits in den Anfangsjahren zahleiche Flugunfälle gegeben hatte.

---

[356] Oberst Johannes Naumann, Kommodore HTG 64 vom 1.10.1966-30.9.1973. Vita im Anhang.
[357] Oberst Rudolf Meyer, Kommodore HTG 64 vom 1.10.1973-30.4.1975. Vita im Anhang.
[358] Bericht (Auszug) OTL a.D. Winfried Menges v. 4.1.2013.

VIP-Hubschrauber der Flugbereitschaft
Oben: Bristol Sycamore mit attraktivem VIP-Anstrich. Da sie wenig komfortabel war, wurde sie bald an die Marine abgegeben. (Lange/Wache)
Unten: Die Sikorsky H-34 CA+351 hatte eine Einstiegsleiter mit Handlauf und Panoramafenster auf der rechten sowie ein zusätzliches Laderaumfenster auf der linken Rumpfseite. (BMVg/Wache)

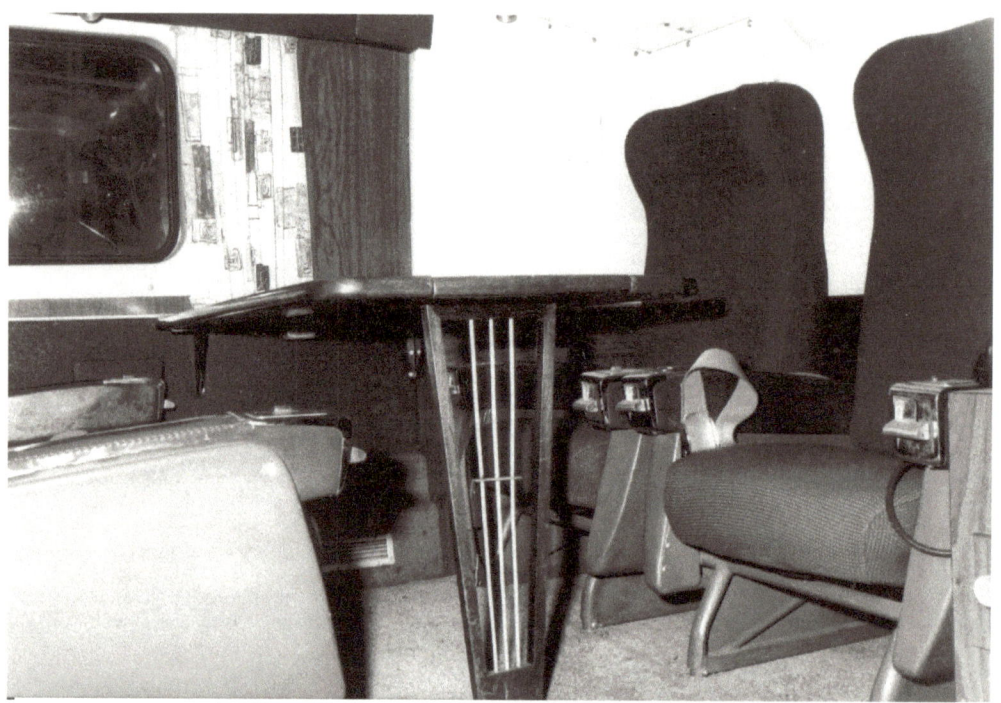

Oben: Die H-34 als persönliche, komfortable Reisemaschine für Bundeskanzler Konrad Adenauer. Vier gegenüberliegende Komfortsitze und ein abklappbarer Mitteltisch waren hier „Normalausstattung". (Wache)
Unten: Bell UH-1D mit VIP-Anstrich, Komfortsitzen und seitlicher Einstiegsleiter (Wache)

# XI. Flugsicherheit – Aufklärung und Prävention

## 1. Besonderheiten des Hubschraubereinsatzes

»Falls uns der Rotor wegfliegt, haben wir die aerodynamischen Eigenschaften eines Klaviers!« Diese drastischen Worte meines erfahrenen Hubschrauberführers während meiner Einweisung auf der Bell UH-1D beim HTG 64 in Ahlhorn kamen für einen Transallflieger zwar unerwartet, aber sie trafen ins Schwarze. Hubschrauber jeglicher Bauart, also nur mit Rotorantrieb und ohne Tragflächen, sein ein konstruktiv aerodynamisch instabiles Fluggerät. Nur der Rotor mit den kreisenden Rotorblättern schafft Auftrieb, Vortrieb und bei der UH-1D in Verbindung mit dem Heckrotor die notwendige Flugstabilität. Die Rumpfaerodynamik ist für den Auftrieb nicht wesentlich, sodass bei Triebwerksausfall der im Leerlauf ausdrehende Rotor (Autorotation) den notwendigen Restauftrieb für einen stabilen Sinkflug und eine sichere Notlandung bietet – allerdings hat der Hubschrauberführer (HF) nur *einen* Versuch!

Die Steuerung der Bell erfolgt durch den »Collective Pitch Lever« (Kollektiver Blattverstellungshebel) und den Stick. Ersterer ist durch senkrechtes Hochziehen und Drücken für die Eingabe der Leistung über die Drehzahl und Verstellung der Rotorblätter zuständig, der Stick verstellt die Taumelscheibe zur Veränderung jeglicher Flugrichtung, die Fußpedale verstellen den Heckrotor zum Erhalt bzw. zur Änderung der Drehrichtung um die Hochachse. Nur die koordinierte Bedienung aller Steuerorgane erlaubt sicheres Starten und Landen sowie Flugmanöver in der Luft. Ein Hubschrauberführer hat demnach »alle Hände voll zu tun«. Er benötigt daher u.a. für den Sichtflug nach Karte (VFR) bzw. beim Instrumentenflug (IFR) einen zweiten Mann auf dem linken Sitz, zumeist einen Bordmechaniker oder 2. HF. Auch das zunächst gefürchtete »Hovern«, also Anhalten der Bell in der Luft über einer Stelle, ist zu beherrschen und bedarf der Übung. Dieses Manöver ist für einen Flächenflieger zunächst der reine Horror, da sein meist zu spätes Reagieren oder ein zu »harter« Ausschlag des Sticks zu einem seitlichen Aufschaukeln des Hubschraubers und gar zum Absturz führen kann. Dazu ist es für den Anfänger extrem »schweißtreibend«![359]

Der Einsatz des Hubschraubers erfolgt einsatzbedingt zumeist in niedriger Höhe über jeglichem Gelände. Bodenhindernisse jeder Art stellen für ihn

---

[359] Hierzu merkte O a.D. Irmfried Zipser in dem Interview v. 25.9.2012 zur Schulung auf der H-34 an: »Dampfroß, unverwüstlich, nicht kopflastig, war schon so gut ausgetrimmt durch den langen Rumpf, Heckrotor, Hauptrotor im Mittelpunkt, »Katzenpfotenhand« zum Fliegen (Schweizer Fluglehrer), mit viel Gefühl, als Flächenflieger völlig neue Umstellung, Stehenbleiben in der Luft (Hover) fast tödliches Gefühl!«

die größte Gefährdung dar. Dies können u.a. sein: Hochspannungsleitungen, hohe Bäume, Berge, Schornsteine, jegliche Art von Masten und (auch Sende-) Türmen sowie hohe Gebäude. Im Gebirge sind natürlich schon die Berge und Hänge eine ständige Bedrohung, aber auch Seilbahnen, Fall- und Scherwinde. Landungen bei winterlichen Bedingungen, vor allem auf Schnee, bedürfen besonderer Vorsicht und Erfahrung (Gefahr des stark aufwirbelnden Schnees mit weitgehender Sichtminderung – »White Out«).

Auch die Bell UH-1D war vereisungsgefährdet und bleibt bei mittlerer bzw. starker Vereisungsgefahr besser am Boden. Die Sicht bei Starkregen war eingeschränkt.

Die Bell verfügt nur über eine (wenn auch zuverlässige) Turbine für den Antrieb des zweiblättrigen Haupt- und Heckrotors. Ihr Ausfall erzwingt eine sofortige Notlandung mit Hilfe der Autorotation, was über eng bebautem Gebiet (Städte) problematisch werden könnte. Über See ist eine Wasserung mit aufblasbaren Notschwimmern notwendig, wobei nach Ausstieg der Crew und der Passagiere ein langsames Versinken des Hubschraubers unvermeidlich ist.

Das Hauptgetriebe der UH-D ist für die vorhandene Turbinenleistung zu schwach ausgelegt, was bei der Leistungszufuhr bei der Landung, z.B. beim Brechen einer recht hohen Sinkrate stets zu beachten ist[360].

Turbine und Rotorblätter erzeugen Lärm und stete Vibrationen, ein Schütteln des Hubschraubers am Boden beim Anlassen und Abstellen der Turbine und langsamer Drehzahl der Rotorblätter unvermeidlich. Hindernisfreiheit gerade beim Rettungseinsatz erfordert ein enges Zusammenspiel des 2. Mannes bzw. des aus der offenen Seitentür herausblickenden Luftretters, wobei Bäume und Masten/Ampeln/Laternen/Fahrzeuge die größte Gefahr darstellen. Das gilt zuvorderst für sich im Rotorbereich aufhaltende Personen und Tiere.

Das Aufnehmen, Schleppen und präzise Absetzen von Lasten am Lasthaken (normal 1 t) erfordert Präzision und Gefühl bei der Flugdurchführung, um ein mögliches zu starkes Pendeln der Last mit der Gefahr der Unsteuerbarkeit des Hubschraubers oder ein Fehlabsetzen zu vermeiden.

Beim Rettungseinsatz ist umsichtiges, rasches und koordiniertes Handeln unverzichtbar, um den Verunfallten möglichst schonend und sicher in das nächste Krankenhaus zu verbringen. Das schließt den von Rettungszentren mitfliegenden Arzt mit ein. Der Anblick Schwerverletzter oder Toter (vor allem Kinder) hinterlässt auch psychische Spuren bei den Crews, die nicht immer schnell oder leicht zu verarbeiten sind. Posttraumatische Belastungsstörungen (PTBS) waren in den Anfangsjahren noch ein Fremdwort. Die Crews halfen

---

[360] Turbinenleistung 1.400 SHP, Getriebegrenzwert 820 Kw, d.h. 1.100 SHP. Wache, Bell UH-1D, S. 16.

sich durch ein offenes Gespräch über ihre Eindrücke und Gefühle unmittelbar nach dem Einsatz.

Diese Beispiele zeigen die Vielseitigkeit des Hubschraubereinsatzes und die sich daraus ergebenden Herausforderungen an den HF und seine Crew.

## 2. Spezielle Herausforderungen der Hubschrauberbesatzungen aus Sicht der Flugmedizin[361]

Über die Herausforderungen, Belastungen und Folgen der Einsätze für die Besatzungen aus flugmedizinischer Sicht berichtet der ehemalige Fliegerarzt des HTG 64 und Generalarzt der Luftwaffe Generalarzt a.D. Dr. Jörg Binnewies.

»Der Sanitätsdienst der Luftwaffe umfasste bis Anfang 2000 neben entsprechenden Dienstposten in den Kommandobehörden auch die Luftwaffensanitätsstaffeln sowie den Fliegerärztlichen Dienst einschließlich des Flugmedizinischen Institutes der Luftwaffe (FlugMedInstLw). Er wurde vom Generalarzt der Luftwaffe geführt. Die Fliegerärzte in den fliegenden Verbänden waren immer mehr als nur die ›Hausärzte‹ des Fliegenden Personals für Herstellen und Erhalten der Einsatzbereitschaft, Leistungsfähigkeit und Gesundheit der fliegenden Besatzungen, sie wirkten auch mit beim Flugbetrieb, der Flugsicherheitsarbeit sowie Flugphysiologischen Ausbildung und berieten den Kommodore und alle fliegerischen Vorgesetzten in flugmedizinischen und sanitätsdienstlichen Angelegenheiten. Zusammengefasst führten sie mit unmittelbaren Erkenntnissen aus dem Flugbetrieb einen integrierten Teilprozess der Gesundheitsfürsorge als Bestandteil des Gesamtprozesses ›Gesundheitsversorgung‹.

Die Fachabteilung ›Fliegerarzt‹ war in allen Verbänden der Luftwaffe ein Zwei-Mann-Betrieb (Fliegerarzt und Fliegerarztgehilfe), obwohl ihre Klientel einen deutlich unterscheidbaren Auftrag in der Bundeswehr hatte. Den Jet-Verbänden mit durchschnittlich jüngeren Fliegendem Personal standen in den Verbänden des Lufttransportes u.a. mit Luftfahrzeugführern, Bordfunkern, Bordmechanikern, Luftrettungsmeistern eine deutlich höhere Anzahl der zu Betreuenden gegenüber, die auch noch im Altersdurchschnitt über dem der Jetverbände lag. Für diese umfangreiche ›Patientenführung‹ gab es lediglich eine zusätzliche Schreibkraft außerhalb der STAN. Im HTG 64 ergab sich der glückliche Umstand durch die gleichzeitige Standortarztfunktion des Fliegerarztes, in dessen Dienstpostenstruktur aber eine Schreibkraft ausgeworfen war. Der Bereich des

361 Beitrag Generalarzt a.D. Dr. Jörg Binnewies v. 16.4.2019.

Fliegerarztes war im Gebäude der Luftwaffensanitätsstaffel untergebracht, die medizinische Geräteausstattung sowie die Infrastruktur genügten den Anforderungen. Die umfangreiche fliegerärztliche Tätigkeit
war nicht nur durch den einzigartigen Auftrag des Geschwaders (Durchführung des SAR-Dienstes für die Bundesrepublik Deutschland, von
Lufttransportaufgaben und Truppenversuchen mit neuem Fluggerät) ge-
kennzeichnet, sondern auch durch die ärztliche Versorgung der Angehörigen eines Detachements der US-Amerikaner [für US-Kampfflugzeug
A-10] auf dem Fliegerhorst Ahlhorn […].

Schon 1971 richtete die Bundeswehr ihr erstes Rettungszentrum am
Bundeswehrkrankenhaus Ulm ein. Die Besatzung eines SAR-Hubschraubers an einem Rettungszentrum bestand aus 1 Hubschrauberführer, 1 Bordtechniker, 1 Notarzt und 1 Rettungsassistenten (wobei letztere
aus dem jeweiligen Krankenhaus zugeführt werden). Mit einer täglichen
Sofortbereitschaft von 07:30 Uhr bis Sonnenuntergang plus technischer
Vor- und Nachbereitungszeiten ergaben sich in den Sommermonaten
tägliche Flugdienstzeiten von bis zu 13 Stunden. Die übrigen SAR-Hubschrauber waren auf den SAR-Kommandos stationiert […]. Die Abwe-
senheitsrate der Soldaten von ihrem Heimatstandort war dadurch hoch.
Das hatte jedoch keinen negativen Einfluss auf die Motivation der Besatzungen, war ihr Dienst doch von hoher Akzeptanz und Anerkennung
in der Bevölkerung begleitet. Lediglich die sogenannten ›Terrain-Kuren‹,
die dem Fliegenden Personal in einer dreijährigen Frequenz zustanden,
wurden lieber als ›Ambulante Physiotherapie‹ in der Nähe des Wohnortes
wahrgenommen, statt nochmals ca. drei Wochen von ›Haus und Hof‹
getrennt zu sein. Familiäre Probleme in Folge der hohen Abwesenheits-
zeiten ergaben sich nicht häufiger als bei den Soldaten, die hauptsächlich
ihren Dienst am Standort versahen.

Welche flugphysiologisch begründeten Beanspruchungen traten nun im
Einzelnen auf und welchen Belastungen waren/sind Hubschrauberfüh-
rer/Bordtechniker ausgesetzt? Hubschrauber als aerodynamisch instabile
Luftfahrzeuge verlangen von ihren Bedienern aufgrund der Möglichkeiten ihres Einsatzspektrums eine hohe Komplexität der Handlungsab-
läufe, rasches Wahrnehmungs- und Auffassungsvermögen sowie über-
durchschnittliche sensorisch und motorisch koordinative Fähigkeiten.
Sinnestäuschungen (visuelle und Täuschungen aufgrund eines Innenohr-
schwindels), die zu räumlicher Desorientierung führen, sind gerade bei
ihnen ein besonderes Problem. Am ehesten damit verknüpft ist die schon
angesprochene Instabilität des Hubschraubers und seine Eigenschaften
im Tiefflug. Hubschrauber können nicht nur Drehbewegungen um alle
Achsen durchführen, sondern sind auch zu linearen Beschleunigungen
in allen Achsen in der Lage. Damit ist der Pilot beim Schwebeflug einer

Mischung aus vestibulären und propriozeptiven Reizen ausgesetzt, die schwieriger zu verarbeiten sind als bei den Starrflüglern. Wechsel, u.a. im SAR-Dienst bei Nacht vom Instrumentenflug zum Sichtflug, werden hier häufiger notwendig. Flugphasen mit der wahrscheinlichsten Desorientierung sind der Schwebeflug in geringer Höhe über See unter IFR-Bedingungen bei Nacht, nächtliche Anflüge auf Schiffe sowie Schwebeflug und Windeneinsatz über diesen. Faktoren, die zur Desorientierung beitragen, sind Bewegungsillusionen und somatische Sensationen während des Schwebezustandes, hervorgerufen zum einen durch das Gefühl der Rückwärtsbewegung und zum andern durch Lichtquellen an den Aufbauten der sich bewegenden Schiffe. Weitere Parameter, auch bei Überlandflügen, die zur Desorientierung beitragen, können hinzukommen. Als weitere Belastung sind Lärm und Vibration durch Hubschrauber aufgrund ihrer Antriebsysteme und aerodynamischen Eigenschaften zu nennen. Hitze und Kälte sowie unzureichende ergonomische Sitzverhältnisse bedingten körperliche Beschwerden bei den Besatzungen, die im Durchschnitt 230 Flugstunden pro Jahr absolvierten, wobei diese Zahl noch nichts über die Qualität der Einsätze aussagt.

Hubschrauberführer und Bordmechaniker sind kein Sanitätspersonal. Sie wurden dennoch in ihren Einsätzen immer wieder nicht nur mit Erkrankten, sondern auch mit verletzten oder verunfallten Personen konfrontiert, auf deren Verletzungsmuster sie in ihrer Ausbildung nicht vorbereitet waren. Es gab Besatzungsangehörige, die es nur schlecht verkrafteten, immer wieder Schwerverletzte zu fliegen. Diese wurden auf eigenen Wunsch hin nicht mehr im SAR-Dienst eingesetzt. Der weitaus größere Teil der Piloten und Bordmechaniker half, soweit möglich, an den Unfallstellen mit; sie gingen dort dem Arzt bzw. Luftrettungsmeister im wahrsten Sinne des Wortes ›zur Hand‹. Diese Männer waren sicherlich durch ihre Einsätze nicht nur körperlich, sondern auch seelisch stark belastet. Ein PTBS-Konzept zur Stabilisierung der psychischen Gesundheit und zur regelmäßigen psychologischen Betreuung durch einen assignierten Fliegerpsychologen im Sinne von Behandlungen fehlte im Verband. Ich habe als Fliegerarzt regelmäßig inhaltlich ›selbstgestrickte‹ Unterweisungen zur Vorbereitung und Desensibilisierung auf Unfallsituationen oder aber auch, so gut es ging, Einzelfall-Nachbesprechungen nach kritischen Ereignissen angesetzt. Bei Militärluftfahrzeugführern handelt es sich durchweg um sehr spezielles Personal sowohl hinsichtlich ihrer Auswahl und Selbstauswahl als auch ihres ›Images‹. Im SAR-Dienst (Rettungszentrum und SAR-Kommando) in der Bundesrepublik Deutschland und im Ausland zu fliegen, erfüllte die Besatzungen mit Stolz und Zufriedenheit. Ihr Auftrag war schon vom Selbstverständnis her ›unique‹. Insofern fühlte man sich gegenüber den fliegenden Kameraden in den

Jet- und Lufttransportverbänden nicht als Flieger ›2. Klasse‹ oder anderweitig benachteiligt[362]. Die positive Resonanz in der Zivilgesellschaft durch Presse, Funk und Fernsehen oder persönlich in Wort- und Schriftform prägten in hohem Maß Motivation und Einsatzbereitschaft der ›Rettungsflieger‹«.

## 3. Die Flugunfalllage in den Aufbaujahren

Die Gesamtlage der Flugsicherheit in der Luftwaffe mit Schwerpunkt Lufttransport wurde bereits im ersten Band[363] behandelt. Hier kann es daher nur um Ergänzungen mit Blick auf den Bereich der Hubschrauber gehen.

Nach über zehnjähriger Unterbrechung des militärischen Flugbetriebs seit 1945 kam es darauf an, der präventiven Flugsicherheit beim raschen Wiederaufbau von Luftstreitkräften bei Luftwaffe, Heer und Marine auf allen Ebenen die nötige Aufmerksamkeit zu schenken[364]. Mit dem Einsatz von Hubschraubern betrat man Neuland – fliegerische Erfahrungen aus der Wehrmacht lagen kaum vor. Der Hubschrauber war für die kriegsgedienten Kampfflieger – und die waren ja die ersten Hubschrauberführer – zunächst ein »unbekanntes und merkwürdiges Fluggerät«. Ein höchstdekorierter ehemaliger Jagdflieger weigerte sich bei einem Mitflug in der Sycamore hartnäckig, als »Mitflieger« mal probeweise den konstruktiv stets leicht vibrierenden »Stick« zu übernehmen[365]. Die hohen Flugunfallzahlen in den Aufbaujahren lassen Zweifel aufkommen, ob die notwendige Flugunfallprävention damals im ausreichenden Umfang gelang[366].

---

[362] Das mag sich auf den Stolz und die Leistungen der Besatzungen in der Selbstschau beziehen. Allerdings fühlten sich die Hubschrauberbesatzungen nicht nur in den Aufbaujahren der Luftwaffe mit Blick u.a. auf geringere Zulagen und Fördermöglichkeiten für das Führungspersonal gegenüber den Jet-Verbänden durchweg benachteiligt.

[363] Ahrens, Die Transportflieger der Luftwaffe, S. 427-432.

[364] In der damaligen Luftwaffe kam es am 10.2.1936 zur Aufstellung der »Inspektion für Flugsicherheit und Gerät«, die aus der Zusammenlegung des »Fliegergeräteinspizienten« und der »Unfalluntersuchungsstelle für die Luftfahrt« entstand, bis dahin Bestandteil der »Deutschen Versuchsanstalt für Luftfahrt«.

[365] Bericht Hptm a.D. Wulf Bertinetti v. 29.6.2013 über einen Mitflug des bekannten Jagdfliegers Oberst »Bubi« Hartmann.

[366] Vgl. Broekelschen, Zentrale Verantwortung. Pilotdienste für die Bundeswehr. Jarosch, Immer im Einsatz, S. 260-263.

So verunfallten von 1955 bis 1971 von den Luftfahrzeugen der Luftwaffe:

| | |
|---|---|
| Strahlgetriebene Kampfflugzeuge: | 313 |
| Transport- und Verbindungsflugzeuge: | 32 |
| Hubschrauber: | 18 |
| Insgesamt: | 363[367]. |

Im Ausbildungsbetrieb der Ausbildungsgruppe C/FFS »S« gingen von 1957 bis 1971 als Totalschäden folgende Hubschrauber verloren: 3 Bell 47G-2, 1 Alouette II, 1 Sycamore, 1 Vertol H-21C und 2 H-34. Allerdings erhielten im selben Zeitraum ca. 2.000 Flugschüler ihre Ausbildung[368].

Siegfried Wache[369] führt für die *Augusta-Bell 47G-2* der Bundeswehr insgesamt 9 Abstürze bzw. Totalverluste auf. Im Einzelnen:

| | |
|---|---|
| 29.05.1957 | AS+385, Bei Bruchlandung zerstört |
| 30.09.1957 | AS+396, Bei Bruchlandung zerstört |
| 08.01.1958 | PA+118, Bei Notlandung in Niedermendig zerstört |
| 07.07.1959 | AS+395, Absturz |
| 03.06.1960 | AS+058, (?) |
| 24.01.1961 | AS+389, Kollision in der Luft |
| 24.01.1961 | AS+390, Kollision mit AS+389, Besatzung unverletzt |
| 02.03.1970 | 74+24, Kollision bei Faßberg |
| 02.03.1970 | 74+27, Kollision mit 74+24 |

Offenbar lag bei allen Unfällen menschliches Versagen der Besatzung vor.

Von den 20 *Sud Aviation Alouette II* der Ausbildungsgruppe C gingen verloren[370]:

| | |
|---|---|
| 06.1964 | AS+352, Einzelheiten unbekannt |
| 01.10.1965 | AS+355, Hubschrauber nach Unfall nicht mehr flugtüchtig |
| 13.03.1964 | 77+77, Hubschrauber steht im Hubschraubermuseum in Bückeburg |
| 09.06.1970 | 77+06, Absturz bei Heidelberg. |

---

[367] Auskunft OTL Ludwig Knemeyer, General Flugsicherheit der Bw, v. 12.12.2013. Die Zahlen über die Hubschrauber weichen von denen Waches ab. Eine Überprüfung der divergierenden Angaben war dem Autor leider nicht möglich.

[368] Angaben aus dem Bericht OTL a.D. Siegfried Höhne v. 25.3.2014.

[369] Wache, F-40: Bell/Augusta 47G-2, S. 23.

[370] Wache, F-40: W. Körner, Alouette II, S. 45-47.

Von den 50 übernommenen *Bristol 171 Sycamore Mk. 52* verlor die Bundeswehr 13 durch Abstürze bzw. nach Aussonderung als Totalverluste[371]:

| | |
|---|---|
| 19.05.1958 | AS+324, Retterschwangtal bei Hindelang, Notlandung nach Triebwerk-Störung, Besatzung verletzt, Hubschrauber zerstört |
| 02.10.1958 | AS+325, Memmingen, bei Anhalte- und Beschleunigungsübungen öffnete sich eine Tür. Bei schließen der Tür ging der Hubschrauber in eine Kurve und bekam Bodenberührung. Besatzung unverletzt, Hubschrauber schwer beschädigt und ausgesondert. |
| 16.05.1960 | CB+017, Munster, Notlandung nach Tiebwerksstörung, Bodenberührung mit Haupt- und Heckrotor. Besatzung unverletzt. Hubschrauber beschädigt und ausgesondert. |
| 03.06.1960 | CB+016, Brambostel, bei Autorotation Bodenberührung mit Haupt- und Heckrotor. Besatzung unverletzt, Hubschrauber beschädigt und ausgesondert. |
| 17.03.1961 | AS+319, Absturz östlich von Hermannsburg. Lt C. Wittmann uns StUffz. W. Meusch getötet. Hubschrauber zerstört. |
| 25.05.1961 | SC+210, (Marine) Borkum, Unfall bei der Landung nach erfolgreich durchgeführtem SAR-Einsatz. Besatzung unverletzt, Hubschrauber zerstört. |
| 11.07.1962 | LB+106, Nebelhorn. Bei der Suche nach einem Verunglückten im Hangaufwärtsflug kein weiteres Steigen mehr möglich und bei der Linkskurve Bodenberührung. Hptm Maier und HFw Ullmann unverletzt. Hubschrauber schwer beschädigt und ausgesondert. |
| 07.03.1963 | LB+111, Rindalphorn bei Thalkirchdorf. Bei Landung auf einer Schneedecke brach der Hubschrauber ein und kippte um. HFw Breitling und ein zweites Besatzungsmitglied leicht verletzt, Hubschrauber schwer beschädigt und ausgesondert. |
| 13.02.1964 | LB+112, Schwabegg. Bei Landung auf schneebedeckter Straße kippte der Hubschrauber um. Beide Besatzungsmitglieder leichtverletzt. Hubschrauber beschädigt und ausgesondert. |
| 14.07.1964 | LB+110, Absturz bei Murnau in den Riegsee nach Triebwerksausfall. HFw Breitling und ein zweites Besatzungsmitglied unverletzt, Hubschrauber zerstört. |

---

[371] Wache, F-40 Sycamore, S. 37.

| 26.08.1964 | Irsingen. Im Landeanflug auf eine Waldlichtung sackte der Hubschrauber durch und bekam Bodenberührung. Besatzung unverletzt, Hubschrauber beschädigt. |
| 20.05.1965 | LB+113, Karlsruhe-Knielingen. Absturz auf dem Gelände der ESSO-Raffinerie. Lt Joachim Korb wurde getötet, das zweite Besatzungsmitglied, ein Uffz, schwerverletzt. Hubschrauber zerstört. |
| 07.02.1966 | LB+109, Ingolstadt. Nach Rückkehr zum Platz trat im Schwebeflug ein kurzer Schlag auf. Ein Loch im Tank und Feuer zwangen zu sofortiger Landung. Besatzung leichtverletzt, Hubschrauber zerstört. |

Legende: AS: FFS »S«; CB: 1. Luftrettungsstaffel; SC: Marine; LB: 2. Luftrettungs- und Verbindungsstaffel. Überwiegend handelte es sich letztendlich auch hier um vermeidbare Fehler der Besatzungen.

Von den 32 bei der Bundeswehr eingeführten *Vertol H-21C* gingen durch Flugunfälle 6 verloren[372].

| 02.05.1958 | AS+302, AusbGrp C/FFS »S« in Memmingen/Kiesgrube, OTL Rammelt. |
| 03.10.1958 | PA+220, HFlgStff 822, Maj. Granz, Hptm. Schleppmeier. Absturz beim Panzerschlepp (M 41) in Fritzlar. |
| 14.01.1959 | PA+217, HFlgStff 822, Absturz im Knüllgebirge, 8 Tote. |
| 07.04.1962 | QF+465, HFlgTrsptStff (Lehr) 303, OFw Daniel in Mendig. |
| 03.12.1963 | QF+466, HFlgTrsptStff (Lehr) 303, HFw Jungblut und SU Kornfeld kommen beim Absturz ums Leben. |
| 27.06.1969 | 83+04, HFlgBtl 300, Olt Hohlfeld Absturz am Hummerich |

Auch hier liegen die Ursachen vermutlich im Fehlverhalten der Besatzungen begründet.

Von den 121 in der Bundeswehr eingeführten *Sikorsky H-34 G-I, II und III* gingen 14 durch Abstürze bzw. als Totalverluste verloren[373].

| 17.08.1960 | PJ+363, HFlgStff (LL) 9, Hubschrauber schwer beschädigt bei missglückter Bergung durch einen anderen Hubschrauber bei Tettnang. |
| 19.01.1961 | AS+342, FFS »S«, Absturz in Faßberg |

---

[372] Wache, F-40: Vertol V-43 A/B, V-44B (H-21C), S. 39.
[373] Wache, F-40: Sikorsky H-34 G-1, II, III, S. 39.

| 18.02.1961 | QB+468, Heer, schwer beschädigt in Celle-Wietzenbruch, HFw Eggers und Fw Krüger konnten sich retten. |
| 14.06.1964 | SC+258, Marine, bei Unfall in Kiel-Holtenau zerstört, zwei Besatzungsmitglieder verletzt. |
| 16.03.1967 | WE+552, Marine, Absturz vor Amrum/Nordsee. 4 Crewmitglieder getötet. |
| 22.11.1967 | 80+63, HTG 64, Absturz in Penzing, zwei Besatzungsmitglieder gerettet, Prüfer Rudolf Heinrich getötet. |
| 28.02.1968 | 80+41, Heer, Absturz in Mittenwald, vier Personen getötet, ein Überlebender. |
| 07.09.1968 | 81+03, Marine, Totalverlust bei Notwasserung in der Nordsee vor Sylt, Besatzung konnte geborgen werden. |
| 18.07.1969 | 80+97, Marine, beim Start in Westerland/Sylt aus 10 m abgestürzt, ein Besatzungsmitglied leicht verletzt. |
| 11.05.1970 | 80+29, Heer, Rheine-Bentlage, keine Einzelheiten bekannt |
| 01.10.1970 | 80+20, Heer, Rheine-Bentlage, keine Einzelheiten bekannt |
| 18.05.1971 | 80+55, Heer, Unfall in Planes/Frankreich, keine Einzelheiten bekannt |
| 18.05.1971 | 81+08, Heer, Unfall in Planes/Frankreich, keine Einzelheiten bekannt. Beide Hubschrauber müssen am Unfall beteiligt gewesen ein, Kollision? |
| 28.09.1971 | 80+24, Heer, Rheine-Bentlage, keine Einzelheiten bekannt. |

Zur Flugsicherheitslage und Präventionsarbeit des Flugsicherheitsstabsoffiziers liegt ein ausführlicher Beitrag in der Chronik des HTG 64 vor[374].

Bei der *Bell UH-1D*, dem Hauptmuster ab 1968, kam es bis zum Ende 1971 zu folgenden Unfällen[375]:

| 14.05.1968 | 70+50, HTG 64, Flintsbach. |
| 08.11.1968 | 70+52, HTG 64, Goldenstedt/Hunte |
| 14.01.1969 | 71+05, HTG 64, Mesum (bei Hopsten) |
| 11.06.1971 | 71+39, HTG 64, Bruchlandung Rosenheim. |

Obwohl genaue Ursachen und Folgen für die Besatzungen/Hubschrauber fehlen, ist auch hier anzunehmen, dass der »Faktor Mensch« die wesentliche Ursache für die Unfälle war.

---

374 H. Kühner, Chronik HTG 64, S. 112-118.
375 Wache, F-40: Bell UH-1D Luftwaffe, S. 47.

Auch bei den *Verbindungsflugzeugen Do 27 A/B* kam es zu Verlusten:

30.04.1960    CA+926, FlBschft BMVg, Absturz bei Segelflugzeugschlepp
16.02.1961    GA+371, LTG 61, 2 Besatzungsmitglieder getötet
30.07.1962    GC+372, LTG 63, schwer beschädigt, nicht repariert
06.09.1962    GC+381, LTG 63, Großburgwedel

Bei den Transportfliegern lagen die Gründe für die Flugunfälle auch in einem fehlenden Besatzungskonzept für die abgestimmte Zusammenarbeit an Bord (Crew Coordination Concept). Insbesondere taten sich damit die »Alten Adler« mit fliegerischer Kriegserfahrung schwer, der Flugzeugkommandant dominierte und eine offene Fehlerkultur blieb die Ausnahme.

Die Verbandsführer der Lufttransportverbände waren sich – auch angesichts der bereits eingetretenen Verluste – durchaus ihrer Verantwortung auf dem Gebiet der Flugunfallprävention bewusst. Sie setzten in Zweitfunktion Flugzeugführer als Flugsicherheitsoffiziere ein, ließen Unterrichte abhalten und stellten Flugsicherheitsausschüsse auf[376].

Hierzu schreibt der Flugsicherheitsstabsoffizier (FSO) des HTG 64, Oberstleutnant a.D. Heribert Kühner, in seinem Beitrag[377]:

»Einen großen Teil der Arbeitszeit bei der Dienststelle Flugsicherheit nahm der Arbeitsbereich ›Untersuchung von Störungen und Zwischenfällen im Flugbetrieb‹ in Anspruch. Seien es nun Zwischenfälle am Boden, beim Betrieb oder solche im Flugbetrieb gewesen, die überwiegende Anzahl davon waren in der Verursachung dem ›Faktor Mensch‹ zuzuordnen. Langwierige und zeitaufwendige Anhörungen des betroffenen Personals, oft aus mehreren Tätigkeits- und Arbeitsbereichen des Verbandes, waren erforderlich, um der Entwicklung und dem Ablauf des Zwischenfalls auf die Spur zu kommen und aus dem gefundenen Faktor für einzelne Glieder in der Kette objektiv richtiges oder falsches Verhalten feststellen zu können. Auch wenn der FSO in Zweifelsfällen, bei nicht eindeutiger Klärung der Ursachen eines Zwischenfalls, das Angebot gemacht hatte, ihn im Sinne der Flugsicherheit als ›Beichtvater‹ zu sehen, dem man vertraulich den wahren Hergang oder die Ursache schildern könne, ohne dass diese Aussage, es sei denn mit ausdrücklicher Genehmigung des ›Beichtkindes‹ offiziell verwertet würde, wurde in dem einen und anderen schweren Zwischenfall von diesem Angebot kein Gebrauch gemacht. So waren Festlegungen der Ursachen eines Zwischenfalls nur aufgrund vorhandener Indizien manchmal unumgänglich. Aus

---

376  BArch, BL 24/118, LTG 62, Befehl Flugsicherheit, Az. 56-25-05 v. 15.09.1967.
377  H. Kühner, Chronik HTG 64, S. 115f.

dem hier Gesagten muss geschlossen werden, dass in den Untersuchungen und der Analyse eines Zwischenfalls – das Gleiche gilt auch für die Untersuchung der Ursachen eines Flugunfalls – insbesondere dann, wenn sich die Verursachung im Bereich ›Faktor Mensch‹ abzeichnete, ein objektives Ergebnis nur dann zu erwarten ist, wenn beide Seiten – untersuchender FSO und Betroffener – Vertrauen zueinander haben.«

Die Herausforderungen für alle Beteiligten auf dem Gebiet der »Flugsicherheit« waren seit dem Aufbau der Bundeswehr vor allem im Bereich »Prävention« ein mühseliges Unterfangen, zuweilen »ein Kampf gegen Windmühlenflügel«, bedingt auch durch den ständigen Personalwechsel im Zwischenfälle durch menschliches und technisches Versagen wird es immer geben, das liegt leider in der Natur der Sache. Zunehmende Professionalität in der Vermittlung und weitgehende Einsicht aller Beteiligten in die Notwendigkeiten führten bis heute zu einer steten Abnahme der Zahl von tödlichen Flugunfällen.

Oben: Gebäude 308, das Flugmedizische Institut der Luftwaffe in Fürstenfeld-bruck, Ort der Fliegertauglichkeitsuntersuchungen. (Harald Meyer)

Unten: Rettungseinsatz eines SAR-Hubschraubers auf einer deutschen Auto-bahn. (Wache)

Flugunfälle

Bell 47G-2 „Cabrio" von Fluglehrer Leutnant Renner und Flugschüler nach Durchfliegen einer Starkstromleitung am 28. Juli 1964 (Wache)

Folgen eines Fahrwerksbruchs bei einer Sikorsky H-34 (Wache)

Bristol Sycamore AS+317 der Ausbildungsgruppe C am 14. Dezember 1962 (Wache)

# XII. Zusammenfassung und Ausblick

Ohne nachhaltige Erfahrungen aus dem Zweiten Weltkrieg und aufgrund fehlender geeigneter bzw. kurzfristig nicht verfügbarer Entwicklungen der deutschen Luftfahrtindustrie griff die Luftwaffe im betrachteten Zeitraum auf Hubschrauber ausländischer Produktion (USA, GB und F) zurück. Die Erstausbildung lag überwiegend in der Hand ziviler Flugschulen und Fluglehrer, bevor diese (auch zunächst für das Heer) erfolgreich in die Hände der Ausbildungsgruppe C/FFS »S«, ab 1971 auch der Hubschrauberführerschule der Luftwaffe, überging.

Die Luftwaffenführung sah die primäre Rolle der Hubschrauber – auch aus internationaler Verpflichtung heraus – vor allem im SAR-Dienst, worin sich die Erstmuster Bristol Mk. 54 Sycamore und H-34 G und ihre Besatzungen grundsätzlich bewährten. Die begrenzten Fähigkeiten der Erstmuster bis zur Einführung der Bell UH-1D resultierten aus der geringen Leistung der Kolbenmotoren. So leistete der Boxermotor der 2-sitzigen Bell 47G-2 nur 250 PS (gedrosselt auf 200 PS), die 5-sitzige Bristol Sycamore (inkl. 2-Mann Crew) bereits 525 PS (465 max. Dauerleistung), die 21-sitzige H-34 (inkl. 3 Mann Crew) bereits 1.275 PS (max. Dauerleistung), die 24-sitzige H-21C (inkl. 2 Mann Crew) 1.445 PS, die 5-sitzige Alouette II (inkl. 1-2 Mann Crew) 360 Wellen-PS und die 13-sitzige (inkl. 2-Mann Crew) turbinengetriebene Bell UH-1D 1.400 SHP.

Durch die Bell UH-1D erweiterte sich ab 1968 auch durch ihre Reichweite mit Zusatztank/s und der Reisegeschwindigkeit von 200 km/h[378] das Einsatzspektrum über den SAR-Dienst und reinen Verbindungsdienst hinaus, zumal dieser bereits in Vietnam bewährte Hubschrauber über eine Ladekapazität von 1.000 kg verfügte und zwölf Soldaten transportieren konnte. Während die Hubschrauber mit Kolbenmotoren nur in der Lage waren, ihr Eigengewicht mit Zuladung in einer recht geringen Geschwindigkeit zu transportieren, waren die turbinengetriebenen Hubschrauber zusätzlich fähig, den vorhandenen Leistungsüberschuss der Turbinen in eine höhere Geschwindigkeit umzusetzen (was natürlich stets vom jeweiligen Gewicht, der Platz-/Flughöhe und den Außentemperaturen abhing).

Die Zusammenführung der Hubschrauberstaffeln im HTG 64 als eigenständigem Verband 1966, zunächst in Landsberg, ab 1971 mit der letzten Heimatbasis Ahlhorn, war die logische Konsequenz aus der Modernisierung des Hubschrauberbereiches. Die Unterstellung unter das LTKdo ab 1968 und der

---

378 Geschwindigkeiten: Bell 47G-2 flog 150 km/h, Sycamore flog 130 km/h, H-34 flog 158 km/h, H-21C flog 157 km/h, Alouette II und Bell UH-1D flogen 200 km/h!

»Führung aus einer Hand« schufen die Möglichkeit zur raschen Schwerpunkt-bildung und Flexibilität, nun auch bei Hilfseinsätzen in weit entfernten Gebie-ten.

Frühe richtungsweisende konzeptionelle Ansätze mit dem Ziel der Ein-führung eines »mittleren Transporthubschraubers« bzw. Kampfhubschraubers in die Luftwaffe auch zur Heeresunterstützung fanden keine offenen Ohren bei der Luftwaffenführung, was u.a. das Heer in seinen Bestrebungen zur Her-stellung einer Autarkie des Einsatzes von Hubschraubern in der »Vorderen Kampfzone« bestärkte. Die Fixierung der Luftwaffe auf Fliegende Kampfver-bände führte zur Vernachlässigung dieses Fähigkeitsspektrums der Luftwaffe, was letztendlich auch zur konzeptionellen Dominanz des Heeres, deutlich sichtbar in der leistungsstarken Heeresfliegerwaffenschule in Bückeburg, führte[379].

In den geringeren Zulagen im Vergleich zu den Strahlflugzeugbesatzun-gen und lange Zeit schlechtere Fördermöglichkeiten in Spitzendienstgrade (ab Oberst) sahen die Hubschrauberbesatzungen eine unverdiente Geringschät-zung ihres Einsatzes. Die Bemühungen der Kommandeure LTKdo, eine An-gleichung herbeizuführen, blieben weitgehend unerfüllt. Dennoch überzeugten die Besatzungen durchweg in Leistung und Haltung sowohl im nationalen als auch im internationalen SAR-Dienst sowie bei Rettungs- und Hilfseinsätzen.

Oberst a.D. Rappke stellt als Zeitzeuge bilanzierend fest[380]:

>»Der inzwischen beendete Einsatz der UH-1D bei der Luftwaffe wird zu Recht mit der Rettung von Menschenleben oder der dringenden Nothilfe z.B. in Katastrophenlagen in Verbindung gebracht. Ein erheblicher An-teil der Flugstunden diente dieser Aufgabe, und zwar vor allem im zivilen Bereich. Die beeindruckenden Zahlen, wie vielen Menschen mit diesen Flügen schwere Schicksale erspart blieben, wie auch der volkswirtschaft-liche Vorteil, mögen Statistiken belegen. Hier sei nur erwähnt, dass diese Flüge auch einen unschätzbaren Nutzen für den militärischen Auftrag hatten: es wurde Verwundeten- und Krankentransport ›am lebenden Ob-jekt‹ geübt. Häufig genug standen die Besatzungen vor der Frage, ob sie einen Einsatz auch unter widrigsten Umständen rechtfertigen könnten.

---

[379] Ob sich der Verzicht auf die Einführung des modernen NH-90 in die Luftwaffe und Über-gabe des SAR-Dienstes (ab 1.1.2013) an das Heer im Tausch mit der bereits ab Anfang der 1970er Jahre im Einsatz stehenden CH-53 in Folge der letzten Luftwaffenstruktur langfris-tig als vorteilhaft erweist, bleibt abzuwarten. Viel hängt von der zeitgerechten Entscheidung zur notwendigen Beschaffung eines Großraumhubschraubers aus US-Produktion als Er-satz für die CH-53 ab für (frühestens) Mitte der 2020er Jahre ab.

[380] Bericht (Auszug) O a.D. Jörg Rappke v. 17.3.2013.

Damit haben sie den verantwortlichen Umgang mit Grenzen ihrer eigenen Leistungsfähigkeit auch unter hohem psychischem Druck kennen- und respektieren gelernt, und zwar in Situationen, in denen sie meist völlig selbstständig entscheiden mussten.«

Die Hubschrauberbesatzungen der Aufbaujahre der Luftwaffe haben einen unersetzlichen Beitrag zur Herstellung und Sicherung der Einsatzbereitschaft unserer Bundeswehr geleistet und als Hilfs- und Rettungsflieger vielen Menschen in Not geholfen. Sie verdienen dafür von uns und zukünftigen Generationen Respekt und Anerkennung sowie ehrendes Gedenken.

# Anhang

## 1. Chroniken der Verbände

### a) Flugzeugführerschule FFS »S«

**1956**

| | |
|---|---|
| 29.5.1956 | Aufstellungsbefehl Nr. 15, BMVg Abt IV (Inspekteur Luftwaffe) ordnet die Aufstellung der FFS »S« auf dem Fliegerhorst Memmingen an |
| 1.6.1956 | Aufstellung des Kommandos der Schulen (KdS) in Fürstenfeldbruck |
| 25.6.1956 | Erfassen und Zusammenstellen des Personals unter Oberstleutnant (später Oberst) Hanns Heise in Uetersen. |
| 4.8.1956 | Offizieller Einmarsch in Memmingen, Oberst Heise Kommandeur (bis 31.12.1958) |
| 9.11.1956 | Aufnahme des Flugbetriebes mit Piper L-18 und auf dem Fliegerhorst Memmingen, Aufwuchs auf 40 Flugzeuge bis April 1957 |

**1957**

| | |
|---|---|
| 3/1957 | Zuführung von Noratlas 2501 und Bell 47G-2 |
| 4/1957 | Genehmigung zur Schulung auf Piaggio P.149D, Abholung der Flugzeuge aus Italien. Begin. Der Schulung auf Do 27. |
| 5-9/1957 | Verlegung der Piper L-18 Schulung zur Entlastung von Memmingen auf den Flugplatz Mengen/Saulgau |
| 8.-17.10.1957 | Verlegung von 48 Piper L-18C nach Uetersen zum LwAusb Rgt 1, dort Beginn des regulären Flugbetriebes am 10.10.1957 |
| 1.12.1957 | 30 Fluglehrer treffen in der 1./FFS »S« in Memmingen ein |

**1958**

| | |
|---|---|
| 1/1958 | Verlegung der Do 27 Schulung von Memmingen über Mengen auf den Flugplatz Friedrichshafen/Bodensee |
| Anfang 1958 | Ausbildungsgruppe besteht aus drei Ausbildungsstaffeln: A. Piaggio P-149D und Do 27; B. Mehrmotorigen-Ausbildung auf Noratlas 2501 und Hunting P.66 Pembroke; |

| | |
|---|---|
| | C. Hubschrauberausbildung auf Bell 47G-2, Bristol 171 Sycamore, Vertol H-21C und Sikorsky H-34 G |
| 17.3.1958 | Übernahme des Fliegerhorstes Wunstorf durch die Luftwaffe von der Royal Air Force Germany (RAFG) |
| 10.-23.4.1958 | Verlegung der Ausbildungsstaffel B mit der dazugehörigen Wartungsstaffel mit Noratlas und Pembroke nach Neubiberg/München, bedingt durch den zusätzlichen Ausbildungs-und Platzbedarf für Heeres- und Marine-Piloten. |
| Herbst 1958 | Entscheidung der Luftwaffenführung zur Verlegung der FFS »S« nach Norddeutschland |
| 10.9.1958 | Eintreffen des Vorkommandos aus Neubiberg mit der Noratlas unter Führung von Major Heinz Braun |
| 29.9.1958 | Aufnahme des Ausbildungsbetriebes mit Unterstützung von 11 Fluglehrern der RAFG; an der gesamten FFS »S« waren bis 1963 insgesamt bis zu 32 britische Ausbilder eingesetzt. |
| 20.-25.10.1958 | Spätere Ausbildungsgruppe C (Hubschrauber) verlegt nach Faßberg; erster Kommandeur wird Major Johannes Naumann |
| 15.11.1958 | Umgliederungsbefehl der FFS »S« zur Aufstellung von drei Ausbildungsgruppen; Ausbildungsgruppe B verbleibt in Wunstorf unter dem kommissarischen Leiter Major Braun, Ausbildungsgruppe A unter Oberstleutnant Batz verlegt im März 1959 von Memmingen bzw. Friedrichshafen nach Diepholz. Aufnahme Flugbetrieb am 1.4.1959 |

## 1959

| | |
|---|---|
| 1.1.1959 | Versetzung von 13 Fluglehrern (HF) von Memmingen nach Faßberg zur 3./FFS »S« |
| 5.1.1959 | Oberst Joachim Poetter wird Kommandeur der FFS »S« (bis 1.10.1961) |
| 25.2.1959 | Befehl BMVg Fü L III 2 ordnet an vom 1.-31.3.1959:<br><br>- Verlegung Schulstab FFS »S« von Memmingen auf den Fliegerhorst Wunstorf<br><br>- Verlegung Ausbildungsgruppe A von Memmingen und Friedrichshafen auf den Fliegerhorst Wunstorf<br><br>- Ausbildungsgruppe B vom Fliegerhorst Wunstorf auf den Fliegerhorst Celle-Wietzenbruch |
| 13.3.1959 | Aufgrund des Startbahnbaus in Celle ordnet der Befehl BMVg Fü L III 2 korrigierend an »ab sofort«: |

- Verlegung Stab FFS »S« von Memmingen nach Wunstorf,
- Ausbildungsgruppe B verbleibt vorerst in Wunstorf
- Stab Ausbildungsgruppe A und Piaggio-Teile der Ausbildungsstaffel A und Wartungsstaffel A verlegen von Memmingen vorübergehend nach Diepholz unter technischer Abstützung auf Wunstorf.
- Die Do 27 der Ausbildungsgruppe A verbleiben zunächst in Friedrichshafen
- Endgültige Stationierung wird gesondert festgelegt

In 1959        Festlegen der Wappen für die FFS »S« und ihre Gruppen:
- Gruppe A: Falke
- Gruppe B: Krähe
- Gruppe C: Libelle
- Schulwappen FFS »S«: alle vereint!

**1960**

ab 1960       Beginn Auswahlschulung für Transportflugzeugführer durch die DLH-Schule in Bremen

3/1960       Hilfsflüge nach Agadir/Marokko nach schwerem Erdbeben

ab 2.5.1960     Do 27-Anteile Ausbildungs- und Wartungsstaffel verlegen von Friedrichshafen nach Uetersen, bleiben aber unterstellt der FFS »S« bis zum 15.2.1961, danach integriert als 2./FAR in Ausbildungsgruppe A.

22.5.1960      Erster »Tag der offenen Tür« der FFS »S« auf dem Fliegerhorst Wunstorf

**1962**

17.2.1962      FFS »S« beteiligt sich an den Hilfseinsätzen bei der Flutkatastrophe im Raum Hamburg mit Flächenflugzeugen (Wunstorf) und Hubschraubern (aus Faßberg), Fliegerhorst Wunstorf wird Hauptumschlag- und Hauptausweichflugplatz für die Einsätze

**1963**

31.7.1963      Auflösung der Ausbildungsgruppe A in Diepholz – Abgabe der P.149D an das Fluganwärterregiment (FAR) in Uetersen und an die Lufthansaschule in Bremen.

12.10.1963     Große Feldparade zur Verabschiedung von Bundeskanzler Dr. Konrad Adenauer auf dem Fliegerhorst Wunstorf

(100.000 Zuschauer, 5.000 Soldaten, 400 gepanzerte/unge-
panzerte Fahrzeuge und 150 Luftfahrzeuge aus Heer, Luftwaffe und Marine)

bis 1963    Erweiterung des Ausbildungsprogramms auf Alouette II;
zeitweise befinden sich 5 verschiedene Hubschraubermuster
im Schulbetrieb:

- Bell 47G-2

- Alouette II

- Bristol 171 Sycamore

- Vertol H-21C und- Sikorsky H-34 G

## 1964

1964/1965    Erprobung der Bell UH-1D als Nachfolgemuster für
Sikorsky H-34 G und Vertol H-21C; Vorbereitung auf die
Blindflugausbildung in Faßberg

16.4.1964    Angliederung der Fliegerhorstgruppen Faßberg und Wunst-
orf an die FFS »S« (diese unterstanden bis dahin der Luft-
waffengruppe Nord). Diese erhalten die Bezeichnung
II./FFS »S« (Wunstorf) bzw. IV./FFS »S« (Faßberg); die
Ausbildungsgruppe B in Wunstorf erhält die Bezeichnung
I./FFS »S«, die Ausbildungsgruppe C in Faßberg nunmehr
III./FFS »S«.

## 1965

5/1965    Feierliche Parade zum Empfang der Truppenfahne der FFS »S«

## 1968

1.4.1968    Unterstellung der FFS »S« unter das Lufttransportkommando, Wahn

## 1969

6.5.1969    Insp L GenLt Steinhoff besucht AusbGrp C/FFS »S« in
Faßberg

13.5.1969    Übergabe der ersten Transall (50+17) an die FFS »S«

## 1970

14.9.1970    Aufnahme des Ausbildungsbetriebs auf dem Transall-Simu-
lator FFS »S«

1.10.1970    Auflösung Stab I./FFS »S« und erneute interne Umgliederung

## b) Luftwaffen Rettungs- und Verbindungsstaffeln, Hubschraubertransportgeschwader 64 und Hubschrauberführerschule der Luftwaffe

**1956**

1956          Die Bundesrepublik Deutschland tritt der ICAO[381] bei

**1959**

1.4.1959        Aufstellung der 1. LRetStff (Luftrettungsstaffel) in Faßberg

1.8.1959        Aufstellung 3. LRetStff in Faßberg

23.10.1959     Unterstellung 3. LRetStff unter Luftwaffenkommando Nord, Münster

12/1959         Aufstellung der 2. LRetStff in Faßberg

**1960**

1/1960          Verlegung 1. LRetStff (später LRetVerbStff) von Faßberg nach Fürstenfeldbruck (FFB)

1.4.1960        Erste Flugschüler auf dem Oberjettenberg, Übungsgebiet Reiteralm

8/1960          2. LRetStff verlegt von Faßberg nach Lechfeld, Dienstaufnahme 1.10.1960

11/1960         Erster Einsatz der H-21C der 1. LRetVerbStff von FFB aus

**1961**

1.6.1961        Die Luftwaffe übernimmt RCC Nord und Süd

**1962**

2/1962          Mehr als 500 Flüge bei der Flutkatastrophe Raum Hamburg

**1963**

1.2.1963        2. LRetVerbStff in Lechfeld untersteht der 1. Luftwaffendivision

**1964**

24.2.1964      Verlegebefehl für 3. LRetVerbStff nach Ahlhorn

Ende 1964      Tausch der H-21C mit H-34 G des Heeres bei der 1. LRetVerbStff, FFB

**1965**

1.5.1965        Umbenennung der 2. und 3. LRetVerbStff in HubschrRetStff und 1. LRetVerbStff in 1. HubschrLVsuTrspStff (FFB)

15.10.1965     SAR-Verwaltungsvereinbarung BMV und BMVg

**1966**            Erste Grundsatzweisung FÜ L III 3 für den SAR-Dienst

1.10.1966      Mit Befehl Nr. 296 vom 22.9.1966 Aufstellen des HTG 64 auf dem Fliegerhorst Landsberg durch Zusammenfassen der

---

[381] International Civil Aviation Organisation. Sonderorganisation der UN mit Sitz in Montreal (Kanada).

2. LRetVerbStff aus Lechfeld, der Hubschrauber Lehr-, Versuchs- und Transportstaffel aus FFB und Reste der FFS »A«; Umbennung der Staffeln in 1.-4./HTG 64

**1967**

| | |
|---|---|
| 12.12.1967 | Die Marine übernimmt RCC Glückstadt |

**1968**

| | |
|---|---|
| 1/1968 | Verlegung der 3. LwRetVerbStff von Faßberg nach Ahlhorn und Unterstellung unter das HTG 64 (noch in Landsberg) |
| 15.2.1968 | Offizielle Übergabe der Bell UH-1D durch Insp L, GenLt Steinhoff, an Kommodore HTG 64, Oberst Naumann auf dem Fliegerhorst Landsberg; Beginn der Umschulung. |
| 1.4.1968 | Unterstellung des HTG 64 unter das LTKdo, Wahn; Aufbau des Stabes II. Fliegenden Gruppe/HTG 64 in Diepholz. |
| 5.4.1968 | RCC Nord und Süd unterstehen dem Kommandeur LTKdo |
| 5/1968 | Aufstellung der 4./HTG 64 auf dem Fliegerhorst Penzing; Verlegung im Oktober 1968 nach Diepholz. |
| 28.8.1968 | RCC Nord und Süd bilden das RCC Wahn, Unterstellung unter LTKdo (Verlegung in I/1976 nach Goch, 5.5.1997 in das LTKdo nach Münster) |
| 22.10.1968 | 3. und 4./HTG 64 unterstehen dem Stab II. Fliegende Gruppe/HTG 64 in Diepholz |

**1969** Übernahme der Bell UH-1D in Faßberg; dort sogleich Beginn der Umschulung und Blindflugausbildung

| | |
|---|---|
| 1.5.1969 | Einsatz der Bell UH-1D im Rahmen der SAR-Bereitschaft nun auf allen Kommandos |
| 31.5.1969 | Abgabe der letzten Bristol 171 Sycamore |

**1970**

| | |
|---|---|
| 10-11/1970 | Hilfseinsatz in Bangladesch |

**1971**

| | |
|---|---|
| 21.1.1971 | Aufstellung der Hubschrauberführerschule der Luftwaffe (HFSLw) auf dem Fliegerhorst Faßberg durch Integration der gleichzeitig aufgelösten (früheren Ausbildungsgruppe C) III./FFS »S«; erster Kommandeur wird Oberstleutnant Ludwig Herlein. |
| 4/1971 | Verlegung 2./HTG 64 und 4./HTG 64 nach Ahlhorn; 1./HTG 64 (verstärkt) verbleibt auf dem Fliegerhorst Landsberg |
| 6.4.1971 | Übernahme des Fliegerhorstes Ahlhorn durch das HTG 64 |
| 5-6/1971 | Hilfseinsatz in der Osttürkei |
| 30.9.1971 | Außerdienststellung des LTG 62 auf dem Fliegerhorst Ahlhorn |

227

## c) Flugbereitschaft BMVg

**1957**

| | |
|---|---|
| 1.2.1957 | Übernahme einer De Havilland Heron durch ein Vorkommando (aus 2 Offizieren und 11 Unteroffizieren) in England und Überführung zum Flughafen Köln-Bonn (Wahn) |
| 8.2.1957 | Aufstellungsbefehl Nr. 53 benennt das Kommando als »Flugbereitschaft BMVg« und ordnet die offizielle Aufstellung zum 1.4.1957 in Nörvenich an, die Verlegung nach Wahn zum 1.7.1957, da sich die De Havilland Heron mit dem Kennzeichen »CA+001« und das Kommando bereits in Wahn befanden, verzichtete man auf die (Rück-) Verlegung nach Nörvenich; erster Staffelkapitän war Hauptmann Hans-Günther Peth |
| 1957-1958 | Aufwuchs des Flugzeugbestandes auf<br>- 2 De Havilland Heron (bis 28.02.1963)<br>- 2 Douglas C-47 Dakota<br>- 2 Piaggio P.149D<br>- 2 P.66 Pembroke (bis 5.4.1962)<br>- 2 Fouga Magister[382] |

**1958**

| | |
|---|---|
| 3/1958 | Zulauf von 2 Hubschraubern Bristol 171 Sycamore |

**1959**

| | |
|---|---|
| 2/1959 | Übernahme der ersten Douglas DC-6 (4-mot) |
| 4/1959 | Zulauf der zweiten Convair CV-440A Metropolitan (Letzter Flug der GAF 12+04 am 6.12.1974) |
| 5/1959 | Beginn Abgabe der Sycamore (CA+327 und CA+328) an die Seenotstaffel der Marine in Kiel-Holtenau; dort Einsatz nur bis Frühjahr 1961 |
| 7/1959 | Unterstellung unter das LTG 62 als 3./LTG 62 |
| 16.10.1959 | Zuführung der ersten Sikorsky S-58 (CA+351) mit VIP-Ausstattung |

**1960**

| | |
|---|---|
| 1.2.1960 | Zuführung der zweiten Sikorsky S-58 mit VIP-Ausstattung (CA+350); Schulung der HF Olt Greiner und HFw Friedmann |

**1962**

| | |
|---|---|
| I/1962 | Routineflugbetriebe über den Nordatlantik mit den 2 DC-6B beginnt |

---

[382] Vgl. Holmes, S. 317.

| | |
|---|---|
| 9/1962 | Zuführung einer dritten Sikorsky S-58 (CA+352), Version H-34 G-III (volle IFR-Instrumentierung); diese (ohne VIP-Ausstattung) diente vor allem für Flüge unter Schlechtwetterbedingungen |
| **1963** | |
| 4/1963 | 3./LTG 62 wird in umbenannt in »Flugbereitschaft BMVg« |
| **1964** | Betrieb von 2 Sikorsky S-58 VIP (CA+350 und CA+351) sowie einer weiteren H-34 G-III mit voller IFR-Fähigkeit |
| **1966** | |
| 5/1966 | Zulauf von 3 Lockheed C-140A Jet Star |
| **1968** | |
| Anfang 1968 | Beginn der Ausmusterung der DC-6B, davon zwei Abgabe den Niger |
| 9/1968 | Einführung der 4 Boeing 707-320C |
| 1.4.1968 | Unterstellung der FlBschft BMVg unter das LTKdo, Wahn |
| 23.10.1968 | Übernahme der ersten Bell UH-1D VIP (70+83) |
| **1969** | |
| 13.5.1969 | Übernahme einer weiteren Bell UH-1D VIP (71+13) |
| 11.6.1969 | Zulauf der ersten HFB 320 Hansa Jet; damit wird die FlBschft zum reinen Jet-Verband des LTKdo (mit Ausnahme der später zugeführten Do 28D2) |
| 31.10.1969 | Zulauf der dritten Bell UH-1D VIP (71+49) |

## 2. Führungspersonal

### a) Offiziere (Hub) mit Verwendungen im BMVg Führungsstab der Luftwaffe (Fü L)

Verwendungen im Bundesministerium der Verteidigung standen grundsätzlich nur besonders qualifizierten Offizieren offen und waren – bei guter Bewährung auf den Dienstposten – zumeist förderlich für den weiteren Verwendungsaufbau[383]. Stehzeiten von zwei bis vier Jahren waren die Regel, in einer »Endverwendung« auch länger bis zum jeweiligen Ruhestand. Verwendungen bei der Personalabteilung im Ministerium waren zwar für die Auswahl und Förderung von Führungspersonal des Lufttransportes von Bedeutung, die dortigen Offiziere hatten aber auf die operationellen oder strukturellen Richtungsentscheidungen der Luftwaffe wenig Einfluss. Federführend bei den konzeptionellen Vorstellungen zur Transportfliegerei und dessen Einsatzbelangen waren vor allem die Offiziere auf Dienstposten beim Fü L in der Stabsabteilung III (früher IV bzw. II). Dort gab es bereits in den Aufbaujahren je einen Stabsoffizier für die Belange der Flächenflugzeuge und Hubschrauber/SAR, erst ab 1968 auch mit Generalstabsausbildung der Bundeswehr. Es fällt auf, dass die Offiziere aus dem Lufttransportbereich in den ersten 15 Jahren überwiegend Dienstposten im BMVg besetzten, die für Fragen der Fliegerischen Ausbildung, Organisation und der Beschaffung von Luftfahrzeugen verantwortlich waren. Außerdem kam die große Mehrheit über die Ebene »Oberstleutnant«, also (Hilfs-) Referent nicht hinaus.

*Oberstleutnant Johannes Naumann*® (Jhg. 1917)
01.04.1963-15.07.1966: Hilfsreferent Fü L III 2/Fü L II 2): Organisation der Flugzeugführer- und Waffenschulen und der Geschwader und Übungsplätze

*Oberstleutnant/Oberst Irmfried Zipser* (Jhg. 1923)
01.03.1967-30.09.1972: Hilfsreferent Fü L, SBWS UH-1D
01.10.1972-30.09.1982: Referent/Referatsleiter Fü L VII 3 (Oberst B 3)
Einführung Hubschrauber Bell UH-1D und Mk 41 Sea King

*Oberstleutnant Dipl.-Ing. Jürgen E. Jahnke* (Jhg. 1938)
1967-1971: Hilfsreferent Fü L, SBWS UH-1D
Projektmanagement Hubschrauber Bell UH-1D

---

[383] Zu den Aufgaben der Referenten bzw. Referatsleiter in Fü L siehe Chronik Fü L, S. 25-43.

*Oberstleutnant Clemens Bauer* (Jhg. ?)
01.10.1969-30.09.1981: Hilfsreferent Fü L III 3
Führung und Einsatz FlgVerbände – Lufttransport (Hubschrauber/SAR)

*Oberstleutnant Friedrich-Karl Hoffmeister* (Jhg. 1922)
01.07.1970-1974 (t): Hilfsreferent Fü L VI 4
Rüstung: Auswahl und Beschaffungseinleitung von Lfz

® = Ritterkreuzträger

## b) Biographien von ausgewähltem Führungspersonal Hubschrauber

### Oberstleutnant Camphausen, Hans-Rudolf
\* 6.8.1924 Windesheim/Pfalz
† 24.10.2004 Emstek

Beruf des Vaters: ?
Abitur 1942
Diensteintritt in die Wehrmacht 1.10.1942 bei FlgRgt 22, Oschatz. 1943-1944 LKS 3, A u. B-Schule, Segelflugschule, Wildpark-Werder. Unteroffizier 1.3.44. 1943-1944 bei JG 54 in Frauenburg-Kurland, Erg-G 54 Gütenfeld/Ostpreussen, JG 6 Welzow. Fähnrich 1.6.1944. 1944 bei JG 108, Bad Vöslau, zeitweilig Wiener Neustadt und Raab/Ungarn als Jagdhilfs-FLB. Oberfähnrich 1.11.1944. Ab 15.3.1944 Erdeinsatz Lüneburger Heide. Leutnant 1.3.45.
Geflogene Einsatzmuster: Me 109, Fw 190 (?)
Ehrungen: EK II, Frontflugspange in Bronze, Verwundeten-Abz. in Schwarz
Britische Kriegsgefangenschaft 5.8.-10.9.45
Danach zivilberufliche Tätigkeit als Bankkaufmann und Kreditreferent.
Diensteintritt in die Bundeswehr am 2.1.1957 als Leutnant bei LwAusbRgt 1, Uetersen. 3-12/1957 HF-Ausbildung (zbV Lw). Oberleutnant 5.9.1957. 12/1957-12/1958 FLB bei 3. AusbStff/FFS »S«, Memmingen. 1/-2/1958 Schulung auf Bristol 171 Sycamore in Bristol-Supermare (GB), und Sikorsky H-34. 1/1959-10/1961 FLB AusbGrp C/FFS »S«, Faßberg. Hauptmann 10.3.1959. 11/1961-1/1964 Staka LRetVerbStff, Faßberg. 1/1964-3/1965 Staka 3.LRetVerbStff, Ahlhorn. Major 5.2.1964. 4/1965-1/1966 Staka 3.HubschrRetStff, Ahlhorn. 1-3/1966 Dezernat LwA Grp Flusi. 4/1966-9/1967, LwA Grp Flusi (DP-Wechsel). 10/1967-6/1970, LwA Dez. A I c (Hub). Kdr III. HTG 64 (FlgGrp) 7/1970-7/1971 in Diepholz. Oberstleutnant 1.10.1970. Stv. Kdore HTG 64, Ahlhorn 10/1971-5/1974. Stv. Kdr u. Ltr Schulstab HFSLw, Faßberg 6/1974-6/1975.
Geflogene Einsatzmuster Luftwaffe: Bell 47G-2, Bristol 171 Sycamore, Sikorsky H-34, Bell UH-1D
Orden und Ehrenzeichen: keine
Versetzung in den Ruhestand: 30.6.1975[384]

---

[384] Auskunft BArch und diverse Zeitzeugen, Bild Pasternak.

**Oberst Herlein, Ludwig**
\* 8.1.1918 in Geisenhausen/Niedersagern, Krs. Landshut
† 20.10.2007 in Uelzen

Beruf des Vaters: Kaufmann
Abitur, dann Reichsarbeitsdienst bis 30.9.1937.
Diensteintritt in die Wehrmacht 1.10.1937 als Fhj im I.R.
62, Landshut. 11/1938-6/1939 HKS Dresden. Leutnant
1.8.1939. Versetzung zur Lw 1.9.1939. A/B-FF-Ausb. in
Oberstraubing u. Breslau-Schöngarten, C-Ausb. in
Ohlau/Schlesien, Blindflug in Wien-Aspern. Der AufklFlg. S Gotha folgte die
FernAufkl. Flg.Erg.Grp. Böberitz sowie die Fern-Aufkl.Stff 3./F.22, damals
Stavanger/Norw. Einsatz auf Ju 88 u. Me 110 von 1/1941-3/1943 in das Hin-
terland Nordrusslands unter 1. FlgKorps. FF Offz. z.b.V., TO und Grp.-Adju-
tant. Beobachterschein 3/1942. Oberleutnant 1.11.1941. 3-10/1943 Verb.-
Offz Gen. d. Aufkl.Flg. u. Gen. d. Lw im OKN Lager Anna bei Angerburg.
10/1943-5/1945 FF auf Ju 290 (4-mot) FernAufkl.Grp.5, Mont de
Marsan/Frankreich, Atlantikflüge.
Einsatzmuster: Ju 88, Me 110, Do 17, Ju 52, Ju 290
Ehrenzeichen: EK II, EK I, Frontflugspangen Bronze, Silber und Gold, Front-
flugspange für Aufklärer in Gold mit Anhänger, Ehrenpokal, Medaille Winter-
schlacht im Osten, Deutsches Kreuz in Gold.
US-Kriegsgefangenschaft 5-08/1945.
Keramiker mit Gesellenprüfung, kaufmännischer Angestellter beim Verband
Deutscher Dentisten.
Diensteintritt in die Bundeswehr am 1.3.1956 als Hauptmann. PrüfOffz. An-
nahmeorg. in Köln, Karlsruhe, Nürnberg und München. FlgPers und Ausb.
zum HF-Fhr in Niedermendig und Memmingen. Danach FLB-Lehrgänge und
Einsatz. Major 1.7.1958. Verlegung AusbStff C von Memmingen nach Faß-
berg, dort StffChef der AusbStff bis 1/1961. Bis 3/1963 Stand-StOffz bei Aus-
bBrig, FFB. 4/1963-12/1970 Kdr AusbGrp C, Faßberg. Oberstleutnant
11.3.1964. 1/1971-3/1976 Kdr HFSLw, Faßberg. Oberst 1.7.1971.
Geflogene Einsatzmuster Luftwaffe: Bell 47, H-34, H 13, UH-1D
Orden und Ehrenzeichen: Bundesverdienstkreuz am 20.10.1975
Versetzung in den Ruhestand: 31.3.1976[385]

---

[385] BArch Pers 1/104891 und Unterlagen aus Nachlass (inkl. Bild) Herlein.

**Oberstleutnant Hoffmeister, Friedrich-Karl**
\* 11.8.1922 in Dirschau/Westpreussen
† 2.1.1975 Bonn

Beruf des Vaters: Brunnenbaumeister
Abitur.
Diensteintritt in die Wehrmacht 25.11.1940 bei FlgAusb
Rgt 61, Oschatz. Grundausbildung bis 3/1941. LKS 5, Bre-
slau 3-12/1941, FF. Fahnenjunker-Unteroffizier 1.6.1941.
Stuka-Vorschule in Bad Aibling und Piacenza von
12/1941-7/1942. Fähnrich 1.10.1941. Stuka-S Graz und Foggia 7-12/1942.
Leutnant 1.2.1942. Einsatzgruppe SG II in Russland 12/1942-2/1943. FF bei
2./SG II von 3/1943-8/1944, dabei Kampfeinsätze in Russland, Rumänien,
Ungarn, Jugoslawien. Nach Verwundung Lazarettaufenthalte in Debrecen,
Krems/Donau, Wien, Breslau, Eisleben bis 5/1945.
Einsatzmuster: Ju 87 und Fw 190
Ehrenzeichen: EK I und II, Frontflugspange Gold (u. mit Anhänger), Ehren-
pokal, Deutsches Kreuz in Gold, Verwundetenabzeichen in Silber.
US-Kriegsgefangenschaft als Lazarettaufenthalt in Eisleben von 5-7/1945.
Diensteintritt in die Bundeswehr am 13.8.1956 als Leutnant bei LAR 1, Ueter-
sen bis 9/1956 zur Einweisung. 9/1956-4/1958 Ausbildungsoffz. der OSLw,
Faßberg. 5-6/1958 FAR Uetersen, L-18 als Flg. Auswahlschulung. 6/1958-
2/1960 Flg. Hub-Ausb. bei AusbGrp C/FFS »S«, Faßberg. Von 3-6/1960 dort
HF-Offz. u. Gruppen-LFF. 9-11/1960 an der OSLw 14. StOffz-Lehrgang.
16.1.1961-31.3.1963 StffChef Ausbildungsstaffel C, FFS »S«, Faßberg. 4-
9/1963 Ausb-Offz bei Kdo LwAusbBrigade 2. 10/1963-9/1966 LwA/InspK-
pfVbde, HF-StOffz. Von 10/1966-3/1968 Kdr I. FlgGrp/HTG 64, Landsberg. Oberstleutnant 20.2.1967. Kdr II. Flg./Grp HTG 64, Diepholz, 4/1968-
6/1970. Von 7/1970-1974 (?) HiRef BMVg Fü L VI 4.
Geflogene Einsatzmuster Lw: Sikorsky H-34, Bell UH-1D
Orden und Ehrenzeichen Bw: ?
Versetzung in den Ruhestand: 31.8.1974 (?)[386]

---

[386] BArch Pers 1/32382 (inkl. Bild, aber ohne PersKK!), daher Datum Ruhestand vermutet.

**Generalmajor Meyer, Rudolf**
\* 11.1.1926 in Nürnberg
† 5.12.2015 in Baldham

Beruf des Vaters: Technischer Angestellter
Lw-Helfer schwFlakAbt 633, Nürnberg, 3-9/1943. Reichs-
arbeitsdienst 10-12/1943.
<u>Diensteintritt in die Wehrmacht (Lw) am 1.1.1944</u> als Offz
Anw im AusbBtlLw, Oschatz, bis 2/1944. Ausbldg. zum FF
bei LKS 4, Fürstenfeldbruck, aber kein Flg. Einsatz. Ausbil-
der im AusbBtl (OB) der Lw, Nymindegat/Dänemark, vom 2-4/1945. Erdein-
satz an der Ostfront vor Berlin bei 3. FJgDiv 4/1945, verwundet und Lazarett
4-5/1945.
Geflogene Muster: Ar 96, Ju F 13
Ehrungen: Verwundetenabzeichen »Schwarz«.
Sowjetische Kriegsgefangenschaft vom 5-9/1945.
Von 10/1945-6/1946 Lagerarbeiter, bis 8/1948 Arbeit im Verpflegungslager
Nürnberg. Studium an der Sportakademie in Steingaden 6/1946-8/1950.
Sportlehrer an der Berufsschule Fürth 09/1950-7/1956.
<u>Diensteintritt in die Bundeswehr am 3.9.1956 als Leutnant</u> im LwAusbRgt 1,
Uetersen. 10/1956-6/1957 Flg. Ausb. bei FFS »S«, Memmingen auf Piper L-18
und Bell 47G-2, danach FLB bei AusbGrp C/FFS »S« in Faßberg bis 1/1958.
Oberleutnant 29.10.1957. 1-2/1958 Einweisung auf Bristol 171 Sycamore in
Weston-Super-Mare/GB. Hauptmann 3.9.1959. Umschulung auf Sikorsky S-
58 9-11/1960 und FLB bis 09/1963. Teilnahme 7. GenStLehrgLw/FüAkBw,
10/1963-12/1964. Major 8.8.1964. 1/1965-7/1968 A1 bei Kdo 2. LwDiv,
Karlsruhe. Umschulung auf Alouette II bei AusbGrp C/FFS »S« 10/1965.
Oberstleutnant 1.10.1967. 2-3/1968 Lehrg. Modern Weapons and Tactics, Ft.
Bliss, USA. 7/1968-1/1970 Kdr FlgGrp, HTG 64, Landsberg. Umschulung
Bell UH-1D 10/1968. 1-09/1970 Vtdg-Attaché Lissabon 10/1970-9/1973.
1.10.1973 (Beförderung Oberst) bis 30.3.1975 Kdore HTG 64, Ahlhorn.
4/1975-9/1977 A3 im LwA, Wahn. 10/1977-3/1978 Nachschulung auf Bell
UH-1D. 4/1978-9/1980 StvKdr u. ChdSt LTKdo, Münster. 1.10.1980-
31.3.1983 Stv. Amtschef LwA, Wahn als Brigadegeneral. 1.4.1983-31.3.1986
Befehlshaber Wehrbereich VI, München, als Generalmajor.
Einsatzmuster Luftwaffe: Bristol B-171 Sycamore, Sikorsky S-58 (H-34), Bell
UH-1D.
Orden und Ehrenzeichen Bw: Bundesverdienstkreuz 1. Klasse am 31.8.1983
Versetzung in den Ruhestand: 31.3.1986[387]

---

[387] Persönliche Angaben GM a.D. Rudolf Meyer v. 21.12.2013, Bild Privatbesitz Meyer.

**Oberst Naumann, Johannes (»Hannes«)** *Helmut*
* 11.10.1917 in Dresden
† 22.3.2010 in Stadtprozelten/Main

Beruf des Vaters: Ingenieur
Abitur. Landwirt. Reichsarbeitsdienst 1.10.-30.11.1936 in
Braunschweig-Melverode.
Diensteintritt in die Wehrmacht am 4.12.1936. Offizier-
ausb. bis 30.4.1937 bei LKS 3, Wildpark-Werder. 5/1937-
5/1938 Flieger- und takt. Ausb.. Fähnrich 2/1938. Front-
einweisung bei JG 26 v. 6/1938-1/1939. 1-9/1939 Takt. Lehrg. bei LKS FFB.
Leutnant 1.8.1939. Bei Kriegsausbruch bis 7/1941 FF bei III./JG 26, Staka
6./JG 26 ab 7/1941. Oberleutnant 1.10.1941. Einsätze am Ärmelkanal, Bruch-
landung mit der Fw 190 A-5 nach Luftkampf mit P-47 am 22.6.1943 FlgPl.
Antwerpen. Hauptmann 1.4.1943. 23.6.1944 Abschuss seiner Fw 190
»schwarze 30« durch Flak bei Caen, verwundet u. Ausstieg mit Fallschirm. Ab
Ende 7/1943-3/1945 Kdr II./JG 26. Vom 4/- 8.5.1945 Einsatz auf Me 262
bei JG 7.
Geflogene Einsatzmuster: Fw 190, Me 262 (nur Jäger)
Ehrungen: EK I, EK II, Frontflugspange für Jäger in Gold, Deutsches Kreuz
in Gold, Ritterkreuz.
US-Kriegsgefangenschaft Regensburg vom 9.-27.5.1945.
Beruflicher Werdegang: 7/1945-10/1948 Meisterknecht auf Gutsbetrieb,
10/1948-2/1951 Verkaufsleiter Schuhfabrik, 3/1951-5/1956 Gutsverwalter
(Landwirtschaft).
Diensteintritt in die Bundeswehr am 16.5.1956 als Hauptmann. Einsatzstabs-
offizier bei Stab FFS »S« (Hub), Memmingen v. 5/1956-12/1958. Schulung
zum HF bis 5/1957, Major 29.10.1956. 1/1959-3/1963 KdrAusbGrp C/FFS
»S«, Faßberg. Oberstleutnant 31.7.1959. Dabei Lehrgänge ZInfü, Air-Ground-
Ops-School, Ramstein u. Takt.Lehrg.Offz. Lw, FüAkBw. 4/1963-15/1966 Hi-
Ref Fü L III 2/Fü L II 2, BMVg, Bonn. Vom 16.7.-30.9.1966 Ltr Aufstellung
HTG 64 bei FFS »A«, Landsberg. 10.1966-30.9.1973 Kommodore HTG 64,
Penzing, dann Ahlhorn. Oberst 16.8.1967. Vom 1.10.1973-30.7.1975 Abt.Ltr
G 3 VerbStab Streitkräfte Gruppe Operations Research (OR), Ottobrunn, da-
nach bis 31.3.1977 Abt.Ltr G 3, AmtStudÜbBw, MilBerOR, Ottobrunn.
Geflogene Muster Lw: Piper L-18, Bell 47G-2, Bell UH-1D
Orden und Ehrenzeichen Bw: Flutmedaille Hamburg 1962
Versetzung in den Ruhestand: 31.3.1977[388]

---

[388] BArch Pers 1/103432 inkl. Bild, Fliegerblatt Nr. 1/2011 und Rundbrief TG Hubschrauber
Lw v. 2011.

**Oberstleutnant Rammelt, Karl,** *Georg, Robert*
* 10.6.1914 in Nebra (Unstrut), Burgenlandkreis
† 13.5.2009 in Fürstenfeldbruck

Beruf des Vaters: Rentner (keine weitere Angabe)
Volksschule. <u>Diensteintritt in die Reichswehr 1.4.1934</u> bei
15. I.R. 12, Halberstadt. Grundausb. bis 9/1934. FlgMech-
Ausb. J.G. Richthofen bis Herbst 1935. Gefreiter 1.4.1935.
FlgWerkMstr-Lehrg. Flg.Techn.S Jüterbog III. 1936. Unter-
offizier 1.4.1936. Werkmeister JGrp I/333, Bernburg, JGrp.
Aibling (Feldwebel 1.6.1938), JGrp Herzogenaurach, 5./ZG 1, Fürstenwalde
(Polen) u. Jagd-Stff. 186 von 1936-1940. Offz. u. FF-Ausb. bei LKS 5, Breslau
10/1940-2/1941. Oberfeldwebel 1.10.1940 u. Leutnant 1.11.1940. FF-Ausb.
FFS 119, Brünn, 2-6/1941. Oberleutnant 1.4.1941. Jagd-FF Vorschule Neu-
stadt/Weinstr. 7/1941, danach JFF-Ausb. u. TO 7-12/1941 bei JF-S 4, Fürth.
E-Grp. JG 51 in La Rochelle 12/1941. E-Grp. Ost, Krakau v. 1-5/1942. Front-
FF u. Offz. z.b.V. Russland 4./JG 51 (Mölders) 5-10/1942. Grp-Adju bei Stab
II./JG 51 in Afrika v. 11/1942-1/1943. Staka 4./JG 51, Afrika 2-3/1943.
II./JG 51, Stab II/JG 51 Mittelmeer u. Reich 3-10/1943. Hauptmann
1.10.1943. GrpKdr II./JG 51, u.a. Italien, Balkan v. 10/1943- 5/1945. Major
1.2.1944.
Geflogene Einsatzmuster: Me 109, Fw 190
Ehrungen: EK II, EK I, Frontflugspange für Jäger in Gold (400), Ärmelband
Afrika, Ritterkreuz, Verwundeten-Abz. in Schwarz, Deutsches Kreuz in Gold,
Erinnerungsmedaille deutsch-italienisch für Afrika.
US-Kriegsgefangenschaft in Lazaretten v. 5-7/1945. Danach u.a. Technischer
Assistent, Handelsvertreter, Arbeit beim Bayrischen Rundfunk 1/1950-
3/1956.
<u>Diensteintritt in die Bundeswehr am 16.3.1956 als Major</u> bei MDAP-Lehrgr.
FFB, v. 3-5/1956 Refresher-Course bei FFS »A«, Landsberg. Major 9.8.1956.
6/1956-5/1958 Kdr. AusbGrp/FFS »S«, Memmingen. 11-12/1956 FLB auf
P.149D in Italien. 6/1958-3/1961 Stab KdSLw S3-StOffz. FFB, dabei Lehrg.
Bell-47G-2 u. H-21C bei AusbGrp C, FFS »S«, Faßberg. Oberstleutnant
8.5.1958. 4/1961-9/1965. S3-FF- ALA, StOffz InspKpfdVbde Lw, Wahn. 3-
9/1965 WaSLw 50, FFB, zur Vorb. HTG 64. 10/1965-3/1966 HF-StOffz,
WaSLw 50. 4/1966-9/1970 Kdr LehrGrp B, LL/LTS, Altenstadt.
Geflogene Muster Lw: T-6, Piper L-18, Pi-149D, Do 27, Bell 47G-2, H-21C,
Alouette II, H-34, Bell UH-1D, N 2501D (nur VFR).
Orden und Ehrenzeichen Bw: -keine-
Versetzung in den Ruhestand: 30.9.1970[389]

---

[389] BArch Pers 1/70993 und Bild/Unterlagen aus dem Nachlass.

**Oberst Zipser, Irmfried**
\* 19.9.1923 in Bielitz/Ost-Schlesien (Polen)

Beruf des Vaters: Maschinenbauingenieur
Abitur. Bewerbung als Ingenieur-Offizier und <u>Dienstein-</u>
<u>tritt in die Wehrmacht am 1.12.1941</u>, Grundausbildung
beim FlgAusbRgt 71, Fels am Wagram. Ab 2/1942 Flug-
zeugführer- und Offz. Ausb. LKS 5, Breslau-Schöngarten.
Schulung u.a. auf Fw 44, Bücker 131 und 181, Go 145 und
Ar 96. Schulung bei Stuka G 101 in Cuers/Toulon u. Fre-
gues-St.Raphael (Frankreich), Ab 9/1943 Einsatz als FF auf Ju 87, Staffel-Offz.
und TO bei StG 151, Belgrad, und StG 1, später als StG 1 an der Ostfront.
Einsatz auch auf Fw 190, zuletzt Staka 8./StG 1 in Berlin-Oranienburg und
Flensburg.
Geflogene Einsatzmuster: Ju 87, Fw 190 (vor allem Ostfront)
Ehrungen: Frontflugspange in Gold mit Anhänger 200, EK II, EK I und Deut-
sches Kreuz in Gold.
Nach der Internierung in Schleswig-Holstein bis 07/1945 und Beschäftigung
im Raum Dachau erfolgte der Eintritt in die GB-Dienstgruppe in Lübeck. Nach
der Spezialausbildung in Bückeburg ab 1950 Chef der Wachkompanie des
RAF-Flugplatzes Faßberg.
<u>Diensteintritt in die Bundeswehr am 2.1.1957 als Oberleutnant</u> bei 9./LwAusb
Rgt 1, Uetersen. Dort Sprachausbildung und Einweisung. Vom 3-7/1957 Flg.
Ausb. auf Bell 47G-2 in Niedermendig und dem Hummerich, danach auf S-58
bei AusbGrp C/FFS »S« ab Sommer 1957, Memmingen. 10/1959 IFR-Ausbil-
dung auf P.149D in Diepholz bei Ausb.Grp. A/FFS »S«. Hauptmann 1.4.1958.
FLB und GrpFLB bei FFS »S« in Memmingen und AusbGrp C/FFS »S« in
Faßberg ab 7/1958. IFR- Ausbildung auf H-34 mit FLB in Lackland und Ft.
Rucker/USA 1959/60. Vom 1.4.1963-31.10.1966 Staffelchef 9./FFS »S« in
Faßberg. Major 1.1.1962. Vom 11/1966-2/1967 Einsatz als HF-StOffz InKpf-
Vbde/LwA, Wahn. Oberstleutnant 1.9.1967. Vom 3/1967-9/1972 HiRef
BMVg/Fü L, SBWS-UH-1D. Am 1.10. 1972 Versetzung auf die Planstelle A16
bzw. B3 als Ref bzw. RL Fü L VII 3. Oberst 1.12.1972.
Versetzung in den Ruhestand: 30.9.1982.
Geflogene Muster Luftwaffe: Bell 47G-2, P.149D, Alouette II, H-34, Bell UH-
1D
Orden und Ehrenzeichen: Flutmedaille Hamburg 1962, Ehrenkreuz der Bw in
Gold am 7.9. 1982[390]

---

[390] Privatbesitz (inkl. Bild) und persönliche Angaben O.a.D. Zipser v. 4.2.2014.

# 3. Übersichten des Führungspersonal in den Verbänden und Staffeln

## a) Luftwaffenausbildungsregiment 1/Fluganwärterregiment (FAR)[391]
(Uetersen/Appen)

Kommandeur

| | |
|---|---|
| 15.08.1956 – 31.01.1957 | Oberst Walter Ennecerus (LwAusbRgt 1) |
| 01.02.1957 – 01.05.1958 | Oberst Ernst-Günther Müller |
| 01.05.1958 – 07.08.1958 | Oberstleutnant Bruno Dilley (FAR) (m.d.W.d.G.b.) |
| 08.08.1958 – 31.10.1959 | Oberst Karl-Egon Knauer |
| 01.12.1959 – 31.05.1961 | Oberst Rudolf Jenett |
| 29.08.1961 – 30.11.1962 | Oberst Karl Kessel |
| 01.12.1962 – 30.09.1964 | Oberst Dr. Walter Roos |
| 01.10.1964 – 31.03.1970 | Oberst Werner Dedekind (i.V. ab 06/1964) |
| 01.04.1970 – 30.04.1972 | Oberst Karl-Horst Meyer zum Felde |

## b. Flugzeugführerschule »S« (FFS »S«)

Kommandeur

| | |
|---|---|
| 16.01.1956 – 31.12.1958 | Oberst Hanns Heise (Uetersen u. Memmingen) |
| 05.01.1959 – 30.09.1961 | Oberst Joachim Poetter (Memmingen und Wunstorf) |
| 16.02.1961 – 16.09.1961 | Oberstleutnant Wilhelm Batz® (i.V. für Oberst Poetter) |
| 01.10.1961 – 15.01.1963 | Oberst Horst Merkwitz |
| 16.01.1963 – 24.08.1964 | Oberst Herbert Treppe |
| 24.08.1964 – 31.03.1970 | Oberst Karl-Horst Meyer zum Felde |
| 01.04.1970 – 30.09.1972 | Oberst Siegfried Gottschalt |

Gruppenkommandeur

Ausbildungsgruppe A, Memmingen, ab 1959 Diepholz bis 31.7.1963

| | |
|---|---|
| 01.06.1956 – 31.05.1958 | Oberstleutnant Karl Rammelt (Memmingen) |
| 01.06.1958 – 31.12.1958 | Oberstleutnant Wilhelm Batz (Memmingen) |

---

[391] Unterschiedliche Zeitangaben der Kdr FAR in verschiedenen Quellen, u.a. in Range, Kriegsgedient und Chronik Marseille Kaserne.

| | |
|---|---|
| 01.01.1959 – 15.12.1961 | Oberstleutnant Wilhelm Batz (Diepholz) |
| 16.01.1962 – 31.07.1963 | Oberstleutnant Karl-Horst Meyer zum Felde |

**1. Ausbildungsstaffel (Memmingen) bzw. Ausbildungsstaffel A (Diepholz) bis 7/1963**

<u>Staffelchef</u>

| | |
|---|---|
| 00.00.1956 – 1960 (?) | Major »Paule« Paulsen (Memmingen/Diepholz) |
| 00.00.1960 – 31.07.1963 | Major »Gustl« Seebach |

**Ausbildungsschwarm FFS »S«, ab 1.4.1964: 1./FFS »S« ab 1.10.1970: Ausbildungsstaffel A/FFS »S«, Bremen**

| | |
|---|---|
| 31.08.1960 – 30.03.1964 | Hauptmann Rudolf Müller |
| | (VerbOffz zu AusbGrp A, Diepholz) |
| 01.04.1964 – 30.09.1967 | Major Gottfried Roßkamp (Staffelchef Bremen) |
| 01.10.1967 – 30.09.1974 | Hauptmann Walter Boelk |

**Ausbildungsgruppe B (ab 1.4.1964: I./FFS »S«, aufgelöst 1.10.1970), Wunstorf**

<u>Gruppenkommandeur</u>

| | |
|---|---|
| 16.02.1959 – 31.03.1961 | Oberstleutnant Heinz Braun |
| 01.04.1961 – 15.01.1963 | Oberstleutnant Herbert Treppe |
| 16.01.1963 – 31.03.1964 | Oberstleutnant Joachim Böhler |
| 01.04.1964 – 31.08.1964 | Oberstleutnant Karl-Horst Meyer zum Felde |
| 01.09.1964 – 31.12.1970 | Oberstleutnant Peter Nast-Kolb |

**2. Ausbildungsstaffel bzw. Ausbildungsstaffel B; ab 1.4.1964: 2./FFS »S«, ab 1.1.1971: Ausbildungsstaffel B/FFS »S«**

<u>Staffelchef</u>

| | |
|---|---|
| 30.03.1957 – 31.03.1958 | Major Erich Hohagen (Memmingen) |
| 01.04.1958 – 17.06.1959 | Major Philipp Müller (Memmingen, Neubiberg, Wunstorf) |
| 18.06.1959 – 31.05.1963 | Major Helmut Schwarz (Wunstorf) |
| 01.06.1963 – 29.09.1964 | Major Horst Naumann |
| 30.09.1964 – 30.09.1968 | Major Wilhelm Honerjäger |
| 01.10.1968 – 30.09.1971 | Major Dieter Lange |

01.10.1971 – 30.09.1974       Oberstleutnant Klaus Häusler

Ausbildungsgruppe C (ab 1.4.1964: III./FFS »S«), Memmingen, Faßberg
Gruppenkommandeur
00.06.1956 – 00.05.1958       Oberstleutnant Karl Rammelt
20.10.1958 – 31.03.1963       Major Johannes Naumann®
01.04.1963 – 31.12.1970       Oberstleutnant Ludwig Herlein

3. Ausbildungsstaffel, Memmingen, dann Ausbildungsstaffel C, FFS »S«,
Faßberg, ab 1.4.1964: Ausbildungsstaffel III./FFS »S«
Staffelchef
16.12.1957 – 30.06.1959       Major Alfred Veith (Memmingen und Faßberg)
01.07.1959 – 15.01.1961       Major Ludwig Herlein
16.01.1961 – 31.03.1963       Oberstleutnant Friedrich-Karl Hoffmeister
01.04.1963 – 31.10.1966       Major Irmfried Zipser
01.11.1966 – 31.12.1966*      Major Rolf Sahling (*Datum nicht gesichert)
01.01.1967 – 30.06.1970       Oberstleutnant Konrad Kunitz
01.07.1970 – 00.00.1973       Oberstleutnant Konrad Geißler

## c) Luftrettungs- und Verbindungsstaffeln
Staffelchefs
1. LRetVerbStff, Faßberg, ab 1/1960 Fürstenfeldbruck, dort ab 01.05.1965
HubschrLVsuTrspStff, 1966 Landsberg
01.04.1959 – 31.07.1959       Major Fritz Dworski (Faßberg)
01.08.1959 – 31.12.1959       Major Edgar Dräger (dann Staka 3. LRetStff)
00.01.1960 – 00.00.1963       Major Alfred Veith (Fürstenfeldbruck)
00.00.1963 – 00.09.1966       Major Otto Schulz

Ausbildungskommando Oberjettenberg/Bad Reichenhall
ab 4/1960       Hauptmann Max Dietrich (KdoFhr u. Ausbltr)
(Gebirgsausbildung bis Ende Nutzung der UH-1D bei der Luftwaffe 2012)

2. LRetVerbStff, Lechfeld, ab 1966 in Landsberg
00.12.1959 – 30.09.1962       Major Fritz Dworski

01.10.1962 – 00.00.1966        Major Hans Winzinger (»König von Bayern«)

3. LRetVerbStff, Faßberg, ab Januar 1964 Ahlhorn (bis 12/1959 1. LRetStff)
01.08.1959 – 31.10.1961        Major Edgar Dräger (Faßberg)
01.11.1961 – 00.01.1964        Major Rudolf Camphausen (Faßberg)
00.01.1964 – 00.01.1966        Major Rudolf Camphausen (Ahlhorn)

## d) Hubschraubertransportgeschwader 64 (ab 01.10.1966), Landsberg, ab 1971 Ahlhorn

Kommodore
01.10.1966 – 30.09.1973        Oberst Johannes Naumann

S3 und Stellvertreter des Kommodore
01.10.1966 – 30.09.1971        Oberstleutnant Otto Schulz
01.10.1971 – 00.05.1974        Oberstleutnant Hans-Rudolf Camphausen

I. Fliegende Gruppe Landsberg
01.10.1966 – 31.03.1968        Oberstleutnant Friedrich-Karl Hoffmeister
00.07.1968 – 00.01.1970        Oberstleutnant Rudolf Meyer
00.01.1970 – 30.03.1971        Oberstleutnant Max Dietrich

II. Fliegende Gruppe Diepholz
01.04.1968 – 00.06.1970        Oberstleutnant Friedrich-Karl Hoffmeister
00.07.1970 – 00.07.1971        Oberstleutnant Rudolf Camphausen

Fliegende Gruppe Ahlhorn
01.04.1971 – 30.09.1972        Oberstleutnant Max Dietrich

1./HTG 64 u. 1./HTG 64 (vstk.) Landsberg,
ab 01.04.1979 dem LTG 61 unterstellt
01.10.1966 – 31.03.1970        Major Georg Reichpietsch
01.04.1970 – 30.09.1970        Oberstleutnant Jörg Rappke
01.10.1970 – 31.03.1971        Major Peter Graeter

| 01.04.1971 – 30.09.1973 | Oberstleutnant Hans-Otto Elger 1./HTG 64 (vstk.) |

**2./HTG 64 Faßberg, dann ab 1.4.1971 Ahlhorn**

| 01.10.1966 – 30.03.1969 | Major Max Dietrich |
| 01.04.1969 – 00.00.1970 | Major Hans-Joachim Naujok |
| 00.00.1970 – 31.03.1971 | Major Hans-Otto Elger |
| 01.04.1971 – 30.09.1974 | Major Peter Graeter |

**3./HTG 64 Ahlhorn, ab 01.04.1979 umbenannt in 3./HT-Stff/HTG 64**

| 01.01.1968 – 15.01.1969 | Major Heribert Kühner |
| 16.01.1969 – 31.03.1969 | Major Hans-Joachim Naujok |
| 01.04.1969 – 30.06.1971 | Major Hans Schlieben |
| 01.07.1971 – 30.09.1974 | Major Peter Tegeder |

**4./HTG 64 ab 01.04.1968 in Landsberg, ab 08.10.1968 in Diepholz, ab 03.06.1971 in Ahlhorn, ab 01.04.1979 umbenannt in 1./HT-Stff/HTG 64**

| 01.04.1968 – 30.03.1970 | Major Gebhard Istel |
| 31.03.1970 – 15.10.1970 | Major Reinhard Sedelmaier |
| 16.10.1970 – 05.04.1973 | Major Winfried Menges |

Technische Gruppe (Landsberg, ab 1971 Ahlhorn)

| 01.10.1966 – 30.09.1968 | Oberst (?) Westphal (VersGrp Landsberg) |
| 01.10.1968 – 30.09.1971 | Oberstleutnant Oskar Lichtenwalter (TGrp u. VersGrp) |
| 01.10.1971 – 31.03.1980 | Oberstleutnant »Conny« Cornelius (ab 4/79 EinsUGrp) |

Fliegerhorstgruppe

| 01.04.1971 – 31.03.1977 | Oberstleutnant Bernhard Fuhrmann |

## e) Hubschrauberführerschule der Luftwaffe (HFSLw)

Kommandeur

| 01.01.1971 – 00.03.1976 | Oberst Ludwig Herlein |

# 4. Bilder und Daten der eingesetzten Luftfahrzeuge

Von links oben nach rechts unten:
Bell 47-G (Archiv Wache), Dornier
Do 27 (Wache), Allouette II (Sturz),
Bristol Sycamore (BMVg), Vertol
H-21C (Wache), Sikorsky S-64
(Menges), Bell UH-1D (Wache)

244

# Bristol B - 171 Mk.52 »Sycamore«[392]

| | |
|---|---|
| Hersteller | Bristol Aircraft Ltd. in Weston-super-Mare, GB |
| Erstflug | 27. Juli 1947 |
| Bestand Luftwaffe (Zahl, Zeitraum) | 50 Bw/ 1957 - 1969 (Marine bis 1967) |
| Länge (Rotorblätter gefaltet) | 14,07 m |
| Hauptrotordurchmesser | 14,81 m |
| Heckrotordurchmesser | 2,92 m |
| Höhe | 4,44 m (inkl. Heckrotor) 3,07 Oberkante Rotorkopf |
| Leergewicht | 1.850 kg |
| Startgewicht max. | 2.449 kg |
| Nutzlast normal – max. | |
| Besatzung / Passagiere | 1 Pilot, 1 Luftretter, 3 Px |
| Verwundete und Kranke | 2 |
| Triebwerke - Hersteller | Alvis Leonides Mk. 173/02 9-Zylinder Sternmotor, horizontal eingebaut |
| max. Startleistung | 386 kW (525 PS) |
| max. Reiseleistung | 286 kW (390 PS) in 2.820 m Höhe |
| wirtschaftliche Reiseleistung | 217 kW (295 PS) in Meereshöhe |
| Hauptrotor | Rotordurchmesser 14,81 m |
| Heckrotor | Rotordurchmesser 2,92 m |
| Geschwindigkeit max. – min. | 219 km/h (118 Kts) Meereshöhe |
| Reisegeschwindigkeit | 130 km/h (70 Kts) Meereshöhe |
| Dienstgipfelhöhe | 4.780 m (15.680 ft) |
| Reichweite max. | 460 km (286 NM) |
| Flugdauer | 2 ½ Stunden bei 404 Ltr Treibstoff |

---

[392] Angaben aus Bericht (Auszug) Hptm a.D. Wulf Bertinetti v. 29.06.2013; Rotorblatt Spezial - 60 Jahre Bristol Typ 171 Sycamore, 2007; Mühlbauer, Typenatlas Bundeswehr, S. 119; Holmes, Typenhandbuch, S. 462; Polte, Hubschrauber, S. 98; Wache/Riedesser, F-40 »Sycamore Mk. 52«.

# Aérospatiale S.E. 3130 Alouette II[393]

| Hersteller | Aérospatiale, Frankreich |
|---|---|
| Erstflug | 12. März 1955 |
| Produktion | 829 von 1956 bis 1975 |
| Bestand Bundeswehr | Heer 280 (241) 1959 bis 2005, Lw 20 bis 1974 |
| Länge über alles | 12,05 m |
| Länge (Rotorblätter gefaltet) | 9,66 m |
| Breite | 2,08 m |
| Höhe | 2,75 m (inkl. Heckrotor) |
| Leergewicht | 895 kg |
| Startgewicht max. | 1.650 kg |
| Bewaffnung (Versuche) | G3, MG 3, als PAH mit L/B-FK SS 11 |
| Besatzung / Passagiere | 1 Pilot, 4 Px, oder 1 BM, Beobachter |
| Verwundete und Kranke | 1 Trage |
| Triebwerke - Hersteller | 1 Gasturbine Turboméca Artouste II C6 |
| Startleistung in MSL | 406 Wellen-PS |
| Hauptrotordurchmesser | 10,20 m |
| Heckrotordurchmesser | 1,82 m |
| Geschwindigkeit max. | 180 km/h |
| Reisegeschwindigkeit | 170 km/h |
| wirtschaftl. Reisegeschwindigkeit | 145 km/ h |
| Dienstgipfelhöhe | 4.000 m |
| Reichweite max. | 565 km |
| Flugdauer | 2,5 - 3 Std (je nach Flughöhe) |

---

[393] Wache, F-40, Walter Körner, Sud-Aviation SE.3130 Alouette II, sowie Holmes, Typenhandbuch S. 454.

## Augusta-Bell 47G-2[394] »Kleine Bell« (U.S. Army H-13 »Sioux«)

| | |
|---|---|
| Hersteller | Bell Helicopter, USA |
| Erstflug | 8. Dezember 1945 |
| Produktion | 5.600 /10.000 Stück von 1946 bis 1974 |
| Bestand Luftwaffe (Zahl, Zeitraum) | 45 Bw/vor allem Lw 1957-1974 |
| Rumpflänge | 9,62 m |
| Länge über alles | 13,17 m |
| Haupt-/Heckrotordurchmesser | 11,35 m / 1,73 m |
| Höhe (Höhe Hauptrotor) | 2,83 m |
| Leergewicht | 990 kg (814 kg) |
| Startgewicht max. | 1.293 kg (1157 kg) |
| Nutzlast normal – max. | variabel |
| Besatzung / Passagiere | 1 / 3 oder 2 HF |
| Verwundete und Kranke | 2 auf Lastentragen |
| Lasttransport | Träger auf Querholmen d. Kufenlandegestells |
| Triebwerke - Hersteller | 1 Motor Lycoming VO-435-A1D |
| Leistung | 191 Kw (260 PS) |
| Geschwindigkeit max. | 91 Kts (169 km/h) S.L. |
| Reisegeschwindigkeit (medium cruise, max. GW) | 74 Kts (137 km/h) S.L. |
| Dienstgipfelhöhe | 5.330 m (17 487 ft) |
| Reichweite | 400 km |
| Reichweite (long range, max. Grossweight, S.L.) | 195 NM ( 314 km) |
| Flugdauer | 3:20 Std. (max. endurance) |

---

[394] Leistungsdaten überwiegend aus Flight Manual H-13H (T.O. 1H-13H-1 Stand 23.01.59), sowie aus Materialamt der Luftwaffe: »Nutzungsmanagement« Fliegender Waffensysteme seit 1956; vgl. auch Holmes, Typenhandbuch, S. 462, Polte, Hubschrauber, S. 457, und Wache, F-40: Bell/Augusta 47G-2.

# Boeing/Vertol H-21C »Workhorse« oder »Fliegende Banane«[395]

| | |
|---|---|
| Hersteller | Piasecki Aircraft Cie. - ab 1956 Vertol Aircraft Corporation, USA |
| Erstflug | 11. April 1952 |
| Produktion | 714 von 1954 bis 1959 |
| Bestand Bundeswehr (Zahl, Zeitraum) | 32 Bw/ 5 Lw, 27 Heer von 1957-1967 |
| Rumpflänge | 16,00 m |
| Länge über alles (mit Rotor drehend) | 26,31 m |
| Breite mit Fahrwerk | 4,37 m |
| Höhe über Ende Heckrotor | 4,80 m |
| Leergewicht | 3.990 kg (je nach Ausrüstung) |
| Startgewicht max. | 6.124 kg, overload: 6.895 kg |
| Nutzlast | ca. 1769 kg |
| Besatzung / Passagiere | 2 Piloten/ 20 Px, 12 Tragen |
| SAR-Variante | Nur SAR-Mittel 2. Grades |
| Verwundete und Kranke | 12 Tragen |
| Außenlast max. | 5.000 lbs (2.268 kg) |
| Triebwerke - Hersteller | 1 Wright Cyclone R-1820-103-9 luft-gekühlter Zylinder- Einreihen-Stern-motor |
| Leistung (max.) Reiseleistung | 1.425/1125 PS (1.048/839 Kw) |
| Hauptrotor und Heckrotor | 2x Rotordurchmesser 13,40 m |
| Geschwindigkeit max. – min. | 204 km/h (110 Kts) |
| Reisegeschwindigkeit | 163 km/h (88 Kts) |
| Dienstgipfelhöhe | 2.880 m ( 9450 ft) |
| Reichweite | 237 NM (381 km) best range, S.L. |
| Reichweite max. | 450 km (280 NM) (482 km)? |
| Flugdauer | 3:11 Std. (cruise, max. endurance, S.L.) |

---

[395] Materialamt der Luftwaffe, »Nutzungsmanagement« Fliegender Waffensysteme seit 1956. Ergänzende Aussagen und Leistungsdaten gem. Flughandbuch H-21, Zeitzeugen, sowie Wache, F-40 Vertol V-43 A/B, V-44 B, (H-21C).

## Sikorsky S-58/H-34 G »Choctaw«[396]

| Hersteller | Sikorsky Aircraft Division, USA |
|---|---|
| Erstflug | 20. September 1954 |
| Produktion | 1.821 (2.800?) von 1954 bis 1970 |
| Bestand Luftwaffe (Zahl, Zeitraum) | 191 Bw 1957-1975, Lw max. 13 (12 normal) |
| Rumpflänge /über alles | 14,37 m / 20,04 m |
| Rumpfbreite mit/ohne Fahrwerk | 3,65 m / 1,73 m G-III 4,26/1,73 |
| SAR-Variante mit Winde | ja |
| Höhe mit Hauptrotor/Heckrotor | 4,35 m / 4,87 m |
| Leergewicht/Grundfluggewicht | 4.260 kg / 3.636 kg |
| Startgewicht max. | 6.050kg / 6.169 kg |
| Nutzlast normal - max. | variabel |
| Besatzung / Passagiere | 2-3 /12-18 Soldaten je nach Baureihe |
| Fallschirmspringer | ja |
| Verwundete und Kranke | 12 Tragen (San-Rüstsatz) |
| Triebwerke - Hersteller | 1 Curtiss-Wright 989-C9E2R-1820-84-luftgekühlter 9 Zylinder Sternmotor |
| Außenlast | 1.814 kg / 2.268 kg (je nach Bau-reihe) |
| Leistung (max.) | 1.121,6 Kw (1.525 PS für 5 Min.) |
| Haupt-/Heckrotordurchmesser | 17,07 m/ 2,89 m |
| Geschwindigkeit max. bei 5.900 kg | 198 km/h (123 Kts) (Geradeausflug) |
| Reisegeschwindigkeit | 158 km/h (98 Kts) |
| Reisegipfelhöhe | Max. 10.000 ft |
| Reichweite max. | 560 km (348 NM) bzw. 4:50 Std |

---

[396] Materialamt der Luftwaffe, »Nutzungsmanagement« Fliegender Waffensysteme seit 1956. Ergänzende Aussagen und Leistungsdaten gem. Flughandbuch S-58/H-34A-1, Deutsche Fassung v. 01.11.1960 (O a.D. Rappke), vgl. auch Holmes, Typenhandbuch, S. 485, und Wache F 40 »Sikorsky S-58/H-34«.
Angaben zur Lw aus Wache F-40: Auskunft OTL a.D. Tegeder, sowie im Abgleich mit O a.D. Jörg Rappke und O a.D. Hans-Otto Elger.

## Sikorsky CH-54A »Skycrane[397]

| Hersteller | Sikorsky Aircraft Division, USA |
|---|---|
| Erstflug | 9. Mai 1962 |
| Produktion | 105 |
| Bestand Luftwaffe (Zahl, Zeitraum) | 2 Bw, Lw von 1962 bis 1968 |
| Rumpflänge | 21,41 m |
| Container | L 8,36 m, B 2,89 m, H 1,98 m |
| Rumpfbreite | - |
| Flügelfläche | - |
| Höhe (mit Heckrotor) | 5,67 m (7,75 m) |
| Leergewicht | 8.900 kg |
| Startgewicht max. | 21.300 kg |
| Nutzlast normal – max. | ? |
| Besatzung / Passagiere | 3 HF, Beladeüberwacher, 2 Winden-führer |
| Verwundete und Kranke | Mit Container transportierbar |
| Triebwerke - Hersteller | 2 x JFTD12-4A |
| Leistung (max.) | 2 x 3.020 Kw (4.050 PS) |
| Hauptrotordurchmesser | 21,95 m |
| Heckrotordurchmesser | ? m |
| Geschwindigkeit max. – min. | 205 km/h (110 Kts) |
| Reisegeschwindigkeit | 170 km/h (92 Kts) |
| Reisegipfelhöhe | - |
| Dienstgipfelhöhe | 2.750 m (9 022 ft) |
| Schwebeflug-Gipfelhöhe m. Bodenef-fekt | m (ft) |
| Reichweite (Einsatzradius) | 370 km (230 NM) |
| Flugdauer | ?Std |

---

[397]  Luftwaffe, vgl. auch Holmes, Typenhandbuch, S. 488 und Polte, Hubschrauber, S. 62.

# Bell/Augusta UH-1D »Huey«[398]

| | |
|---|---|
| Hersteller | Bell Helicopter, USA |
| Erstflug | 22. Oktober 1956 als XH-40, 1962 UH-1 |
| Produktion | Ca. 16.000 ab 1958 |
| Bestand Luftwaffe (Zahl, Zeitraum) | Lw 1968 – 2013 |
| Rumpfbreite Landegestell (unbelastet) | 2,54 m |
| Länge über alles (rotors turning) | 17,39 m |
| SAR-Konfiguration (See) | Winde, San-Ausstattung, Notschwimmer |
| Höhe (rotors turning) | 4.48 m |
| Leergewicht/max. Startgewicht | 2.315 kg / 4.310 kg |
| Zuladung inkl. Crew/Ausrüstung/Last | 2.000 kg |
| Besatzung / Passagiere (normal) SAR/RZ | 1/2HF, ggf. 1 BT/LR, max. 12 (13) Px HF, BT, LR1/ Notarzt, Rettungs-Sanitäter |
| Außenlastkapazität | 1.815 kp |
| Verwundete und Kranke | 6 Tragen |
| Medevac (intensiv) | 1 Vakuumtrage |
| Triebwerke - Hersteller | 1 Avco Lycoming T53-L-13B |
| Leistung (max.) Getriebegrenzwert | 1.400 SHP (1044 kw) 1.100 SHP (820 kw) |
| Hauptrotor-/Heckdurchmesser | 14,63 m / 2,59 m |
| Geschwindigkeit max. | 120 Kts (222 km/h) ISA, S.L., G.W. 3400 kp |
| Reisegeschwindigkeit | 110 Kts (200 km/h) AOP : 90 Kts |
| Schwebeflughöhe mit Bodenauftrieb | 11.500 ft |
| Dienstgipfelhöhe o. Nutzlast | 10.175 m (33 380 ft) |
| Reichweite mit 1 Innen-Zusatzbehälter | 850 km (528 NM) bzw. 04:15 Std. |

---

[398] Leistungsdaten weitgehend aus Flight Manual UH-1DD (GAF T.O. 1H-1(U)D-1 Stand 14.02.78 (Rappke). Vgl. auch Wache F-40: Bell UH-1D Luftwaffe, Nr. 28, 01/1997; sowie Holmes, Typenhandbuch, S. 458.

## Dornier Do 27 A/B

| Hersteller | Dornier |
|---|---|
| Erstflug | 27.06.1955 (für Bw 17.10.1956) |
| Bestand Luftwaffe (Zahl, Zeitraum) | 428 (davon 106 Do 27 B m. Doppelsteuer) |
| Länge | 9,60 m |
| Flügelspannweite /Rotordurchmesser | 12,00 m |
| Flügelfläche | 19,40 qm |
| Höhe | 3,50 m |
| Leergewicht | 1.020 kg |
| Startgewicht max. | 1.570 kg |
| Nutzlast max. | 550 kg inkl. Crew und Fuel |
| Besatzung / Passagiere | 1-2/ 4 Personen[399]/ 2 Krankentragen |
| Triebwerke - Hersteller | Avco Lycoming GO-480-B1A6, Lizenzbau durch BMW (MTU) |
| Startleistung | 274 PS |
| Propeller / Rotor | 2-Blatt-Verstellschraube, konstante RPM |
| Geschwindigkeit max. – min. | 241 km/h - 71 km/h |
| Reisegeschwindigkeit | 205 km/h |
| Startstrecke | 115 m |
| Landestrecke ü. 15 m Hindernis | 192 m |
| Dienstgipfelhöhe | 5.500 m |
| Steigzeit auf 1.000 m | 2,6 min. |
| Reichweite max. | 820 km |
| Bewaffnung | keine |

---

[399] Wache, F-40, Dornier Dornier 27 A/B, Arnsberg 1994, Materialamt der Luftwaffe, »Nutzungsmanagement« Fliegender Waffensysteme seit 1956, und Albert Tugendheim: Flugzeugenthusiasten feiern ihre Do-27. In: Chronik »Das Lufttransportkommando - 40 Jahre im Einsatz«, Münster 2008, S. 55.

## 5. Einsätze der Hubschrauber im Rahmen humanitärer Hilfe bis 1971

| Land Zeitraum | Lfz-Muster | Fracht / Px Frachtart | Anlass |
|---|---|---|---|
| Hamburg 17.02.- 21.02.1962 | 11 Bell 47G-2 5 H-34 G-I und II 17 Bristol Sycamore | | Flutkatastrophe |

Σ 87 Hubschrauber aus Lw, Heer, Marine, US-SK; Σ 500 Einsätze; 183 Menschen gerettet

| Ostfriesische Inseln 12/1962-03/1963 | Hub Lw u. Heeresflieger, 3.000 Flüge, Eiswinter | | |
|---|---|---|---|

| Tunesien 01.10.- 20.10.1969 | 2 C-160 2 C-160 22 Einsätze/interne Shuttle | 44 to/40 Px 702 to/ 635 Px | Hochwasser |
|---|---|---|---|
| 04.11.- 14.11.1969 | 5 UH-1D | Medikamente | |
| 17.11.- 29.11.1969 | 2 UH-1D | 25,5 to/350 Px aus allen Hub | |
| 30.01.- 06.02.1970 | 2 B 707 | 44 to/ 10 Px Zelte, Decken | |

| Ost-Pakistan 16.11.- 22.12.70 | 17 C-160 7 B 707 5 UH-1D | 109,9 to/ 324Px 157,8 to /96 Px 299,9 to | Hochwasser Verteilung Hilfsgüter |
|---|---|---|---|

| Türkei 26.05.- 05.06.71 | 3 C-160 2 UH-1D | 32,4 to/ 148 Px 19,5 to/85 Px Hilfsgüter | Erdbeben Shuttle intern |
|---|---|---|---|

Anmerkungen:
Die statistischen Angaben wurden uns den Unterlagen des LTKdo und seiner Verbände übernommen, wobei zuweilen unterschiedliche Angaben anfielen.

Bei einer hohen Anzahl der Flugzeuge handelt es sich um geflogene Einsätze, bei längeren Hilfseinsätzen blieben einige Luftfahrzeuge auch längere Zeit im Einsatzgebiet.

## 6. Genutzte Fliegerhorste der Hubschrauberverbände in Deutschland 1956-1971

Die Angaben wurden entnommen (wenn nicht anders vermerkt) aus:

- DOD FLIP Enroute Supplement Europa, North Africa and Middle East, 18 OCT 2012
- Wikipedia
- Militärisches Luftfahrthandbuch Deutschland (18 OCT 2012 – 14 NOV 2012 – CD)
- AIP GERMANY – Aeronautical Information Publication. AMDT 12, 29 NOV 2012, AIRAC 12 & AIRAC 13
- Zapf, Jürgen, Flugplätze der Luftwaffe 1934-1945, Zweibrücken 2010
- Redemann, Hans, Die fliegenden Verbände der Luftwaffe 1956-1982, Stuttgart 1983
- Angaben von Zeitzeugen und Auskünfte der LT-Verbände.

Anmerkung: Die Angaben entsprechen dem Stand von 2012, der oftmals auch noch den Angaben bis 1971 abbildet. Einige Militärplätze befinden sich inzwischen in rein ziviler Nutzung, einige wurden völlig aufgegeben. Die Angaben zur Stationierung sind beschränkt auf die Lufttransportverbände nach Übernahme durch die (neue) Luftwaffe ab 1955/1956.

### Ahlhorn (ETNA)[400]

Lage: Unmittelbar südlich Ahlhorn/Großenkneten (Niedersachsen)
N52°52′54′′ E08°12′53′′ Platzhöhe 124 ft MSL
Landebahn 09-27 mit 6893x148 ft ASP.
Übernahme durch die Luftwaffe von der RAF am 15.10.1958.
Stationierung:
LTG 62 von 1963 bis 1971 und HTG 64 von 1971 bis 1993
LTGrp LTG 62 bis 1995.
SAR-Kommando 1961 bis 1997
Zivile gewerbliche (auch fliegerische) Nutzung bis 2009, dann stillgelegt.

---

[400] Vgl. Rotorblatt - Jubiläumsausgabe (75 Jahre Fliegerhorst Ahlhorn und 25 Jahre HTG 64), Nr. 100, Ahlhorn September 1991; Einmalig - Chronik Hubschraubertransportgeschwader 64 - 1968 bis 1993; Chronik 100 Jahre Flugplatz Ahlhorn, TG FlgH Ahlhorn.

**Diepholz (ETND)**

Lage: ca. 2 km südwestlich der Stadt Diepholz (Niedersachsen)

MIL/CIV N 52°35.13´ E08°20.46´ Platzhöhe 127 ft MSL

Landebahn 08-26 4210x150 ft ASP

Übernahme durch die Luftwaffe in 1956

Stationierung:

AusbGrp A/FFS »S« von 1958 bis 1963, zeitweilig II./HTG 64 und LTG 62 (Ausbildungsstaffel Hubschrauber)


**Faßberg (ETHS)**[401]

Lage: Unmittelbar nordostwärts des Stadtteils Faßberg (Niedersachsen)

MIL N52°55.16´ E10°11.03´ Platzhöhe 245 ft MSL

Landebahn 09-27 8005x95 ASP, 09-27 3280x164 ft GRASS

Übernahme durch die Luftwaffe von der RAF am 8.12.1956

Stationierung:

2. Luftrettungsstaffel 1959 bis 1960

3. Luftrettungs-/Luftrettungs- und Verbindungstaffel 1959 bis 1964

AusbGrp C/FFS »S« von 1959 bis 1971, HFSLw bis 1971 - 1975

SAR-Kommando 1960 bis 1964 und 1975 bis 1995


**Köln-Bonn (Wahn) (EDDK)**

Lage: ca. 14 km östlich der Stadt Köln, angrenzend Stadt Porz-Wahn (Nordrhein-Westfalen)

MIL/CIV N50°51.96´ E 07°08.56´ Platzhöhe 302 ft MSL

Landebahnen 06-24 8067x148 ft CON; 14L-32R 12516x197 ft; 14R-32L 6112x148 ft ASP

Übernahme durch die Luftwaffe (Militärischer Teil) von der RAF in 1956/57

Stationierung:

LTG 62 von 1959 bis 1963, FlBschft BMVg seit 1957

---

401 Vgl. Stärk, Hans, Faßberg. Geschichte des Fliegerhorstes und des gemeindefreien Bezirks Faßberg in der Lüneburger Heide. Selbstverlag 1971, sowie Blazek, Matthias, Die geheime Großbaustelle in der Heide. Faßberg und sein Fliegerhorst 1933-2013, Stuttgart 2013.

## Landsberg/Lech (ETSA)

Lage: Unmittelbar westlich der Gemeinde Penzing, 3 km nördlich der Stadt Landsberg/Lech, Bayern

MIL N48°04.23´ E10°54.36´ Platzhöhe 2044 ft MSL

Landebahn 07-25 7400x98 ft CON.

Übernahme durch die Luftwaffe von der USAF am 14.12.1957

Stationierung:

HTG 64 von 1966 bis 1971, LTG 61 1971-2017

SAR-Kommando 1966 bis 2014

## Memmingen (EDJA)

Lage: ca. 3 km ostwärts der Stadt Memmingen (Bayern)

CIV N47°59.33´ E10°14.37´ Platzhöhe 2078 ft MSL

Landebahn 06-24 7877x98 ft ASP

Übernahme durch die Luftwaffe von der USAF am 3.8.1956

Stationierung:

FFS »S« von 1956 bis 1958

Verkehrsflughafen Allgäu-Airport

## Fürstenfeldbruck (ETSF)

Lage: 4 km nördlich von Fürstenfeldbruck, 23 km westlich von München

Ex MIL N48° 12' 20" E11° 16' 1" Platzhöhe 1709 ft MSL

Landebahn 09/27 9002x150 ft

Stationierung:

1. Luftwaffenrettungs- und Verbindungsstaffel (ab 1960)

1. Hubschrauber Lehr-, Versuchs- und Transportstaffel (ab 1965-1966)

## Lechfeld (ETSL)

Lage: 1 km ostwärts von Lagerlechfeld

Mil N48° 11' 8" E10° 51' 40" Platzhöhe 1.821 ft MSL

Landebahn 03/21 8011x98 ft Beton

Stationierung:

2. Luftrettungs- und Verbindungsstaffel 1960 bis 1966

SAR-Kommando 1961 bis 1966

# 7. Lagekarten der Lufttransportverbände

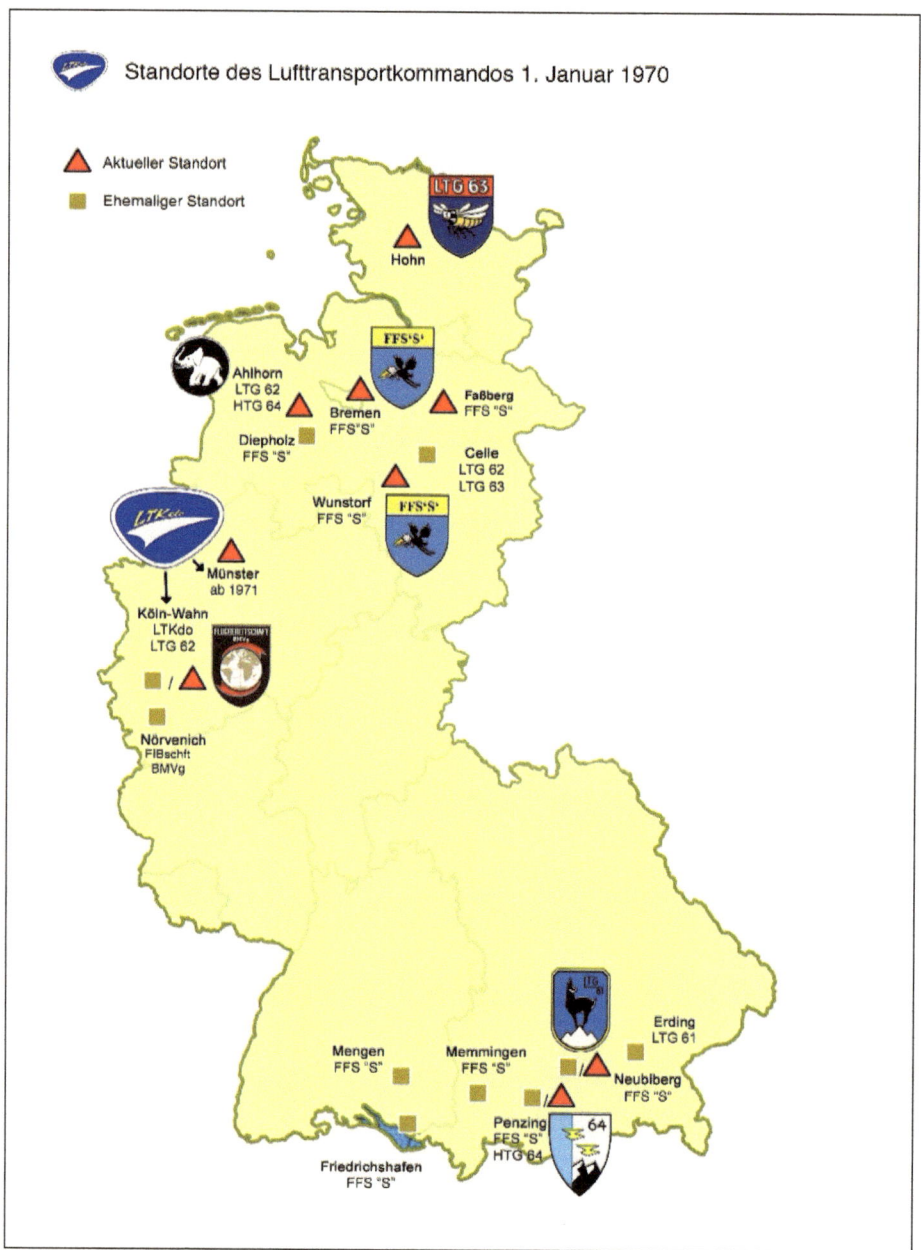

Standorte des Lufttransportkommandos 1. Januar 1970

▲ Aktueller Standort
■ Ehemaliger Standort

LTG 63

Hohn

FFS'S'

Ahlhorn
LTG 62
HTG 64

Bremen
FFS "S"

Faßberg
FFS "S"

Diepholz
FFS "S"

Celle
LTG 62
LTG 63

Wunstorf
FFS "S"

FFS'S'

Münster
ab 1971

Köln-Wahn
LTKdo
LTG 62

Nörvenich
FlBschft
BMVg

Mengen
FFS "S"

Memmingen
FFS "S"

Erding
LTG 61

Neubiberg
FFS "S"

Penzing
FFS "S"
HTG 64

Friedrichshafen
FFS "S"

Quelle: Chronik LTKdo/H.-W. Ahrens, Grafik Britta Göllner

Standorte des Lufttransportkommandos 1. Oktober 1971

▲ Aktueller Standort
■ Ehemaliger Standort

LTG 63

Hohn

FFS "S"

64
Ahlhorn
LTG 62
HTG 64

HFSLw

Bremen
FFS "S"

Faßberg
FFS "S"

Diepholz
FFS "S"    II./ HTG 64

Celle
LTG 62
LTG 63

Wunstorf
FFS "S"

FFS "S"

LTKdo

Münster

Köln-Wahn
LTKdo
LTG 62

FLUGBEREITSCHAFT
BMVg

■ /

Nörvenich
FlBschft
BMVg

Erding
LTG 61

Mengen
FFS "S"

Memmingen
FFS "S"

Neubiberg
FFS "S"
LTG 61

Landsberg
HTG 64

Friedrichshafen
FFS "S"

1./ HTG 64
(verst.)

Quelle: Chronik LTKdo/H.-W. Ahrens, Grafik Britta Göllner

259

## 8. Lagekarte SAR-Standorte (bis 1971)

SAR-Standorte 1959–1971 (+)

Legende

- 🔴 Standorte LRetVerbStff
- 🟦 SAR-Leitstelle (Marine)
- 🔵 SAR-Kommando (Marine)
- 🟠 SAR-Kommando (Luftwaffe)
- 🟧 SAR-Leitstelle (Luftwaffe)
- 🔺 Rettungszentrum (Luftwaffe)

Glücksburg

Husum — Schleswig — Kiel

Borkum — Jever — Nordholz

Ahlhorn
3. / LRetVerbStff (1964-1971)

Faßberg
1. / LRetStff (1959-1960)
3. / LRetVerbStff (bis 1964)

Münster

Goch

Nörvenich — Wahn

Karlsruhe

Neuburg

Ingolstadt

Ulm — Lechfeld
2. / LRetVerbStff (1960-1966)

Landsberg

Bremgarten

Fürstenfeldbruck
1. / HLVsuTrspStff (1965-1966)
1. / LRetVerbStff (1960-1965)

Quelle: Chronik SAR/H.-W. Ahrens, Grafik Britta Göllner

## Abkürzungsverzeichnis

**A**
AARRC          Allied Air Force Regional Rescue Center?
AIP            Aeronautical Information Publication
AIRCENT        Airforces Central Europa
ASE            Automatic Stabilisation Equipment
AmtStudÜb      Amt für Studien und Übungen der Bundeswehr
AufklFlg       Aufklärungsflieger
AusbGrp        Ausbildungsgruppe

**B**
BArch          Bundesarchiv, hier: Abteilung Militärarchiv
BGS            Bundesgrenzschutz
BMVg           Bundesministerium der Verteidigung
BT             Bordtechniker

**C**
CSAR           Combat Search an Rescue - Kampfrettung

**D**
DRK            Deutsches Rotes Kreuz
Do             Dornier

**E**
EK             Eisernes Kreuz
Erg-G          Ergänzungsgeschwader
EVG            Europäische Verteidigungsgemeinschaft

**F**
FF             Flugzeugführer
Fhj            Fahnenjunker
FIR            Flight Information Region
FlaRak         Flugabwehrrakete/n
FLB            Fluglehrer/Fluglehrberechtigung
FlgErgGrp      Flieger Ergänzungsgruppe
FlgRgt         Fliegerregiment
Flusi          Flugsicherheit
FS             Flugzeugführerschein
F-STAN         Friedens-Stärke und Ausrüstungsnachweisung
FüAkBw         Führungsakademie der Bundeswehr
Fü B           Führungsstab der Bundeswehr (Vorgänger des Fü S)

| | |
|---|---|
| Fü L | Führungsstab der Luftwaffe |

**G**

| | |
|---|---|
| G | Gewehr |
| GAF | German Air Force (Deutsche Luftwaffe) |
| GenStLehrg | Generalstabslehrgang |

**H**

| | |
|---|---|
| HF | Hubschrauberführer und High Frequency (Kurzwelle) |
| HFB | Hamburger Flugzeugbau |
| HiRef | Hilfsreferent |
| HS | Hubschrauber |
| HTG | Hubschraubertransportgeschwader |
| Hub | Hubschrauber |

**I/J**

| | |
|---|---|
| ICAO | International Civil Aviation Organisation |
| InspKpfVbde | Inspektion Kampfverbände |
| IFR | Instrument Flight Rules |
| i.G. | im Generalstabsdienst |
| Insp | Inspektion |
| Insp L | Inspekteur Luftwaffe (auch: Insp Lw) |
| IP | Instructor Pilot (Fluglehrer) |
| I.R. | Infanterieregiment |
| Jabo | Jagdbomber |
| JG | Jagdgeschwader |
| JGrp | Jagdgruppe |
| Ju | Junkers Flugzeugwerke |

**K**

| | |
|---|---|
| Kdr | Kommandeur |
| Kw | Kilowatt |

**L**

| | |
|---|---|
| LAR | Luftwaffenausbildungsregiment |
| LFF | Luftfahrzeugführer |
| LKS | Luftkriegsschule |
| LRetStff | Luftrettungsstaffel |
| LRetVerbStff | Luftrettungs- und Verbindungsstaffel |
| LTKdo | Lufttransportkommando |
| LTG | Lufttransportgeschwader |
| LTH | Leichter Transporthubschrauber |

| | |
|---|---|
| LTP | Lufttransportstützpunkt |
| LwA | Luftwaffenamt |
| LwAusbBrig | Luftwaffenausbildungsbrigade |
| **M** | |
| m.d.W.d.G.b. | Mit der Wahrnehmung der Geschäfte beauftragt |
| Me | (Firma) Messerschmidt |
| MG | Maschinengewehr |
| MITAC | Micro TACan: (Präzisionsanflugverfahren) |
| MSL | Mean Sea Level (Meereshöhe) |
| MTH | Mittlerer Transporthubschrauber |
| **N** | |
| NM | Nautische Meile/n |
| **O** | |
| OR | Operations Research |
| OSLw | Offizierschule der Luftwaffe |
| **P** | |
| Prop | Propeller |
| PS | Pferdestärken, Maßeinheit für Kraft |
| Px | Passagier (auch Pax) |
| **R** | |
| Ref | Referent |
| Rescue | Rettung |
| **S** | |
| schw | schwere |
| SETAC | Sector TACan (Präzisionsanflugverfahren) |
| SHAPE | Supreme Headquarters Allied Powers Europe |
| SOP | Standing Operating Procedures |
| Staka | Staffelkapitän |
| Stand | Standardisierung/s- |
| StOffz | Stabsoffizier |
| Stv | Stellvertreter |
| **T** | |
| takt. | taktisch |
| TgbNr. | Tagebuchnummer (für Verschlußsachen) |
| TO | Take Off (Start) und Technischer Offizier |
| TSLw | Technische Schule der Luftwaffe |

**U**

| | |
|---|---|
| UH | Utility Helicopter |

**V**

| | |
|---|---|
| VerbStab | Verbindungsstab |
| VersTrTLw | Versorgung und Truppentechnik der Luftwaffe |
| VIP | Very Important Person |
| vgl. | vergleiche |
| VFW | Vereinigte Flugzeugtechnische Werke |
| VMBl. | Veröffentlichung des Verteidigungsministeriums |
| VR | Verwaltung und Recht |

**Z**

| | |
|---|---|
| z.b.V. | zur besonderen Verwendung |
| ZInFü | Zentrum für Innere Führung |

# Quellen und Literaturverzeichnis

## Archive der Dienststellen und von Privatpersonen

Archiv Luftwaffenmuseum Gatow

Archiv LTG 61, Landsberg

Archiv FFS »S«, LTG 62 (alt) und LTG 62, Wunstorf

Archiv der Flugbereitschaft BMVg, Wahn

Nachlass Generalmajor a.D. Werner Guth

Nachlass Oberst a.D. Walter Holinka

Archiv Unteroffizierschule der Luftwaffe (u.a. für Chronik Marseille-Kaserne)

Archiv FFS »S«, LTG 62 (alt) und LTG 62, Wunstorf

Privatarchiv Oberst a.D. Hans-Jürgen Ochs

Privatarchiv Oberst a.D. Rolf Korth

Privatarchiv Oberst a.D. Jürgen Reiss

Privatarchiv OTL a.D. Erich Seitz

Privatarchiv Dieter Hasebrink

Privatarchiv Peter Pasternak

Privatarchiv Hptm a.D. Wulf Bertinetti

## Bundesarchiv/Militärarchiv (BArch), Freiburg:

Personalakten kriegsgedienten Personals unter »Pers 1« und/oder »RH«

| | |
|---|---|
| BW 1 | BMVg, Leitung, zentrale Stäbe u. zivile Abteilungen |
| BW 2 | BMVg, Führungsstab der Bundeswehr/der Streitkräfte |
| BW 9 | EVG und Dienststelle Blank, Militärausschuss, STAN 1952 |
| BW 21 | Annahmeorganisation |
| BL 1 | BMVg, Führungsstab der Lw |
| BL 2 | Luftwaffenamt |
| BL 8 | Musterzulassungen |
| BL 19 | Photos von Lufttransportflugzeugen |
| BL 13 | Schulen, Programme für die Ausbildung |
| BL 19 | Planübungen, Studien, Truppenversuche |
| BL 24 | Fragenkataloge, Ausbildung, Übungen, Standardisierung |
| BLD 1 | BMVg, Führungsstab der Lw, Amtsdrucksachen |
| BLD 6 | BMVg, Führungsstab der Lw, Amtsdrucksachen |

| BV 1 | Bell 47G-2 |
| BV 5 | Fliegende Waffensysteme Lw, Daten, Verträge |
| BH 1 | Bedarfsdeckung u.a. Pi-149D, Fouga, Noratlas, Pembroke 1955 |
| LDv 354/1 | Flugzeughandbuch AR 96 (Entwurf) |
| ZDv 42/50 | Anforderung von Lufttransportmitteln der Luftwaffe |

## Arbeitsgruppe BMVg (PrüfGrp MGFA) für Verschlusssachen beim Bundesarchiv-Militärarchiv Freiburg[402]

- Taktische Ausbildung der LT-Verbände 1964 (TgbNr. 8260/2014 Vertr.)
- Flugzeugprogramm Bw bis 1960 aus 1956 (Abt. IV Lw) (TgbNr. 11533/2012 geh.)

## Unterlagen Privatarchiv Ahrens

Übersichten Einsätze LTKdo im Rahmen der Humanitären Hilfe 1968-1991

Lufttransportkommando-Kommandeur-[Kuhlmey]: Jahresbericht 1969. Porz-Wahn, ohne Datum.

Logistikschule der Bundeswehr-ATP-Dez III/3: Unterrichtshilfe zum Thema »Militärischer Lufttransport« -Teil I- »Geschichte des militärischen Lufttransportes«. Hamburg-Blankenese, 8.2.1962

Der Bundesminister für Verteidigung-Fü L IV 1 [i.A. gez. Kuhlmey]-Az 32-01-20- Ausbildungsweisung Nr. 2227 v. 20.09.1961 (als Abschrift v. 11.12.1964); mit Lehrplan, Dienstplänen und umfangreichem Unterrichtsmaterial aus dem Nachlass von Oberst a.D. Walter Holinka

Lufttransportkommando-Arbeitsstab Lehrplanübung-Az 34-01-04: Lehrplanübung LTKdo 1969 (Mastercopy). Porz-Wahn 2, wahrscheinlich 4. Juni 1969

## Literaturverzeichnis:

Ahrens, Hans-Werner, Die Transportflieger der Luftwaffe 1956 bis 1971. Konzeption - Aufbau - Einsatz. In: Heiner Möllers/Eberhard Birk (Hrsg.), (= Schriften zur Geschichte der Deutschen Luftwaffe, Bd. 8) Berlin 2019

Ahrens, Hans-Werner, Die Luftbrücke nach Sarajevo 1992 bis 1996. Die Transportflieger der Luftwaffe und der Jugoslawienkrieg, Freiburg 2012 (= Neueste Militärgeschichte Bd. 1)

---

[402] Auf »VS-NfD« oder »Offen« herabgestufte VS-Unterlagen mit Angabe exTgbNr. (falls nicht anders angegeben des ZMSBw AG BMVg)

Ahrens, Hans-Werner, Der Einsatz mittlerer Transportflugzeuge in der vorderen Kampfzone - Möglichkeiten und Grenzen. In: Truppenpraxis, Nr. 8/1984, S. 604-607

Ahrens, Hans-Werner, Militärischer Lufttransport - »Langer Arm der NATO«. In: Europäische Sicherheit, Nr. 4/1992, S. 212-215

Airlift - The Journal of the Airlift Operations School, Scott AFB/USA, Spring 1988

Backerra, Manfred, Langfristige Anforderungen an den militärischen Lufttransport. Stiftung Wissenschaft und Politik, SWP 390/3, Sonderforschungsvorhaben »Luftwaffe«, Hamburg 1993

Bertinetti, Wulf, UH-1D Vereisung. Bericht über einen Flug mit einer UH-1D bei schwerer Vereisung. In: Flugsicherheit Nr. 5/85, S. 21-23

Bertinetti, Wulf, »Der Besuch einer alten Dame«. Rotorblatt 1/2019, S. 44-46

Birk, Eberhard, Heiner Möllers und Wolfgang Schmidt, Die Luftwaffe in der Moderne, Essen 2011 (= Schriften zur Geschichte der Deutschen Luftwaffe, Bd. 1)

Birk, Eberhard und Heiner Möllers (Hrsg.): Luftwaffe und Luftkrieg. Studie zur Geschichte der Deutschen Luftwaffe, Berlin 2015

Born, Karl, Rettung zwischen den Fronten, Hamburg-Berlin-Bonn, 1996

Braun, Kim, Eine ausgewählte Geschichte des Helikopters. In: Rotorblatt Special, Oldenburg 2006, S. 12-19

Braun, Kim, Kolibri und Drache - Heinrich Focke, Anton Flettner und ihre Meisterstücke. In: Rotorblatt Special, Oldenburg 2006, S. 20-35

Braun, Kim, Die VS-300 - Igor Sikorskys lange Reise an das Ziel seiner Träume. In: Rotorblatt Special, Oldenburg 2006, S. 36-49

British Army Review, The Magazine of British Military Thought. No 120, Llangennech/GB 1998

Broschüre 10 Jahre HTG 64 (1966-1976), Ahlhorn, Oktober 1976

Bundeswehrplanübung 82 - Luftwaffe. Handout »Aspekte des Zusammenwirkens von Land- und Luftstreitkräften«. Offizierschule der Luftwaffe, Fürstenfeldbruck 1982

Bussiek, Horstmar, Flettners Helikopter: Dauerbrenner am Himmel. In: Rotorblatt Nr. 3/2013, S. 48-50

Bussiek, Horstmar, Bordhubschrauber für die Kriegsmarine. In: Rotorblatt Nr. 4/2013, S. 42-44

Chronik - Das Lufttransportkommando - 40 Jahre im Einsatz. Hrsg. Kommandeur LTKdo, Münster 2008

Chronik Führungsstab der Luftwaffe. Hrsg. Kommando Luftwaffe, Berlin-Gatow/Köln-Wahn 2013

Chronik - 50 Jahre SAR-Dienst der Bundeswehr - Hrsg. vom Such- und Rettungsdienst der Bundeswehr (LTKdo), Münster 2009

Chronik - 50 Jahre 4. Luftwaffendivision 1959-2009, Hrsg. L. Fölbach Medienservice, München 2009

Chronik 50 Jahre Luftlande-/Lufttransportschule sowie Bundeswehrstandort Altenstadt, Hrsg. L. Fölbach Medienservice, München 2006

Chronik 100 Jahre Flugplatz Ahlhorn. Luftschiffhafen-Fliegerhorst-Metropolpark Hansalinie. Hrsg. Traditionsgemeinschaft Fliegerhorst Ahlhorn ev., Ahlhorn 2015

Collier, Bazil, A History of Air Power, London 1974

Das Lufttransportkommando und seine Verbände. Hrsg. Lufttransportkommando, 2. erw. Auflage, Münster 1980

Eichenberger, Willy, Flugwetterkunde. Ein umfassender Lehrgang, Zürich 1969

Einmalig - Chronik Hubschraubertransportgeschwader 64 - 1968 bis 1993, hrsg. vom Kommodore HTG 64, Oldenburg 1993

Flohr, Dieter u. Ulf Kaack, Sikorsky H-34 G versus Mi-4. »Multitalente der Marineflieger«. In: Clausewitz. Magazin für Wehrgeschichte Nr. 3/2014, S. 56-61

Gerathewohl, S., Zur Geschichte der deutschen Flieger- und Flugpsychologie, in: Deutsche Wehrmachtpsychologie 1914-1945. Verlag für Wehrwissenschaft, 1985

Geschichte Lufttransportgeschwader 63 1961-2011, Hrsg. Kommodore LTG 63, Hohn 2011

Gloystein, Gerd, Der lange Weg ins Cockpit. So langsam wachsen die Flügel. In: Fliegerblatt Nr. 2/2012, S. 28-30

Hammerich, Helmut R., Dieter H. Koller, Martin Rink und Rudolf J. Schlaffer, Das Heer 1950 bis 1970. Konzeption, Organisation, Aufstellung, München 2006 (= Sicherheitspolitik und Streitkräfte der Bundesrepublik Deutschland, Bd. 3)

Das Heer im Einsatz. Im Auftrag des Förderkreises Deutsches Heer e.V., hrsg. von Gerhard Hubatschek, Frankfurt a.M., Bonn 2003

Holmes, Tony, Typenhandbuch Klassische Militärflugzeuge, Königswinter 2006

Hübner, Norbert, Hyazinthen am Ganges. Bengalen, weine. »Das Luftwaffenamt«, Ausgabe Dezember 1970

Jarosch, Werner (Hrsg.), Immer im Einsatz. 50 Jahre Luftwaffe. Hamburg, Berlin, Bonn 2005

Jung, Hartmut, Fürstenfeldbruck. Chronik eines Fliegerhorstes (1935-1994), Fürstenfeldbruck 1994

Kluge, Robert, »Raoul Hafner«. Mitentwickler der Taumelscheibe. In: Rotorblatt 1/2015

Kühn, Volkmar, Der Seenotdienst der deutschen Luftwaffe 1939-1945, Stuttgart 1978

Lemke, Bernd, Dieter Krüger, Heinz Rebhan und Wolfgang Schmidt, Die Luftwaffe 1950 bis 1970. Konzeption, Aufbau, Integration, München 2006 (= Sicherheitspolitik und Streitkräfte der Bundesrepublik Deutschland, Bd. 2)

Literaturhinweise (Auswahl) Militärischer Lufttransport (Oktober 1970), Luftlande/Lufttransportschule, Altenstadt 1970

Mains, Randolph P., Liebe Mama, ich lebe! Auszug aus dem Buch »Dear Mom I'm Alive. Letters from Blackwidow 25«. In: Rotorblatt 3/2012, S. 52-55

Mauch, Helmut, Wirbelringstadium - der verlorene aerodynamische Biss. In: Rotorblatt Nr. 3/2015, S. 34-36

Meier-Dörnberg, Wilhelm, Die Planung des Verteidigungsbeitrages der Bundesrepublik Deutschland im Rahmen der EVG, München 1990, S. 605-756 (= Anfänge westdeutscher Sicherheitspolitik, Bd. 2: Die EVG-Phase)

Meyer, Harald, »Volanti subvenimus« – Die Erlebnisse eines Militärpiloten mit dem FMI. In: Fliegerblatt Nr. 1/2015, S. 40-44

Meyer, Harald, Retten, löschen, bergen schützen! Geschichte und Aufgabe der Fliegerhorstfeuerwehr - am Beispiel Fürstenfeldbruck. In: Fliegerblatt Nr. 6/2014, S. 53-56

Mitze, W., Der Psychologische Dienst der Bundeswehr 1966-1974. Untersuchung des Psychologischen Dienstes der Bw, 1989 (= Zur Geschichte der Wehrpsychologie, Band 2)

Model, Hansgeorg und Jens Prause, Generalstab im Wandel, München 1982

Möllers, Heiner, Das Ringen um Kompetenzen in der Systemkrise der Luftwaffe 1966. Anmerkungen zum Handeln von General Johannes Steinhoff. In: Müller, Christian Th. Und Matthias Rogg (Hrsg.), Das ist Militärgeschichte! Probleme-Projekte-Perspektiven, Paderborn 2013, S. 156-172.

Möllers, Heiner, "Ein unbequemer Mann!" General Johannes Steinhoff. In: Die Luftwaffe in der Moderne. Hrsg. von Eberhard Birk, Heiner Möllers und Wolfgang Schmidt, Essen 2011 (= Schriften zur Geschichte der Deutschen Luftwaffe, Band 1), S. 141-175

Möllers, Heiner, Tradition und Traditionsverständnis in der deutschen Luftwaffe. Geschichte, Gegenwart und Perspektiven, Potsdam 2012 (= Potsdamer Schriften zur Militärgeschichte, Bd. 16)

Mühlbauer, Wolfgang und Herbert Ringlstetter, Typenatlas der Bundeswehr. Flugzeuge und Hubschrauber der Luftwaffe, München 2013

Müller-Bringmann, Kaspar, Helfer aus der Luft - SAR Search and Rescue, Stuttgart 1989

Niesters, Manfred, Heeresflieger. Entwicklung einer Truppengattung in den verschiedenen Heeresstrukturmodellen. In: Truppenpraxis Nr. 11/1980, S. 920-922

Offizierschule der Luftwaffe, Arbeitsstab Luftkriegslehre: Lehrunterlage für das Unterrichtsfach »Einführung in die Luftkriegslehre«. Lernunterlage für OA- u. ROA-Unterführerlehrgänge, Neubiberg, Juni 1964

Parsons, Iain, The Encyclopedia of Air Warfare, London, New York, Sydney, Toronto 1975

Pauli, Frank, Wehrmachtsoffizier in der Bundeswehr. Das kriegsgediente Offizierkorps der Bundeswehr und Innere Führung 1955 bis 1970, Paderborn 2010

Pieper, Ulrich, Vor dreißig Jahren. Der Anfang in »Fürsty«. In: Jägerblatt 3/1986, S.6-11

Polte, Hans-Joachim, Hubschrauber. Geschichte, Technik und Einsatz, Hamburg-Berlin- Bonn 2011

Püschel, Erich, Die Seenotverbände der deutschen Luftwaffe und ihr Sanitätsdienst 1939-1945, Düsseldorf 1978

Radler, Eberhardt, Die Leistungen der Lufttransportverbände. In: Truppenpraxis 5/1968, S. 375-378

Range, Clemens, Kriegsgedient. Die Generale und Admirale der Bundeswehr, Freiburg 2013

Rautenberg, Hans-Jürgen, Die Luftwaffenkonzeption in der Himmeroder Denkschrift. In: Truppenpraxis Nr. 11/1980, S. 931-940

Rautenberg, Hans-Jürgen u. Norbert Wiggershaus, Die »Himmeroder Denkschrift« vom Oktober 1950, S. 135-206 (Militärgeschichtliche Mitteilungen Nr. 1, 1977)

Redemann, Hans, Die fliegenden Verbände der Luftwaffe 1956-1982. Mit einem historischen Überblick ab 1911, Stuttgart 1983

Rink, Martin, Die Bundeswehr 1950/55-1989 (= Militärgeschichte kompakt, 6), München 2015

Rödig, Erich, Vom Luftwaffensanitätsdienst zur operativen Flugmedizin. In: Jarosch, Hans-Werner, Immer im Einsatz. 50 Jahre Luftwaffe, Hamburg, Berlin, Bonn 2005, S. 236-239

Rotorblatt - Jubiläumsausgabe (75 Jahre Fliegerhorst Ahlhorn und 25 Jahre HTG 64), Nr. 100, Ahlhorn September 1991

Rotorblatt - Das Helikopter Magazin: Aus der Vergangenheit in die Zukunft, Oldenburg 2006

Rudolf, Christin-Désirée, Soldaten unterm Rotorblatt. Die Hubschrauberverbände der Bundeswehr, Stuttgart 2012

Schlieben, Hans, SAR-Hubschrauber im Ganges-Delta. In: Ziese, Hubschrauber der Luftwaffe im Katastropheneinsatz, S. 32-63;

Schmidt, Wolfgang, Von der »Befehlsausgabe« zum »Briefing«. Die Amerikanisierung der Luftwaffe während der Aufbauphase der Bundeswehr, S. 43-52 (Militärgeschichte Heft 3/2001)

Schnez, Albert, Das Heer und die Dritte Dimension. In: Truppenpraxis Nr. 8/1971, S. 585-587

Schulz, Siegfried, Militärische Planung in der Dienststelle Blank. In: Truppenpraxis Nr. 11/1980, S. 879-882

Schwaneberg, Edgar, MATS, der militärische Lufttransport. In: Truppenpraxis 5/1960, S. 381-384

Schwaneberg, Edgar, Geschichte und Entwicklung der US-Luftwaffe. Der militärische Lufttransportdienst. In: Wehrkunde 9/1960, S. 567

Schwaneberg, Edgar, Vorschlag für eine Lufttransport-Organisation Heer/Luftwaffe. In: Truppenpraxis 1/1962, S. 45-48 und 2/1962, S. 135-137

Schwaneberg, Edgar, Die Versorgung aus der Luft. Absetzbehälter-Plattformen u. Lastenfallschirme. In: Soldat und Technik 5/1962, S. 368-372

Schwaneberg, Edgar, Die Bedeutung des militärischen Lufttransportes im Bereich der Logistik. In: Truppenpraxis Nr. 4, 1966, S. 251-253

Sonderheft 25 Jahre Bundeswehr. Soldat und Technik Nr. 11, November 1980

Stärk, Hans, Faßberg. Geschichte des Fliegerhorstes und des gemeindefreien Bezirks Faßberg in der Lüneburger Heide, Selbstverlag 1971

Strauß, Franz-Josef, Die Erinnerungen, Berlin 1989.

Truppenpraxis Heft 9/1965, Redaktion, Stellungnahmen zum Thema: Die einsamen Standorte der Luftwaffe, S. 708-712

Wache, Siegfried, F-40: Vertol (Piasecki) V-43 a/B, V-44B (H-21C), Arnsberg 1990

Wache, Siegfried, F-40: Bell/Augusta 47G-2, SNCASO S:O: 1221 »Djinn«, Saunders Roe »Skeeter«, Arnsberg 1992

Wache, Siegfried, F-40: Walter Körner, Alouette II, Arnsberg 1992

Wache, Siegfried, F-40: Michael Riedesser, »Sycamore« Mk. 52, Arnsberg 1993

Wache, Siegfried, F-40: Dornier Do 27 A/B, Arnsberg 1994

Wache, Siegfried, F-40: Sikorsky H-34 G-I, II, III, Arnsberg 1995

Wache, Siegfried, F-40: Bell UH-1D Luftwaffe, Rinteln 1997

Wagner, Anja, Selbstbild und Selbstverständnis von Luftfahrzeugführern der Luftwaffe im organisatorischen Umfeld der Bundeswehr. Eine vergleichende Studie zwischen Transport- und Jetpiloten, Hamburg 1999

Wegweiser zur Geschichte, Auslandseinsätze der Bundeswehr. Im Auftrag des MGFA hrsg. von Bernhard Chiari und Magnus Pahl, Paderborn (u.a.) 2010

Wehrtechnischer Report Nr. 7/2009: Militärischer Lufttransport. Eine zentrale Aufgabe der Luftwaffe, Bonn und Sulzbach, Dezember 2009

Weiß, Karl-Heinz, Neckische Spielchen. In: Flugsicherheit Nr. 3/2010, S. 8-11

Wenz, Herbert-F., Transall C 160. Entwicklung, Produktion und Einsatz eines Transportflugzeuges, das zur Legende wurde. 2. überarbeitete und erweiterte Ausgabe, Lemwerder 2002

Wittrock, Heiner, Fliegerhorst Wunstorf, Teil 1: Der Fliegerhorst des Dritten Reichs (1934-1945), 2. Auflage, Wunstorf 2009

Wittrock, Heiner, Fliegerhorst Wunstorf, Teil 2: Von der Royal Air Force zum LTG 62 (1945-1998). 2. Auflage, Wunstorf 2010

Wundrak, Joachim, Raumdeckender Lufttransport - Möglichkeiten und Grenzen. Jahresarbeit Verwendungslehrgang Generalstabs-/Admiralstabslehrgang 88 (Luftwaffe), Führungsakademie der Bundeswehr, Hamburg 1990

Zapf, Jürgen, Flugplätze der Luftwaffe 1935-1945 – und was davon übrig blieb. Gesamtverzeichnis, Zweibrücken 2014

Zeittafel »40 Jahre NATO« 1949-1989, Presse- Informationsamt der Bundesregierung, Referat Verteidigung, April 1989

Zentner, Christian, Die Kriege der Nachkriegszeit, München 1969

Ziese, Guido (Hrsg.), Von Hamburg bis nach Bangladesh - Hubschrauber der Luftwaffe im Katastropheneinsatz, Mitautoren: Jörg Rappke, Hans Schlieben, Gerhart Gantenhammer, Horst Heck und Wolfram Wick, Ahlhorn 1988

Ziese, Guido, Ahlhorn-Luftkreuz des Nordens. Flugsicherung und Lufttransport in Ahlhorn. In: Flugsicherheit Nr. 4/81, S. 18-21

# Dank

Ein solches Werk war für mich als historischen Autodidakten alleine nicht zu bewältigen. Fachleute aus dem Lufttransportbereich und Historiker haben meine Entwürfe in Teilen oder ganz gelesen und kommentiert, textlich bereichert oder durch Hilfen aller Art gefördert. Last but not least ist es daher mehr als nur eine Chronistenpflicht, ihnen allen zu danken:

Die Leitung des Zentrums für Militärgeschichte und Sozialwissenschaften der Bundeswehr (ZMSBw) in Potsdam hat mir weiterführende Hinweise gegeben und privilegierte Arbeitsmöglichkeiten im Bundearchiv, Abteilung Militärarchiv in Freiburg, dort unter Herrn Leitenden Archivdirektor Michael Steidel ermöglicht. Frau Archivamtsfrau Cynthia Flohr M.A. hat bei der Archivaliensuche und Michael Thomae M.A. (ZMSBw) hat mir bei der Formulierung des Textes vielfältig unter die Arme gegriffen.

Den Inspekteuren der Luftwaffe, Generalleutnant Ingo Gerhartz und Generalleutnant a.D. Karl Müllner danke ich für ihre persönliche Unterstützung meines Vorhabens. Generalmajor Erich Staudacher und Günter Giesa, Chefs des Stabes, haben alles ermöglicht, um mir auch bislang noch nicht zugängliche Aktenbestände zu erschließen, die dann von der Arbeitsgruppe des Bundesministeriums der Verteidigung im Bundesarchiv-Militärarchiv wunschgemäß freigegeben wurden. Dort hat mir Oberstleutnant Dr. Klaus Storkmann auf feine kameradschaftliche Weise vieles ermöglicht, ohne den wichtigen Geheimschutz zu vernachlässigen.

Oberregierungsrat Dr. Eberhard Birk von der Offizierschule der Luftwaffe und vor allem Oberstleutnant Dr. Heiner Möllers vom ZMSBw danke ich für die engagierte und vielfältige, vor allem nicht nur zeitaufwändige Unterstützung bei der Drucklegung dieses Buches in ihrer Reihe, den *Schriften zur Geschichte der Deutschen Luftwaffe*. Nicht zuletzt danke ich der Interessensgemeinschaft Deutsche Luftwaffe e.V. (IDLw), die sich spontan bereit erklärte, die Realisierung auch dieses Bandes zu fördern.

Die wesentliche Grundlage für dieses Buch bildeten die Hinterbliebenen und zahlreichen Zeitzeugen, die mir Einblick in bereits archivierte oder ihre eigenen Lebensläufe, Geschichten, Personalakten und Unterlagen vielfältiger Natur gaben. Viele ihrer authentischen Beiträge finden in diesem Buch ihren angemessenen Platz. Gleiches gilt für die Leiter von Archiven bzw. Dienststellen und Verbänden sowie Traditionsgemeinschaften. Ihnen zu danken ist daher für mich vor allem eine Herzensaufgabe und kameradschaftliche Pflicht.

*Als Zeitzeugen und für Auskünfte für diesen Band stellten sich zur Verfügung:*

273

Adolf Badke, Wulf Bertinetti, Dr. med. Jörg Binnewies, Hans-Dieter Brandt, Eckhardt Dickhaut, Hans-Otto Elger, Gerd Feier, Folker Flasse, Konrad Geißler, Dieter Hasebrink, Siegfried Höhne, Karl Huber, Johann Jahn, Jürgen Jahnke, Siegfried Kerske, Reinhard Kipke, Ludwig Knemeyer, Rolf Korth, Reinhold Lork, Volker Mais, Winfried Menges, Rudolf Meyer, Hans-Jürgen Ochs, Udo Ottmüller, Peter Pasternak, Roland Radrich, Jörg Rappke, Jürgen Reiss, Dr. med. Erich Rödig, Christoph Rössel, Hans Schlieben, Helmut Schwarz, Hans-Joachim Strzebniok, Peter Tegeder, Uwe H. Wenkel, Wolfram Wick, Theodor Zillober, Irmfried Zipser.

*Einsicht in Nachlässe oder in archivierte Personalakten ermöglichten*

Hinweis: Bei abweichenden Namen der weiblichen Nachkommen weisen die Namen in Klammern jeweils auf den verstorbenen Offizier hin.

Mein Dank gilt daher Claudia Ahrens (O a.D. Herlein), Iris Böhning (OTL a.D. Rammelt), Guntram und Reinhardt Guth, Siegfriede Hanke (O a.D. Drechsel), Margarete Hoffmeister, Beate Holle-Teschner (O a.D. J. Naumann), Christa-Maria Oeltjen (O a.D. Mally), und Ingeborg Weyrich (O a.D. Langer).

*Nachfolgende Archive, Museen und Personen unterstützten darüber hinaus:*

OTL Ralf-Gunther Leonhardt, zugleich für sein Team im Militärhistorischen Museum der Bundeswehr - Flugplatz Gatow

OTL Thomas Schmitz, Militärhistoriker im Kommando Luftwaffe

Generalleutnant a.D. Joachim Wundrak, Schirmherr der GdT

Oberst Helmut Frietzsche, Hptm a.D. Adolf Badke (auch für Nachlass O a.D. Jürgen Reiss) und OStFw a.D. Volker Mais, FlBschft BMVg

Oberst Guido Henrich, Olt Olaf Keck, OStFw Peter Breuer, LTG 62

OStFw a.D. Volker Ludwig, TG Hubschrauber der Luftwaffe

Oberregierungsrat Martin Brehl M.A., Archiv USLw Appen

Britta Göllner und OTL d.R. Stefan Bitterle M.A., Köln

Siegfried Wache für die Freigabe zahlreicher Bilder

Roland Oster für die Überlassung eigener Bilder und aus dem Hubschrauber-Museum in Bückeburg

Guido Ziese, exVerleger »Rotorblatt«

Heiner Wittrock, Autor

Dr. Bernd Lemke, ZMSBw

Vor allem danke ich meiner lieben Frau Ute, die mir für meine langjährige und zeitaufwendige Arbeit stets den notwendigen Rückhalt bot und mich auch in sehr kritischen Phasen zum Weitermachen ermunterte.

# Carola Hartmann Miles-Verlag

## Schriften zur Geschichte der Deutschen Luftwaffe

**Eberhard Birk, Heiner Möllers, Wolfgang Schmidt (Hrsg.)**, *Die Luftwaffe zwischen Politik und Technik, Bd. 2*, Berlin 2012.

**Eberhard Birk, Heiner Möllers (Hrsg.)**, *Luftwaffe und Luftkrieg, Bd. 3*, Berlin 2015.

**Claas Siano**, *Die Luftwaffe und der Starfighter. Rüstung im Spannungsfeld von Politik, Wirtschaft und Militär, Bd. 4*, Berlin 2016.

**Eberhard Birk, Peter Andreas Popp (Hrsg.)**, *Luftwaffenoffizier 21. Das Selbstverständnis des Luftwaffenoffiziers zu Beginn des 21. Jahrhunderts, Bd. 5*, Berlin 2016.

**Eberhard Birk, Heiner Möllers (Hrsg.)**, *Luftwaffe und Luftverteidigung, Bd. 6*, Berlin 2017.

**Dirk Schreiber**, *Die Luftwaffe und ihre Doktrin. Einsatzkonzeptionen bis 1971, Bd. 7*, Berlin 2018.

**Hans-Werner Ahrens**, *Die Transportflieger der Luftwaffe 1956 bis 1971. Konzeption – Aufbau – Einsatz, Bd. 8*, Berlin 2019.

## Militär und Gesellschaft

**Uwe Hartmann**, *Innere Führung. Erfolge und Defizite der Führungsphilosophie für die Bundeswehr*, Berlin 2007.

**Hans-Christian Beck, Christian Singer (Hrsg.)**, *Entscheiden – Führen – Verantworten. Soldatsein im 21. Jahrhundert*, Berlin 2011.

**Eberhard Birk, Winfried Heinemann, Sven Lange (Hrsg.)**, *Tradition für die Bundeswehr. Neue Aspekte einer alten Debatte*, Berlin 2012.

**Angelika Dörfler-Dierken**, *Führung in der Bundeswehr*, Berlin 2013.

**Wolf Graf von Baudissin**, *Grundwert Frieden in Politik – Strategie – Führung von Streitkräften*, hrsg. von Claus von Rosen, Berlin 2014.

**Marcel Bohnert, Lukas J. Reitstetter (Hrsg.)**, *Armee im Aufbruch. Zur Gedankenwelt junger Offiziere in den Kampftruppen der Bundeswehr*, Berlin 2014.

**Angelika Dörfler-Dierken, Robert Kramer**, *Innere Führung in Zahlen. Streitkräftebefragung 2013*, Berlin 2014.

**Phil C. Langer, Gerhard Kümmel (Hrsg.)**, *„Wir sind Bundeswehr." Wie viel Vielfalt benötigen/vertragen die Streitkräfte?*, Berlin 2015.

**Alois Bach, Walter Sauer (Hrsg.),** *Schützen.Retten.Kämpfen. Dienen für Deutschland,* Berlin 2016.

**Marcel Bohnert, Björn Schreiber (Hrsg.),** *Die unsichtbaren Veteranen. Kriegsheimkehrer in der deutschen Gesellschaft,* Berlin 2016.

**Angelika Dörfler-Dierken (Hrsg.),** *Hinschauen! Geschlecht, Rechtspopulisums, Rituale: Systemische Probleme oder individuelles Fehlerverhalten?,* Berlin 2019.

**Wolfgang Peischel (Hrsg.),** *Wiener Strategie-Konferenz 2018. Strategie neu denken,* Berlin 2019.

## Erinnerungen und Tradition

**Blue Braun,** *Erinnerungen an die Marine 1956–1996,* Berlin 2012.

**Harald Volkmar Schlieder,** *Kommando zurück!,* Berlin 2012.

**Klaus Grot,** *So war's, damals. Dienstchronik eines Pionieroffiziers im Kalten Krieg 1954–1991,* Berlin 2014.

**Gustav Lünenborg,** *Bürger und Soldat. Innere Führung hautnah 1956–1993, 1993–2015,* Berlin 2015.

**Adolf Brüggemann,** *Als Offizier der Bundeswehr im Auswärtigen Dienst. Meine Erinnerungen als Militärattaché in Seoul (Republik Korea) 1978–83 und in Prag (Tschechoslowakei/Tschechien) 1988–1993,* Berlin 2015.

**Rainer Buske,** *Eine Reise ins Innere der Bundeswehr. Wundersame Geschichten aus einer anderen Welt,* Berlin 2016.

**Heinz Laube,** *Duell am Himmel,* Berlin 2016.

**Viktor Toyka,** *Dienst in Zeiten des Wandels. Erinnerungen aus 40 Jahren Dienst als Marineoffizier 1966-2000,* Berlin 2017.

**Joachim Welz,** *Vom Kontingentsheer zum Reichsheer: Militärkonventionen als Motor der Wehrverfassung,* Berlin 2018.

**Donald Abenheim, Uwe Hartmann (Hrsg.),** *Tradition in der Bundeswehr. Zum Erbe des deutschen Soldaten und zur Umsetzung des neuen Traditionserlasses,* Berlin 2018.

**Hans-Eckhard Tribess (Hrsg.),** *Im Leben unterwegs – für den Frieden. Festschrift für Wolfgang Altenburg zum 90. Geburtstag am 22. Juni 2018,* Berlin 2019.

**Donald Abenheim, Uwe Hartmann,** *Einführung in die Tradition der Bundeswehr. Das soldatische Erbe in dem besten Deutschland, das es je gab,* Berlin 2019.

## Jahrbuch Innere Führung

**Uwe Hartmann, Claus von Rosen, Christian Walther (Hrsg.),** *Jahrbuch Innere Führung 2009. Die Rückkehr des Soldatischen,* Eschede 2009.

**Helmut R. Hammerich, Uwe Hartmann, Claus von Rosen (Hrsg.),** *Jahrbuch Innere Führung 2010. Die Grenzen des Militärischen,* Berlin 2010.

**Uwe Hartmann, Claus von Rosen, Christian Walther (Hrsg.),** *Jahrbuch Innere Führung 2011. Ethik als geistige Rüstung für Soldaten,* Berlin 2011.

**Uwe Hartmann, Claus von Rosen, Christian Walther (Hrsg.),** *Jahrbuch Innere Führung 2012. Der Soldatenberuf zwischen gesellschaftlicher Integration und suis generis-Ansprüchen,* Berlin 2012.

**Uwe Hartmann, Claus von Rosen (Hrsg.),** *Jahrbuch Innere Führung 2013. Wissenschaften und ihre Relevanz für die Bundeswehr als Armee im Einsatz,* Berlin 2013.

**Uwe Hartmann, Claus von Rosen (Hrsg.),** *Jahrbuch Innere Führung 2014. Drohnen, Roboter und Cyborgs – Der Soldat im Angesicht neuer Militärtechnologien,* Berlin 2014.

**Uwe Hartmann, Claus von Rosen (Hrsg.),** *Jahrbuch Innere Führung 2015. Neue Denkwege angesichts der Gleichzeitigkeit unterschiedlicher Krisen, Konflikte und Kriege,* Berlin 2015.

**Uwe Hartmann, Claus von Rosen (Hrsg.),** *Jahrbuch Innere Führung 2016. Innere Führung als kritische Instanz,* Berlin 2016.

**Uwe Hartmann, Claus von Rosen (Hrsg.),** *Jahrbuch Innere Führung 2017. Die Wiederkehr der Verteidigung in Europa und die Zukunft der Bundeswehr,* Berlin 2017.

**Uwe Hartmann, Claus von Rosen (Hrsg.),** *Jahrbuch Innere Führung 2018. Innere Führung zwischen Aufbruch, Abbau und Sbschaffung: Neues denken, Mitgestaltung fördern, Alternativen wagen,* Berlin 2018.


## Standpunkte und Orientierungen

**Daniel Giese,** *Militärische Führung im Internetzeitalter,* Berlin 2014.

**Dirk Freudenberg,** *Auftragstaktik und Innere Führung. Feststellungen und Anmerkungen zur Frage nach Bedeutung und Verhältnis des inneren Gefüges und der Auftragstaktik unter den Bedingungen des Einsatzes der Deutschen Bundeswehr,* Berlin 2014.

**Uwe Hartmann (Hrsg.),** *Lernen von Afghanistan. Innovative Mittel und Wege für Auslandseinsätze,* Berlin 2015.

**Fouzieh Melanie Alamir,** *Vernetzte Sicherheit – Quo Vadis?,* Berlin 2015.

**Hartwig von Schubert,** *Integrative Militärethik. Ethische Urteilsbildung in der militärischen Führung,* Berlin 2015.

**Uwe Hartmann,** *Hybrider Krieg als neue Bedrohung von Freiheit und Frieden. Zur Relevanz der Inneren Führung in Politik, Gesellschaft und Streitkräften,* Berlin 2015.

**Klaus Beckmann,** *Treue.Bürgermut.Ungehorsam. Anstöße zur Führungskultur und zum beruflichen Selbstverständnis in der Bundeswehr,* Berlin 2015.

**Florian Beerenkämper, Marcel Bohnert, Anja Buresch, Sandra Matuszewski,** *Der innerafghanische Friedens- und Aussöhnungsprozess,* Berlin 2016.

**Martin Sebaldt,** *Nicht abwehrbereit. Die Kardinalprobleme der deutschen Streitkräfte, der Offenbarungseid des Weißbuchs und die Wege aus der Gefahr,* Berlin 2017.

**Christian J. Grothaus,** *Der „hybride Krieg" vor dem Hintergrund der kollektiven Gedächtnisse Estlands, Lettlands und Litauens,* Berlin 2017.

**Uwe Hartmann,** *Der gute Soldat. Politische Kultur und soldatisches Selbstverständnis heute,* Berlin 2018.

**Christian Bauer, Marcel Bohnert, Jan Pahl,** *Vitalis Innere Führung! Zum Status Quo der Führungskultur in den deutschen Streitkräften,* Berlin 2018.

## Militärgeschichte

**Eberhard Kliem, Kathrin Orth,** *"Wir wurden wie blödsinnig vom Feind beschossen". Menschen und Schiffe in der Skagerrakschlacht 1916,* Berlin 2016.

**Eberhard Birk,** *"Auf Euch ruht das Heil meines theuern Württemberg!". Das Gefecht bei Tauberbischofsheim am 24. Juli 1866 im Spiegel der württembergischen Heeresgeschichte des 19. Jahrhunderts,* Berlin 2016.

**Hans Frank, Norbert Rath,** *Kommodore Rudolf Petersen. Führer der Schnellboote 1942–1945. Ein Leben in Licht und Schatten unteilbarer Verantwortung,* Berlin 2016.

**Eckhard Lisec,** *Der Völkermord an den Armeniern im 1. Weltkrieg – Deutsche Offiziere beteiligt?,* Berlin 2017.

**Ingo Pfeiffer,** *Heinz Neukirchen. Marinekarriere an wechselnden Fronten,* Berlin 2017.

**Siegfried Lautsch,** *Grundzüge des operativen Denkens in der NATO. Ein zeitgeschichtlicher Rückblick auf die 1980er Jahre,* Berlin [2]2018.

**Joachim Welz,** *Erfolgsstory oder Trauma – die Übernahme von Armeen. Lehren aus der Übernahme des österreichischen Bundesheeres in die Wehrmacht 1938 und der Reste der NVA in die Bundeswehr 1990,* Berlin 2018.

**Georg Neuhaus,** *Am Anfang war ein Speer. Eine Chronographie der Kriegs- und Militärtechnologien,* Berlin 2018.

**Hans Delbrück / Peter Paret,** *Krieg, Geschichte, Theorie. Zwei Studien über Clausewitz, herausgegeben von Peter Paret,* Berlin 2018.

### Einsatzerfahrungen

**Kay Kuhlen,** *Um des lieben Friedens willen. Als Peacekeeper im Kosovo,* Eschede 2009.

**Sascha Brinkmann, Joachim Hoppe (Hrsg.),** *Generation Einsatz, Fallschirmjäger berichten ihre Erfahrungen aus Afghanistan,* Berlin 2010.

**Artur Schwitalla,** *Afghanistan, jetzt weiß ich erst… Gedanken aus meiner Zeit als Kommandeur des Provincial Reconstruction Team FEYZABAD,* Berlin 2010.

**Uwe Hartmann,** *War without Fighting? The Reintegration of Former Combatants in Afghanistan seen through the Lens of Strategic Thought,* Berlin 2014.

**Rainer Buske,** *KUNDUZ. Ein Erlebnisbericht über einen militärischen Einsatz der Bundeswehr in AFGHANISTAN im Jahre 2008,* Berlin ²2016.

**Marcel Bohnert, Andy Neumann,** *German Mechanized Infantry on Combat Operations in Afghanistan,* Berlin 2017.

**www.miles-verlag.jimdo.com**